COLLECTION MAGELLANE

Collection dirigée
par Anne Lima & Michel Chandeigne

Editions Chandeigne – Librairie Portugaise
10 rue Tournefort - 75005 Paris
Tél : 01 43 36 34 37

ISBN : 2-906462-31-4
ISSN : 1160-2899

Ouvrage publié avec le concours
de la COMMISSION NATIONALE PORTUGAISE
POUR LA COMMÉMORATION DES DÉCOUVERTES
& de L'OFFICE DU LIVRE EN POITOU-CHARENTES

Dépôt légal : février 1997

Jaquette de couverture : Indien Tupinamba, dessin de
Sylvanus Brownover d'après Léry, XVIIᵉ siècle.
Index réalisés avec la collaboration de Livia Parnes.
Gravures : collection Jean-Paul Duviols.

LE BRÉSIL D'ANDRÉ THEVET

Les Singularités de la France Antarctique (1557)

ÉDITION INTÉGRALE ÉTABLIE, PRÉSENTÉE & ANNOTÉE
PAR FRANK LESTRINGANT

Éditions Chandeigne

INTRODUCTION

Une fenêtre sur le Nouveau Monde : c'est d'abord l'image qui s'impose au regard, une profusion d'images – pas moins de quarante et une gravures dues au burin de Bernard de Poisduluc[1] –, certaines franchement improbables, les autres reconnaissables au prix d'un petit effort d'imagination. D'un côté le légendaire combat de l'éléphant et du rhinocéros, les lions de l'Atlas refoulant jusque dans la mer les infortunés habitants du Maroc, plus loin les farouches Amazones, poitrines mutilées et cheveux au vent, lardant de flèches leurs victimes masculines pendues par les pieds. De l'autre, pêle-mêle, le toucan, l'aï étonné et griffu, l'arbre à miel, le tabac et le bois brésil, le bison d'Amérique, les raquettes et les bonnets de fourrure des Indiens chasseurs du Canada. Des planches à sujet botanique ou zoologique donnent ici la première représentation de la patate douce, du manioc, de l'aï ou paresseux, étrange animal au regard d'enfant. Cette riche iconographie consacre en outre la figure apollinienne du Sauvage, demi-dieu passé des îles grecques au littoral du Brésil, et promenant sa nudité héroïque parmi les palmeraies et les clairières du Nouveau Monde.

Publiées en 1557, *Les Singularités de la France Antarctique* constituent une œuvre phare de la littérature de voyage au XVIᵉ siècle. Contemporain de l'expédition du chevalier Nicolas Durand de Villegagnon au

Brésil (1555-1560), ce livre bigarré recense la flore et la faune du Nouveau Monde, enregistre sans nulle stupéfaction les phases les plus violentes du rituel anthropophage, relate les moindres activités de la société tupinamba, de la confection du cahouin (boisson fermentée à base de mil ou de manioc) et des cigares de pétun aux préparatifs de guerre ou de chasse. C'est par cet ouvrage consacré pour moitié aux Indiens cannibales de la baie de Rio de Janeiro et pour une part plus réduite aux Iroquoiens de la vallée du Saint-Laurent, que s'ouvre en France une tradition qui passe par Jean de Léry et Montaigne, se prolonge chez La Hontan et Lafitau, pour culminer au siècle des Lumières dans le mythe du «bon sauvage» cher à Diderot et à l'abbé Raynal.

Une fenêtre sur le Nouveau Monde, sans aucun doute, mais une fausse fenêtre. La fraîcheur apparente de la vision ne doit pas dissimuler la construction érudite qui la supporte. Le montage entre le savoir nouveau et la science antique est l'une des données fondamentales de toute relation de voyage à la Renaissance. Fruit d'une enquête qui doit sans doute plus aux «truchements» ou interprètes établis sur place depuis de longues années qu'à Thevet lui-même, alité dès son arrivée au Brésil et rapatrié au bout de dix semaines, *Les Singularités* sont encore redevables à la collaboration d'un helléniste et d'un imprimeur d'offrir en filigrane de la culture indienne ces rappels d'Homère, de Virgile, d'Ovide ou de Plutarque, sans lesquels l'homme cultivé de la Renaissance eût été incapable de percevoir la réalité inouïe qui s'offrait à lui. Par là même, l'ethnographie avant la lettre se combine à un imaginaire traditionnel venu d'historiens-géographes tels qu'Hérodote, Strabon et Pline, mais aussi des poètes et des moralistes de l'Antiquité. On ne s'étonnera pas que la geste d'Énée, rappelée de place en place, coure en filigrane de cette navigation atlantique, et qu'une maxime de Pythagore, empruntée au dernier livre des *Métamorphoses* d'Ovide, soit chargée d'apporter une conclusion à l'histoire toute récente de la Conquête de l'Amérique. C'est pourquoi le livre de Thevet représente non seulement l'un des premiers monuments ethnographiques du genre, mais un exemple sans précédent peut-être des noces de l'humanisme et de la géographie des Grandes Découvertes. La révélation d'un pan de l'univers insoupçonné s'y accommode fort bien de la projection sur ces nouveaux territoires d'un légendaire d'une stabilité étonnante : Amazones et géants, anthropophages et adamites se transportent sans difficulté d'un continent à l'autre, cependant que l'Age d'or retrouve dans ces lointains parages une floraison tardive.

La conséquence en est une illustration particulièrement éloquente du principe de *varietas*, la sacro-sainte variété, où savants et théologiens du XVIᵉ siècle sont enclins à voir la signature de Dieu sur le monde. Quelques chapitres seulement conduisent de l'Afrique fantôme des Grecs et des Latins au Canada des trappeurs et des pêcheurs de morue, des cérémonies sanglantes des Tupinamba du Brésil aux exploits guerriers des improbables Amazones. On conçoit dès lors que dans *Les Singularités* la brièveté n'a d'égale que l'extrême diversité de ton et de matière. C'est tout à la fois une aventure rapportée à la première personne; un traité de philosophie naturelle incluant, avec un précis de l'usage des simples, un manuel de botanique, un livre de médecine et un bestiaire; un guide nautique et une cosmographie pratique à l'usage des marins; une histoire des origines de l'humanité et des principaux arts et techniques, sans oublier, constitutive de toute pérégrination au péril du corps et de l'âme, une allégorie de la vie humaine – *homo viator*.

Comme tout récit de voyage, la relation de Thevet est prise entre un aller et un retour. Prétexte à narrer par le menu les curiosités de chaque pays et les étranges coutumes des peuples que le voyageur au long cours est censé avoir côtoyés. Description de l'Afrique, tout au long du golfe de Guinée et jusqu'à Madagascar, lors de la «volte» aller; catalogue des «îles du Pérou» – c'est-à-dire les Antilles – et des provinces du Nouveau Monde, du Mexique à Terre-Neuve en passant par la Floride et le Canada, à l'occasion de la large boucle décrite pour le retour, toujours dans le sens des alizés. On parcourra avec curiosité ces étapes d'une compilation brouillonne qui va d'Alvise Ca' da Mosto et Jean Léon l'Africain à Jacques Cartier, de Pline et Marco Polo à Francisco Lopez de Gomara. On apprendra, entre autres «singularités», que Mexico est une nouvelle Venise, qu'il a coûté beaucoup de sang espagnol pour l'assujettissement de ces provinces barbares, que des tremblements de terre agitent périodiquement le sol de Terre-Neuve et que cette île ressemble comme une sœur à la volcanique Islande. La hâte d'une rédaction à plusieurs mains rend compte d'anomalies flagrantes que les contemporains ne se firent pas faute de relever. Gibraltar est situé en Afrique, Potosi non loin des Bahamas. Achille est pris pour Hector, le philosophe Xénocrate pour Xénophon. Au pays des Lotophages où l'on perd la mémoire, Scipion remplace Ulysse. Abel le berger ravit à son frère Caïn l'invention du labourage. Ératosthène dispute à Érostrate la gloire douteuse d'avoir incendié le temple de Diane à Éphèse, l'une des sept merveilles du monde, comme on sait. À quoi bon s'indigner de ces à-peu-près et de ces méprises? Ces confusions et bien d'autres encore, d'un pittoresque indéniable, ont le mérite de nous rappeler que la Renaissance, loin de ressusciter l'Antiquité, comme elle l'a prétendu parfois, a inventé tout autre chose, à force d'infidélités et d'irrévérence.

Reste le noyau central du livre : quarante-deux chapitres d'un seul tenant qui se situent entre l'arrivée au Cabo Frio, «borne» de la France Antarctique, le 10 novembre 1555, et l'adieu à la terre des Amazones un jour mal précisé du printemps suivant. C'est là le meilleur et le plus solide. Peu importent en définitive, autour de ce bloc compact, les dérives et les errances d'une mémoire humaniste prompte à se perdre dans l'archipel infini des merveilles anciennes et modernes. L'objet premier et principal de Thevet, c'est le Brésil, ce Brésil d'un court hiver vers lequel toute son œuvre future, quelque trente ans durant, l'inclinera par un puissant tropisme; ce Brésil où la plupart de ses contemporains, qu'ils fussent géographes, historiens ou poètes, ont reconnu son véritable domaine.

Réimprimées en 1558 à Anvers par Christophe Plantin, traduites dès 1561 en italien et sept ans plus tard par Thomas Hacket en anglais, *Les Singularités* suscitèrent un écho immédiat. Les poètes de la Pléiade à l'unisson, d'Étienne Jodelle à Du Bellay et Ronsard, firent escorte de leurs odes et sonnets à André Thevet, ce « Jason français » qui avait rapporté bien plus qu'une nouvelle Toison d'or, l'orbe entier d'un monde conquis sous l'égide du roi Henri II. Thevet lui-même orchestra la divulgation de son œuvre en la réinsérant, sous une forme largement augmentée, au livre XXI de sa *Cosmographie universelle* de 1575, et dans tels chapitres des *Vrais Pourtraits et Vies des hommes illuſtres* (1584) où étaient célébrées les « rarités fort exquises » de Quoniambec, chef des Tupinikins, et du redoutable Nacol-Absou, « Roy du Promontoire des Cannibales ». À sa mort, en 1592, il laissait une ultime version manuscrite de son périple brésilien sous le titre d'*Hiſtoire de deux voyages [....] faits aux Indes Auſtrales et Occidentales*, et une centaine de cartes en taille-douce destinées à un *Grand Insulaire* inachevé et donnant du défunt « Brésil français » une image aussi irréelle que grandiose.

En France, pourtant, l'Amérique était passée de mode. L'échec de la France Antarctique, qui disparut corps et biens le 15 mars 1560 sous les coups de l'armada portugaise de Mem de Sá, et surtout le déclenchement des guerres de Religion à partir de 1562 reléguaient au second plan les préoccupations coloniales de la couronne et, partant, l'intérêt un instant éveillé pour le Nouveau Monde. Malgré son habit de cordelier, Thevet s'était montré jusqu'alors un catholique des plus tièdes. Mais il supportait mal la concurrence. Ayant maladroitement engagé la polémique contre les « gentils prédicants » envoyés depuis Genève, il se heurta à la verte réplique du protestant Jean de Léry qui avait également séjourné sur les bords du Rio de Janeiro. Publiée en 1578, l'*Hiſtoire d'un voyage faiˆt en la terre du Bresil* connut d'emblée un retentissement européen et parvint à éclipser *Les Singularités*, d'une vingtaine d'années plus anciennes et déjà en passe d'être oubliées. De plus, les « nègres » qui avaient successivement prêté la main à la rédaction de ses volumineux ouvrages le trahissaient tour à tour : Mathurin Héret dès 1557, François de Belleforest en 1568, Filber Bretin en 1576, révélaient au grand jour, procès à l'appui, la part qu'ils avaient prise à l'œuvre du « cosmographe de quatre rois ». La rumeur aidant, il fut bientôt de notoriété publique que celui-ci n'avait pas rédigé un seul des écrits publiés sous son nom — et Montaigne lui-même, dans le chapitre « Des Cannibales », se fait l'écho de cette réputation peu flatteuse.

Quand, au XVIIIᵉ siècle, un regain d'intérêt se manifesta pour l'exotisme, l'ouvrage de Thevet ne fut pas réhabilité, à la différence de l'*Histoire* de Léry, littérairement plus accomplie. Il relevait d'un genre démodé, celui d'un recueil de curiosités disparates où la figure de l'homme sauvage tendait à se perdre dans le bric-à-brac rapporté des Indes nouvelles. Même s'il en constituait à certains égards la figure annonciatrice, le Brésilien de Thevet apparaissait trop ancré dans la diversité scintillante des objets du monde pour pouvoir être retrouvé dans la silhouette diaphane du « Bon Sauvage » des Philosophes. Il fut donc perdu une seconde fois.

C'est à la faveur d'une conjonction fortuite entre la mode bibliophilique et le nationalisme expansionniste des débuts de la IIIᵉ République que l'œuvre fut enfin exhumée par les soins de l'érudit Paul Gaffarel, qui la publia en 1878. L'historien du « Brésil français » et de la « Floride française », contrées depuis longtemps abandonnées à l'emprise d'impérialismes rivaux, tirait prétexte des *Singularités* et de l'échec qu'elles entérinaient pour administrer à ses concitoyens une leçon de stratégie coloniale en bonne et due forme. L'ethnologie fit le reste : les travaux d'Alfred Métraux, de Claude Lévi-Strauss et, plus récemment, d'Hélène et de Pierre Clastres, ont montré tout le parti que les modernes sciences humaines pouvaient tirer de cette relation d'il y a quatre siècles, l'une des rares à porter témoignage sur une culture tupi depuis longtemps éteinte.

André Thevet & la France Antarctique

Benjamin d'une famille de chirurgiens-barbiers, André Thevet naît à Angoulême en 1504, si l'on en croit son épitaphe, vers 1516 au plus tard, si l'on s'en tient à son propre témoignage, tel qu'il est formulé dans un passage de *La Cosmographie universelle*. À l'âge de dix ans, il est placé contre son gré au couvent des cordeliers de sa ville natale, et jusqu'en janvier 1559, date de sa sécularisation, il est religieux de saint François. C'est à cet ordre mendiant que cet esprit avide de voir et savoir doit une attitude intellectuelle tournée vers les aspects les plus divers de la vie concrète et aussi un solide dédain pour la poussière des vieux livres. La protection de grandes familles nobiliaires liées à la monarchie relaie bientôt celle de l'Église et confirme le début de notoriété qui lui vient de ses longs voyages. Les La Rochefoucauld et les Guises, lors des guerres de Religion, se trouveront engagés dans les deux camps opposés, mais en attendant, ils font bénéficier le cordelier gyrovague de leur soutien alterné. C'est au cardinal de Lorraine, un Guise rencontré à Plaisance au printemps 1549, qu'il est redevable de son périple oriental – îles grecques, Turquie, Égypte, Palestine et Syrie – accompli entre le 23 juin 1549 et la fin de l'année 1552. Mais la *Cosmographie de Levant*, publiée à Lyon en 1554 et qui relate cet itinéraire de Venise à Jérusalem, est dédiée à François de La Rochefoucauld, qui passera plus tard à la Réforme et sera tué lors de la Saint-Barthélemy. Une telle rencontre n'est pas fortuite : au point de convergence de deux systèmes d'alliances et, plus tard, de deux partis ennemis et de deux religions, le franciscain d'Angoulême occupe dès le départ une position-clé, dont il a su tirer profit pour sa carrière future d'aumônier de Villegagnon dans la France Antarctique et de cosmographe à la cour des Valois. Il est par trop simple de définir Thevet comme un «catholique fervent», par opposition au calviniste militant qu'est Jean de Léry. Ce dernier, du reste, n'engagera la polémique que bien plus tard, en 1578. Au milieu du siècle, les jeux sont loin d'être faits, et Thevet hésite encore, à ce moment de sa carrière, entre la stricte fidélité à son Église et l'attirance pour des «nouvelletés» qui ne paraissent pas incompatibles avec une conception assez flottante de l'orthodoxie.

Plusieurs de ses fréquentations sont à tout le moins suspectes. Par exemple, il entretient un commerce épistolaire avec le réformateur Melanchthon, l'héritier spirituel de Luther, et ce n'est peut-être pas seulement pour conférer avec lui de cosmographie et de botanique. Il le rangera du reste, au même titre qu'Érasme, au nombre des *Hommes illustres* et lui consacrera dans sa prosopographie de 1584 un portrait des plus flatteurs. Avant son départ pour l'Orient, Thevet a rencontré Clément Marot, le traducteur des Psaumes, dans son exil de Turin quelques mois avant sa mort (1544). En Espagne, passant par Séville, il aurait eu maille à partir avec l'Inquisition qui le destinait à «la prison obscure». La raison de cette mésaventure peut paraître puérile : le globe-trotter fourbu avait fait la grasse matinée le jour de la Saint Thomas, patron des incrédules, au lieu d'ouïr la messe! L'anecdote trahit quelque désinvolture à l'égard des choses de la religion et surtout elle révèle une certaine défiance pour un dogmatisme poussé jusqu'à l'intolérance.

Fait plus troublant et mieux avéré : cet ami du mathématicien Oronce Finé et du médecin Antoine Mizauld, eux-mêmes proches de la Réforme, aurait déclaré en leur présence – sans doute au début de l'année 1553 – la supériorité des mérites du jeune Édouard VI, roi d'Angleterre, sur les princes français, coupables d'ingratitude envers les «bons esprits». Le roi enfant, auquel Thevet dédiait une miraculeuse «pierre de lune» rapportée des contrées orientales, était connu, depuis son accession au trône en 1547 à l'âge de dix ans, comme le champion du protestantisme en Europe. Il est peu vraisemblable que Thevet, tout en manifestant ainsi bruyamment son dépit de courtisan éconduit, n'ait pas nourri dans le même temps quelque arrière-pensée politique ou, ce qui revient au même, religieuse.

Portrait d'André Thevet destiné au « Grand Insulaire » inédit (vers 1586-87).
Taille-douce de Thomas de Leu.

En 1572, année de tous les dangers, Thevet signait le contrat de la *Cosmographie universelle*, son grand œuvre, avec l'imprimeur luthérien André Wechel, lequel, rescapé quelques mois plus tard de la Saint-Barthélemy, s'exilait en Allemagne. De toute évidence, la présence d'André Thevet sur le sol de la France Antarctique en 1555-1556 n'a pas le sens qu'on lui prête parfois. Loin d'être le garant de l'orthodoxie religieuse sur ces lointains rivages, selon la version que les calvinistes de Genève vont accréditer par la suite, il se trouve alors dans une situation comparable à celle de Villegagnon, placé comme lui entre deux dogmes, le romain et le luthérien, et tardant à se prononcer sur un choix que les circonstances politiques seules lui dicteront. Au moment où il s'embarque pour le Brésil des mangeurs d'hommes, il est probable que Thevet «luthéranise». C'est ce qui explique sa place au sein d'une entreprise des plus délicates, suscitée par l'amiral de Coligny et rassemblant dans un projet de concorde encore concevable catholiques et protestants. Sont à nouveau réunies les deux forces antagonistes qui jusqu'alors ont favorisé dans leur interaction l'ascension sociale de l'humble cordelier d'Angoulême.

Le projet était double : concurrencer les puissances ibériques sur leur propre terrain en s'attaquant au maillon faible de la chaîne : le Brésil, dont les Portugais n'occupaient le littoral que de manière discontinue, et où les équipages normands venus chaque année charger le bois de braise avaient depuis longtemps noué alliance avec les tribus indiennes; détourner de la France le spectre menaçant de la guerre civile en exportant dans une colonie lointaine le trop-plein de forces vives qui ne demandaient qu'à être employées à «l'honnêteté de la chose». Cette politique cohérente et singulièrement anticipatrice, où l'impérialisme avait d'abord pour fonction de préserver l'équilibre européen et d'entretenir la concorde nationale, fut l'œuvre de Gaspard de Coligny, amiral de France, et plus tard, quand fut venu le temps de la désunion, chef du parti protestant. Les trois expéditions lancées de 1562 à 1565 vers la

Floride, et qui échouèrent à leur tour face à la brutale riposte espagnole, participaient également de ce vaste dessein.

Formée de deux navires et partie de Dieppe la veille du 15 août 1555, après un faux départ du Havre le 12 juillet, la petite escadre avait pour commandant en chef Nicolas Durand de Villegagnon, chevalier de Malte acquis aux idées de Melanchthon et homme de mer éprouvé qui avait tour à tour combattu en Méditerranée et en Écosse, contre les Turcs et les Anglais. Le pilote était le protestant Nicolas Barré qui périt quelque dix ans plus tard lors de l'anéantissement par les Espagnols de la colonie huguenote implantée par Laudonnière et Ribault en Floride.

Le 10 novembre 1555, après quatre mois de navigation, le site de la colonie était en vue. Première escale au «cap de Frie» – Cabo Frio – , où les Indiens improvisent un «cahouinage» de bienvenue en l'honneur des arrivants. Quelques jours plus tard, c'est le mouillage définitif en baie de Rio de Janeiro, *alias* Guanabara, non loin du Pain de Sucre que les marins normands appelaient familièrement le «Pot de Beurre». Au lieu de s'établir en terre ferme où il redoutait le voisinage d'alliés indiens par trop remuants, Villegagnon élut domicile dans l'îlot exigu qui porte aujourd'hui son nom et que bordent à présent les remblais de l'aéroport Santos-Dumont. Cette position insulaire offrait l'avantage de commander l'entrée de la baie et de mettre à bonne distance les divers ennemis potentiels : Portugais venus de la haute mer par l'étroit goulet d'accès, «Margageats» tapis dans les profondeurs du golfe et prêts à lancer sur les intrus la flottille de leurs canoës. En revanche, le roc minuscule était dépourvu d'eau douce et de toute possibilité de culture.

C'est là que s'édifiait le Fort Coligny, bientôt remparé de «boulevards» de terre et ceinturé de palissades grâce à la diligence des colons. Cependant Villegagnon ne tarde pas à céder à la fièvre obsidionale. Il s'aliène en quelques semaines les tribus Tamoio traditionnellement alliées des Français, mais que frappe, peu après l'arrivée des navires, une épidémie aussi soudaine qu'inexpliquée. De plus, le «roi d'Amérique» –

comme le surnommeront plus tard ses adversaires – impose à ses sujets une discipline de fer. Soumettant les passagers à peine débarqués à un régime de travaux forcés pour mettre au plus vite en défense le site qu'il a choisi, il leur interdit tout commerce sexuel avec les belles Indiennes qui croisent nues dans leurs pirogues jusque sous les bastions en chantier. Une révolte éclate, durement matée par l'inflexible chevalier.

À partir de ce moment, les «truchements» – interprètes d'origine normande acclimatés à la vie sauvage et justement soupçonnés de «paillarder avec leurs putains» indigènes – passent à la dissidence, entraînant dans une rébellion larvée les dernières tribus amies des Français. Soumis à un siège intermittent de la part de celles-ci, abandonné d'une grande partie de ses hommes qui préférent à l'ascèse laborieuse sur l'île les délices continentales de la liberté primitive, Villegagnon fait alors appel à Calvin, son ancien condisciple de la faculté de droit d'Orléans. Dans une lettre de janvier 1556 – dont la trace s'est ensuite perdue –, il le priait de lui envoyer, depuis Genève, une seconde fournée de colons à la moralité plus éprouvée : au lieu de cette lie des bagnes qui constituait le premier contingent, des militants de la foi réformée pour jeter sur le sol du Nouveau Monde les fondements d'une Église régénérée. Le projet du chevalier de Malte semble désormais s'être orienté, par suite de l'échec de l'expansion en terre ferme et de la conversion des Brésiliens, vers la création d'une cité de refuge coupée de l'arrière-pays et réservée au bénéfice principal des protestants persécutés d'Europe.

Sans qu'il soit nécessaire de mettre en doute la bonne foi de Villegagnon, il semble qu'il y ait eu dès ce moment un malentendu sur le sens même de la Réforme et sur la nature de l'engagement qu'elle réclamait. Désireux de parvenir à une concorde sur les principes de la religion et favorable à une solution de compromis de type gallican, le chevalier sera vite effrayé par les signes de rupture qu'il croit déceler chez les adeptes du dogme calviniste. On verra que la question de l'Eucharistie joue un rôle décisif à cet égard.

Quatorze « Genevois » seulement, pour la plupart des immigrés récents, dont Jean de Léry et les ministres Chartier et Richer, répondent à l'appel. Ils débarquent le 7 mars 1557 sur la terre du Brésil et sont accueillis à bras ouverts, sur la grève de l'île Coligny, par un Villegagnon jovial en grand costume d'apparat, flanqué de sa garde personnelle d'Écossais. Les trois navires apportaient vivres, bétail et semences. Quelques femmes, mariées aussitôt que débarquées, et des artisans venaient renforcer cette colonie de peuplement dont l'avenir paraissait désormais assuré.

Mais le conflit se fait bientôt jour entre Villegagnon et les nouveaux arrivants. Le prétexte en est fourni, le jour de la Pentecôte 1557, comme on célèbre pour la seconde fois la Cène, par un débat improvisé sur la Présence réelle. Loin de vouloir se rallier à la conception symboliste du sacrement, telle que la défendait Pierre Richer, Villegagnon estime que le corps et le sang du Christ sont réellement enfermés dans le pain et le vin. On en appelle à l'arbitrage de Calvin, et le pasteur Chartier rembarque pour l'Europe afin de consulter l'oracle de Genève.

Cette discorde dont l'incongruité apparente n'a d'égale que la profondeur symbolique – c'est tout le rapport de l'humanité à Dieu qui est par là remis en cause – prend un relief d'autant plus vif qu'elle a pour toile de fond un cannibalisme réel. Alors que sur l'île Coligny on menace de s'étriper à propos de la messe anthropophage des papistes ou « mange-Dieu », à l'arrière-plan se déroulent d'authentiques festins de chair humaine. Dans l'immédiat, la querelle précipite l'éclatement de la colonie. En révolte ouverte contre le « cyclope » Villegagnon, insolent cannibale de la légende qui ne craint ni Dieu ni les hommes, les calvinistes entament la grève de la corvée. Privés de nourriture et survivant grâce au troc avec les indigènes de la baie, ils se voient contraints au bout de quelques mois de quitter le fort pour trouver refuge en « terre continente », au sein même des tribus anthropophages dont le chef catholique redoutait tant l'agression. Lorsque, en janvier 1558, cinq des huguenots, après avoir renoncé à un départ hasardeux vers l'Europe, retournent vers lui, Villegagnon les fait jeter aux fers, entreprend de les ramener par la force au catholicisme et exécute par noyade les trois récalcitrants. Un an plus tard, il est de retour à Paris où il entreprend de se justifier auprès des grands. Dans le même temps, désireux d'assurer l'avenir de sa colonie menacée et l'engageant résolument dans le camp de la Contre-Réforme, il sollicite vainement le concours des jésuites, puis avec plus de succès celui des capucins — mais il est trop tard. Le 15 mars 1560, le Fort Coligny, confié en son absence à la garde de son neveu Bois-le-Comte, est enlevé de haute lutte par l'armada portugaise de Mem de Sá, au moment même où, en France, la conjuration d'Amboise est déjouée. L'aventure coloniale s'achève, alors que s'ouvre, pour quelque quarante ans, l'ère des guerres de Religion.

Cependant, que devenait Thevet? Étranger à toute l'affaire, ce qui le dispensa de prendre parti sur-le-champ, il avait séjourné à peine plus de dix semaines en terre brésilienne. Tombé malade dès son arrivée, il devait garder le lit jusqu'à son rembarquement, et ne put célébrer la messe la nuit de Noël 1555. Il repartait le 31 janvier suivant, sur le bateau même qui l'avait amené. Ses seuls faits remarquables au cours d'un bref été austral furent la tentative de conversion du roi Pindo («Le Hameçon») sur son lit d'agonie, un entretien avec le valeureux Quoniambec, chef tupinikin au féroce appétit, et l'observation attentive, pendant vingt-six jours consécutifs, du lent dépérissement d'un aï captif, d'où il apparut que l'animal se nourrissait de vent. Ses mésaventures les plus mémorables avaient été l'essai d'un cigare de pétun qui lui causa sueurs froides et syncope, et le vol, aux environs de Noël, comme il était alité, de ses habits par ces «larrons de sauvages» qui le laissèrent nu comme un ver, rendu à cet état de franche impudeur qu'il dénonçait chez ceux-là.

Mathurin Héret & la familiarité du Nouveau Monde

Le rôle véritable de Thevet ne commence qu'ensuite, lorsque, de retour en France et toujours malade, il transmet des notes trop abondantes pour avoir été réunies par lui seul à son éditeur Maurice de la Porte et à un certain Mathurin Héret, étudiant en médecine de son état et nègre d'occasion.

Villegagnon, ou plutôt son secrétaire, avait consigné par écrit une somme d'informations recueillies auprès des « truchements ». Ce stock de données ethnographiques fort précieuses avait été réuni sur le terrain, et peut-être même bien avant l'occupation de Fort Coligny, lors de la navigation de reconnaissance, vers 1551-1552, du capitaine Le Testu que Thevet dira plus tard avoir accompagné. Le cordelier ne fut donc que le dépositaire d'un corpus déjà constitué – et très vite les protestants le présentèrent comme l'homme de paille de Villegagnon, le prête-nom commode qui aurait permis à celui-ci de lancer en faveur de l'entreprise coloniale en cours une campagne publicitaire efficace.

Deux objections peuvent être faites à cette interprétation formulée en 1561 par le pasteur Pierre Richer dans une féroce *Réfutation* dirigée contre le chevalier de Malte et son infâme suppôt. D'une part, si l'on en juge par ses lettres et ses traités apologétiques, Villegagnon se révéla un bien piètre ethnographe, ne nourrissant que mépris pour des créatures qui « à grand peine retiennent la figure humaine ». De l'autre, on ne saurait tenir *Les Singularités* pour un ouvrage de propagande au sens strict. Il n'y est rien dit des perspectives d'avenir de la colonie, et l'historique de son implantation ne remplit pas l'espace d'un chapitre.

Il reste que Thevet publie sous son nom en décembre 1557 le fruit d'une enquête collective et anonyme, à laquelle, en raison de sa maladie prolongée, il n'eut presque aucune part. Ce témoignage de première main et d'une importance capitale pour nous ne pouvait être publié tel quel, eu égard aux règles du genre. Il fallait une « histoire-cadre » qui pût renfermer la diversité de ces matériaux glanés sans ordre, un canevas spatial et chronologique en forme de récit de voyage avec un aller par l'Afrique et un retour par les Indes Occidentales. Il fallait aussi un héros : la figure mobile et pittoresque du cordelier convertisseur chassant les démons du Brésil et gagnant par le dialogue les bonnes âmes de Guanabara.

Quant au problème de l'auteur – au sens fort de garant et de signataire – du livre, il était résolu dès lors que Thevet, définitivement fixé en France après sa mésaventure australe, supervisait cette mise au propre, de concert avec l'imprimeur et libraire Maurice de la Porte.

Demeure la part, la plus significative peut-être dans cette étonnante division du travail, de Mathurin Héret, scribe mécontent de sa rétribution qui, lors de la sortie du livre, intenta à Thevet et à son éditeur un procès pour usurpation de paternité. Un décret du Parlement de Paris en date du 14 décembre 1557, qui porte jugement du différend en faveur du plaignant, laisse entendre que la copie définitive de l'ouvrage fut l'œuvre de ce «bachelier en médecine», helléniste déjà connu pour ses traductions d'Alexandre d'Aphrodise et de Darès de Phrygie. C'est à lui que revint la tâche de truffer de références aux auteurs grecs et latins le reportage américain. D'où ces parallèles insolites entre les guerriers nus et cannibales de Guanabara et les hommes illustres de Plutarque : Ménélas, Solon, Lycurgue, Pélopidas trouvent leur répondant dans le demi-géant Quoniambec ou tel de ses confédérés, chamarré de peintures au génipat et coiffé de plumasseries.

Toujours est-il que Mathurin Héret, qui entendait bien cosigner ce qu'il considérait comme son ouvrage, obtint à titre de dédommagement vingt écus d'or soleil et vingt exemplaires, ce qui correspondait à la quasi totalité des droits d'auteur prévus par le contrat. Mais il échouait sur le principal. La cour lui refusait le droit d'apposer son nom sur l'objet du litige. *Les Singularités* restaient l'œuvre d'André Thevet, auteur par défaut d'un livre conçu, rédigé et publié en dehors de lui, durant une fièvre persistante rapportée du Brésil en France, et pourtant extraordinairement féconde. Faute de se voir reconnaître la paternité littéraire qu'il méritait amplement, Héret laissait courir dans le texte quelques indices irréfutables de sa main. Il se permettait même ici et là une page de publicité personnelle. À propos de la technique de confection du feu par giration, il n'hésitait pas à renvoyer le diligent lecteur à sa traduction des *Problèmes* d'Alexandre d'Aphrodise, et à tel commentaire précis qu'il avait commis sur le sujet[1]. Sur la question fort controversée des origines de la syphilis, il se souvenait d'avoir assisté aux leçons de « défunt monsieur Sylvius », l'illustre Jacques Dubois, professeur de médecine au Collège royal[2]. Plus généralement, il truffait la relation brésilienne de considérations médicales tirées de ses cours d'étudiant ou de ses lectures érudites. C'est à lui, sans aucun doute, que l'on doit ces considérations sur la température des sols qui contraste avec celle du climat, sur la gravelle et le régime sans lait ni fromage, sur le cinabre de Dioscoride, le vin considéré par Platon et Pline comme « souveraine médecine », le vin de palme du cap Vert ou les vertus thérapeutiques de la chair de tortue marine.

La présence des deux millésimes – 1557 et 1558 – que portent les divers exemplaires aujourd'hui conservés s'explique aisément. L'arrêt du Parlement ne pouvait suspendre l'impression, qui était probablement achevée début décembre, au moment où Mathurin Héret intentait son action contre Thevet. Mais le libraire, selon une pratique courante à l'époque et prévoyant, en ce début d'hiver, un écoulement sur plusieurs mois, avait d'emblée partagé ses exemplaires entre l'année finissante et l'année à venir, qui commençait à Pâques. En 1558 encore, l'ouvrage pouvait passer pour une nouveauté.

En raison de sa nature, la collaboration de Mathurin Héret mérite que l'on s'y arrête. Elle avait, semble-t-il, pour objet de conférer une « étrange familiarité » à un spectacle inouï – et donc, en tant que tel, incompréhensible, à moins de l'investir au préalable d'un sens reconnu.

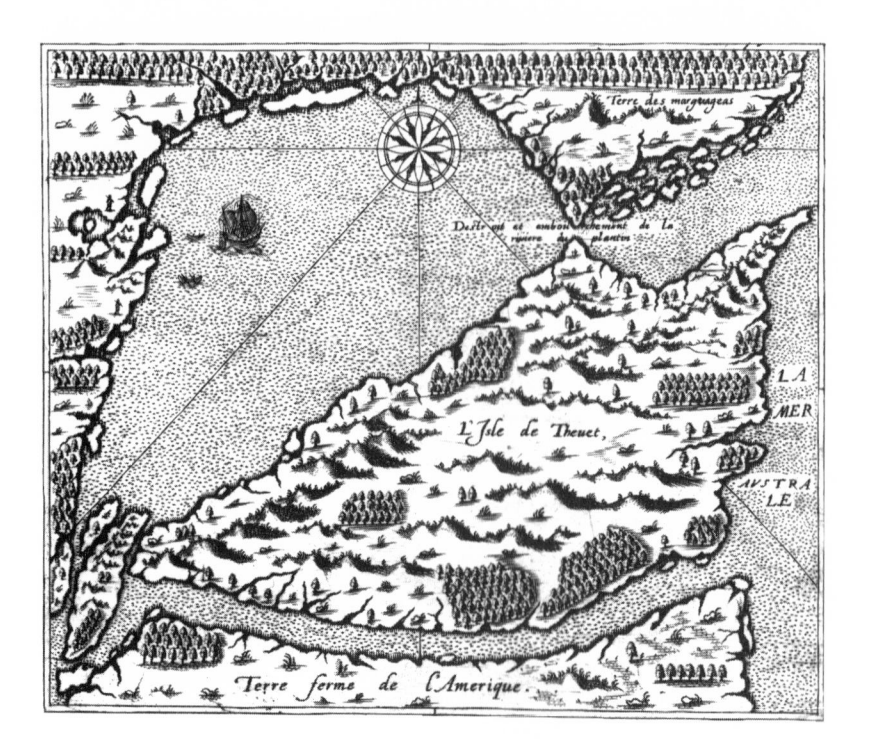

« L'Isle de Thevet », face à la côte du Brésil, par 28° de latitude australe.
Taille-douce provenant du « Grand Insulaire » d'André Thevet (vers 1586-87).

D'où un minutieux travail de montage qui touche jusqu'au moindre détail de la description. Par exemple la tonsure monastique des Indiens, qui se rattache à une préoccupation d'ordre militaire (les cheveux offriraient une prise facile à l'ennemi dans un corps-à-corps), appelle en guise d'explication le précédent de Thésée consacrant sa chevelure aux dieux de Delphes, et celui, plus adéquat, d'Alexandre qui fit raser, pour les rendre proprement insaisissables, les soldats de la phalange macédonienne.

Point, si l'on peut dire, plus épineux : la nudité obstinée des sauvages, irrecevable pour le christianisme, dans la mesure où elle insulte à la malédiction originelle prononcée contre Adam et sa descendance, suscite toute une série d'exemples, qui vont des philosophes cyniques aux Adamites et « Turlupins » du Moyen Age, et qui se conclut par la mention des statues dénudées qu'adoraient les Romains dans leurs temples. Illustrations hétérogènes sans doute, mais qui visent à faire entrer en série la coutume insolite et « vitupérable », et à neutraliser de la sorte sa charge scandaleuse.

On aura donc, dans presque chacun des chapitres qui composent *Les Singularités*, une séquence binaire associant à un motif d'ordre ethnographique une « leçon antique ». Le mouvement se répète, opérant inlassablement cette réduction de l'inconnu au connu. De l'étrangeté première, vue et relatée, on retourne à la familiarité d'un texte lu et maintes fois commenté. La conclusion substitue alors au Brésil des Cannibales la Troie homérique ou la Scythie d'Hérodote. L'entreprise de Thevet-Héret ne fait en cela que systématiser une tendance observable dès les premiers récits concernant le Nouveau Monde. Depuis les *Décades* de Pierre Martyr d'Anghiera, la découverte des « Indes neuves » complète la renaissance des lettres en œuvrant paradoxalement dans le même sens. Le lointain dans le temps et le lointain dans l'espace se rejoignent, définissant un commun territoire où la culture humaniste se trouve chez elle, en pays de connaissance.

De plus – et c'est là l'ambition de la tâche de Héret – le parallèle avec les mœurs de l'Antiquité confère à la vie quotidienne des Cannibales la dignité d'un objet de science. Les références érudites sont destinées sans doute à établir d'entrée de jeu le «plain-pied» de l'homme d'Europe avec l'Américain nu et anthropophage. Mais surtout, elles autorisent ce dernier à pénétrer dans le champ des «histoires». Par un double processus d'héroïsation et de moralisation, les «plus cruels de l'univers» sont admis à rivaliser avec les hommes illustres de Plutarque. Cette entreprise d'intégration des «gloires» américaines au corpus traditionnel des grands hommes culminera dans les *Vrais Pourtraits et Vies des hommes illustres* de 1584 : Quoniambec, Paracoussi et Nacol-Absou, principicules d'Amérique, rejoindront au même format les figures classiques d'Alexandre, de César ou de François Ier. Une telle «autorisation» par l'histoire antique ou moderne d'un «sauvage», que tout récemment, au début de ce siècle encore, les sciences de l'homme rejetaient hors de l'Histoire, est donc poussée par Thevet, avec l'appui logistique de Héret, jusqu'à ses ultimes conséquences. Le Brésilien, et dans une moindre mesure le Canadien, est exemplaire au même titre que Solon ou Lycurgue, législateurs fameux dont l'auteur des *Singularités* invoque volontiers le modèle. Il permet au lecteur de dégager une leçon de politique ou de morale – et telle est d'abord la fonction du genre historique depuis Plutarque que de proposer des exemples à suivre ou à critiquer.

Cette démarche audacieuse vaudra à Thevet des critiques de la part de ses contemporains, et beaucoup, à commencer par Belleforest, un autre de ses nègres en rupture de contrat, ne verront dans cette attention accordée aux barbares du Nouveau Monde qu'une indiscrète curiosité et une manière de faire valoir à peu de frais une expérience acquise en des circonstances mal établies. C'était aussi pour Thevet le moyen de préparer l'apologie politique de la France Antarctique, en soulignant les heureuses dispositions du sol et des hommes.

La greffe de l'Antiquité sur le Nouveau Monde par les soins de Héret engendre une autre relation en sens inverse. Si l'Amérique est justifiée par la référence aux Anciens, le Brésil en retour explique à l'Europe ses propres origines. C'est en cela que le traité d'ethnographie américaine apparaît simultanément comme un manuel d'archéologie européenne. Nos premiers pères allaient nus, se combattaient à coups de massues de bois, ignoraient l'art de la forge et les règles du mariage. Toutes ces propositions, Thevet – ou plutôt Héret – les a lues dans le livre *Des inventeurs des choses* de l'humaniste Polydore Vergile. Cette compilation qui faisait un large usage de Pline et de Diodore de Sicile, mais aussi de la Bible, passait en revue les mythes civilisateurs de l'Occident, en proposant pour chaque «invention» (le feu, l'architecture, le commerce, l'art de la guerre, les traités de paix, le mariage ou la «puterie», etc.) le nom d'un ou de plusieurs héros, demi-dieux ou prophètes. Or cette mythologie composite allait à la rencontre des mythes fondateurs de la religion tupinamba rapportés par Thevet. La parenté était évidente : ici et là, l'histoire de l'humanité se réduisait à celle des grands initiateurs. Dès lors, un transfert devenait possible d'un continent à l'autre : Noé ou Dédale prenaient la place de Maire Monan, figure usurpatrice et nécessairement fictive.

Cette réduction quelque peu brutale n'était que le prolongement de celle qu'avait déjà opérée Polydore Vergile, du paganisme antique au christianisme. Pour Pline, par exemple, le catalogue des inventeurs, tel qu'on le trouve au livre VII de l'*Histoire naturelle*, avait pour fonction de procéder à une distribution géographique des mérites selon les différents peuples du bassin méditerranéen, qui, tous à quelque titre, pouvaient s'honorer d'avoir contribué au bonheur commun. Avec Polydore Vergile, qui se montre en cela tributaire du *Contre Apion* de Flavius Josèphe, la vérité ultime de la Bible (et du peuple élu) renvoie au néant de la fable les prétentions concurrentes des autres nations. Caïn invente le labourage bien avant la naissance de Cérès. Moïse n'attend pas Hercule pour innover dans l'art de la guerre. Etc. La voix des Patriarches et des Juges étouffe désormais le concert somme toute harmonieux des différentes revendications nationales. Loin d'opérer une synthèse entre christianisme et paganisme, Polydore Vergile a donc subordonné la diversité complémentaire des cultures païennes à l'unité d'une vérité totalitaire. Dans sa liste, la plus belle des «inventions» n'est-elle pas celle du christianisme, dont l'initiative revint à Dieu seul?

Le privilège solitaire de la vérité se retrouve face aux «fables» des Amérindiens. Tout au plus leur laissera-t-on l'invention de la culture du manioc, pauvre ersatz du pain dont ils sont dépourvus, et c'est la part essentielle qui revient à Maire Monan, le héros culturel tupi. Pour le reste, il faudra en revenir à la leçon de l'Ancien Testament.

L'archéologie de l'Europe par Amérique interposée est alors moins destinée à mettre en valeur un progrès continu de l'une à l'autre qu'une rupture fondamentale entre deux âges que tout sépare : celui d'avant et celui d'après la Révélation. Jusqu'à présent les Tupi n'ont pas eu accès à l'ère de la Grâce : leur séparation d'avec la vérité s'exprime de manière très concrète par leur pauvreté et leur dénuement. La nudité en est le signe tangible, mais aussi la méconnaissance de nombreuses techniques élémentaires, telles que le labourage avec la charrue, la fonte du fer et la forge des métaux, l'art équestre, les armes à feu, la culture de la vigne, le vêtement.

En définitive, le sauvage va pouvoir servir de repoussoir au chrétien d'Europe, riche quant à lui – et pour peu qu'il respecte les commandements – de son élection divine et de la certitude d'une rédemption à venir. Contre-exemple proposé à la méditation de l'homme vivant selon Dieu, comme le voudra plus tard Jean de Léry; utile par l'écart même qu'il représente, l'Indien, qui apparaît un peu comme la figure condensée de la créature selon la chair, revêt donc une valeur emblématique au sein du discours moral et théologique qui l'enveloppe. Mais contrecarré par la vision héroïque de l'Histoire héritée de Plutarque et cédant bientôt à la fascination pour l'émiettement du divers, ce discours chez Thevet n'accède pas à la cohérence et demeure à l'état d'ébauche plausible, et non exclusive.

Le singulier sauvage

La France Antarctique est à cet égard une France à l'envers. Cette France des antipodes, image retournée de son homologue d'Europe, dont les citoyens vont nus et apparaissent au regard de l'observateur « sans foi, sans loi, sans Roi », se définit d'emblée comme une figure du monde renversé. L'Occident chrétien trouve sa contre-épreuve parmi « les plus féroces de l'univers », chez qui le cannibalisme se pratique au quotidien, et où l'impératif de continence sexuelle est ouvertement bafoué.

Mais cette image ne peut être simple. Elle n'est pas uniquement le reflet inverse de l'univers de départ. En effet, en adoptant le parti d'un recueil de « singularités » plutôt que celui d'une « histoire » – au sens que Jean de Léry prête à ce terme –, Thevet était amené à morceler sa vision du Nouveau Monde en une mosaïque d'objets hétéroclites. Le désordre même de l'exposé, qui fait sans cesse s'entrelacer le catalogue de la flore ou de la faune américaines et l'évocation des pratiques culturelles de l'Indien, sans tracer de partage bien net entre ces deux ordres de la description, interdit que se forme jamais une image purement « moralisée » de l'hôte nu et cannibale du Brésil. Les *Singularités de la France Antarctique* sont sans doute au point de départ du mythe du « bon sauvage », tel qu'il va plus tard s'élaborer, à travers Jean de Léry et Montaigne, pour se fixer au commencement du XVIIIᵉ siècle. Or ce mythe, qui suppose non seulement la cohérence interne, mais la transparence parfaite d'un concept incarné, d'une idée en actes, fait ici totalement défaut. À l'inverse de ce qui s'entrevoit dans l'*Histoire d'un voyage* ou dans le chapitre « Des Cannibales » : une sorte d'« allégorisation » du Sauvage que l'on charge d'incarner par exemple le règne de la Nature, l'Égalité primitive ou la Liberté oisive de l'âge d'or ovidien, l'« Amérique » de Thevet ne remplit la place d'aucun concept. Il n'est que la somme de traits particuliers et circonstanciels, c'est-à-dire qu'il condense en lui-même un catalogue de « singularités » irréductibles et contradictoires. Cruel et débauché, vertueux et hospitalier, homme d'honneur et «grand larron», les qualificatifs qui lui sont appliqués tour à tour ou simultanément apparaissent réglés en fonction d'un code étonnamment mobile qui se modèle, de détail en détail, sur la particularité à chaque fois mise en relief. L'alimentation, la croyance, l'art de la guerre ou la médecine définissent autant de manières d'appréhender le sauvage et de le juger selon des appréciations contradictoires. C'est à «toutes les circonstances diverses» qui font l'«Amérique» que s'intéresse Thevet, et non pas à cet universel singulier qui constituera plus tard l'homme de la nature. D'évidence, le sauvage mosaïqué et polymorphe du cordelier-cosmographe se situe aux antipodes du «Bon Sauvage» des Philosophes, pâle abstraction que ne vient plus remplir aucun contenu ethnographique concret.

On sait que les modernes sciences de l'homme procéderont à l'origine de ce refus des singularités, pensées comme extérieures à la raison aussi bien qu'à la nature. Le programme de la «Société des observateurs de l'homme», tel qu'il est fixé en 1796 par De Gérando, condamne explicitement la «curiosité» boulimique et désordonnée des anciens voyageurs, trop attachés à l'accessoire et à l'exotique, et incapables d'atteindre à la généralité. C'est alors qu'à la place des vieilles rhapsodies remplies du bric-à-brac des cabinets de curiosités, s'impose le modèle, combien plus intolérant et réducteur dans sa prétention même à l'universalisme, d'une anthropologie fondamentalement ethnocentrique.

Le manque patent de la Raison unificatrice fait tout le prix de l'ouvrage de Thevet – et, pourrait-on dire, jusque dans ses défauts de composition les plus patents. Non pas qu'il faille prêter la moindre ingénuité à l'auteur. La «naïveté» dont on a parfois gratifié ce personnage éminemment roublard, passablement opportuniste et cyniquement ambitieux, n'est que l'effet produit par ce pêle-mêle de l'enquête, dont aucune trouvaille n'est soustraite à l'attention du lecteur, non plus que le commentaire le moins médité et le plus anodin, livré dans l'immédiateté de la découverte. Les condamnations les plus violentes – ces «brutaux», ces «bestiaux» de sauvages – que l'on retrouve à chaque page sont presque toujours neutralisées à la ligne d'après par des éloges symétriques et, semble-t-il, tout aussi sincères ou désinvoltes. Thevet n'est sans doute pas exempt des préjugés politiques, religieux, ou même tout simplement racistes de ses contemporains – car le racisme, quoi qu'on en ait dit parfois, n'est pas un phénomène étranger au siècle des Grandes Découvertes; mais comme il ne trie guère dans le corpus d'informations qu'il possède, on serait bien en peine de découvrir chez lui de ces censures ou de ces silences qui affleurent, au sujet de la religion, par exemple, chez Montaigne ou Léry. Il est ainsi le premier – et au XVIᵉ siècle, le seul – à donner de la cosmogonie tupi le récit détaillé dans trois chapitres de sa *Cosmographie universelle* de 1575. Organisées en une suite polyphonique de mythes qui narrent la création du monde, les métamorphoses et la mort de Maire Monan, le premier héros civilisateur, le déluge universel et les différents âges de l'humanité, ces *Mythologiques* d'André Thevet provoqueront les sarcasmes de Jean de Léry et devront attendre près de quatre siècles pour être enfin déchiffrés et pris au sérieux. Exemple rare à la Renaissance d'une attention extrême, bien qu'ironique parfois, accordée aux croyances réputées païennes des peuples enfants du Nouveau Monde, ces pages tout à fait «déraisonnables» qui n'hésitent pas, pour jeter des ponts entre les deux mondes, à comparer les Charaïbes – ou demi-dieux des Tupi – aux chevaliers de la Table ronde, et la cosmogonie indienne à la geste du Graal, témoignent, dans leur précision un peu brouillonne et leur fidélité à l'objet, d'une étonnante et paradoxale modernité.

Thevet finit donc par découvrir l'autre – ou du moins son univers matériel et mental. Mais cette altérité n'est pas la sanction d'une aventure personnelle, rêvée ou vécue; elle ne procède pas d'une rencontre ou d'une prise de conscience au terme d'un parcours initiatique comme pour Jean de Léry. Aussi bien la personnalité de l'observateur manque-t-elle de contours et d'unité. La figure du narrateur est sujette au même émiettement que l'«Amérique», objet du récit, et, sauf en deux ou trois passages où il est précisément question de la chasse aux singularités, on ne saurait lui reconnaître une individualité définie. C'est seulement dans ces moments stratégiques de la collecte sur le terrain et de l'offrande au monarque, une fois de retour à Paris, qu'il faut à Thevet faire acte de présence dans son œuvre. En payant alors de sa personne, il assure physiquement le transit entre le Brésil et la France – le «par-delà» et le «par-deçà» – de ces «singularités» qui sont tout à la fois des artefacts concrets : «plumasseries» et massues de bois noir, labrets de pierre verte et colliers de coquillages, et les mots premiers du discours de l'ethnographe.

Il est clair que ces objets sont là pour lester de poids ces mots. Ceux-là ancrent ceux-ci dans la vérité du réel. Leur double accumulation engendre, par recoupements multipliés à l'infini, la présence du sauvage. L'étui pénien, le panache de plumes, les pierres ou les os destinés aux lèvres et aux joues attestent en quelque sorte le corps de l'autre dans toutes ses parties. De proche en proche, par une manière de métonymie généralisée, la collection de singularités suscite la totalité du Tupinamba remonté pièce à pièce.

De cet autre-là n'émane sans doute pas la proximité émotive et chaleureuse que Jean de Léry saura conférer au Tupinamba, Léry qui éprouve après coup la nostalgie du Brésil, sorte de patrie mythique où il est né pour la seconde fois, et vers laquelle il lui arrive de vouloir s'enfuir du milieu des guerres civiles qui ravagent alors la France. Face au Brésilien, il se peut bien que Thevet ait manqué l'homme, mais il n'a pas laissé échapper en revanche la plus humble des composantes matérielles de sa culture. C'est pourquoi, à commencer par Léry et Montaigne, et jusqu'à des ethnologues comme Alfred Métraux ou Pierre Clastres, tous les auteurs qui traiteront du Brésil auront à se ressourcer nécessairement auprès du «singulier sauvage» de Thevet. Singulier collectif, composé lui-même d'une somme apparemment hétéroclite de singularités, l'«Amérique» du cordelier apparaît comme le résultat brut du travail de ramassage ethnographique. Fait de cette accumulation primitive d'informations réalisée « par-delà », il n'accède pas à la cohérence raisonnée de la reconstitution ethnologique élaborée « par-deçà » – mais c'est ce qui lui confère paradoxalement son caractère irremplaçable d'objet ouvert et infini.

Aux confins du réel : Cannibales & Amazones

Le plat de résistance des *Singularités* est peut-être l'évocation au chapitre XL, presque au milieu du livre, de l'anthropophagie rituelle des Tupinamba. C'est autour de ce rite essentiel de la vie religieuse et sociale que se scellaient les alliances, s'achevaient les guerres et se concluaient les traités. Une telle convivialité, dans le partage de la dépouille de l'ennemi vaincu, restituait symboliquement au corps social son intégrité perdue ou menacée lors de conflits ou de famines.

Sans qu'il ait clairement perçu toutes les implications symboliques d'une telle pratique, Thevet ne la réduit nullement à la simple nutrition. À ses yeux, les «Amériques nos amis» ne sont en rien comparables à des ogres pervers. *Les Singularités* rompent en cela avec une tradition dominante dans les premiers temps de la conquête de l'Amérique et qu'avait notamment illustrée le *Mundus Novus* attribué à Vespucci ou tel bois gravé de Jan van Doesborch (vers 1520) : les Carib ou «Cannibales» avides de chair humaine, dont ils se rassasiaient comme de viande de mouton, y rejoignaient les loups-garous de la croyance populaire.

Rien de semblable dans le portrait des Tupinamba par Thevet : aussi bien dans le chapitre concis des *Singularités* que dans les développements plus circonstanciés de la *Cosmographie universelle* et de l'*Histoire de deux voyages*, le rite apparaît débarrassé de toute horreur indignée. La tranquillité qui préside à la description du processus culinaire évoque cette neutralité non dénuée de gourmandise avec laquelle une ethnologue comme Yvonne Verdier raconte la mise à mort du cochon dans tel village écarté du Morvan.

La victime, sans vaine souffrance, est tout simplement «assommée comme un pourceau». Léry, qui renchérit sur Thevet, compare explicitement l'«échaudage» de la viande humaine fraîchement abattue à l'aspersion d'eau bouillante par laquelle les «cuisiniers par-deçà» débarrassent de ses soies le cochon de lait prêt à rôtir[1]. Dans l'acte qui devrait le plus le scandaliser, l'homme d'Europe découvre une déconcertante familiarité. La cuisine à base de chair humaine des Américains est secrètement apparentée aux recettes paysannes de la Bourgogne, province d'où Léry est originaire. Même s'il convient de faire la part de la plaisanterie macabre et du défi ironique lancé au lecteur, force est de constater l'absence de solution de continuité entre les symboliques culinaires respectives du colon et du sauvage. L'anthropophagie, sur le mode du simulacre, hante les cuisines de la vieille Europe. L'abattage du porc, déjà évoqué, et sa consommation n'étaient-ils pas comiquement assimilés, lors de la fête du cochon, à la transgression du tabou cannibalique? Ne mangeait-on pas alors, proprement égorgé et lavé à l'eau chaude, un «monsieur en habit de soies»? Thevet et Léry n'ont eu, en quelque sorte, qu'à retourner l'identification traditionnelle pour décrire – et innocenter par là même – le cannibalisme réel des Tupinamba.

Dès lors, le Nouveau Monde éclaire d'un jour singulier les mœurs de l'Ancien. Alors qu'aujourd'hui la société occidentale vit sous le régime de l'«anthropoémie», pour reprendre le terme forgé par Claude Lévi-Strauss, et qu'elle vomit, en les excluant d'une manière ou d'une autre, les individus qu'elle ne peut intégrer, l'Europe médiévale et renaissante connaît le système inverse d'une anthropophagie généralisée : elle dévore corps et âme ses marginaux et indésirables. Aussi, les bûchers auxquels l'on condamne par exemple les hérétiques et cette cuisine du vivant à laquelle Montaigne assimile la torture judiciaire dans un passage célèbre des

«Cannibales», représentent-ils, de la façon la plus concrète, ce caractère institutionnel dévolu à un cannibalisme omniprésent et à peine figuré dont on a relevé plus haut l'une des formes populaires et festives. Nul scandale ou presque, en définitive, à l'endroit de l'anthropophagie exotique découverte au Brésil, mais, sur le terrain commun des rites culinaires, une entrée de plain-pied dans le monde de l'autre.

Cela ne suffirait sans doute pas à rendre tolérable l'anthropophagie des «Amériques nos alliés», s'il n'y avait à cette pratique alimentaire une motivation plus culturelle que strictement bestiale et nutritive. Thevet remarque en effet : «La plus grande vengeance dont les sauvages usent [...] est de manger leurs ennemis.» À quoi Montaigne fera écho dans la formule suivante : «Ce n'est pas, comme on pense, pour s'en nourrir, ainsi que faisaient anciennement les Scythes; c'est pour représenter une extrême vengeance.» Dès lors se constitue un double modèle, incarné d'une part dans le Tupinamba du Rio de Janeiro et de l'autre dans celui auquel Thevet réserve exclusivement l'emploi du mot «Cannibale», figure confuse et fortement négative qui rassemble les Carib du Venezuela et les Potiguara du Nordeste brésilien, de culture tupi.

Pour le Tupinamba – ou «Amérique» –, l'anthropophagie apparaît d'emblée régie par le code de l'honneur et l'obligation de la vengeance; par là même elle s'inscrit dans un système culturel comparable à celui de l'Occident à la Renaissance, où les règles de la vindicte continuent de dicter le comportement de la classe féodale. Au contraire, la voracité du Cannibale ne répond à rien d'autre qu'à un besoin primitif et pervers, que lui impose sa nature corrompue. «Il n'y a bête aux déserts d'Afrique ou de l'Arabie tant cruelle, qui appète si ardemment le sang humain que ce peuple sauvage plus que brutal», dira de lui Thevet (ch. LXI, p. 232).

Dans le vis-à-vis du Tupi de Guanabara, qui se montre accueillant au Français dont il fait volontiers son compagnon d'armes et son commensal, et du Cannibale hostile à l'étranger de passage et incapable de cuire sa viande, l'espace des pratiques alimentaires s'est donc fracturé en deux. D'un côté, le rituel d'un repas communautaire réglé dans tous ses détails et d'où s'efface, derrière la minutie des gestes et des techniques, le caractère scandaleux de la nourriture ingérée. Le bon Tupinamba, ainsi crédité d'un savoir culinaire et d'un «point d'honneur» des plus chatouilleux, n'apparaît dès lors «ni monstrueux ni prodigieux à notre égard», comme le dira Jean de Léry. Il ne lui a manqué que la révélation de l'Évangile et le pardon des offenses pour devenir l'égal du vrai chrétien.

De l'autre, en l'absence d'une description exacte, l'ombre menaçante du «Cannibale» en qui se concentre toute la barbarie imaginable et dont on ne sait pas très bien s'il est autre chose qu'un nom ou qu'un fantasme. Nom qui, à travers l'étymologie fictive du latin *canis*, retient un peu du chien ou du loup – et Léry nous le montre dévorant crus ses aliments. Fantasme dont l'efficace magique est d'installer, face à la figure joviale du Tupinamba, qui tient table ouverte et y convie l'Européen, l'anthropophage monstrueux qui, par-delà l'influence saturnienne, communique avec l'empire de la folie.

Cette première figure imaginaire – le Cannibale qui sert de repoussoir au «bon» Amérique, susceptible d'être un jour converti et de devenir le dévoué sujet du catholique roi de France – est complétée par une seconde, tout aussi fascinante et répulsive : celle de l'Amazone, à laquelle la plus grande région du Nouveau Monde doit aujourd'hui son nom.

Le conquistador Francisco de Orellana, compagnon de Pizarre au Pérou et premier explorateur de l'Amazone qu'il descendit depuis les Andes jusqu'à l'Atlantique en 1540-1541, aurait rencontré, au cours de son périple, des peuplades de femmes sauvages et guerrières, accueillant par des volées de flèches toute tentative d'approche masculine. Ce récit, plus mythique qu'historique, est reproduit au chapitre LXIII des *Singularités*, accompagné comme il se doit d'un long parallèle avec les précédents de l'antiquité. Les dires d'Hérodote et de Diodore de Sicile à ce sujet apportent une espèce de confirmation *a priori* à ce fait légendaire. Loin d'infirmer la science traditionnelle, la découverte du Nouveau Monde vient très exactement la compléter. À chaque continent ses Amazones. Il faut donc ajouter aux Amazones de Scythie, d'Asie et de Libye, connues de longue date, cette quatrième sorte d'Amazones, qui trouve tout naturellement place dans le cadre taxonomique hérité de l'antiquité.

Aux dires de certains exégètes des mythes de la Conquista – Georg Friederici, Enrique de Gandia –, les Amazones d'Amérique seraient le fruit fantastique de la rencontre de deux cultures : le mythe des Amazones guerrières et castratrices, présent chez la plupart des historiens de l'antiquité, s'est trouvé ravivé et actualisé par les rapports imprécis des Indiens Carib ou Tupi concernant les Vierges du Soleil de l'Empire inca. En fait, il semble qu'il faille élargir quelque peu cette interprétation trop restrictive et rationalisante. Si l'on s'accorde avec Jeannie Carlier ou François Hartog pour voir dans les anciennes Amazones, vierges souveraines et farouches, l'image inversée de la société grecque, profondément misogyne et phallocentrique, il apparaît, toutes proportions gardées, que les Amazones d'Amérique offrent le même rapport de symétrie inverse pour ces sociétés nullement étrangères l'une à l'autre de ce point de vue que sont l'Espagne du Siècle d'or et le Brésil précolombien. Aux yeux des conquistadores de la très catholique Espagne, tout juste sortie de l'islam, aussi bien que pour les Indiens, dont les femmes, nous dit Thevet, servent à la fois de compagnes, de cuisinières et de bêtes de somme, quand elles ne sont pas, au temps de leur adolescence, prostituées à la communauté masculine, les Amazones, ces guerrières libres, chastes et conquérantes, représentent un antimodèle également attirant et redouté. Le supplice que nous dépeint Thevet, d'un prisonnier nu et suspendu par le pied à un arbre, dont elles lardent le corps de flèches, pendant qu'un feu est allumé sous sa tête, dit assez sur quelle angoisse est fondé ce mythe.

Objet d'une angoisse sans nul doute partagée par les «Amériques» et leurs visiteurs d'Europe, les Amazones incarnent aussi, comme les

Cannibales, cette nature brutale et cruelle qui subsiste sur les confins de la terre habitée. Vivant de chasse et de cueillette et s'abritant dans des grottes, elles semblent méconnaître l'agriculture et l'art de bâtir. Si elles ne sont pas exactement anthropophages – pour rien au monde elles ne voudraient avoir mangé de l'homme! –, elles brûlent leurs victimes jusqu'à les réduire en cendre. Dans ce défaut de technique aussi bien que dans cet excès de cuisson, c'est toujours le même manque fondamental qui se révèle : celui des pratiques conviviales qui fondent la société humaine.

Le double mythe des Amazones et des Cannibales aura donc permis aux «Amériques» et aux Occidentaux de se rencontrer, sinon dans le réel, du moins sur le terrain du rêve. Telle est peut-être la leçon profonde de ces fascinantes *Singularités*.

Qui s'embarque dans le voyage des *Singularités* risque de désespérer du port, tant les écueils sont nombreux, rochers erratiques d'une érudition d'emprunt semée au petit bonheur sur l'étendue de la mappemonde. Les dérives, les retours en arrière ne sont pas rares. Les chevauchements entre aires géographiques distinctes, comme l'Afrique et le Brésil, l'Amazonie et les Caraïbes, les Andes et les Antilles, compliquent la trame itinéraire. Aussi faut-il louvoyer et constamment ruser. Pareil à Ulysse aux mille tours avançant en zigzag pour déjouer les pièges d'Éole et Poséidon réunis, le lecteur doit éviter les chausse-trappes jetées après lui, dans le sillage de son navire, par le voyageur au long cours. Le mieux est de procéder hardiment, au mépris d'une disposition qui se moque de toute disposition. Il faudra enjamber les pièces liminaires, ici rejetées dans les annexes, sauter du premier chapitre au chapitre XXIV, qui conte après bien des détours l'arrivée en France Antarctique, lire ensuite d'une traite jusqu'à la fin, quitte à revenir plus tard, pour le pur plaisir de se perdre, aux méandres incertains de la volte aller, par les îles Canaries, Madère, le Cap-Vert, le Sénégal, l'Éthiopie et Madagascar. C'est au prix de cette liberté que le plaisir furtif de la lecture pourra être sauf.

AVERTISSEMENT

C'est François Maspero qui eut le premier l'idée de ce Thevet modernisé, publié il y a quelque treize ans sous l'emblème énigmatique de l'aï ou « haüt », l'animal qui vit de vent. Le format et les contraintes matérielles de la collection « La Découverte » m'avaient obligé à un remaniement profond du texte, amputé d'une bonne moitié de son volume et privé de ses illustrations. C'était là le prix à payer pour que *Les Singularités de la France Antarctique* fussent accessibles au plus grand nombre. Le pari a été tenu et ce Thevet portatif était depuis longtemps épuisé. Grâce à l'aimable autorisation de François Gèze, directeur des éditions La Découverte, le voici à nouveau disponible sous une forme enrichie et largement renouvelée. La préface et la bibliographie de 1983 ont été refondues et mises à jour; l'ensemble des notes étoffé et complété. Mais c'est surtout le texte qui a bénéficié de l'actuelle réédition. Il a été restitué dans son ampleur originale et revu au plus près de sa forme initiale.

De fait, le livre que nous proposons ici dans une orthographe modernisée est donné dans son intégralité, pièces liminaires et table comprises. L'édition de référence est celle de Paris, 1557-1558, « chez les héritiers de Maurice de la Porte, au Clos Bruneau, à l'enseigne S. Claude », et l'exemplaire utilisé celui de la Bibliothèque Mazarine, qui porte le millésime de 1558 (cote : Rés. 19609). On trouvera dans les notes, outre les références géographiques et ethnographiques nécessaires, les sources – implicites le plus souvent – dont le rédacteur a pu se servir. De cette manière est éclairée la trame intime d'un discours qui oscille entre le lieu commun emprunté, plutôt qu'aux grands classiques, à l'un quelconque de leurs obscurs imitateurs, et l'information inédite, l'insolite d'une parole jamais entendue. Les quarante et un bois gravés de l'édition originale sont reproduits en leurs lieux et places, complément indispensable d'un texte qu'ils ne se bornent pas à illustrer, mais qu'ils prolongent et conduisent en des directions parfois imprévues. Les «manchettes» ou rubriques marginales, en revanche, n'ont été conservées que lorsqu'elles apportaient une information absente du texte, comme les références à des auteurs anciens. En ce cas elles ont été intégrées aux notes et complétées au besoin.

La langue du XVIᵉ siècle, si pittoresque dans son vocabulaire et ses images concrètes, a été respectée, quitte à donner en note la traduction de certains termes devenus archaïques. L'orthographe a été modernisée avec toute la discrétion requise. On a conservé le plus exactement possible la syntaxe parfois déconcertante de Thevet. On a seulement allégé la ponctuation, remplaçant, quand il le fallait, les deux points par le point-virgule; supprimant, dans les cas où l'usage moderne s'y opposait, la virgule entre l'antécédent et le relatif. Qu'il me soit enfin permis de dire ma dette ancienne à l'égard du travail de Suzanne Lussagnet qui, quelque quarante ans après sa parution, continue de faire autorité. C'est à lui, ainsi qu'aux traductions des *Singularités* en langue portugaise parues au Brésil, où le livre est considéré comme un classique, que je suis redevable pour une large part de la documentation ethnographique concernant les anciens Tupinamba. Pour la section canadienne de l'ouvrage, l'édition critique des *Relations* de Jacques Cartier par Michel Bideaux m'a été d'un secours tout aussi précieux.

Que soient tout spécialement remerciés François Maspero et Fanchita Gonzalez Batlle, qui ont donné l'élan, François Gèze, qui a permis de lui donner suite, et enfin les éditeurs de la collection «Magellane» qui ont employé tous leurs soins pour que ce livre prenne forme définitive.

Paris, le 31 juillet 1996.

LES SINGULARITÉS DE LA FRANCE ANTARCTIQUE,

AUTREMENT NOMMÉE AMÉRIQUE

& de plusieurs terres
& îles découvertes
de notre temps

Par F. André Thevet, natif d'Angoulême

CHAPITRE PREMIER

L'embarquement de l'auteur.

Combien que les éléments et toutes choses qui en proviennent sous la Lune, jusques au centre de la Terre, semblent (comme la vérité est) avoir été faites pour l'homme; si est-ce que Nature, mère de toutes choses, a été et est toujours telle qu'elle a remis et caché au-dedans les choses les plus précieuses et excellentes de son œuvre, voire bien s'y est remise elle-même; au contraire de la chose artificielle. Le plus savant ouvrier, fût-ce bien Apelle ou Phidias, tout ainsi qu'il demeure par-dehors seulement pour portraire, graver et enrichir le vaisseau ou statue, aussi n'y a que le superficiel qui reçoive ornement et polissure; quant au-dedans il reste totalement rude et mal poli. Mais de nature nous en voyons tout le contraire. Prenons exemple premièrement au corps humain. Tout l'artifice et excellence de nature est caché au-dedans et centre de notre corps, même de tout autre corps naturel : le superficiel et extérieur n'est rien en comparaison, sinon que de l'intérieur il prend son accomplissement et perfection. La terre nous montre extérieurement une face triste et mélancolique, couverte le plus souvent de pierres, épines et chardons, ou autres semblables. Mais si le laboureur la veut ouvrir avec soc et charrue, il trouvera cette vertu tant excellente, prête de lui produire à merveilles et le récompenser au centuple. Aussi est la vertu végétative au-dedans de la racine et du tronc de la plante, remparée à l'entour de dure écorce,

43

aucunes fois simple, quelquefois double; et la partie du fruit la plus précieuse, où est cette vertu de produire et engendrer son semblable, est serrée, comme en lieu plus sûr, au centre du même fruit. Or, tout ainsi que le laboureur, ayant sondé la terre et reçu grand émolument, un autre, non content de voir les eaux superficiellement, les a voulu sonder au semblable, par le moyen de cette tant noble navigation, avec navires et autres vaisseaux. Et pour y avoir trouvé et recueilli richesses inestimables (ce qui n'est outre raison, puisque toutes choses sont pour l'homme), la navigation est devenue peu à peu tant fréquentée entre les hommes, que plusieurs, ne s'arrêtant perpétuellement ès îles inconstantes et mal assurées, ont finalement abordé la terre ferme, bonne et fertile; ce que avant l'expérience l'on n'eût jamais estimé, même selon l'opinion des anciens.

Donc la principale cause de notre navigation aux Indes Amériques est que Monsieur de Villegagnon, Chevalier de Malte, homme généreux et autant bien accompli, soit à la marine ou autres honnêtetés [1], qu'il est possible, ayant avec mûre délibération reçu le commandement du roi, pour avoir été suffisamment informé de mon voyage au pays de Levant et l'exercice que je pouvais avoir fait à la marine, m'a instamment sollicité, voire sous l'autorité du roi, mon seigneur et prince (auquel je dois tout honneur et obéissance), expressément commandé lui assister pour l'exécution de son entreprise. Ce que librement j'ai accordé, tant pour l'obéissance que je veux rendre à mon prince naturel, selon ma capacité, que pour l'honnêteté de la chose, combien qu'elle fût laborieuse.

Pour ce est-il que le sixième jour de mai mille cinq cent cinquante-cinq, après que ledit Sieur de Villegagnon eut donné ordre, pour l'assurance et commodité de son voyage, à ses vaisseaux, munitions et autres choses de guerre, mais avec plus grande difficulté que en une armée marchant sur terre, au nombre et à la qualité de ses gens de tous états, gentilshommes, soldats et variété d'artisans, bref, le tout dressé au meilleur équipage qu'il fut possible, le temps venu de nous embarquer au Hable de grâce, ville moderne [2], lequel en passant je dirai avoir été appelé ainsi Hable, selon mon jugement, de ce mot Αὐλών, qui signifie mer ou détroit; ou si vous dites Havre, *ab hauriendis aquis*[1], située en Normandie à notre grand mer et océan Gallique, où, abandonnant la terre, fîmes voile, nous acheminant sus cette grand mer à bon droit appelée Océan pour son impétuosité de ce mot Ὠκύς, comme veulent aucuns[2]; et totalement soumis à la merci du vent et des ondes. Je sais bien qu'en la superstitieuse et abusive religion des gentils[3] plusieurs faisaient vœux, prières et sacrifices à divers dieux, selon que la nécessité se présentait. Donc entre ceux qui voulaient faire exercice sur l'eau, aucuns jetaient au commencement quelque pièce de monnaie dedans, par manière de présent et offrande, pour avec toute congratulation rendre les dieux de la mer propices et favorables. Les autres attribuant quelque divinité aux vents, ils les apaisaient par étranges cérémonies, comme l'on trouve les Calabriens avoir fait à Iapix, vent ainsi nommé, et les Thuriens et Pamphiliens à quelques autres. Ainsi lisons-nous en l'*Énéide* de Virgile (si elle est digne de quelque foi[4]) combien, pour l'importune prière de Junon vers Éolus roi des vents, le misérable Troyen a enduré sus la mer, et la querelle des Dieux qui en est ensuivie. Par cela peut-on évidemment connaître l'erreur et abus dont était aveuglée l'antiquité en son gentilisme[5] damnable, attribuant à une créature, voire des moindres, et sous la puissance de l'homme, ce qui appartient au seul Créateur; lequel je ne saurais suffisamment louer en cet endroit pour s'être communiqué à nous et nous avoir exempté d'une si ténébreuse ignorance. Et de ma part, pour de sa seule grâce avoir tant favorisé notre voyage, que, nous donnant le vent si bien à poupe, nous avons tranquillement passé le détroit, et de là aux Canaries, îles distantes de l'équinoxial de vingt-sept degrés et de notre France de cinq cents lieues ou environ.

Or, pour plusieurs raisons m'a semblé mieux séant commencer ce mien discours à notre embarquement, comme par une plus certaine méthode. Ce que faisant (j'espère, ami lecteur), si vous prenez plaisir à le lire, de vous conduire de point en autre, et de lieu en lieu, depuis le commencement jusques à la fin, droit, comme avec le fil de Thésée[1], observant la longitude des pays et latitude[2]. Toutefois, où je n'aurais fait tel devoir que la chose et votre jugement exquis mériterait, je vous supplie m'excuser, considérant être malaisé à un homme seulet, sans faveur et support de quelque prince ou grand seigneur, pouvoir voyager et découvrir les pays lointains, y observant les choses singulières, ni exécuter grandes entreprises, combien que de soi en fût assez capable. Et me souvient qu'à ce propos dit très bien Aristote, qu'il est impossible et fort malaisé que celui fasse choses de grande excellence et dignes de louange, quand le moyen, c'est-à-dire richesses lui défaillent; joint que la vie de l'homme est brève, sujette à mille fortunes et adversités.

CHAPITRE II

Du détroit anciennement nommé Calpe,
& aujourd'hui Gibraltar.

Côtoyant donc l'Espagne à senestre avec un vent si calme et propice, vînmes jusque vis-à-vis de Gibraltar, sans toutefois de si près en approcher pour plusieurs causes : auquel lieu nous fîmes quelque séjour. Ce détroit est sur les limites d'Espagne, divisant l'Europe d'avec l'Afrique; comme celui de Constantinople, l'Europe de l'Asie. Plusieurs tiennent icelui être l'origine de notre mer Méditerranée, comme si la grand mer, pour être trop pleine, se dégorgeait par cet endroit sus la terre, duquel écrit Aristote en son livre *Du monde*[3] en cette manière : «L'Océan, qui de tous côtés nous environne, vers l'Occident près les colonnes d'Hercule, se répand par la terre en notre mer, comme en un port, mais par un embouchement fort étroit.» Auprès de ce détroit se trouvent deux îles assez prochaines l'une de l'autre, habitées de barbares, corsaires et

esclaves la plus grande part, avec la cadène[1] à la jambe, lesquels travaillent à faire le sel, dont il se fait là bien grand trafic. De ces îles l'une
est australe et plus grande, faite en forme de triangle, si vous la voyez de
loin, nommée par les anciens Ebusius et par les modernes Ieviza; l'autre
regarde Septentrion, appelée Frumentaria. Et pour y aller, est la navigation fort difficile, pour certains rochers qui se voient à fleur d'eau et
autres incommodités. Davantage y entrent plusieurs rivières navigables,
qui y apportent grand enrichissement, comme une appelée Malue[2],
séparant la Mauritanie de la Cesariense; une autre encore nommée Sala,
prenant source de la montagne de Dure, laquelle, ayant traversé le
royaume de Fez, se divise en forme de cette lettre grecque Δ, puis se va
rendre dans ce détroit; et pareillement quelques autres, dont à présent
me déporte. Je dirai seulement en passant que, ce détroit passé, incontinent sus la côte d'Afrique jusques au tropique de Cancer, on ne voit
guère croître ni décroître la mer, mais par-delà, sitôt que l'on approche
de ce grand fleuve Niger, onze degrés de la ligne, on s'en aperçoit aucunement selon le cours de ce fleuve.

En ce détroit de la mer Méditerranée y a deux montagnes d'admirable
hauteur, l'une du côté de l'Afrique, selon Mela, anciennement dite Calpe,
maintenant Gibraltar[3]; l'autre Abyle, lesquelles ensemble l'on appelle
Colonnes d'Hercule; pource que selon aucuns il les divisa quelquefois en
deux, qui paravant n'étaient qu'une montagne continue, nommée Briarei.
Et là retournant de la Grèce par ce détroit, fit la consommation de ses
labeurs[4], estimant ne devoir ou pouvoir passer outre, pour la vastité et
amplitude de la mer qui s'étendait jusques à son horizon et fin de sa vue.
Les autres tiennent que ce même Hercule, pour laisser mémoire de ses
heureuses conquêtes, fit là ériger deux colonnes de merveilleuse hauteur
du côté de l'Europe. Car la coutume a été anciennement que les nobles et
grands seigneurs faisaient quelques hautes colonnes au lieu où ils
finissaient leurs voyages et entreprises, ou bien leur sépulcre et tombeau;
pour montrer par ce moyen leur grandeur et éminence par-sus tous les

autres. Ainsi lisons-nous Alexandre avoir laissé quelques signes[1] aux lieux de l'Asie majeure où il avait été. Pour même cause a été érigé le colosse à Rhodes. Autant se peut dire du Mausolée, nombré entre les sept merveilles du monde, fait et bâti par Artémisia en l'honneur et pour l'amitié qu'elle portait à son mari[2] ; autant des pyramides de Memphis, sous lesquelles étaient inhumés les rois d'Égypte. Davantage, à l'entrée de la mer Majeure[3] Jules César fit dresser une haute colonne de marbre blanc ; de laquelle, et du colosse de Rhodes, trouverez les figures en ma Description de Levant[4]. Et pourtant que plusieurs ont été de ce nom, nous dirons avec Arrian historiographe[5], ce Hercule avoir été celui que les Tyriens ont célébré, pource que iceux ont édifié Tartesse à la frontière d'Espagne, où sont les colonnes dont nous avons parlé ; et là un temple à lui consacré et bâti à la mode des Phéniciens, avec les sacrifices et cérémonies qui s'y faisaient le temps passé ; aussi a été nommé le lieu d'Hercule. Ce détroit aujourd'hui est un vrai asile et réceptacle de larrons, pirates et écumeurs de mer, comme Turcs, Mores et Barbares, ennemis de notre religion chrétienne ; lesquels voltigeant avec navires volent les marchands qui viennent trafiquer tant d'Afrique, Espagne, que de France ; même qu'est encore plus à déplorer, la captivité de plusieurs chrétiens desquels ils usent autant inhumainement que de bêtes brutes en toutes leurs affaires, outre la perdition des âmes, pour le violement et transgression du christianisme.

CHAPITRE III

De l'Afrique en général.

Passant outre ce détroit, pource qu'avions côtoyé le pays d'Afrique l'espace de huit journées, semblablement à senestre jusques au droit du cap de Canti[6], distant de l'équinoxial trente-trois degrés, nous en écrirons sommairement. Afrique selon Ptolémée, est une des trois parties de la terre, (ou bien des quatre, selon les modernes géographes, qui ont écrit depuis que par navigations plusieurs pays anciennement inconnus ont été découverts, comme l'Inde Amérique, dont nous prétendons écrire) appelée selon Josèphe[1], Afrique, de Afer, lequel, comme nous lisons ès histoires grecques et latines, pour l'avoir subjuguée, y a régné et fait appeler de son nom : car auparavant elle s'appelait Libye, comme veulent aucuns, de ce mot grec Λίβς, qui signifie ce vent de midi, qui là est tant fréquent et familier : ou de Libs, qui y régna[2]. Ou bien Afrique a été nommée de cette particule A, et Φρίκη, qui signifie froid, comme étant sans aucune froidure; et paravant appelée Hesperia[3]. Quant à sa situation, elle commence véritablement de l'océan Atlantique et finit au détroit de l'Arabie, ou à la mer d'Égypte, selon Appian : comme pareillement en peu de paroles écrit très bien Aristote. Les autres la font commencer au Nil, et vers Septentrion à la mer Méditerranée. Davantage l'Afrique a été appelée (ainsi que décrit Josèphe aux *Antiquités judaïques*) tout ce qui est compris d'un côté depuis la mer de Septentrion ou Méditerranée, jusques à l'océan Méridional, séparée toutefois en deux, vieille et nouvelle : la nouvelle commence aux monts de la Lune, ayant son chef au cap de Bonne Espérance, en la mer de Midi, trente-cinq degrés sus la ligne, de sorte qu'elle contient de latitude vingt-cinq degrés. Quant à la vieille, elle se divise en quatre provinces, la première est la Barbarie, contenant Mauritanie ou Tingitane, Cyrène et Césariense. Là tout le peuple est fort noir; autrefois ce pays a été peu habité, aujourd'hui beaucoup plus, sans parler de divers peuples au milieu de cette contrée, pour la diversité des mœurs et de leur religion, la connaissance desquels mériterait bien voyage tout exprès. Ptolémée n'a fait mention de la partie extérieure vers le midi, pour n'avoir été découverte de son temps. Plusieurs l'ont décrite plus au long, comme Pline, Mela, Strabo, Appian, et autres, qui m'empêchera de plus m'y arrêter. Cette région dit Herodian être féconde et popu-

leuse, et pour autant y avoir gens de diverses sortes et façons de vivre.
Que les Phéniciens quelquefois soient venus habiter l'Afrique, montre
ce qu'est écrit en langue phénicienne en aucunes colonnes de pierre, qui
se voient encore en la ville de Tinge, nommée à présent Tamar, appartenant au roi de Portugal. Quant aux mœurs : tout ainsi qu'est diverse la
température de l'air, selon la diversité des lieux : aussi acquièrent les personnes variété de tempéraments, et par conséquence de mœurs, pour la
sympathie qu'il y a de l'âme avec le corps, comme montre Galien au
livre qu'il en a écrit. Nous voyons en notre Europe, même en la France,
varier aucunement les mœurs selon la variété des pays : comme en la
Celtique autrement qu'en l'Aquitaine, et là autrement qu'en la Gaule
Belgique; encore en chacune des trois on trouvera quelque variété[1]. En
général l'on trouve les Africains cauteleux; comme les Syriens, avares;
les Siciliens, subtils; les Asians, voluptueux[2]. Il y a aussi variété de religions : les uns gentilisent[3], mais d'une autre façon qu'au temps passé; les
autres sont Mahométistes, quelques-uns tiennent le christianisme d'une
manière fort étrange, et autrement que nous.

Quant aux bêtes brutes, elles sont fort variables. Aristote dit les bêtes
en Asie être fort cruelles, robustes en l'Europe, en Afrique monstrueuses. Pour la rareté des eaux, plusieurs bêtes de diverse espèce sont
contraintes de s'assembler au lieu où il se trouve quelque eau; et là bien
souvent se communiquent les unes aux autres, pour la chaleur qui les
rend aucunement promptes et faciles. De là s'engendrent plusieurs animaux monstrueux, d'espèces diverses représentées en un même individu.
Qui a donné argument au proverbe, « Que l'Afrique produit toujours
quelque chose de nouveau »[4]. Ce même proverbe ont plus avant pratiqué les Romains, comme plusieurs fois ils aient fait voyages et expéditions en Afrique, pour l'avoir par longtemps dominée. Comme vous
avez de Scipion surnommé Africain, ils emportaient toujours je ne sais
quoi d'étrange, qui semblait mettre et engendrer scandale en leur cité et
République.

CHAPITRE IV
De l'Afrique en particulier.

Or quant à la partie d'Afrique, laquelle nous avons côtoyée vers
l'océan Atlantique, comme Mauritanie et la Barbarie, ainsi appelée pour
la diversité et façon étrange des habitants, elle est habitée de Turcs,
Mores et autres natifs du pays, vrai est qu'en aucuns lieux elle est peu
habitée, et comme déserte, tant à cause de l'excessive chaleur qui les
contraint demeurer tout nus hormis les parties honteuses, que pour la
stérilité d'aucuns endroits pleins d'arènes et pour la quantité des bêtes
sauvages, comme lions, tigres, dragons, léopards, buffles, hyènes, panthères et autres, qui contraignent les gens du pays aller en troupes à leurs
affaires et trafics, garnis d'arcs, de flèches et autres bâtons pour soi
défendre.

Que si quelquefois ils sont surpris en petit nombre, comme quand ils vont pêcher, ou autrement, ils gagnent la mer, et se jetant dedans se sauvent à bien nager; à quoi par contrainte se sont ainsi duits[1] et accoutumés. Les autres n'étant si habiles ou n'ayant l'industrie de nager, montent aux arbres, et par ce même moyen évitent le danger d'icelles bêtes. Faut aussi noter que les gens du pays meurent plus souvent par ravissement des bêtes sauvages que par mort naturelle; et ce depuis Gibraltar jusques au cap Vert.

Ils tiennent la malheureuse loi de Mahomet, encore plus superstitieusement que les Turcs naturels. Avant que faire leur oraison aux temples et mosquées, ils se lavent entièrement tout le corps, estimant purger l'esprit ainsi comme le corps par ce lavement extérieur et cérémonieux, avec un élément corruptible[2]. Et est l'oraison faite quatre fois le jour, ainsi que j'ai vu faire les Turcs à Constantinople[3]. Au temps passé que les païens eurent premièrement et avant tous autres reçu cette damnable religion, ils étaient contraints une fois en leur vie faire le voyage de Mecha[4], où est inhumé leur gentil prophète; autrement ils n'espéraient les délices qui leur étaient promises. Ce qu'observent encore aujourd'hui les Turcs; et s'assemblent pour faire le voyage avec toutes munitions, comme s'ils voulaient aller en guerre, pour les incursions des Arabes qui tiennent les montagnes en certains lieux. Quelles assemblées ai-je vues, étant au Caire, et la magnificence et triomphe que l'on y fait? Cela observent encore plus curieusement et étroitement les Mores d'Afrique et autres Mahométistes, tant sont-ils aveuglés et obstinés. Qui m'a donné occasion de parler en cet endroit des Turcs et du voyage, avant qu'entreprendre la guerre ou autre chose de grande importance. Et quand principalement le moyen leur est ôté de faire ce voyage, ils sacrifient quelque bête sauvage ou domestique, ainsi qu'il se rencontre; qu'ils appellent tant en leur langue qu'en arabesque, *Corban*, diction prise des Hébreux et Chaldées, qui vaut autant à dire comme présent ou offrande. Ce que ne font les Turcs de Levant, même dedans Constantinople. Ils ont certains prêtres, les plus grands imposteurs du monde : ils font croire et entendre au vulgaire qu'ils savent les secrets de Dieu et de leur Prophète, pour parler souvent avec eux.

Davantage, ils usent d'une manière d'écrire fort étrange, et s'attribuent le premier usage d'écriture sur toutes autres nations. Ce que ne leur accordent jamais les Égyptiens, auxquels la meilleure part de ceux qui ont traité des antiquités, donnent la première invention d'écrire et représenter par quelques figures la conception de l'esprit. Et à ce propos a écrit Tacite en cette manière[1] : « Les Égyptiens ont les premiers représenté et exprimé la conception de l'esprit par figures d'animaux, gravant sus pierres, pour la mémoire des hommes, les choses anciennement faites et advenues. Aussi ils se disent les premiers inventeurs des lettres et caractères. Et cette invention (comme l'on trouve par écrit) a été portée en Grèce des Phéniciens, qui lors dominaient sus la mer, réputant à leur grande gloire comme inventeurs premiers de ce qu'ils avaient appris des Égyptiens. »

Les hommes en cette part du côté de l'Europe sont assez belliqueux, coutumiers de se oindre d'huile, dont ils ont en abondance, avant qu'entreprendre exercice violent : ainsi que faisaient au temps passé les athlètes et autres, afin que les parties du corps, comme muscles, tendons, nerfs et ligaments adoucis par l'huile, fussent plus faciles et dispos à tous mouvements, selon la variété de l'exercice : car toute chose molle et pliable est moins sujette à rompre. Ils font guerre principalement contre les Espagnols de frontière, en partie pour la religion, en partie pour autres causes. Il est certain que les Portugais, depuis certain temps en çà, ont pris quelques places en cette Barbarie et bâti villes et forts, où ils ont introduit notre religion : spécialement une belle ville qu'ils avaient nommée Sainte-Croix, pour y être arrivés et arrêtés un tel jour; et ce au pied d'une belle montagne. Et depuis deux ans en-çà la canaille du pays assemblés en grand nombre, ont précipité de dessus ladite montagne grosses pierres et cailloux qu'ils avaient tirés des rochers; de manière que finalement les autres ont été contraints de quitter la place. Et a toujours telle inimitié entre eux qu'ils trafiquent de sucre, huile, riz, cuirs et autres par otages et personnes interposées. Ils ont quantité d'assez bons fruits comme oranges, citrons, limons, grenades et semblables, dont ils usent par faute de meilleures viandes; du riz au lieu de blé. Ils boivent aussi huiles, ainsi que nous buvons du vin. Ils vivent assez bon âge, plus (à mon avis) pour la sobriété et indigence de viandes que autrement.

CHAPITRE V

Des îles Fortunées, maintenant appelées Canaries.

Cette Barbarie laissée à main gauche, ayant toujours vent en poupe, nous connûmes par l'instrument de marine de combien nous pouvions lors approcher des îles Fortunées, situées aux frontières de Mauritanie devers l'Occident, ainsi appelées par les anciens pour la bonne température de l'air et fertilité d'icelles. Or le premier jour de septembre audit an, à six heures du matin, commençâmes à voir l'une de ces îles par la hauteur d'une montagne de laquelle nous parlerons plus amplement et en particulier ci-après. Ces îles, selon aucuns, sont estimées être dix en nombre[1]; desquelles y en a trois dont les Auteurs n'ont fait mention, pource qu'elles sont désertes et non habitées; les autres sept, c'est-à-savoir Ténérife, l'île de Fer, la Gomière et la grande île signamment appelée Canarie, sont distantes de l'équinoxial de vingt-sept degrés; les trois autres, Fortaventure, Palme et Lancelote, de vingt-huit degrés. Et pourtant l'on peut voir que depuis la première jusques à la dernière il y a un degré, qui vaut dix-sept lieues et demie, pris du Nord au Sud: selon l'opinion des pilotes. Mais sans en parler plus avant, qui voudra rechercher par degrés célestes la quantité des lieues et stades que contient la terre, et quelle proportion il y a de lieue et degré (ce que doit observer celui qui veut écrire des pays, comme vrai cosmographe), il pourra voir Ptolomée qui en traite bien amplement en sa *Cosmographie*[2].

Entre ces îles n'y a que la plus grande qui fut appelée Canarie : et ce pour la multitude des grands chiens[1] qu'elle nourrit : ainsi que récite Pline, et plusieurs autres après lui, qui disent encore que Juba en emmena deux[2] ; maintenant sont toutes appelées Canaries pour cette même raison, sans distinction aucune. Mais selon mon opinion j'estimerais plutôt avoir été appelées Canaries pour l'abondances des cannes et roseaux sauvages qui sont sur le rivage de la mer ; car quant aux roseaux portant sucre, les Espagnols en ont planté quelque partie depuis le temps qu'ils ont commencé à habiter ces lieux-là ; mais des sauvages y en avait auparavant que ce pays ait porté chiens ni grands ni petits ; ce qui aussi n'est vraisemblable ; car principalement ai connu par expérience que tous ces sauvages découverts depuis certain temps en-çà onques n'avaient eu connaissance de chat ni de chien, comme nous montrerons en son lieu amplement. Je sais bien toutefois que les Portugais y en ont mené et nourri quelques-uns, ce qu'ils font encore aujourd'hui pour chasser aux chèvres et autres bêtes sauvages. Pline donc en parle en cette manière : « La première est appelée Ombrion, où n'y a aucun signe de bâtiment ou maison ; ès montagnes se voit un étang et arbres semblables à celui qu'on appelle Ferula, mais blancs et noirs, desquels on épreint[3] et tire eau ; des noirs, l'eau est fort amère ; et au contraire des blancs, eau plaisante à boire. L'autre est appelée Junonia, où il n'y a qu'une maisonnette bâtie seulement de pierre. Il s'en voit une autre prochaine, mais moindre et de même nom. Une autre est pleine de grands lézards. Vis-à-vis d'icelles y en avait une appelée l'île de Neiges, pource qu'elle est toujours couverte de neiges[4]. La prochaine d'icelle est Canaria[5], ainsi dite pour la multitude des grands chiens qu'elle produit, comme déjà nous avons dit ; dont Juba roi de Mauritanie en amena deux ; et en icelle y a quelque apparence de bâtiments vieux. »

Ce pays anciennement a été habité de gens sauvages et barbares, ignorant Dieu et totalement idolâtres, adorant le Soleil, la Lune et quelques autres planètes comme souveraines déités, desquelles ils recevaient tous biens; mais depuis cinquante ans les Espagnols les ont défaits et subjugués, et en partie tués, et les autres tenus captifs et esclaves; lesquels s'habituant là y ont introduit la foi chrétienne, de manière qu'il n'y a plus des anciens et premiers habitateurs, sinon quelques-uns qui se sont retirés et cachés aux montagnes, comme en celle du Pych, de laquelle nous parlerons ci-après. Vrai est que ce lieu est un refuge de tous les bannis d'Espagne, lesquels par punition on envoie là en exil; dont il y en a un nombre infini; aussi d'esclaves, desquels ils se savent bien servir à labourer la terre et à toutes autres choses laborieuses. Je ne me puis assez émerveiller comme les habitants de ces îles et d'Afrique pour être voisins prochains, aient été tant différents de langage, de couleur, de religion et de mœurs; attendu même que plusieurs sous l'Empire romain ont conquêté et subjugué la plus grande part de l'Afrique, sans toucher à ces îles, comme ils firent en la mer Méditerranée, considéré qu'elles sont merveilleusement fertiles, servant à présent de grenier et cave aux Espagnols, ainsi que la Sicile aux Romains et Génois.

Or ce pays très bon de soi étant ainsi bien cultivé rapporte grands revenus et émoluments, et le plus en sucres; car depuis quelque temps ils y ont planté force cannes, qui produisent sucre en grande quantité, et bon à merveilles; et non en ces îles seulement, mais en toutes autres places qu'ils tiennent par-delà; toutefois il n'est si bon partout qu'en ces Canaries. Et la cause qu'il est mieux recueilli et désiré est que les îles en la mer Méditerranée, du côté de la Grèce, comme Mettelin[1], Rhodes, et autres esclades[2] rapportant très bons sucres, avant qu'elles fussent entre les mains des Turcs, ont été démolies par négligence ou autrement. Et n'ai vu en tout le pays de Levant faire sucre qu'en Égypte; et les cannes qui le produisent croissent sur le rivage du Nil, lequel aussi est fort bien estimé du peuple et des marchands, qui en trafiquent autant et plus que de celui de nos Canaries. Les anciens estimèrent fort le sucre de l'Arabie[3], pource qu'il était merveilleusement cordial et souverain, spécialement en médecines, et ne l'appliquaient guère à autres choses; mais aujourd'hui la volupté est augmentée jusque-là, spécialement en notre Europe, que l'on ne saurait faire si petit banquet, même en notre manière de vivre accoutumée, que toutes les sauces ne soient sucrées, et aucunesfois les viandes. Ce qu'a été défendu aux Athéniens par leurs lois, comme chose qui efféminait le peuple; ce que les Lacédémoniens ont suivi par exemple. Il est vrai que les plus grands seigneurs de Turquie boivent eaux sucrées, pource que le vin leur est défendu par leur loi. Quant au vin, qu'a inventé ce grand Hippocrate médecin, il était seulement permis aux personnes malades et débilitées; mais ce jourd'hui il nous est presque autant commun que le vin est rare en autre pays. Nous avons dit cela en passant sur le propos de sucre, retournons à notre principal sujet.

De blés, il y en a quantité en ces îles, aussi de très bon vin, meilleur que celui de Candie, où se trouvent les malvoisies[1], comme nous déclarerons aux îles de Madère. De chairs, suffisamment, comme chèvres sauvages et domestiques, oiseaux de toute espèce, grande quantité d'oranges, citrons, grenades et autres fruits, palmes et grande quantité de bon miel. Il y a aussi aux rives des fleuves des arbrisseaux, que l'on nomme papier[2], et auxdits fleuves des poissons nommés silures, que Paulus Jovius en son livre des Poissons pense être esturgeons[3], dont se repaissent les pauvres esclaves, suant de travail à grande haleine, le plus souvent à faute de meilleure viande; et dirai ce mot en passant qu'ils sont fort durement traités des Espagnols, principalement Portugais, et pis que s'ils étaient entre les Turcs ou Arabes. Et suis contraint d'en parler, pour les avoir ainsi vu maltraiter.

Entre autres choses se trouve une herbe contre les montagnes, appelée vulgairement orseille[4], laquelle ils recueillent diligemment pour en faire teinture. En outre ils font une gomme noire qu'ils appellent *bré*, dont a grande abondance en la Ténériffe. Ils abattent des pins, desquels y a grande quantité; et les rompent en grosses bûches jusques à dix ou douze charretées, et les disposent par pièces l'une sur l'autre en forme de croix; et dessous cet amas, y a une fosse ronde de moyenne profondité, puis mettent le feu en ce bois presque par le coupeau[5] du tas; et lors rend sa gomme qui chet[1] en cette fosse. Les autres y procèdent avec moindre labeur, la fosse faite mettant le feu en l'arbre. Cette gomme leur rapporte grands deniers pour le trafic qu'ils en font au Pérou, de laquelle ils usent à calfeutrer navires et autres vaisseaux de marine, sans l'appliquer à autre chose. Quant au cœur de cet arbre tirant sur couleur rouge, les pauvres gens des montagnes le coupent par bâtons assez longs, comme de demi-brassée, gros d'un pouce; et l'allumant par un bout, s'en servent en lieu de chandelle. Aussi en usent les Espagnols en cette manière.

CHAPITRE VI

De la haute montagne du Pych.

En l'une de ces îles, nommée Ténériffe, y a une montagne de si admirable hauteur que les montagnes d'Arménie, de la Perse, Tartarie, ni le mont Liban en Syrie, le mont Ida, Athos, ni Olympe tant célébré par les histoires, ne lui doivent être comparés[2] : contenant de circuit sept lieues pour le moins, et de pied en cap dix-huit lieues[3]. Cette montagne est appelée le Pych, en tout temps quasi nébuleuse, obscure et pleine de grosses et froides vapeurs, et de neige pareillement; combien qu'elle ne se voit aisément, à cause, selon mon jugement, qu'elle approche de la moyenne région de l'air, qui est très froide par antipéristase[4] des deux autres, comme tiennent les Philosophes; et que la neige ne peut fondre, pourtant qu'en cet endroit ne se peut faire réflexion des rayons du Soleil, ni plus ni moins que contre le déval[5]; par quoi la partie supérieure demeure toujours froide.

Cette montagne est de telle hauteur que si l'air est serein, on la peut voir sus l'eau de cinquante lieues et plus[6]. Le faîte et coupeau[7], soit qu'on le voie de près ou de loin, est fait de cette figure Ω, qui est oméga des Grecs. J'ai vu semblablement le mont Etna en Sicile, de trente lieues; et sus la mer près de Chypre, quelque montagne d'Arménie de cinquante lieues[8], encore que je n'aie la vue si bonne que Lynceus, qui du promontoire Lilybée en Sicile voyait et discernait les navires au port de Carthage[1]. Je m'assure qu'aucuns trouveront cela étrange, estimant la portée de l'œil n'avoir si long horizon : ce qu'est véritable en planure, mais en hauteur, non. Les Espagnols ont plusieurs fois essayé à sonder la hauteur de cette montagne. Et pour ce faire ils ont plusieurs fois envoyé quelque nombre de gens avec mulets portant pain, vin et autres munitions; mais oncques n'en sont retournés, ainsi que m'ont affirmé ceux qui là ont demeuré dix ans. Pourquoi ont opinion qu'en ladite montagne, tant au sommet qu'au circuit, y a quelque reste de ces Canariens sauvages[2], qui se sont là retirés, et tiennent la montagne, vivant de racines et chairs sauvages, qui saccagent ceux qui les veulent reconnaître et s'approcher pour découvrir la montagne.

Et de ce Ptolémée a bien eu connaissance, disant que outre les colonnes d'Hercule en certaine île y a une montagne de merveilleuse hauteur; et pource le coupeau être toujours couvert de neiges. Il en tombe grande abondance d'eau arrosant toute l'île; qui la rend plus fertile tant en cannes et sucres que autres choses; et n'y en a autre que celle qui vient de cette montagne, autrement le pays qui est environ le tropique de Cancer demeurerait stérile pour l'excessive chaleur. Elle produit abondamment certaines pierres fort poreuses, comme éponges, et sont fort légères, tellement qu'une grosse comme la tête d'un homme, ne pèse pas demi-livre. Elle produit autres pierres comme excrément de fer. Et quatre ou cinq lieues en montant se trouvent autres pierres sentant le soufre, dont estiment les habitants qu'en cet endroit y a quelque mine de soufre.

CHAPITRE VII

De l'île de Fer.

Entre ces îles, j'ai bien voulu particulièrement décrire l'île de Fer[3], prochaine à la Ténériffe, ainsi appelée, parce que dedans se trouvent mines de fer; comme celle de Palme pour l'abondance des palmiers, et ainsi des autres. Et encore qu'elle soit la plus petite en toute dimension (car son circuit n'est que de six lieues), si est-elle toutefois fertile, en ce qu'elle contient, tant en cannes portant sucres, qu'en bestial, fruits et beaux jardins par-sus tous les autres. Elle est habitée des Espagnols, ainsi que les autres îles. Quant au blé il n'y en a pas suffisance pour nourrir les habitants; parquoi la plus grande part, comme les esclaves, sont contraints de se nourrir de lait et fourmages de chèvres, dont y en a quantité : parquoi ils se montrent frais, dispos et merveilleusement bien nourris; parce que tel nourrissement par coutume est familier à leur naturel, ensemble que la bonne température de l'air les favorise. Quelque demi-philosophe ou demi-médecin (honneur gardé à qui le mérite) pourra demander en cet endroit, si, usant de telles choses ne sont graveleux, attendu que le lait et fourmage sont matière de gravelle, ainsi que l'on voit advenir à plusieurs en notre Europe : je répondrai que le fourmage de soi peut être bon et mauvais, graveleux et non graveleux, selon la quantité que l'on en prend, et la disposition de la personne. Vrai est qu'à nous autres, qui à une même heure non contents d'une espèce de viande, en prenons bien souvent de vingt-cinq ou trente, ainsi qu'il vient, et boire de même, et tant qu'il en peut tenir entre le bât et les sangles, seulement pour honorer chacune d'icelles, et en bonne quantité et souvent; si le fourmage se trouve d'abondant, nature déjà grevée de la multitude, en pourra mal faire son profit, joint que de soi il est assez difficile à cuire et à digérer; mais quand l'estomac est dispos, non débilité d'excessive crapule[1], non seulement il pourra digérer le fourmage, fût-il de Milan ou de Béthune, mais encore chose plus dure à un besoin. Retournons à notre propos : ce n'est à un Cosmographe de disputer si avant de la médecine[2].

Nous voyons les sauvages aux Indes[3] vivre sept ou huit mois à la guerre de farine faite de certaines racines sèches et dures, auxquelles on jugerait n'y avoir nourrissement ou aucune substance. Les habitants de Crète et Chypre ne vivent presque d'autre chose que de laitages, qui sont meilleurs que de nos Canaries, pource qu'ils sont de vaches, et les autres de chèvres. Je ne me veux arrêter au lait de vache, qui est plus gros et plus gras que d'autres animaux, et de chèvre est médiocre.

Davantage que le lait est très bon nourrissement, qui promptement est converti en sang, pource que ce n'est que sang blanchi en la mamelle. Pline au livre 11. chapitre 42. récite que Zoroastre a vécu vingt ans au désert seulement de fourmages[1]. Les Pamphyliens[2] en guerre n'avaient presque autres vivres que fourmages d'ânesses et de chameaux. Ce que j'ai vu faire semblablement aux Arabes; et non seulement boivent lait au lieu d'eau passant les déserts d'Égypte, mais aussi en donnent à leurs chevaux. Et pour rien ne laisser qui plus appartienne à ce présent discours, les anciens Espagnols la plupart de l'année ne vivaient que de glands, comme récitent Strabon[3] et Possidoine, desquels ils faisaient leur pain, et leur breuvage de certaines racines; et non seulement les Espagnols, mais plusieurs autres, comme dit Virgile en ses *Géorgiques*[4]; mais le temps nous a apporté quelque façon de vivre plus douce et plus humaine. Plus en toutes ces îles les hommes sont beaucoup plus robustes et rompus au travail que les Espagnols en Espagne, n'ayant aussi lettres ni autres études, sinon toute rusticité.

Je dirai pour la fin que les savants et bien appris au fait de la marine, tant Portugais que autres Espagnols, disent que cette île est droitement sous le diamètre[5], ainsi qu'ils ont noté en leurs cartes marines, limitant tout ce qu'est du Nord au Sud; comme la ligne équinoxiale de Ouest et Est, c'est-à-savoir en longitude du Levant au Ponant; comme le diamètre est latitude du Nord au Sud; lesquelles lignes sont égales en grandeur, car chacune contient trois cent soixante degrés, et chacun degré, comme paravant nous avons dit, dix-sept lieues et demie. Et tout ainsi que la ligne équinoxiale divise la sphère en deux, et les vingt-quatre climats, douze en Orient et autant en Occident : aussi cette diamétrale passant par notre île[6], comme l'équinoxiale par les îles Saint-Homer[7], coupe les parallèles et toute la sphère, par moitié de Septentrion au Midi.

Au surplus je n'ai vu en cette île chose digne d'écrire, sinon qu'il y a grande quantité de scorpions, et plus dangereux que ceux que j'ai vus en Turquie, comme j'ai connu par expérience; aussi les Turcs les amassent diligemment pour en faire huile propre à la médecine, ainsi comme les médecins en savent fort bien user.

CHAPITRE VIII
Des îles de Madère.

Nous ne lisons point ès Auteurs que ces îles aient aucunement été connues ni découvertes que depuis soixante ans en-çà, que les Espagnols et Portugais se sont hasardés et entrepris plusieurs navigations en l'Océan. Et comme avons dit ci-devant, Ptolémée a bien eu connaissance de nos îles Fortunées, même jusques au cap Vert. Pline aussi fait mention que Juba emmena deux chiens de la grande Canarie, outre plusieurs autres qui en ont parlé. Les Portugais donc ont été les premiers qui ont découvert ces îles dont nous parlons, et nommées en leur langue Madère, qui vaut autant à dire comme bois, pour tant qu'elles étaient totalement désertes, pleines de bois, et non habitées. Or elles sont situées entre Gibraltar et les Canaries, vers le Ponant; et en notre navigation les avons côtoyées à main dextre, distantes de l'équinoxial environ trente-deux degrés, et des Fortunées de soixante-trois lieues. Pour découvrir et cultiver ce pays, ainsi qu'un Portugais maître pilote m'a récité[1], furent contraints mettre le feu dedans les bois, tant de haute futaie que autres, de la plus grande et principale île, qui est faite en forme de triangle, comme Δ des Grecs, contenant de circuit quatorze lieues ou environ; où le feu continua l'espace de cinq à six jours de telle véhémence et ardeur, qu'ils furent contraints de se sauver et garantir à leurs navires; et les autres qui n'avaient ce moyen et liberté, se jetèrent en la mer, jusques à tant que la fureur du feu fût passée. Incontinent après se mirent à labourer, planter et semer graines diverses qui profitèrent merveilleusement bien pour la bonne disposition et aménité de l'air; puis bâtirent maisons et forteresses, de manière qu'il ne se trouve aujourd'hui lieu plus beau et plus plaisant. Entre autres choses ils ont planté abondance de cannes qui portent fort bon sucre; dont il se fait grand trafic, et aujourd'hui est célébré le sucre de Madère.

Cette gent qui aujourd'hui habite Madère est beaucoup plus civile et humaine que celle des Canaries, et trafique avec tous autres le plus humainement qu'il est possible. Le plus grand trafic est de sucre, de vin (dont nous parlerons plus amplement), de miel, de cire, oranges, citrons, limons, grenades et cordouans. Ils font confitures en bonne quantité, les meilleures et les plus exquises qu'on pourrait souhaiter; et les font en forme d'hommes, de femmes, de lions, oiseaux et poissons, qui est chose belle à contempler, et encore meilleure à goûter. Ils mettent davantage plusieurs fruits en confitures, qui se peuvent garder par ce moyen, et transporter ès pays étranges, au soulagement et récréation d'un chacun. Ce pays est donc très beau et autant fertile; tant de son naturel et situation (pour les belles montagnes accompagnées de bois et fruits étranges, lesquels nous n'avons par-deçà) que pour les fontaines et vives sources dont la campagne est arrosée et garnie d'herbes et pâturages suffisamment, bêtes sauvages de toutes sortes; aussi pour avoir diligemment enrichi le lieu de labourages.

Entre les arbres qui y sont, y a plusieurs qui jettent gommes, lesquelles ils ont appris avec le temps à bien appliquer à choses nécessaires. Il se voit là une espèce de gaïac, mais pource qu'il n'a été trouvé si bon que celui des Antilles, ils n'en tiennent pas grand compte; peut-être aussi qu'ils n'entendent la manière de le bien préparer et accommoder. Il y a aussi quelques arbres, qui en certain temps de l'année jettent bonne gomme, qu'ils appellent sang-de-dragon[1]; et pour la tirer hors, percent l'arbre par le pied, d'une ouverture assez large et profonde. Cet arbre produit un fruit jaune de grosseur d'une cerise de ce pays, qui est fort propre à rafraîchir et désaltérer, soit en fièvre ou autrement. Ce suc ou gomme n'est dissemblable au cinabre dont écrit Dioscoride. Quant au cinabre, dit-il, on l'apporte de l'Afrique, et se vend cher, et ne s'en trouve assez pour satisfaire aux peintres ; il est rouge et non blafard, pourquoi aucuns ont estimé que c'était sang-de-dragon ; et ainsi l'a estimé Pline en son livre trente-troisième de l'*Histoire naturelle*, chapitre septième. Desquels tant cinabre que sang-de-dragon, ne se trouve aujourd'hui de certain ni naturel par-deçà, tel que l'ont décrit les anciens, mais l'un et l'autre est artificiel. Donc, attendu ce qu'en estimaient les anciens et ce que j'ai connu de cette gomme, je l'estimerais être totalement semblable au cinabre et sang-de-dragon, ayant une vertu astringente et réfrigérative. Je ne veux oublier entre ces fruits tant singuliers, comme gros limons, oranges, citrons et abondance de grenades douces, vineuses, aigres, aigres-douces, moyennes, l'écorce desquelles ils appliquent à tanner et enforcer les cuirs, pource qu'elles sont fort astringentes. Et pense qu'ils ont appris cela de Pline, car il en traite au livre treizième chapitre dix-neuvième de son histoire[1]. Bref, ces îles tant fertiles et amènes surmonteront en délices celles de la Grèce, fût-ce Chios, que Empédocle a tant célébrée, et Rhodes Apollonius, et plusieurs autres.

CHAPITRE IX

Du vin de Madère.

Nous avons dit combien le terroir de Madère est propre et dispos à porter plusieurs espèces de bons fruits ; maintenant faut parler du vin, lequel entre tous fruits pour l'usage et nécessité de la vie humaine, je ne sais s'il mérite le premier degré, pour le moins je puis assurer du second en excellence et perfection. Le vin et sucre pour une affinité de température qu'ils ont ensemble, demandent aussi même disposition, quant à l'air et à la terre. Et tout ainsi que nos îles de Madère apportent grande

EDITIONS CHANDEIGNE
& LIBRAIRIE PORTUGAISE

10 RUE TOURNEFORT

75005 PARIS

Si vous désirez être régulièrement informé de nos publications, il vous suffit de nous renvoyer cette carte :

Nom ....

Adresse : ....

....

....

Observations :

Signature

quantité de très bon sucre, aussi apportent-elles de bon vin, de quelque part que soient venus les plants et marcottes. Les Espagnols m'ont affirmé n'avoir été apportés de Levant ni de Candie, combien que le vin en soit aussi bon ou meilleur; ce qui donc ne doit être attribué à autre chose, sinon à la bonté du territoire.

Je sais bien que Cyrus, roi des Mèdes et Assyriens, avant que d'avoir conquêté l'Égypte[1], fit planter grand nombre de plantes, lesquelles il fit apporter de Syrie, qui depuis ont rapporté de bons vins, mais qui n'ont surpassé toutefois ceux de Madère. Et quant au vin de Candie, combien que les malvoisies y soient fort excellentes, ainsi que anciennement elles ont été grandement estimées ès banquets des Romains, une fois seulement par repas, pour faire bonne bouche; et étaient beaucoup plus célébrées que les vins de Chios, Métellin et du promontoire d'Arvoise, que pour son excellence et suavité a été appelé breuvage des dieux. Mais aujourd'hui ont acquis et gagné réputation les vins de notre Madère et de l'île de Palme, l'une des Canaries, où croît vin blanc, rouge et clairet; dont il se fait grand trafic par Espagne et autres lieux. Le plus excellent se vend sus le lieu de neuf à dix ducats la pipe; duquel pays étant transporté ailleurs, est merveilleusement ardent et plutôt venin aux hommes que nourrissement, s'il n'est pris avec grande discrétion.

Platon a estimé le vin être nourrissement très bon et bien familier au corps humain, excitant l'esprit à vertu et choses honnêtes, pourvu que l'on en use modérément. Pline aussi dit le vin être souveraine médecine[2]. Ce que les Perses connaissant fort bien estimèrent les grandes entreprises, après le vin modérément pris, être plus valables que celles que l'on faisait à jeun : c'est-à-savoir étant pris en suffisante quantité, selon la complexion des personnes[3].

Nous avons dit qu'il n'y a que la quantité ès aliments qui nuise. Donc ce vin est meilleur à mon jugement la seconde ou troisième année que la première, qu'il retient cette ardeur du soleil, laquelle se consume avec le temps, et ne demeure que la chaleur naturelle du vin; comme nous

pourrions dire de nos vins de cette année 1556, ou bien après être trans-
portés d'un lieu en autre, car par ce moyen cette chaleur ardente se dissipe.

Je dirai encore qu'en ces îles de Madère luxurient si abondamment les
herbes et arbres, et les fruits à semblable, qu'ils sont contraints en couper
et brûler une partie, au lieu desquels ils plantent des cannes à sucre, qui
y profitent fort bien, apportant leur sucre en six mois. Et celles qu'ils
auront plantées en janvier, taillent au mois de juin; et ainsi en proportion
de mois en autre, selon qu'elles sont plantées; qui empêche que l'ardeur
du soleil ne les incommode. Voilà sommairement ce que nous avons pu
observer, quant aux singularités des îles de Madère.

CHAPITRE X

Du promontoire Vert et de ses îles.

Les anciens ont appelé promontoire une éminence de terre entrant
loin en la mer, laquelle l'on voit de loin; ce qu'aujourd'hui les modernes
appellent cap, comme une chose éminente par-sus les autres, ainsi que
la tête par-dessus le reste du corps, aussi quelques-uns ont voulu écrire
Promuntorium a prominendo[1], ce qui me semble le meilleur. Ce cap ou
promontoire dont nous voulons parler, situé sur la côte d'Afrique, entre
la Barbarie et la Guinée, au royaume de Sénéga, distant de l'équinoxial
de quinze degrés, anciennement appelé Jalont par les gens du pays, et
depuis cap Vert par ceux qui ont là navigué et fait la découverte; et ce
pour la multitude d'arbres et arbrisseaux qui y verdoient la plus grande
partie de l'année; tout ainsi que l'on appelle le promontoire ou cap
Blanc, pource qu'il est plein de sablons blancs comme neige, sans apparence aucune d'herbes ou arbres, distant des îles Canaries de 70 lieues,
et là se trouve un gouffre de mer appelé par les gens du pays Dargin[2], du
nom d'une petite île prochaine de terre ferme; ou cap de Palme, pour
l'abondance de palmiers. Ptolomée a nommé ce cap Vert, le promontoire

d'Éthiopie, dont il a eu connaissance sans passer outre. Ce que de ma part j'estimerais être bien dit, car ce pays contient une grande étendue; de manière que plusieurs ont voulu dire qu'Éthiopie est divisée en l'Asie et en l'Afrique. Entre lesquels Gemma Phrise[1] dit que les monts Éthiopiques occupant la plus grande partie de l'Afrique, vont jusques aux rives de l'océan Occidental, vers Midi, jusques au fleuve Nigritis. Ce cap est fort beau et grand, entrant bien avant dedans la mer, situé sus deux belles montagnes.

Tout ce pays est habité de gens assez sauvages, non autant toutefois que des basses Indes, fort noirs comme ceux de la Barbarie. Et faut noter que depuis Gibraltar jusques au pays du Prêtre-Jean et Calicut, contenant plus de trois mille lieues, le peuple est tout noir. Et même j'ai vu dans Jérusalem trois évêques de la part de ce Prêtre-Jean, qui étaient venus visiter le saint sépulcre, beaucoup plus noirs que ceux de la Barbarie, et non sans occasion : car ce n'est à dire que ceux généralement de toute l'Afrique soient également noirs ou de semblables mœurs et conditions les uns comme les autres; attendu la variété des régions qui sont plus chaudes les unes que les autres. Ceux de l'Arabie et Égypte sont moyens entre blanc et noir; les autres bruns ou grisâtres, que l'on appelle Mores blancs; les autres parfaitement noirs comme adustes.

Ils vivent la plus grande part tout nus, comme les Indiens, reconnaissant un roi qu'ils nomment en leur langue Mahouat; sinon que quelquesuns tant hommes que femmes cachent leurs parties honteuses de quelques peaux de bêtes. Aucuns entre les autres portent chemises et robes de vile étoffe, qu'ils reçoivent en trafiquant avec les Portugais. Le peuple est assez familier et humain envers les étrangers. Avant que prendre leur repas, ils se lavent le corps et les membres; mais ils errent grandement en un autre endroit, car ils préparent très mal et impurement leurs viandes, aussi mangent-ils chairs et poissons pourris et corrompus; car le poisson pour son humidité, la chair pour être tendre et humide, est incontinent corrompue par la véhémente chaleur, ainsi que nous voyons par-deçà en été; vu aussi que l'humidité est matière de putréfaction, et la chaleur est comme cause efficiente. Leurs maisons et hébergements sont de même, tout ronds en manière de colombier, couverts de jonc marin, duquel aussi ils usent en lieu de lit pour se reposer et dormir.

Quant à la religion, ils tiennent diversité d'opinions assez étranges et contraires à la vraie religion. Les uns adorent les idoles, les autres Mahomet, principalement au royaume de Gambre[1], estimant les uns qu'il y a un Dieu auteur de toutes choses, et autres opinions non beaucoup dissemblables à celles des Turcs. Il y a aucuns entre eux qui vivent plus austèrement que les autres, portant à leur col un petit vaisseau fermé de tous côtés et collé de gomme en forme de petit coffret ou étui, plein de certains caractères propres à faire invocations, dont coutumièrement ils usent par certains jours sans l'ôter, ayant opinion que cependant ne sont en danger d'aucun inconvénient. Pour mariage ils s'assemblent les uns avec les autres par quelques promesses, sans autre cérémonie. Cette nation se maintient assez joyeuse, amoureuse des danses, qu'ils exercent au soir à la lune, à laquelle ils tournent le visage en dansant, par quelque manière de révérence et adoration. Ce que m'a pour vrai assuré un mien ami, qui le sait pour y avoir demeuré quelque temps.

Par-delà sont les Barbazins et Serrets[2], avec lesquels font guerre perpétuelle ceux dont nous avons parlé, combien qu'ils soient semblables, hormis que les Barbazins sont plus sauvages, cruels et belliqueux. Les Serrets sont vagabonds et comme désespérés, tout ainsi que les Arabes par les déserts, pillant ce qu'ils peuvent, sans loi, sans roi, sinon qu'ils portent quelque honneur à celui d'entre eux qui a fait quelque prouesse ou vaillance en guerre; et allèguent pour raison que s'ils étaient soumis à l'obéissance d'un roi, qu'il pourrait prendre leurs enfants et en user comme d'esclaves, ainsi que le roi de Sénéga. Ils combattent sus l'eau le plus souvent avec petites barques, faites d'écorche[3] de bois, de quatre brassées de long, qu'ils nomment en leur langue Almadies[4]. Leurs armes sont arcs et flèches fort aiguës et envenimées, tellement qu'il n'est possible de se sauver, qui en a été frappé. Davantage ils usent de bâtons de cannes, garnis par le bout de quelques dents de bête ou poisson, au lieu de fer, desquels ils se savent fort bien aider. Quand ils prennent leurs ennemis en guerre, ils les réservent à vendre aux étrangers pour avoir autre marchandise (car il n'y a usage d'aucune monnaie) sans les tuer et manger : comme font les Cannibales et ceux du Brésil.

Je ne veux omettre que joignant cette contrée, y a un très beau fleuve, nommé Nigritis, et depuis Sénéga[1], qui est de même nature que le Nil dont il procède, ainsi que veulent plusieurs, lequel passe par la haute Libye et le royaume d'Orguène, traversant par le milieu de ce pays et l'arrosant, comme le Nil fait l'Égypte; et pour cette raison a été appelé Sénéga. Les Espagnols ont voulu plusieurs fois par-sus ce fleuve entrer dedans le pays et le subjuguer; et de fait quelquefois y ont entré bien quatre vingts lieues; mais ne pouvant aucunement adoucir les gens du pays, étranges et barbares, pour éviter plus grands inconvénients se sont retirés. Le trafic de ces sauvages est en esclaves, en bœufs et chèvres, principalement des cuirs, et en ont en telle abondance que pour cent livres de fer vous aurez une paire de bœufs, et des meilleurs.

Les Portugais se vantent avoir été les premiers qui ont mené en ce cap Vert chèvres, vaches et taureaux, qui depuis auraient ainsi multiplié. Aussi y avoir porté plantes et semences diverses, comme de riz, citrons, oranges. Quant au mil, il est natif du pays, et en bonne quantité.

Auprès du promontoire Vert y a trois petites îles prochaines de terre ferme, autres que celles que nous appelons îles de Cap-Vert, dont nous parlerons ci-après, assez belles, pour les beaux arbres qu'elles produisent; toutefois elles ne sont habitées. Ceux qui sont là prochains y vont souvent pêcher, dont ils rapportent du poisson en telle abondance qu'ils en font de la farine, et en usent au lieu de pain, après être séché et mis en poudre. En l'une de ces îles se trouve un arbre, lequel porte feuilles semblables à celles de nos figuiers, le fruit est long de deux pieds ou environ,

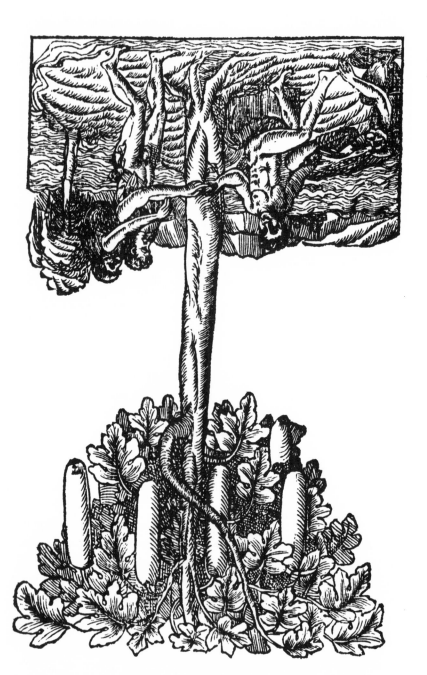

et gros en proportion, approchant des grosses et longues coucourdes de l'île de Chypre. Aucuns mangent de ces fruits, comme nous faisons de sucrins et melons; et au-dedans de ce fruit est une graine faite à la semblance d'un rognon de lièvre, de la grosseur d'une fève. Quelques-uns en nourrissent les singes, les autres en font colliers pour mettre au col; car cela est fort beau quand il est sec et assaisonné.

CHAPITRE XI

Du vin de palmiers.

Ayant écrit le plus sommairement qu'il a été possible ce qui méritait être décrit du promontoire Vert ci-dessus déclaré, j'ai bien voulu particulièrement traiter, puisqu'il venait à propos, des palmiers et du vin et breuvage que les sauvages noirs ont appris d'en faire, lequel en leur langue ils appellent *mignol*[1]. Nous voyons combien Dieu père et créateur de toutes choses nous donne de moyens pour le soulagement de notre vie, tellement que si l'un défaut, il en remet un autre, dont il ne laisse indigence quelconque à la vie humaine, si de nous-mêmes nous ne nous délaissons par notre vice et négligence; mais il donne divers moyens, selon qu'il lui plaît, sans autre raison.

Donc si en ce pays la vigne n'est familière comme autre part, et par aventure pour n'y avoir été plantée et diligemment cultivée, il n'y a vin en usage, non plus qu'en plusieurs autres lieux de notre Europe, ils ont avec providence divine recouvert par art et quelque diligence cela que autrement leur était dénié. Or ce palme est un arbre merveilleusement beau et bien accompli, soit en grandeur, en perpétuelle verdure ou autrement, dont il y en a plusieurs espèces, et qui proviennent en divers lieux. En l'Europe, comme en Italie, les palmes croissent abondamment, principalement en Sicile, mais stériles. En quelque frontière d'Espagne, elles portent fruit âpre et malplaisant à manger. En Afrique, il est fort doux, en Égypte semblablement, en Chypre et en Crète, en l'Arabie pareillement. En Judée, tout ainsi qu'il y en a abondance, aussi est-ce la plus grande noblesse et excellence, principalement en Jéricho. Le vin que l'on en fait est excellent, mais qui offense le cerveau. Il y a de cet arbre le mâle et la femelle : le mâle porte sa fleur à la branche, la femelle germe sans fleur. Et est chose merveilleuse et digne de contemplation ce que Pline et plusieurs autres en récitent : «Que aux forêts des palmiers provenus du naturel de la terre, si on coupe les mâles, les femelles deviennent stériles sans plus porter de fruit : comme femmes veuves pour l'absence de leurs maris.» Cet arbre demande le pays chaud, terre sablonneuse, vitreuse et comme salée, autrement on lui sale la racine avant que la planter[1].

Quant au fruit, il porte chair par-dehors, qui croît la première, et au-dedans un noyau de bois, c'est-à-dire la graine ou semence de l'arbre : comme nous voyons ès pommes de ce pays. Et qu'ainsi soit, l'on en trouve de petites sans noyau en une même branche que les autres. Davantage, cet arbre, après être mort, reprend naissance de soi-même : qui semble avoir donné le nom à cet oiseau que l'on appelle Phénix, qui en grec signifie palme, pource qu'il prend aussi naissance de soi sans autre moyen. Encore plus cet arbre tant célébré a donné lieu et argument au proverbe que l'on dit : « Remporter la palme»[2], c'est-à-dire le triomphe et victoire : ou pource que le temps passé on usait de palme pour couronne en toutes victoires, comme toujours verdoyante; combien que chacun jeu ou exercice avait son arbre ou herbe particulièrement, comme le laurier, le myrte, le lierre et l'olivier; ou pource que cet arbre, ainsi que veulent aucuns, ait premièrement été consacré à Phébus avant que le laurier, et ait de toute antiquité représenté le signe de victoire. Et la raison de ce récite Aule Gelle[3], quand il dit que cet arbre a une certaine propriété qui convient aux hommes vertueux et magnanimes : c'est que jamais la

palme ne cède ou plie sous le faix, mais au contraire tant plus elle est
chargée, et plus par une manière de résistance, se redresse en la part
opposite. Ce que confirme Aristote en ses *Problèmes*, Plutarque en ses
Symposiaques, Pline et Théophraste [1]. Et semble convenir au propos
ce que dit Virgile :

> *N'obéis jamais au mal qui t'importune,*
> *Ains vaillamment résiſte à la Fortune [2].*

Or est-il temps désormais de retourner à notre promontoire : auquel,
tant pour la disposition de l'air très chaud (étant en la zone torride distant 15 degrés de la ligne équinoxiale) que pour la bonne nature de la
terre, croît abondance de palmes, desquels ils tirent certain suc pour leur

*Manière de
faire ce vin
de palmiers.*

73

dépense et boisson ordinaire. L'arbre ouvert avec quelque instrument, comme à mettre le poing, à un pied ou deux de terre, il en sort une liqueur qu'ils reçoivent en un vaisseau de terre de la hauteur de l'ouverture, et la réservent en autres vaisseaux pour leur usage.

Et pour la garder de corruption, ils la salent quelque peu, comme nous faisons le verjus par-deçà : tellement que le sel consume cette humidité cruë étant en cette liqueur, laquelle autrement ne se pouvant cuire ou mûrir, nécessairement se corromprait.

Quant à la couleur et consistance, elle est semblable aux vins blancs de Champagne et d'Anjou; le goût fort bon et meilleur que les cidres de Bretagne. Cette liqueur est très propre pour rafraîchir et désaltérer, à quoi ils sont sujets pour la continuelle et excessive chaleur. Le fruit de ces palmiers sont petites dattes, âpres et aigres, tellement qu'il n'est facile d'en manger : néanmoins que le jus de l'arbre ne laisse à être fort plaisant à boire; aussi en font estime entre eux, comme nous faisons des bons vins. Les Égyptiens anciennement, avant que mettre les corps morts en baume[1], les ayant préparés ainsi qu'était la coutume, pour mieux les garder de putréfaction, les lavaient trois ou quatre fois de cette liqueur, puis les oignaient de myrrhe et cinnamome. Ce breuvage est en usage en plusieurs contrées de l'Éthiopie, par faute de meilleur vin. Quelques Mores semblablement font certaine autre boisson du fruit de quelque autre arbre, mais elle est fort âpre, comme verjus, ou cidre de cormes, avant qu'elles soient mûres.

Pour éviter prolixité, je laisserai plusieurs fruits et racines dont usent les habitants de ce pays en aliments et médicaments, qu'ils ont appris seulement par expérience, de manière qu'ils les savent bien accommoder en maladie. Car tout ainsi qu'ils évitent les délices et plusieurs voluptés, lesquelles nous sont par-deçà fort familières, aussi sont-ils plus robustes et dispos pour endurer les injures externes, tant soient-elles grandes; et au contraire nous autres, pour être trop délicats, sommes offensés de peu de chose.

CHAPITRE XII

De la rivière de Sénéga.

Combien que je ne me sois proposé en ce mien discours, ainsi que vrai géographe, d'écrire les pays, villes, cités, fleuves, gouffres, montagnes, distances, situations et autres choses appartenant à la géographie, ne m'a semblé toutefois être hors de ma profession d'écrire amplement quelques lieux les plus notables, selon qu'il venait à propos, et comme je les puis avoir vus, tant pour le plaisir et contentement qu'en ce faisant le bon et affectionné lecteur pourra recevoir, que pareillement mes meilleurs amis; pour lesquels me semble ne pouvoir assez faire, en comparaison du bon vouloir et amitié qu'ils me portent; joint que je ne me suis persuadé depuis le commencement de mon livre écrire entièrement la vérité de ce que j'aurai pu voir et connaître.

Or ce fleuve entre autres choses tant fameux (duquel le pays et royaume qu'il arrose, a été nommé Sénéga; comme notre mer Méditerranée acquiert divers noms selon la diversité des contrées où elle passe) est en Libye, venant au cap Vert, duquel nous avons parlé ci-devant; et depuis lequel jusques à la rivière, le pays est fort plain, sablonneux et stérile; qui est cause que là ne se trouve tant de bêtes ravissantes qu'ailleurs. Ce fleuve est le premier et plus célèbre de la terre du côté de l'Océan, séparant la terre sèche et aride de la fertile. Son étendue est jusques à la haute Libye et plusieurs autres pays et royaumes qu'il arrose. Il tient de largeur environ une lieue[1], qui toutefois est bien peu, au regard de quelques rivières qui sont en l'Amérique, desquelles nous toucherons plus amplement ci-après. Avant qu'il entre en l'Océan (ainsi que nous voyons tous autres fleuves y tendre et aborder), il se divise et y entre par deux bouches éloignées l'une de l'autre environ demi-lieue, lesquelles sont assez profondes, tellement que l'on y peut mener petits navires. Aucuns anciens, comme Solin en son livre nommé *Polyhistor*, Jules César et autres ont écrit ce grand fleuve du Nil passant par toute l'Égypte, avoir même source et origine que Sénéga, et de mêmes montagnes[1]. Ce qui n'est vraisemblable. Il est certain que la naissance du Nil est bien plus outre l'Équateur, car il vient des hautes montagnes de Bède, autrement nommées des anciens géographes montagnes de la Lune, lesquelles font la séparation de l'Afrique vieille à la nouvelle, comme les monts Pyrénées de la France d'avec l'Espagne. Et sont ces montagnes situées en la Cyré-naïque, qui est outre la ligne quinze degrés. La source de Sénéga dont nous parlons, procède de deux montagnes, l'une nommée Mandro, et l'autre Thala, distinctes des montagnes de Bed, de plus de mille lieues. Et par ceci l'on peut voir combien ont erré plusieurs pour n'en avoir fait la recherche, comme ont fait les modernes. Quant aux montagnes de la Lune, elles sont situées en l'Éthiopie inférieure, et celles d'où vient Sénéga en Libye, appelée intérieure; de laquelle les principales montagnes sont Usergate, d'où procède la rivière de Bergade, la montagne de Casa, de laquelle descend le fleuve de Darde; le mont Mandro élevé par-sus les autres, comme je puis conjecturer, à cause que toutes rivières qui courent depuis celle de Salate jusques à celle de Masse, distantes l'une de l'autre environ septante lieues, prennent leur source de cette montagne. Davan-tage le mont Girgile, duquel tombe une rivière nommée Cympho; et de Hagapole vient Subo fleuve peuplé de bon poisson et de crocodiles ennuyeux et dommageables à leurs voisins. Vrai est que Ptolémée, qui a traité de plusieurs pays et nations étranges, a dit ce que bon lui a semblé, principalement de l'Afrique et Éthiopie, et ne trouve auteur entre les anciens qui en ait eu la connaissance si bonne et parfaite qui m'en puisse donner vrai contentement.

Quand il parle du promontoire de Prasse (ayant quinze degrés de lati-tude, et qui est la plus lointaine terre de laquelle il a eu connaissance; comme aussi décrit Glaréan à la fin de la description d'Afrique[2]) de son temps le monde inférieur a été décrit, néanmoins ne l'a touché entièrement, pour être privé et n'avoir connu une bonne partie de la terre méridionale, qui a été découverte de notre temps. Et quant et quant[1] plusieurs choses ont été ajoutées aux écrits de Ptolémée; ce que l'on peut voir à la table générale qui est proprement de lui.

Parquoi le lecteur simple, n'ayant pas beaucoup versé en la cosmographie et connaissance des choses, notera que tout le monde inférieur est divisé par les anciens en trois parties inégales, à savoir Europe, Asie et Afrique; desquelles ils ont écrit les uns à la vérité, les autres ce que bon leur a semblé, sans toutefois rien toucher des Indes Occidentales, qui font aujourd'hui la quatrième partie du monde, découvertes par les modernes; comme aussi a été la plus grande part des Indes Orientales, Calicut et autres. Quant à celles de l'Occident, la France Antarctique, Pérou, Mexique, on les appelle aujourd'hui vulgairement, le Nouveau Monde, voire jusques au cinquante-deuxième degré et demi de la ligne, où est le détroit de Magellan, et plusieurs autres provinces du côté du Nord et du Sud à côté du Levant; et au bas du tropique de Capricorne en l'océan Méridional, et à la terre Septentrionale; desquelles Arrien, Pline et autres historiographes n'ont fait aucune mention qu'elles aient été découvertes de leur temps. Quelques-uns ont bien fait mention d'aucunes îles qui furent découvertes par les Carthaginois, mais j'estimerais être les îles Hespérides ou Fortunées[2]. Platon aussi dit en son *Timée* que le temps passé avait en la mer Atlantique et Océan un grand pays de terre; et que là était semblablement une île appelée Atlantique, plus grande que l'Afrique, ni que l'Asie ensemble, laquelle fut engloutie par tremblement de terre[3]. Ce que plutôt j'estimerais fable : car si la chose eût été vraie ou pour le moins vraisemblable, autres que lui en eussent écrit; attendu que la terre de laquelle les anciens ont eu connaissance se divise en cette manière. Premièrement de la part de Levant, elle est prochaine à la terre inconnue, qui est voisine de la grande Asie; et aux Indes Orientales du côté du Sud, ils ont eu connaissance de quelque peu, à savoir de l'Éthiopie méridionale, dite Agisimbra, du côté du Nord des îles d'Angleterre, Écosse, Irlande et montagnes Hyperborées, qui sont les termes plus lointains de la terre Septentrionale, comme veulent aucuns.

Pour retourner à notre Sénéga, deçà et delà ce fleuve tout ainsi que le territoire est fort divers, aussi sont les hommes qu'il nourrit. Delà les hommes sont fort noirs, de grande stature, le corps allègre et délivre, nonobstant le pays verdoie, plein de beaux arbres portant fruit. Deçà vous verrez tout le contraire, les hommes de couleur cendrée et de plus petite stature[1]. Quant au peuple de ce pays de Sénéga, je n'en puis dire autre chose que de ceux du Cap-Vert, sinon qu'ils sont encore pis. La cause est que les chrétiens n'oseraient si aisément descendre en terre pour trafiquer ou avoir rafraîchissement comme aux autres endroits, s'ils ne veulent être tués ou pris esclaves. Toutes choses sont viles et contemptibles[2] entre eux, sinon la paix qu'ils ont en quelque recommandation les uns entre les autres. Le repos pareillement, avec toutefois quelque exercice à labourer la terre, pour semer du riz; car de blé ni de vin, il n'y en a point. Quant au blé, il n'y peut venir, comme en autres pays de Barbarie ou d'Afrique, pource qu'ils ont peu souvent de la pluie, qui est cause que les semences ne peuvent faire germe, pour l'excessive chaleur et siccité[3]. Incontinent qu'ils voient leur terre trempée ou autrement arrosée, se mettent à labourer, et après avoir semé, en trois mois le fruit est mûr, prêt à être moissonné. Leur boisson est de jus de palmiers et d'eau.

Entre les arbres de ce pays, il s'en trouve un de la grosseur de nos arbres à gland, lequel apporte un fruit gros comme dattes. Du noyau ils font huile qui a de merveilleuses propriétés[4]. La première est qu'elle tient l'eau en couleur jaune comme safran; pourtant ils en teignent les petits vaisseaux à boire, aussi quelques chapeaux faits de paille de jonc ou de riz. Cette huile davantage a odeur de violette de mars et saveur d'olive; parquoi plusieurs en mettent avec leur poisson, riz et autres viandes qu'ils mangent.

Voilà que j'ai bien voulu dire du fleuve et pays de Sénéga, lequel confine du côté de Levant à la terre de Thuensar, et de la part de Midi au royaume de Gambre, du Ponant à la mer Océane. Tirant toujours notre route, commençâmes à entrer quelques jours après au pays d'Éthiopie, en celle part que l'on nomme le royaume de Nubie, qu'est de bien grande étendue, avec plusieurs royaumes et provinces dont nous parlerons ci-après.

CHAPITRE XIII

Des îles Hespérides autrement dites de Cap-Vert.

Après avoir laissé notre promontoire à senestre, pour tenir chemin le plus droit qu'il nous était possible, faisant le Sud-Ouest un quart du Sud, fîmes environ une journée entière; mais venant sur les dix ou onze heures, se trouva vent contraire qui nous jeta sus dextre vers quelques îles que l'on appelle par nos cartes marines îles de Cap-Vert, lesquelles sont distantes des îles Fortunées ou Canaries de deux cents lieues, et du cap de soixante par mer, et cent lieues de Budomel en Afrique, suivant la côte de la Guinée vers le pôle Antarctique. Ces îles sont dix en nombre, dont il en y a deux fort peuplées de Portugais, qui premièrement les ont découvertes et mises en leur obéissance; l'une des deux, laquelle ils ont nommée Saint-Jacques, sur toutes est la plus habitée; aussi se fait grandes trafics par les Mores, tant ceux qui demeurent en terre ferme que les autres qui naviguent aux Indes, en la Guinée et à Manicongre, au pays d'Éthiopie. Cette île est distante de la ligne équinoxiale de quinze degrés; une autre pareillement, nommée Saint-Nicolas, habitée de même comme l'autre. Les autres ne sont si peuplées, comme Flera, Plintana, Pinturia et Foyon; auxquelles y a bien quelque nombre de gens et d'esclaves envoyés par les Portugais pour cultiver la terre, en aucuns endroits qui se trouveraient propres; et principalement pour y faire amas de peaux de chèvres dont y a grande quantité, et en font fort grand trafic. Et pour mieux faire, les Portugais deux ou trois fois l'année passent en ces îles avec navires et munitions, menant chiens et filets, pour chasser aux chèvres sauvages; desquelles après être écorchées, réservent seulement les peaux, qu'ils dessèchent avec de la terre et du sel, en quelques vaisseaux à ce appropriés, pour les garder de putréfaction; et les emportent ainsi en leur pays, puis en font leurs maroquins tant célébrés par l'univers. Aussi sont tenus les habitants des îles pour tribut, rendre pour chacun [an] au roi de Portugal le nombre de six mille chèvres, tant sauvages que domestiques, salées et séchées : lesquelles ils délivrent à ceux qui de la part d'icelui seigneur font le voyage avec ses grands vaisseaux aux Indes Orientales, comme à Calicut et autres, passant par ces îles; et est employé ce nombre de chèvres pour les nourrir pendant le voyage, qui est de deux ans ou plus, pour la distance des lieux et la grande navigation qu'il faut faire.

Au surplus l'air en ces îles est pestilentieux et malsain, tellement que les premiers chrétiens, qui ont commencé à les habiter, ont été par long temps vexés de maladie, tant à mon jugement pour la température de l'air qui en tels endroits ne peut être bonne, que pour la mutation. Aussi sont là fort familières et communes les fièvres chaudes, aux esclaves spécialement, et quelque flux de sang; qui ne peuvent être ni l'un ni l'autre que d'humeurs excessivement chaudes et âcres, pour leur continuel travail et mauvaise nourriture, joint que la température chaude de l'air y consent, et l'eau qu'ils ont prochaine; parquoi reçoivent l'excès de ces deux éléments.

CHAPITRE XIV

Des tortues & d'une herbe qu'ils appellent orseille.

Puisqu'en notre navigation avons délibéré écrire quelques singularités observées ès lieux et places où avons été, il ne sera hors de propos de parler des tortues que nos îles dessus nommées nourrissent en grande quantité, aussi bien que de chèvres. Or il s'en trouve quatre espèces, terrestres, marines, la troisième vivant en eau douce, la quatrième aux marais; lesquelles je n'ai délibéré de déduire par le menu, pour éviter prolixité, mais seulement celles qui se voient aux rivages de la mer qui environne nos îles.

Cette espèce de tortues saillent de la mer sus le rivage au temps de son part[1], fait de ses ongles une fosse dedans les sablons, où ayant fait ses œufs (car elle est du nombre des ovipares, dont parle Aristote) les couvre si bien qu'il est impossible de les voir ni trouver, jusques à ce que le flot de la mer venant les découvre; puis par la chaleur du soleil, qui est là fort véhémente, le part s'engendre et éclôt, ainsi que la poule de son œuf, lequel consiste en grand nombre de tortues, de la grandeur de crabes (qui est une espèce de poisson) que le flot retournant emmène en la mer. Entre ces tortues, il s'en trouve quelques-unes de si merveilleuse grandeur, même en ces endroits dont je parle, que quatre hommes n'en peuvent arrêter une; comme certainement j'ai vu, et entendu par gens dignes de foi. Pline récite[2] qu'en la mer Indique sont de si grandes tortues que l'écaille est capable et suffisante à couvrir une maison médiocre; et qu'aux îles de la mer Rouge ils en peuvent faire vaisseaux navigables. Ledit auteur dit aussi en avoir de semblables au détroit de Carmanie en la mer Persique.

Il y a plusieurs manières de les prendre. Quelquefois ce grand animal, pour appétit de nager plus doucement et plus librement respirer, cherche la partie superficielle de la mer un peu devant midi, quand l'air est serein; où ayant le dos tout découvert et hors de l'eau, incontinent leur écaille est si bien desséchée par le soleil que, ne pouvant descendre au fond de la mer, elles flottent par-dessus bon gré mal gré; et sont ainsi prises. L'on dit autrement que de nuit elles sortent de la mer, cherchant à repaître, et après être saoules et lassées s'endorment sur l'eau près du rivage, où l'on les prend aisément, pour les entendre ronfler en dormant; outre plusieurs autres manières qui seraient longues à réciter.

Quant à leur couverture et écaille, je vous laisse à penser de quelle épaisseur elle peut être, proportionnée à sa grandeur. Aussi sur la côte du détroit de Magellan et de la rivière de Plate, les sauvages en font rondelles qui leur servent de boucliers barcelonais, pour en guerre recevoir les coups de flèches de leurs ennemis. Semblablement les Amazones sur la côte de la mer Pacifique en font remparts, quand elles se voient assaillies en leurs logettes et cabanes[1]. Et de ma part j'oserai dire et soutenir avoir vu telle coquille de tortue que l'arquebuse ne pourrait aucunement traverser. Il ne faut demander combien nos insulaires du Cap-Vert en prennent, et en mangent communément la chair, comme ici nous ferions du bœuf ou mouton. Aussi est-elle semblable à la chair de veau et presque de même goût[2]. Les sauvages des Indes Amériques n'en veulent aucunement manger, persuadés de cette folle opinion qu'elle les rendrait pesants, comme aussi elle est pesante, qui leur causerait empêchement en guerre ; pource qu'étant appesantis, ne pourraient légèrement poursuivre leurs ennemis, ou bien échapper et évader leurs mains.

Je réciterai pour la fin l'histoire d'un gentilhomme portugais lépreux, lequel pour le grand ennui qu'il recevait de son mal, cherchant tous les moyens de s'absenter de son pays, comme en extrême désespoir, après avoir entendu la conquête de ces belles îles par ceux de son pays, délibéra pour récréation s'y en aller. Donc il se dressa au meilleur équipage qu'il lui fut possible, c'est-à-savoir de navires, gens et munitions, bestial en vie, principalement chèvres, dont ils ont quantité ; et finalement aborda en l'une de ces îles ; où, pour le dégoût que lui causait la maladie, ou pour être rassasié de chair de laquelle coutumièrement il usait en son pays, lui vint appétit de manger œufs de tortues, dont il fit ordinaire l'espace de deux ans, et de manière qu'il fut guéri de sa lèpre[3]. Or je demanderais volontiers si sa guérison doit être donnée à la température de l'air, lequel il avait changé, ou à la viande. Je croirais à la vérité que l'un et l'autre ensemble en partie en pourraient être cause. Quant à la tortue, Pline en parlant tant pour aliment que pour médicament, ne fait aucune mention qu'elle soit propre contre la lèpre ; toutefois il dit qu'elle est vrai antidote contre plusieurs venins, spécialement de la salamandre, par une antipathie qui est entre elles deux, et mortelle inimitié[4].

Que si cet animant avait quelque propriété occulte et particulière contre ce mal, je m'en rapporte aux philosophes et médecins. Et ainsi l'expérience a donné à connaître la propriété de plusieurs médicaments, de laquelle l'on ne peut donner certaine raison. Parquoi je conseillerais volontiers d'en faire expérience en celles de ce pays, et des terrestres, si l'on n'en peut recouvrer de marines ; qui serait à mon jugement beaucoup meilleur et plus sûr que les vipères tant recommandées en cette affection, et dont est composé le grand Thériaque ; attendu qu'il n'est pas sûr user de vipères pour le venin qu'elles portent, quelque chose que l'on en dise ; laquelle chose est aussi premièrement venue d'une seule expérience.

L'on dit que plusieurs y sont allés à l'exemple de cestui-ci, et leur a bien succédé. Voilà quant aux tortues. Et quant aux chèvres que mena notre gentilhomme, elles ont là si bien multiplié, que pour le présent il y en a un nombre infini ; et tiennent aucuns que leur origine vient de là et que par avant n'y en avait été vu. Reste à parler d'une herbe qu'ils nomment en leur langue orseille.

Cette herbe est comme une espèce de mousse, qui croît à la sommité des hauts et inaccessibles rochers, sans aucune terre, et y en a grande abondance. Pour la cueillir ils attachent quelques cordes au sommet de ces montagnes et rochers, puis montent à mont par le bout d'en-bas de la corde, et grattant le rocher avec certains instruments la font tomber, comme voyez faire un ramoneur de cheminée ; laquelle ils réservent et descendent en bas par une corde avec corbeilles ou autres vaisseaux. L'émolument et usage de cette herbe est qu'ils l'appliquent à faire teintures, comme nous avons dit par ci-devant en quelque passage[1].

CHAPITRE XV

De l'île de Feu.

Entre autres singularités, je n'ai voulu omettre l'île de Feu[2], ainsi appelée, pourtant que continuellement elle jette une flambe[3] de feu, telle que si les anciens en eussent eu aucune connaissance, ils l'eussent mise entre les autres choses qu'ils ont écrites par quelque miracle et singularité, aussi bien que la montagne de Vésuve et la montagne d'Etna, desquelles pour vrai en récitent merveilles. Quant à Etna en Sicile, elle a jeté le feu quelquefois avec un bruit merveilleux, comme au temps de M. Émile et T. Flamin, comme écrit Orose. Ce que confirment plusieurs autres historiographes, comme Strabon, qui affirme l'avoir vue et diligemment considérée. Qui me fait croire, qu'il en soit quelque chose, même pour le regard des personnages qui en ont parlé : aussi elles ne sont si éloignées de nous, qu'il ne soit bien possible de faire épreuve avec l'œil, témoin le plus fidèle[1], de ce qu'en trouvons aux histoires. Je sais bien que quelqu'un d'entre nos modernes écrivains a voulu dire que l'une des Canaries jette perpétuellement du feu, mais qu'il se garde bien de prendre celle dont nous parlons pour l'autre. Aristote au livre des merveilles parle d'une île découverte par les Carthaginois, non habitée, laquelle jetait comme flambeaux de feu, venant de matières sulfureuses, outre plusieurs autres choses admirables. Toutefois je ne saurais juger qu'il ait entendu de la nôtre, encore moins du mont Etna, car il était connu devant le règne des Carthaginois. Quant à la montagne de Pussole[2], elle est située en terre ferme : et si aucun voulait dire autrement, je m'en rapporte; de ma part, je n'ai trouvé que jamais ait été connue que depuis 1530, en cette part de Ponant, avec autres tant lointaines que prochaines, et terre continente.

Cette île dont nous parlons contient environ sept lieues de circuit : nommée à bonne raison île de Feu, car la montagne ayant de circuit six cent septante-neuf pas, et de hauteur mil cinquante-cinq brassées ou environ, jette continuellement par le sommet une flambe, que l'on voit de trente ou quarante lieues sur la mer, beaucoup plus clairement la nuit que le jour, pource qu'en bonne philosophie la plus grande lumière anéantit la moindre. Ce qui donne quelque terreur aux navigants, qui ne l'ont connue auparavant. Cette flambe est accompagnée de je ne sais quelle mauvaise odeur, ressentant aucunement le soufre, qu'est argument qu'au ventre de cette montagne y a quelque mine de soufre. Parquoi l'on

ne doit trouver telles manières de feu étranges, attendu que ce sont choses naturelles, ainsi que témoignent les philosophes : c'est que ces lieux sont pleins de soufre et autres minéraux fort chauds, desquels se résout une vapeur chaude et sèche semblable à feu. Ce qui ne se peut faire sans air. Pourquoi nous apparaissent hors la terre par le premier soupirail trouvé, et quand elles sont agitées de l'air. Aussi de là sortent les eaux naturellement chaudes, sèches, quelquefois astringentes, comme fontaines et bains en Allemagne et Italie. Davantage en Esclavonie près Apollonia[1] se trouve une fontaine sortant d'un roc, où l'on voit sourdre une flamme de feu, dont toutes les eaux prochaines sont comme bouillantes. Ce lieu donc est habité de Portugais, ainsi que plusieurs autres par-delà. Et tout ainsi que l'ardeur de cette montagne n'empêche la fertilité de la terre, qui produit plusieurs espèces de bons fruits, où est une grande température de l'air, vives sources et belles fontaines : aussi la mer qui l'environne n'éteint cette véhémente chaleur, comme récite Pline de la Chimère toujours ardente, qui s'éteint par terre ou foin jetés dessus, et est allumée par eau[1].

CHAPITRE XVI
De l'Éthiopie.

Je sais très bien que plusieurs cosmographes ont suffisamment décrit le pays d'Éthiopie, même entre les modernes, ceux qui ont récemment fait plusieurs belles navigations par cette côte d'Afrique, en plusieurs et lointaines contrées : toutefois cela n'empêchera que selon la portée de mon petit esprit, je n'écrive aucunes singularités observées en naviguant par cette même côte en la grande Amérique.

Or l'Éthiopie est de telle étendue qu'elle porte et en Asie et en Afrique, et pour ce l'on la divise en deux. Celle qui est en Afrique, aujourd'hui est appelée Inde, terminée au Levant de la mer Rouge, et au Septentrion de l'Égypte et Afrique, vers le Midi du fleuve Nigritis[2], que nous avons dit être appelé Sénéga : au Ponant elle a l'Afrique intérieure, qui va jusques aux rivages de l'Océan. Et ainsi a été appelée du nom d'Éthiops, fils de Vulcain, laquelle a eu auparavant plusieurs autres noms ; vers l'Occident montagneuse, peu habitée au Levant, et aréneuse[3] au milieu, même tirant à la mer Atlantique.

Les autres la décrivent ainsi : il y a deux Éthiopies, l'une est sous l'Égypte, région ample et riche, et en icelle est Méroé, île très grande entre celles du Nil ; et d'icelle tirant vers l'Orient règne le Prêtre-Jean. L'autre n'est encore tant connue ni découverte, tant elle est grande, sinon auprès des rivages. Les autres la divisent autrement, c'est-à-savoir l'une part être en Asie, et l'autre en Afrique, que l'on appelle aujourd'hui les Indes de Levant, environnée de la mer Rouge et Barbarie, vers Septentrion au pays de Libye et Égypte. Cette contrée est fort montagneuse, dont les principales montagnes sont celles de Bed, Jone, Bardite, Mescha, Lipha. Quelques-uns ont écrit les premiers Éthiopiens et Égyptiens avoir été entre tous les plus rudes et ignorants, menant une vie fort agreste, tout ainsi que bêtes brutes : sans logis arrêté, ains se reposant où la nuit les prenait, pis que ne font aujourd'hui les Masouites. Depuis l'équinoxial vers l'Antarctique, y a une grande contrée d'Éthiopes, qui nourrit de grands éléphants, tigres, rhinocérons. Elle a une autre région portant cinamome, entre les bras du Nil. Le royaume d'Ettabech[1] deçà et delà le Nil, est habité des chrétiens. Les autres sont appelés Ichthyophages[2], ne vivant seulement que de poisson, rendus autrefois sous l'obéissance du grand Alexandre. Les Anthropophages sont auprès des monts de la Lune[3]; et le reste tirant de là jusques au Capricorne, et retournant vers le cap de Bonne-Espérance, est habité de plusieurs et divers peuples, ayant diverses formes et monstrueuses[4]. On les estime toutefois avoir été les premiers nés au monde, aussi les premiers qui ont inventé la religion et cérémonies; et pour ce n'être étrangers en leurs pays, ni venant d'ailleurs[5], n'avoir aussi onc enduré le joug de servitude, ains avoir toujours vécu en liberté. C'est chose merveilleuse de l'honneur et amitié qu'ils portent à leur roi. Que s'il advient que le roi soit mutilé en aucune partie de son corps, ses sujets, spécialement domestiques, se mutilent en cette même partie, estimant être chose impertinente de demeurer sains et entiers, et le roi être offensé[6]. La plus grande part de ce peuple est tout nu pour l'ardeur excessive du soleil; aucuns couvrent leurs parties honteuses de quelques peaux; les autres la moitié du corps, et les autres le corps entier. Méroé[7] est capitale ville d'Éthiopie, laquelle était anciennement appelée Saba, et depuis par Cambyse Méroé. Il y a diversité de religion. Aucuns sont idolâtres, comme nous dirons ci-après; les autres adorent le soleil levant, mais ils dépitent l'occident. Ce pays abonde en miracles, il nourrit vers l'Inde de très grands animaux, comme grands chiens, éléphants, rhinocérons d'admirable grandeur, dragons, basilics et autres; davantage des arbres si hauts qu'il n'y a flèche ni arc qui en puisse atteindre la sommité, et plusieurs autres choses admirables, comme aussi Pline récite au livre dix-septième, chapitre second, de son *Histoire naturelle*[1]. Ils usent coutumièrement de mil et orge, desquels aussi ils font quelque breuvage; et ont peu d'autres fruits et arbres, hormis quelques grands palmes[2].

Ils ont quantité de pierres précieuses en aucun lieu plus qu'en l'autre. Il ne sera encore, ce me semble, hors de propos de dire ce peuple être noir selon que la chaleur y est plus ou moins véhémente, et que icelle couleur provient de l'adustion superficielle causée de la chaleur du soleil, qui est cause aussi qu'ils sont fort timides. La chaleur de l'air ainsi violente tire dehors la chaleur naturelle du coeur et autres parties internes; pourquoi ils demeurent froids au-dedans, destitués de la chaleur naturelle, et brûlés par-dehors seulement; ainsi que nous voyons en autres choses adustes et brûlées.

L'action de chaleur en quelque objet que ce soit, n'est autre chose que résolution et dissipation des éléments, quand elle persévère et est violente; de manière que les éléments plus subtils consumés ne reste que la partie terrestre retenant couleur et consistance de terre, comme nous voyons la cendre et bois brûlé. Donc à la peau de ce peuple ainsi brûlé ne reste que la partie terrestre de l'humeur, les autres étant dissipées, qui leur cause cette couleur. Ils sont, comme j'ai dit, timides, pour la frigidité interne : car hardiesse ne provient que d'une véhémente chaleur du coeur; qui fait que les Gaulois et autres peuples approchant de Septentrion, au contraire froids par-dehors pour l'intempérature de l'air, sont chauds merveilleusement au-dedans, et pourtant être hardis, courageux et pleins d'audace[3].

Pourquoi ces Noirs ont le poil crêpe, dents blanches, grosses lèvres, les jambes obliques, les femmes incontinentes, et plusieurs autres vices, qui serait trop long à disputer, parquoi je laisserai cela aux philosophes, craignant aussi d'outrepasser nos limites. Venons donc à notre propos. Ces Éthiopes et Indiens usent de magie, pource qu'ils ont plusieurs herbes et autres choses propres à tel exercice. Et est certain qu'il y a quelque sympathie ès choses et antipathie occulte, qui ne se peut connaître que par longue expérience. Et pource que nous côtoyâmes une contrée assez avant dans ce pays nommé Guinée, j'en ai bien voulu écrire particulièrement.

CHAPITRE XVII
De la Guinée.

Après s'être rafraîchis au Cap-Vert, fut question de passer outre, ayant vent de Nord-Est merveilleusement favorable pour nous conduire droit sous la ligne équinoxiale, laquelle devions passer; mais étant parvenus à la hauteur de la Guinée, située en Éthiopie, le vent se trouva tout contraire, pource qu'en cette région les vents sont fort inconstants, accompagnés le plus souvent de pluies, orages et tonnerres, tellement que la navigation de ce côté est dangereuse.

Or le quatorzième de septembre arrivâmes en ce pays de Guinée, sus le rivage de l'Océan, mais assez avant en terre, habitée d'un peuple fort étrange pour leur idolâtrie et superstition ténébreuse et ignorante. Avant que cette contrée fût découverte, et le peuple y habitant connu, on estimait qu'ils avaient même religion et façon de vivre que les habitants de la haute Éthiopie ou de Sénéga; mais il s'est trouvé tout l'opposite. Car tous ceux qui habitent depuis icelui Sénéga jusques au cap de Bonne-Espérance sont tous idolâtres, sans connaissance de Dieu ni de sa loi.

Et tant est aveuglé ce pauvre peuple que la première chose qui se rencontre au matin, soit oiseau, serpent ou autre animal domestique ou sauvage, ils le prennent pour tout le jour, le portant avec soi à leurs négoces, comme un Dieu protecteur de leur entreprise; comme s'ils vont en pêcherie avec leurs petites barquettes d'écorce de quelque bois, le mettront à l'un des bouts bien enveloppé de quelques feuilles, ayant opinion que pour tout le jour leur amènera bonne encontre, soit en eau ou terre, et les préservera de toute infortune.

*Habitants de
la Guinée
jusques au Cap
de Bonne-
Espérance tous
idolâtres.*

Ils croient pour le moins en Dieu, alléguant être là-sus immortel, mais inconnu, pource qu'il ne se donne à connaître à eux sensiblement. Laquelle erreur n'est en rien différente à celle des gentils du temps passé, qui adoraient divers Dieux sous images et simulacres. Chose digne d'être récitée de ces pauvres barbares, lesquels aiment mieux adorer choses corruptibles qu'être réputés être sans Dieu. Diodore Sicilien récite que les Éthiopes ont eu les premiers connaissance des dieux immortels, auxquels commencèrent à vouer et sacrifier hosties[1]. Ce que le poète Homère voulant signifier en son *Iliade*, introduit Jupiter avec quelques autres dieux, avoir passé en Éthiopie, tant pour les sacrifices qui se faisaient à leur honneur, que pour l'aménité et douceur du pays[2]. Vous avez semblable chose de Castor et Pollux : lesquels sus la mer allant avec l'exercite des Grecs contre Troie, s'évanouirent en l'air et onques plus ne furent vus. Qui donna opinion aux autres de penser qu'ils avaient été ravis et mis entre les déités marines. Aussi plusieurs les appellent claires étoiles de la mer. Ledit peuple n'a temples ni églises, ni autres lieux dédiés à sacrifices ou oraisons.

Outre cela, ils sont encore plus méchants sans comparaison que ceux de la Barbarie et de l'Arabie; tellement que les étrangers n'oseraient aborder, ni mettre pied à terre en leurs pays, sinon par otages : autrement les saccageraient comme esclaves. Cette canaille la plupart va toute nue, combien que quelques-uns, depuis que leur pays a été un peu fréquenté, se sont accoutumés à porter quelque camisole de jonc ou coton, qui leur sont portées d'ailleurs. Ils ne font si grand trafic de bétail qu'en la Barbarie. Il y a peu de fruits, pour les siccités[1] et excessives chaleurs : car cette région est en la zone torride. Ils vivent fort long âge, et ne se montrent caducs, tellement qu'un homme de cent ans ne sera estimé de quarante.

Toutefois ils vivent de chairs de bêtes sauvages, sans être cuites ni bien préparées. Ils ont aussi quelque poisson, huîtres en grande abondance, larges de plus d'un grand demi-pied, mais plus dangereuses à manger, que tout autre poisson. Elles rendent un jus semblable au lait; toutefois les habitants du pays en mangent sans danger[2]; et usent tant d'eau douce que salée. Ils font guerre coutumièrement contre autres nations : leurs armes sont arcs et flèches, comme aux autres Éthiopes et Africains. Les femmes de ce pays s'exercent à la guerre, ni plus ni moins que les hommes. Et si portent la plupart une large boucle de fin or ou autre métal aux oreilles, lèvres et pareillement aux bras. Les eaux de ce pays sont fort dangereuses, et est aussi l'air insalubre; pour ce, à mon avis, que ce vent de Midi chaud et humide y est fort familier, sujet à toute putréfaction : ce que nous expérimentons encore bien par-deçà. Et pour ce, ceux qui de ce pays ou autre mieux tempéré vont à la Guinée, n'y peuvent faire long séjour, sans encourir maladie. Ce qui aussi nous est advenu, car plusieurs de notre compagnée en moururent, les autres demeurèrent long espace de temps fort malades, et à grande difficulté se purent sauver : qui fut cause que n'y séjournâmes pas longuement.

Je ne veux omettre qu'en la Guinée, le fruit le plus fréquent, et dont se chargent les navires des pays étranges, est la maniguette, très bonne et fort requise sur toutes les autres épiceries : aussi les Portugais en font grand trafic. Ce fruit vient parmi les champs de la forme d'un oignon, ce que volontiers nous eussions représenté par figure pour le contentement d'un chacun, si la commodité l'eût permis. Car nous nous sommes arrêtés au plus nécessaire. L'autre qui vient de Calicut et des Moluques n'est tant estimé de beaucoup. Ce peuple de Guinée trafique avec quelques autres barbares voisins d'or et de sel d'une façon fort étrange. Il y a certains lieux ordonnés entre eux, où chacun de sa part porte sa marchandise, ceux de la Guinée le sel, et les autres l'or fondu en masse [1]. Et sans autrement communiquer ensemble, pour la défiance qu'ils ont les uns des autres, comme les Turcs et Arabes, et quelques sauvages de l'Amérique avec leurs voisins, laissent au lieu dénommé le sel et or, porté là de chacune part. Cela fait, se transporteront au lieu ces Éthiopes de la Guinée, où s'ils trouvent de l'or suffisamment pour leur sel, ils le prennent et emportent, sinon ils le laissent. Ce que voyant les autres, c'est-à-savoir leur or ne satisfaire, y en ajouteront jusques à tant que ce soit assez, puis chacun emporte ce qui lui appartient.

Entendez davantage que ces Noirs de deçà sont mieux appris et plus civils que les autres, pour la communication qu'ils ont avec plusieurs marchands qui vont trafiquer par-delà ; aussi allèchent les autres à trafiquer de leur or, par quelques menues hardes, comme petites camisoles et habillements de vil prix, petits couteaux et autres menues hardes et ferrailles. Aussi trafiquent les Portugais avec les Mores de la Guinée, outre les autres choses d'ivoire que nous appelons dents d'éléphants ; et m'a récité un entre les autres que pour une fois ont chargé douze mille de ces dents, entre lesquelles s'en est trouvé une de merveilleuse grandeur, du poids de cent livres. Car ainsi que nous avons dit, le pays d'Éthiopie nourrit éléphants, lesquels ils prennent à la chasse, comme nous ferions ici sangliers, avec quelque autre petite astuce et méthode ;

ainsi en mangent-ils la chair, laquelle plusieurs ont affirmé être très bonne; ce que j'aime mieux croire qu'en faire autrement l'essai ou en disputer plus longuement.

Je ne m'arrêterai en cet endroit à décrire les vertus et propriétés de cet animal, le plus docile et approchant de la raison humaine que nul autre, vu que cet animal a été tant célébré par les anciens et encore par ceux de notre temps, et attendu que Pline[1], Aristote et plusieurs autres en ont suffisamment traité, et de sa chair, laquelle on dit être médicamenteuse et propre contre la lèpre, prise par la bouche ou appliquée par-dehors en poudre; les dents que nous appelons ivoire conforter le cœur et l'estomac, aider aussi de toute sa substance le part[2] au ventre de la mère. Je ne veux donc réciter ce qu'ils en ont écrit, comme ce n'est notre principal sujet, aussi me semblerait trop éloigner du propos encommencé. Toutefois je ne laisserai à dire ce que j'en ai vu. Que si de cas fortuit ils en prennent quelques petits, ils les nourrissent, leur apprenant mille gentillesses; car cet animal est fort docile et de bon entendement.

CHAPITRE XVIII

De la ligne équinoxiale & îles de Saint-Homer.

Laissant donc cette partie de Guinée à senestre, après y avoir bien peu séjourné pour l'infection de l'air, ainsi qu'avons dit ci-devant, il fut question de poursuivre notre chemin, côtoyant toujours jusques à la hauteur du cap de Palmes et de celui que l'on appelle à Trois Pointes, où passe un très beau fleuve portant grands vaisseaux, par le moyen duquel se mène grand trafic par tout le pays; et lequel porte abondance d'or et d'argent en masse non monnayé. Pourquoi les Portugais se sont accostés et apprivoisés avec les habitants et ont là bâti un fort château qu'ils ont nommé Castel de mine[3]; et non sans cause, car leur or est sans comparaison plus fin que celui de Calicut ni des Indes Amériques. Il est par-deçà l'équinoxial environ trois degrés et demi. Il se trouve là une rivière qui provient des montagnes du pays nommé Cania; et une autre plus petite nommée Rhegium; lesquelles portent très bon poisson, au reste crocodiles dangereux, ainsi que le Nil et Sénéga, que l'on dit en prendre son origine. L'on voit le sable de ces fleuves ressembler à or pulvérisé. Les gens du pays chassent aux crocodiles et en mangent comme de venaison. Je ne veux oublier qu'il me fut récité avoir été vu près Castel de mine un monstre marin ayant forme d'homme, que le flot avait laissé sur l'arène[1]. Et fut ouïe semblablement la femelle en retournant avec le flot, crier hautement et se douloir pour l'absence du mâle; qui est chose digne de quelque admiration. Par cela peut-on connaître la mer produire et nourrir diversité d'animaux ainsi comme la terre[2].

Or, étant parvenus par nos journées jusque sous l'équinoxial, n'avons délibéré de passer outre sans en écrire quelque chose. Cette ligne équinoxiale ou équateur est une trace imaginative[3] du soleil par le milieu de l'univers, lequel lors il divise en deux parties égales deux fois l'année, c'est-à-savoir le quatorzième de septembre et l'onzième de mars[4], et lors le soleil passe directement par le zénith de la terre et nous laisse ce cercle imaginé, parallèle aux tropiques et autres que l'on peut imaginer entre les deux pôles, le soleil allant de Levant en Occident. Il est certain que le soleil va obliquement toute l'année par l'écliptique au zodiaque, sinon aux jours dessus nommés, et est directement au nadir de ceux qui habitent là. Davantage ils ont droit horizon, sans que l'un des pôles leur soit plus élevé que l'autre. Le jour et la nuit leur sont égaux, dont il a été appelé équinoxial; et selon que le soleil s'éloigne de l'un ou l'autre pôle, il se trouve inégalité de jours et nuits, et élévation de pôle. Donc le soleil déclinant peu à peu de ce point équinoxial, va par son zodiaque oblique, presque au tropique du Capricorne; et ne passant outre fait le solstice d'hiver; puis retournant passe par ce même équinoxial, jusques à ce qu'il soit parvenu au signe de Cancer, où est le solstice d'été. Parquoi il fait six figures partant de l'équinoxial à chacun de ces tropiques.

Les anciens ont estimé cette contrée ou zone entre les tropiques être inhabitable pour les excessives chaleurs, ainsi que celles qui sont prochaines aux deux pôles, pour être trop froides.

Toutefois depuis quelque temps en-çà, cette zone a été découverte par navigations et habitée, pour être fertile et abondante en plusieurs bonnes choses, nonobstant les chaleurs : comme les îles de Saint-Homer et autres dont nous parlerons ci-après. Aucuns voulant sous cette ligne comparer la froideur de la nuit à la chaleur du jour, ont pris argument qu'il y pouvait, pour ce regard, avoir bonne température, outre plusieurs autres raisons que je laisserai pour le présent. La chaleur, quand nous y passâmes, ne me sembla guère plus véhémente qu'elle est ici à la Saint-Jean. Au reste, il y a force tonnerres, pluies et tempêtes. Et pource ès îles de Saint-Homer[1], comme aussi en une autre île, nommée l'île des Rats[2], y a autant de verdure qu'il est possible, et n'y a chose qui montre adustion[3] quelconque. Ces îles sous la ligne équinoxiale sont marquées en nos cartes marines Saint-Homer ou Saint-Thomas, habitées aujourd'hui par les Portugais, combien qu'elles ne soient si fertiles que quelques autres ; vrai est qu'il s'y recueille quelque sucre ; mais ils s'y tiennent pour trafiquer avec les Barbares et Éthiopes, c'est-à-savoir d'or fondu, perles, musc, rhubarbe, casse, bêtes, oiseaux et autres choses selon le pays. Aussi sont en ces îles les saisons du temps fort inégales et différentes des autres pays ; les personnes sujettes beaucoup plus à maladies que ceux du Septentrion. Quelle différence et inégalité vient du soleil, lequel nous communique ses qualités par l'air étant entre lui et nous. Il passe (comme chacun entend) deux fois l'année perpendiculairement par là, et lors décrit notre équinoxial, c'est-à-savoir au mois de mars et de septembre. Environ cette ligne il se trouve abondance de poissons, de plusieurs et diverses espèces, que c'est chose merveilleuse de les voir sus l'eau, et les ai vu faire si grand bruit autour de nos navires, qu'à bien grande difficulté nous nous pouvions ouïr parler l'un l'autre. Que si cela advient pour la chaleur du soleil ou pour autre raison, je m'en rapporte aux philosophes.

Reste à dire qu'environ notre équinoxial j'ai expérimenté l'eau y être plus douce et plaisante à boire qu'en autres endroits où elle est fort salée, combien que plusieurs maintiennent le contraire, estimant devoir être plus salée, d'autant que plus près elle approche de la ligne où est la chaleur plus véhémente; attendu que de là vient l'adustion et salure de la mer; parquoi être plus douce, celle qui approche des pôles. Je croirais véritablement que depuis l'un et l'autre pôle jusques à la ligne ainsi que l'air n'est également tempéré, n'être aussi l'eau tempérée; mais sous la ligne la température de l'eau suivre la bonne température de l'air. Parquoi y a quelque raison que l'eau en cet endroit ne soit tant salée comme autre part. Cette ligne passée, commençâmes à trouver de plus en plus la mer calme et paisible, tirant vers le cap de Bonne-Espérance.

CHAPITRE XIX

Que non seulement tout ce qui est sous la ligne est habitable,
mais aussi tout le monde est habité,
contre l'opinion des anciens.

L'on voit évidemment combien est grande la curiosité des hommes, soit pour appétit de connaître toutes choses, ou pour acquérir possessions et éviter oisiveté, qu'ils se sont hasardés (comme dit le Sage[1], et après lui le poète Horace en ses *Épîtres*) à tous dangers et travaux, pour finalement, pauvreté éloignée, mener une vie plus tranquille, sans ennui ou fâcherie. Toutefois il leur pouvait être assez de savoir et entendre que le souverain ouvrier a bâti de sa propre main cet univers de forme toute ronde, de manière que l'eau a été séparée de la terre, afin que plus commodément chacun habitât en son propre élément, ou pour le moins en celui duquel plus il participerait; toutefois non contents de ce ils ont voulu savoir s'il était de toutes parts habité. Néanmoins pour telle recherche et diligence, je les estime de ma part autant et plus louables que les modernes écrivains et navigateurs, pour nous avoir fait si belle ouverture de telles choses, lesquelles autrement à grande peine en toute notre vie eussions pu si bien comprendre, tant s'en faut que les eussions pu exécuter. Thalès, Pythagoras, Aristote, et plusieurs autres tant Grecs que Latins, ont dit qu'il n'était possible toutes les parties du monde être habitées : l'une pour la trop grande et insupportable chaleur, les autres pour la grande et véhémente froidure. Les autres auteurs divisant le monde en deux parties, appelées hémisphères, l'une desquelles disent ne pouvoir aucunement être habitée; mais l'autre, en laquelle nous sommes, nécessairement être habitable. Et ainsi des cinq parties du monde ils en ôtent trois, de sorte que selon leur opinion n'en resteraient que deux qui fussent habitables.

Et pour le donner mieux à entendre à un chacun (combien que je n'estime point que les savants l'ignorent), j'expliquerai ceci plus à plein et plus apertement. Voulant donc prouver que la plus grande partie de la terre est inhabitable, ils supposent avoir cinq zones en tout le monde, par lesquelles ils veulent mesurer et compasser toute la terre; et desquelles deux sont froides, deux tempérées et l'autre chaude. Et si vous voulez savoir comme ils colloquent ces cinq zones, exposez votre main senestre au soleil levant, les doigts étendus et séparés l'un de l'autre (et par cette méthode l'enseignait aussi Probus Grammaticus), puis quand aurez regardé le soleil par les intervalles de vos doigts, fléchissez-les et courbez un chacun en forme d'un cercle. Par le pouce vous entendrez la zone froide qui est au Nord, laquelle pour l'excessive froidure (comme ils affirment) est inhabitable. Toutefois l'expérience nous a montré depuis quelque temps toutes ces parties jusque bien près de notre pôle, même outre le parallèle Arctique, joignant les Hyperborées, comme Scavie, Dace, Suèce[1], Gottie, Norvergie, Dannemarc, Thylé[2], Livonie, Pilappe, Pruse, Rusie ou Ruthénie, où il n'y a que glace et froidure perpétuelle, être néanmoins habitées d'un peuple fort rude, félon et sauvage. Ce que je crois encore plus par le témoignage de Monsieur de Cambrai, natif de

Bourges[1], ambassadeur pour le Roi en ces pays de Septentrion, Pologne, Hongrie et Transylvanie, qui m'en a fidèlement communiqué la vérité, homme, au surplus, pour son érudition et connaissance des langues digne de tel maître et de telle entreprise. Parquoi sont excusables les anciens, et non du tout croyables, ayant parlé par conjecture et non par expérience. Retournons aux autres zones. L'autre doigt dénote la zone tempérée, laquelle est habitable et se peut étendre jusques au tropique du Cancre; combien qu'en approchant elle soit plus chaude que tempérée, comme celle qui est justement au milieu, c'est-à-savoir entre ce tropique et le pôle. Le troisième doigt nous représente la zone située entre les deux tropiques, appelée torride pour l'excessive ardeur du soleil, qui par manière de parler la rôtit et brûle toute, pourtant a été estimée inhabitable. Le quatrième doigt est l'autre zone tempérée des Antipodes, moyenne entre le tropique du Capricorne et l'autre pôle, laquelle est habitable. Le cinquième, qui est le petit doigt, signifie l'autre zone froide, qu'ils ont pareillement estimée inhabitable, pour même raison que celle du pôle opposite; de laquelle on peut autant dire comme avons dit du Septentrion, car il y a semblable raison des deux. Après donc avoir connu cette règle et exemple, facilement l'on entendra quelles parties de la terre sont habitables, et quelles non, selon l'opinion des anciens.

Pline, diminuant ce qu'est habité, écrit que de ces cinq parties qui sont nommées zones, en faut ôter trois, pource qu'elles ne sont habitables : lesquelles ont été désignées par le pouce, petit doigt et celui du milieu. Il ôte pareillement ce que peut occuper la mer Océane. Et en un autre lieu il écrit que la terre qui est dessous le zodiaque est seulement habitée. Les causes qu'ils allèguent pour lesquelles ces trois zones sont inhabitables est le froid véhément qui, pour la longue distance et absence du soleil, est en la région des deux pôles; et la grande et excessive chaleur qui est sous la zone torride, pour la vicinité et continuelle présence du soleil[2]. Autant en affirment presque tous les théologiens modernes. Le contraire toutefois se peut montrer par les écrits des auteurs ci-dessus allégués, par l'autorité des philosophes, spécialement de notre temps, par le témoignage de l'Écriture sainte; puis par l'expérience, qui surpasse tout, laquelle en a été faite par moi.

Strabon, Mela et Pline, combien qu'ils approuvent les zones, écrivent toutefois qu'il se trouve des hommes en Éthiopie, en la péninsule nommée par les anciens Aurea[1] et en l'île Taprobane[2], Malacca et Zamotra sous la zone torride. Aussi que Scandinavie, les monts Hyperborées et pays à l'entour près le Septentrion (dont nous avons ci-devant parlé) sont peuplés et habités; jaçoit selon Hérodote que ces montagnes soient directement sous le pôle. Ptolémée ne les a colloquées si près, mais bien à plus de septante degrés de l'équinoxial. Le premier qui a montré la terre contenue sous les deux zones tempérées être habitable a été Parménide, ainsi que récite Plutarque[3]. Plusieurs ont écrit la zone torride non seulement pouvoir être habitée, mais aussi être fort peuplée. Ce que prouve Averroés par le témoignage d'Aristote au quatrième de son livre intitulé *Du ciel et du monde*[4]. Avicenne pareillement en sa seconde doctrine et Albert le Grand au chapitre sixième de la nature des régions[5] s'efforcent de prouver par raisons naturelles que cette zone est habitable, voire plus commode pour la vie humaine que celles des tropiques. Et par ainsi nous la conclurons être meilleure, plus commode et plus salubre à la vie humaine que nulle des autres : car ainsi que la froideur est ennemie, aussi est la chaleur amie au corps humain, attendu que notre vie n'est que chaleur et humidité, la mort au contraire, froideur et siccité. Voilà donc comme toute la terre est peuplée, et n'est jamais sans habitateurs, pour chaleur ni pour froidure, mais bien pour être infertile, comme j'ai vu en l'Arabie déserte et autres contrées. Aussi a été l'homme ainsi créé de Dieu, qu'il pourra vivre en quelque partie de la terre, soit chaude, froide ou tempérée. Car lui-même a dit à nos premiers parents : «Croissez et multipliez»[6]. L'expérience davantage (comme plusieurs fois nous avons dit) nous certifie combien le monde est ample et accommodable à toutes créatures, et ce, tant par continuelle navigation sus la mer comme par lointains voyages sur la terre[7].

CHAPITRE XX

De la multitude & diversité des poissons
étant sous la ligne équinoxiale.

Avant que sortir de notre ligne, j'ai bien voulu faire mention particulière du poisson qui se trouve environ sept ou huit degrés deçà et delà, de couleurs si diverses et en telle multitude qu'il n'est possible de les nombrer ou amasser ensemble comme un grand monceau de blé en un grenier. Et faut entendre qu'entre ces poissons, plusieurs ont suivi nos navires plus de trois cents lieues : principalement les dorades dont nous parlerons assez amplement ci-après. Les marsouins, après avoir vu de loin nos navires, nagent impétueusement à l'encontre de nous, qui donne certain présage aux mariniers de la part que doit venir le vent : car ces animaux, disent-ils, nagent à l'opposite et en grande troupe, comme de quatre à cinq cents. Ce poisson est appelé marsouin de *Maris sus* en latin, qui vaut autant à dire que 'pourceau de mer', pource qu'il retire aucunement aux porcs terrestres : car il a semblable gronnissement, et a le groin comme le bec d'une cane, et sus la tête certain conduit par lequel il respire ainsi que la baleine.

Les matelots en prennent grand nombre avec certains engins de fer aigus par le bout, et cramponnés, et n'en mangent guère la chair, ayant autre poisson meilleur; mais le foie en est fort bon et délicat, ressemblant au foie du porc terrestre. Quand il est pris, ou approchant de la mort, il jette grands soupirs, ainsi que voyons faire nos porcs, quand on les saigne. La femelle n'en porte que deux à chacune fois. C'était donc chose fort admirable du grand nombre de ces poissons, et du bruit tumultueux qu'ils faisaient en la mer, sans comparaison plus grand que nul torrent tombant d'une haute montagne. Ce que aucuns estimeront par aventure fort étrange et incroyable, mais je l'assure ainsi pour l'avoir vu. Il s'en trouve, comme je disais, de toutes couleurs, de rouge, comme ceux qu'ils appellent bonites; les autres azurés et dorés, plus reluisants que fin azur, comme sont dorades; autres verdoyants, noirs, gris et autres. Toutefois je ne veux dire que hors de la mer ils retiennent toujours ces couleurs ainsi naïves. Pline récite qu'en Espagne a une fontaine dont le poisson porte couleur d'or, et dehors il a semblable couleur que l'autre[1]. Ce qui peut provenir de la couleur de l'eau étant entre notre œil et le poisson; tout ainsi qu'une vitre de couleur verte nous représente les choses de semblable couleur.

Venons à la dorade. Plusieurs tant anciens que modernes ont écrit de la nature des poissons, mais assez légèrement, pour ne les avoir vus, ains en avoir ouï parler seulement, et spécialement de la dorade. Aristote écrit qu'elle a quatre nageoires, deux dessus et deux dessous, et qu'elle fait ses petits en été et qu'elle demeure cachée long espace de temps; mais il ne le termine point. Pline, à mon avis, a imité ce propos d'Aristote, parlant de ce poisson, disant qu'elle se cache en la mer pour quelque temps, mais passant outre, a défini ce temps être sur les excessives chaleurs, pource qu'elle ne pouvait endurer chaleur si grande[2]. Et volontiers l'eusse représentée par figure, si j'eusse eu le temps et l'opportunité, remettant à autre fois.

Il s'en trouve de grandes, comme grands saumons, les autres plus petites. Depuis la tête jusques à la queue, elle porte une crête, et toute cette partie colorée comme de fin azur, tellement qu'il est impossible d'excogiter couleur plus belle ni plus claire. La partie inférieure est d'une couleur semblable à fin or de ducat; et voilà pourquoi elle a été nommée dorade, et par Aristote appelée en sa langue χρύσοφρυς, que les interprètes ont tourné *Aurata*[3]. Elle vit de proie, comme très bien le décrit Aristote; et est merveilleusement friande de ce poisson volant qu'elle poursuit dedans l'eau, comme le chien poursuit le lièvre à la campagne : se jetant haut en l'air pour le prendre; et si l'une le faut, l'autre le recouvre.

Ce poisson suivit nos navires, sans jamais les abandonner, l'espace de plus de six semaines nuit et jour, voire jusques à tant qu'elle trouva la

mer à dégoût. Je sais que ce poisson a été fort célébré et recommandable
le temps passé entre les nobles, pour avoir la chair fort délicate et plaisante à manger; comme nous lisons que Sergius trouva moyen d'en faire
porter une jusques à Rome, qui fut servie en un banquet de l'Empereur,
où elle fut merveilleusement estimée. Et de ce temps commença la
dorade à être tant estimée entre les Romains qu'il ne se faisait banquet
somptueux où il n'en fût servi par une singularité. Et pource qu'il n'était
aisé d'en recouvrer en été, Sergius sénateur s'avisa d'en faire peupler des
viviers, afin que ce poisson ne leur défaillît en saison quelconque; lequel
pour cette curiosité aurait été nommé Aurata, ainsi que A. Licin[ius]
Murena pour avoir trop soigneusement nourri ce poisson que nous
appelons Murena[1]. Entre les dorades ont été plus estimées celles qui,
apportées de Tarente, étaient engraissées au lac Lucrin, comme même
nous témoigne Martial, au troisième livre de ses *Épigrammes*[2]. Ce
poisson est beaucoup plus savoureux en hiver qu'en été, car toutes
choses ont leur saison. Corneille Celse ordonne ce poisson aux malades,
spécialement fébricitants, pour être fort salubre, d'une chair courte,
friable et non limoneuse. Il s'en trouve beaucoup plus en la mer Océane
qu'en celle de Levant. Aussi tout endroit de mer ne porte tous poissons.
Helops poisson très singulier ne se trouve qu'en Pamphilie, Ilus et Scaurus
en la mer Atlantique seulement, et ainsi de plusieurs autres. Alexandre
le Grand étant en Égypte acheta deux dorades deux marcs d'or pour
éprouver si elles étaient si friandes comme les décrivaient quelques-uns
de son temps. Lors lui en fut apporté deux en vie de la mer Océane (car
ailleurs peu se trouvent) à Memphis, là où il était; ainsi qu'un médecin
juif me montra par histoire, étant à Damasce en Syrie.

Voilà, lecteur, ce que j'ai pu apprendre de la dorade, remettant à ta
volonté de voir ce qu'en ont écrit plusieurs gens doctes, et entre autres
Monsieur Guillaume Pellicier, évêque de Montpellier[3], lequel a traité de
la Nature des poissons autant fidèlement et directement qu'homme de
notre temps.

CHAPITRE XXI

D'une île nommée l'Ascension[1].

Sans éloigner de notre propos, huit degrés delà notre ligne, le vingt-sixième du mois d'octobre, trouvâmes une île non habitée, laquelle de prime face voulions nommer île des Oiseaux pour la grande multitude d'oiseaux qui sont en cette dite île; mais recherchant en nos cartes marines, la trouvâmes avoir été quelque temps auparavant découverte par les Portugais, et nommée île de l'Ascension, pource que ce jour-là y étaient abordés. Voyant donc ces oiseaux de loin voltiger sus la mer, nous donna conjecture que là près [y] avait quelque île. Et approchant toujours, vîmes si grand nombre d'oiseaux de diverses sortes et plumages, sortis, comme il est vraisemblable, de leur île pour chercher à repaître et venir à nos navires, jusques à les prendre à la main, qu'à grande peine nous en pouvions défaire. Si on leur tendait le poing, ils venaient dessus privément et se laissaient prendre en toutes sortes que l'on voulait; et ne s'en trouva espèce quelconque en cette multitude semblable à ceux de par-deçà – chose, peut-être, incroyable à quelques-uns. Étant lâchés de la main, ne s'enfuyaient pourtant, ains se laissaient toucher et prendre comme devant. Davantage en cette île s'en trouve une espèce de grands que j'ai ouï nommer Aponars. Ils ont petites ailes, pourquoi ne peuvent voler. Ils sont grands et gros comme nos hérons, le ventre blanc et le dos noir comme charbon, le bec semblable à celui d'un cormoran ou autre corbeau. Quand on les tue, ils crient ainsi que pourceaux. J'ai voulu décrire cet oiseau entre les autres, pource qu'il s'en trouve quantité en une île tirant droit au cap de Bonne-Viste, du côté de la Terre-Neuve, laquelle a été appelée île des Aponars[2]. Aussi y en a telle abondance que quelquefois trois grands navires de France allant en Canada chargèrent chacun deux fois leurs bateaux de ces oiseaux, sur le rivage de cette île, et n'était question que d'entrer en terre et les toucher[3] devant soi aux bateaux, ainsi que moutons à la boucherie, pour les faire entrer. Voilà qui m'a donné occasion d'en parler si avant. Au reste, de notre île de l'Ascension, elle est assez belle, ayant de circuit six lieues seulement, avec montagnes tapissées de beaux arbres et arbrisseaux verdoyants, herbes et fleurs, sans oublier l'abondance des oiseaux, ainsi que déjà nous avons dit.

J'estime que si elle était habitée et cultivée, avec plusieurs autres qui sont en l'Océan, tant deçà que delà l'équinoxial, elles ne seraient de moindre émolument que Ténédos, Lemnos, Metelin, Nègrepont, Rhodes et Candie[1], ni toutes les autres qui sont en la mer Hellespont et les Cyclades : car en ce grand Océan se trouvent îles ayant de circuit plus de octante lieues, les autres moins; entre lesquelles la plus grande partie sont désertes et non habitées. Or après avoir passé cette île, commençâmes à découvrir quatre étoiles de clarté et grandeur admirable, disposées en forme d'une croix[2], assez loin toutefois du pôle Antarctique. Les mariniers qui naviguent par-delà les appellent Chariot. Aucuns d'iceux estiment qu'entre ces étoiles est celle du Sud, laquelle est fixe et immobile comme celle du Nord, que nous appelons Ourse mineure, [et elle] était cachée avant que fussions sous l'équateur, et plusieurs autres qui ne se voient par-deçà au Septentrion.

CHAPITRE XXII

Du promontoire de Bonne-Espérance, & de plusieurs singularités
observées en icelui, ensemble notre arrivée aux
Indes Amériques, ou France Antarctique.

Après avoir passé la ligne équinoxiale et les îles Saint-Homer, suivant cette côte d'Éthiopie, que l'on appelle Inde méridionale, il fut question de poursuivre notre route jusques au tropique d'hiver; environ lequel se trouve ce grand et fameux promontoire de Bonne Espérance, que les pilotes ont nommé Lion de la mer[3] pour être craint et redouté, tant il

Combat du rhinocéros & de l'éléphant.

est grand et difficile. Ce cap des deux côtés est environné de deux grandes montagnes, dont l'une regarde l'Orient, et l'autre l'Occident. En cette contrée se trouve abondance de rhinocérons, ainsi appelés pource qu'ils ont une corne sus le nez. Aucuns les appellent bœufs d'Éthiopie. Cet animal est fort monstrueux, et est en perpétuelle guerre et inimitié avec l'éléphant. Et pour cette cause les Romains ont pris plaisir à faire combattre ces deux animaux pour quelque spectacle de grandeur, principalement à la création d'un Empereur ou autre grand magistrat, ainsi que l'on fait encore aujourd'hui d'ours, de taureaux et de lions. Il n'est du tout si haut que l'éléphant, ni tel que nous le dépeignons par-deçà. Et qui me donne occasion d'en parler, est que traversant d'Égypte en Arabie, je vis un fort ancien obélisque, où étaient gravées quelques figures d'animaux au lieu de lettres ainsi que l'on en usait le temps passé, entre lesquels était le rhinocérons, n'ayant ni frange ni corne, ni aussi mailles telles que nos peintres les représentent[1] ; pourquoi j'en ai voulu mettre ici la figure.

Et pour se préparer à la guerre, Pline récite qu'il aiguise sa corne à une certaine pierre, et tire toujours au ventre de l'éléphant, pource que c'est la partie du corps la plus molle[1]. Il s'y trouve aussi grande quantité d'ânes sauvages, et une autre espèce portant une corne entre les deux yeux, longue de deux pieds. J'en vis une, étant en la ville d'Alexandrie qui est en Égypte, qu'un seigneur turc apportait de Mecha, laquelle il disait avoir même vertu contre le venin comme celle d'une licorne[2]. Aristote appelle cette espèce d'âne à corne âne des Indes[3].

Environ ce grand promontoire est le département de la voie du Ponant et Levant : car ceux qui veulent aller à l'Inde orientale, comme à Calicut, Taprobane, Mélinde, Canonor et autres, ils prennent à senestre, côtoyant l'île Saint-Laurent[4], mettant le cap du navire à l'Est, ou bien au Sud-Est, ayant vent de Ouest ou Nord-Ouest à poupe. Ce pays des Indes delà au Levant est de telle étendue que plusieurs l'estiment être la tierce partie du monde. Mela et Diodore récitent que la mer environnant ces Indes de Midi à l'Orient, est de telle grandeur qu'à grande peine la peut-on passer, encore que le vent soit propice, en l'espace de quatre jours ; mais j'oserais bien affirmer de deux fois quarante. Ce pays est donc de ce côté environné de la mer qui pour ce est appelée Indique, se confinant devers Septentrion au mont Caucase. Et est appelée Inde, du fleuve nommé Indus, tout ainsi que Tartarie du fleuve Tartar, passant par le pays du grand roi Cham[5]. Elle est habitée de diversité de peuples, tant en mœurs que religion. Une grande partie est sous l'obéissance de Prêtre-Jean, laquelle tient le christianisme ; les autres sont Mahométistes, comme déjà nous avons dit, parlant de l'Éthiopie ; les autres idolâtres. L'autre voie au partement de notre grand cap tire à dextre pour aller à l'Amérique, laquelle nous suivîmes, accompagnés du vent qui nous fut fort bon et propice. Nonobstant nous demeurâmes environ assez longtemps sur l'eau, tant pour la distance des lieux que pour le vent, que nous eûmes depuis contraire ; qui nous causa quelque retardement, jusques au dix-huitième degré de notre ligne, lequel derechef nous favorisa.

Or je ne veux passer outre sans dire ce qui nous advint, chose digne de mémoire. Approchant de notre Amérique bien cinquante lieues, commençâmes à sentir l'air de la terre, tout autre que celui de la marine, avec une odeur tant suave des arbres, herbes, fleurs et fruits du pays, que jamais baume, fût-ce celui d'Égypte, ne sembla plus plaisant ni de meilleure odeur[1].

Et lors je vous laisse à penser combien de joie reçurent les pauvres navigants, encore que de longtemps n'eussent mangé de pain, et sans espoir davantage d'en recouvrer pour le retour. Le jour suivant, qui fut le dernier d'octobre, environ les neuf heures du matin, découvrîmes les hautes montagnes de Croistmourou, combien que ce ne fût l'endroit où nous prétendions aller.

Par quoi côtoyant la terre de trois à quatre lieues loin, sans faire contenance de vouloir descendre, étant bien informés que les sauvages de ce lieu sont fort alliés avec les Portugais et que pour néant nous les aborderions, poursuivîmes chemin jusques au deuxième de novembre, que nous entrâmes en un lieu nommé Maqueh, pour nous enquérir des choses, spécialement de l'armée du roi de Portugal. Auquel lieu, nos esquifs dressés pour mettre pied en terre, se présentèrent seulement quatre vieillards de ces sauvages du pays, pource que lors les jeunes étaient en guerre, lesquels de prime face nous fuyaient, estimant que ce fussent Portugais, leurs ennemis; mais on leur donna tel signe d'assurance, qu'à la fin s'approchèrent de nous. Toutefois ayant là séjourné vingt-quatre heures seulement, fîmes voile pour tirer au cap de Frie, distant de Maqueh vingt-cinq lieues. Ce pays est merveilleusement beau, autrefois découvert et habité par les Portugais, lesquels y avaient donné ce nom, qui était paravant Gechay, et bâti quelque fort, espérant là faire résidence pour l'aménité du lieu. Mais peu de temps après, pour je ne sais quelles causes, les sauvages du pays les firent mourir et les mangèrent comme ils font coutumièrement leurs ennemis. Et qu'ainsi soit, lorsque nous y arrivâmes, ils tenaient deux pauvres Portugais qu'ils avaient pris dans une petite caravelle, auxquels ils se délibéraient faire semblable parti qu'aux autres, même à sept de leurs compagnons de récente mémoire; dont leur vint bien à propos notre arrivée, lesquels par grande pitié furent par nous rachetés et délivrés d'entre les mains de ces barbares.

Pompone Mele appelle ce promontoire dont nous parlons le front d'Afrique[1], parce que de là elle va en étrécissant comme un angle et retourne peu à peu en Septentrion et Orient, là où est la fin de terre ferme et de l'Afrique, de laquelle Ptolémée n'a onc eu connaissance. Ce cap est aussi le chef de la nouvelle Afrique, laquelle termine vers le Capricorne aux montagnes de Habacia et Gaiacia. Le plat pays voisin est peu habité, à cause qu'il est fort brutal et barbare, voire monstrueux : non que les hommes soient si difformes que plusieurs ont écrit, comme si en dormant l'avaient songé[2], osant affirmer qu'il y a des peuples auxquels les oreilles pendent jusques aux talons; les autres avec un œil au front, qu'ils appellent Arismases[3]; les autres sans tête[4]; les autres n'ayant qu'un pied, mais de telle longueur qu'ils s'en peuvent ombrager contre l'ardeur du soleil; et les appellent monomères, monoscèles et sciapodes[5]. Quelques autres autant impertinents en écrivent encore de plus étranges, même des modernes écrivains, sans jugement, sans raison et sans expérience. Je ne veux du tout nier les monstres qui se font outre le dessein de nature, approuvés par les philosophes, confirmés par expérience, mais bien impugner[6] choses qui en sont si éloignées et en outre alléguées de même.

Retournons en cet endroit à notre promontoire. Il s'y trouve plusieurs bêtes fort dangereuses et vénéneuses, entre autres le basilic, plus nuisant aux habitants et aux étrangers, même sus les rivages de la mer à ceux qui veulent pêcher. Le basilic (comme chacun peut entendre) est un animal vénéneux qui tue l'homme de son seul regard, le corps long environ de neuf pouces, la tête élevée en pointe de feu, sur laquelle y a une tache blanche en manière de couronne, la gueule rougeâtre et le reste de la face tirant sus le noir, ainsi que j'ai connu par la peau que je vis entre les mains d'un Arabe au grand Caire. Il chasse tous les autres serpents de son sifflet (comme dit Lucain[1]) pour seul demeurer maître de la campagne. La fouine lui est ennemie mortelle selon Pline[2]. Bref, je puis dire avec Salluste[3] qu'il meurt plus de peuple par les bêtes sauvages en Afrique que par autres inconvénients. Nous n'avons voulu taire cela en passant.

CHAPITRE XXIII

De l'île de Madagascar, autrement de Saint-Laurent.

Le grand désir que j'ai de ne rien omettre qui soit utile ou nécessaire aux lecteurs, joint qu'il me semble être l'office d'un écrivain, traiter toutes choses qui appartiennent à son argument, sans en laisser une, m'incite à décrire en cet endroit cette île tant notable, ayant septante-huit degrés de longitude, minute nulle, et de latitude onze degrés et trente minutes, fort peuplée et habitée de barbares noirs depuis quelque temps (lesquels tiennent presque même forme de religion que les Mahométistes; aucuns étant idolâtres, mais d'une autre façon), combien qu'elle ait été découverte par les Portugais et nommée de Saint-Laurent, et auparavant Madagascar en leur langue; riche au surplus et fertile de tous biens, pour être merveilleusement bien située. Et qu'ainsi soit, la terre produit là arbres fruitiers de soi-même, sans planter ni cultiver, qui apportent néanmoins leurs fruits aussi doux et plaisants à manger que si les arbres avaient été entés. Car nous voyons par-deçà les fruits agrestes, c'est-à-savoir que la terre produit sans la diligence du laboureur, être rudes et d'un goût fort âpre et étrange, les autres au contraire. Donc en cette île se trouvent beaucoup de meilleurs fruits qu'en terre ferme, encore qu'elle soit en même zone ou température; entre lesquels en y a un qu'ils nomment en leur langue *chicorin*, et l'arbre qui le porte est semblable à un palmier d'Égypte ou Arabie, tant en hauteur que feuillages. Duquel fruit se voit par-deçà, que l'on amène par navires, appelé en vulgaire noix d'Inde; que les marchands tiennent assez chères, pource que, outre les frais du voyage, elles sont fort belles et propres à faire vases : car le vin étant quelque temps en ces vaisseaux acquiert quelque chose de meilleur, pour l'odeur et fragrance de ce fruit, approchant à l'odeur de notre muscade. Je dirai davantage que ceux qui boivent coutumièrement dedans (ainsi que m'a récité un Juif, premier médecin du Bacha du grand Caire, lorsque j'y étais) sont préservés du mal de tête et des flancs, et si provoque l'urine; et à ce me persuade encore plus l'expérience, maîtresse de toutes choses, que j'en ai vue. Ce que n'a oublié Pline et autres, disant que toutes espèces de palmes sont cordiales, propres aussi à plusieurs indispositions[1]. Ce fruit est entièrement bon, savoir la chair superficielle, et encore meilleur le noyau, si on le mange frais cueilli. Les Éthiopes et Indiens affligés de maladie, pilent ce fruit et en boivent le jus, qui est blanc comme lait, et s'en trouvent très bien. Ils font encore de ce jus, quand ils en ont quantité, quelque aliment composé avec farine de certaines racines ou de poisson, dont ils mangent, après avoir bien boullu le tout ensemble. Cette liqueur n'est de longue garde, mais autant qu'elle se peut garder, elle est sans comparaison meilleure pour la personne que confiture qui se trouve. Pour mieux le garder, ils font bouillir de ce jus en quantité, lequel, étant refroidi, réservent en des vaisseaux à ce dédiés. Les autres y mêlent du miel, pour le rendre plus plaisant à boire. L'arbre qui porte ce fruit est si tendre que si on le touche tant soit peu de quelque ferrement, le jus distille, doux à boire et propre à étancher la soif.

Toutes ces îles situées à la côte d'Éthiopie, comme l'île du Prince[2], ayant trente-cinq degrés de longitude, minute zéro, et deux de latitude, minute zéro : Mopata, Zonzibar, Monfia[3], S. Apolene, S. Thomas, sous la ligne, sont riches et fertiles, presque toutes pleines de ces palmiers et autres arbres portant fruits merveilleusement bons. Il s'y trouve plusieurs autres espèces de palmiers portant fruits, combien que non pas tous, comme ceux d'Égypte. Et en toutes les Indes de l'Amérique et du Pérou, tant en terre ferme qu'aux îles, se trouve de sept sortes de palmiers tous différents de fruits les uns aux autres[1]. Entre lesquels j'en ai trouvé aucuns qui portent dattes bonnes à manger, comme celles d'Égypte, de l'Arabie Félice et Syrie. Au surplus, en cette même île se trouvent melons gros à merveille, et tant qu'un homme pourrait embrasser, de couleur rougeâtre, aussi en y a quelques-uns blancs, les autres jaunes, mais beaucoup plus sains que les nôtres, spécialement à Paris, nourris en l'eau et fientes, au grand préjudice de la santé humaine. Il y a aussi plusieurs espèces de bonnes herbes cordiales, entre lesquelles une qu'ils nomment *spagnin*, semblable à notre chicorée sauvage, laquelle ils appliquent sur les plaies et blessures, et à celle des vipères ou autre bête vénéneuse, car elle en tire hors le venin, et autres plusieurs notables simples que nous n'avons par-deçà. Davantage se trouve abondance de vrai sandal[2] par les bois et bocages; duquel je désirerais qu'il s'en fît bon trafic par-deçà; au moins ce nous serait moyen d'en avoir du vrai, qui serait grand soulagement, vu l'excellence et propriété que lui attribuent les auteurs.

Quant aux animaux, comme bêtes sauvages, poissons et oiseaux, notre île en nourrit des meilleurs et en autant bonne quantité qu'il est possible. D'oiseaux en premier lieu en représenterons un par figure, fort étrange, fait comme un oiseau de proie, le bec aquilin, les oreilles énormes, pendantes sur la gorge, le sommet de la tête élevé en pointe de diamant, les pieds et jambes comme le reste du corps, fort velu, le tout de plumage tirant sus couleur argentine, hormis la tête et oreilles tirant sus le noir.

Cet oiseau est nommé en la langue du pays, *Pa*, en persien, pied ou jambe; et se nourrit de serpents, dont il y a grande abondance, et de plusieurs espèces, et d'oiseaux semblablement, autres que les nôtres de deçà. De bêtes, il y a d'éléphants en grand nombre, deux sortes de bêtes unicornes, desquelles l'une est l'âne indique, n'ayant le pied fourché, comme ceux qui se trouvent au pays de Perse, l'autre est que l'on appelle Orix, au pied fourché. Il ne s'y trouve point d'ânes sauvages, sinon en terre ferme. Qu'il y ait des licornes, je n'en ai eu aucune connaissance. Vrai est

qu'étant aux Indes Amériques, quelques sauvages nous vinrent voir de bien soixante ou quatre-vingts lieues, lesquels, comme nous les interrogions de plusieurs choses, nous récitèrent qu'en leur pays [y] avait grand nombre de certaines bêtes grandes comme une espèce de vaches sauvages qu'ils ont, portant une corne seule au front, longue d'une brasse ou environ; mais de dire que ce soient licornes ou onagres, je n'en puis rien assurer, n'en ayant eu autre connaissance. J'ai voulu dire ce mot, encore que l'Amérique soit beaucoup distante de l'île dont nous parlons.

Nous avons jà dit que cette contrée insulaire nourrit abondance de serpents et lézards d'une merveilleuse grandeur, et se prennent aisément sans danger. Aussi les Noirs du pays mangent ces lézards et crapauds, comme pareillement font les sauvages de l'Amérique. Il y en a de moindres de la grosseur de la jambe, qui sont fort délicats et friands à manger, outre plusieurs bons poissons et oiseaux, desquels ils mangent quand bon leur semble. Entre autres singularités pour la multitude des poissons, se trouvent force baleines, desquelles les habitants du pays tirent ambre, que plusieurs prennent pour être ambre gris, chose pardeçà fort rare et précieuse ; aussi qu'elle est fort cordiale et propre à réconforter les parties plus nobles du corps humain. Et d'icelui se fait grand trafic avec les marchands étrangers.

CHAPITRE XXIV

De notre arrivée à la France Antarctique,
autrement Amérique, au lieu
nommé Cap de Frie[1].

Après que par la divine clémence, avec tant de travaux communs et ordinaires à si longue navigation, fûmes parvenus en terre ferme, non si tôt que notre vouloir et espérance le désirait, qui fut le dixième jour de novembre, au lieu de se reposer, ne fut question, sinon de découvrir et chercher lieux propres à faire sièges nouveaux, autant étonnés comme les Troyens arrivant en Italie[2]. Ayant donc bien peu séjourné au premier lieu où avions pris terre, comme au précédent chapitre nous l'avons dit, fîmes voile derechef jusques au Cap de Frie, où nous reçurent très bien les sauvages du pays, montrant selon leur mode évidents signes de joie ; toutefois nous n'y séjournâmes que trois jours. Nous saluèrent donc les uns après les autres comme ils ont de coutume, de ce mot « *Caraiubé* », qui est autant comme « bonne vie » ou « soyez le bienvenu ». Et pour mieux nous communiquer à notre arrivée toutes les merveilles de leur pays, l'un de leurs grands *Morbichaouassoub*, c'est-à-dire roi[3], nous festoya d'une farine faite de racines, et de leur *cahouin*[4], qui est un breuvage composé de mil nommé *avaty*, et est gros comme pois. Il y en a de noir et de blanc, et font pour la plus grande partie de ce qu'ils en recueillent ce breuvage, faisant bouillir ce mil avec autres racines, lequel, après avoir bouilli, est de semblable couleur que le vin clairet.

Les sauvages le trouvent si bon qu'ils s'en enivrent, comme l'on fait de vin par-deçà : vrai est qu'il est épais comme moût de vin. Mais écoutez une superstition à faire ce breuvage, la plus étrange qu'il est possible. Après qu'il a bouilli dans de grands vases faits ingénieusement de terre grasse, capables d'un muid[1], viendront quelques filles vierges mâcher ce mil ainsi boullu[2], puis le remettront en un autre vaisseau à ce propre; ou si une femme y est appelée, il faut qu'elle s'abstienne par certains jours de son mari, autrement ce breuvage ne pourrait jamais acquérir perfection. Cela ainsi fait, le feront bouillir derechef jusques à ce qu'il soit purgé, comme nous voyons le vin bouillant dans le tonneau, puis en usent quelques jours après.

Or, nous ayant ainsi traités, nous mena puis après voir une pierre large et longue de cinq pieds ou environ, en laquelle paraissaient quelques coups de verge ou menu bâton, et deux formes de pied, qu'ils affirment être de leur Grand Caraïbe, lequel ils ont quasi en pareille révérence que les Turcs

Mahomet[1] : pourtant (disent-ils) qu'il leur a donné la connaissance et usage du feu, ensemble de planter les racines; lesquels paravant ne vivaient que de feuilles et herbes ainsi que bêtes. Étant ainsi menés par ce roi, nous ne laissions de diligemment reconnaître et visiter le lieu, auquel se trouva, entre plusieurs commodités qui sont requises, qu'il n'y avait point d'eau douce que bien loin de là, qui nous empêcha d'y faire plus long séjour et bâtir; dont nous fûmes fort fâchés, considéré la bonté et aménité du pays.

En ce lieu se trouve une rivière d'eau salée[2], passant entre deux montagnes éloignées l'une de l'autre d'un jet de pierre; et entre au pays environ trente et six lieues. Cette rivière porte grande quantité de bon poisson de diverses espèces, principalement gros mulets; tellement qu'étant là, nous vîmes un sauvage qui prit de ce poisson plus de mille en un instant et d'un trait de filet.

Davantage, s'y trouvent plusieurs oiseaux de diverses sortes et plumages, aucuns aussi rouges que fine écarlate; les autres blancs, cendrés et mouchetés comme un émerillon[3]. Et de ces plumes les sauvages du pays font pennaches de plusieurs sortes, desquelles se couvrent, ou pour ornement, ou pour beauté, quand ils vont en guerre ou qu'ils font quelque massacre de leurs ennemis; les autres en font robes et bonnets à leur mode. Et qu'ainsi soit, il pourra être vu par une robe ainsi faite, de laquelle j'ai fait présent à Monsieur de Troisrieux, gentilhomme de la maison de Monseigneur le révérendissime Cardinal de Sens[4] et garde des sceaux de France, homme, dis-je, amateur de toutes singularités et de toutes personnes vertueuses. Entre ce nombre d'oiseaux tous différents à ceux de notre hémisphère, s'en trouve un qu'ils nomment en leur langue *arat*[5], qui est un vrai héron quant à la corpulence, hormis que son plumage est rouge comme sang-de-dragon[6].

Davantage, se voient arbres sans nombre et arbrisseaux verdoyants toute l'année, dont la plupart rend gommes diverses tant en couleur que autrement. Aussi se trouvent, au rivage de la mer, de petits vignots (qui

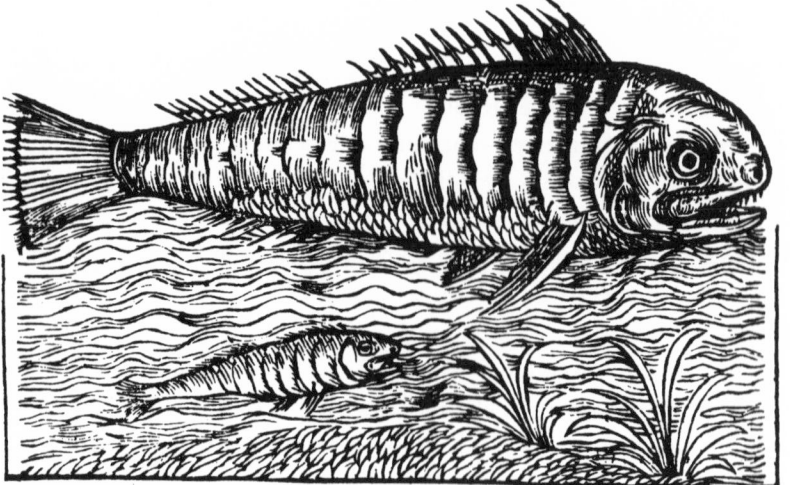

est une espèce de coquille de grosseur d'un pois) que les sauvages portent à leur col enfilés comme perles, spécialement quand ils sont malades : car cela, disent-ils, provoque le ventre et leur sert de purgation. Les autres en font poudre qu'ils prennent par la bouche. Disent outreplus que cela est propre à arrêter un flux de sang; ce qui me semble contraire à son autre vertu purgative; toutefois il peut avoir les deux pour la diversité de ses substances. Et pour ce les femmes en portent au col et au bras plus coutumièrement que les hommes. Il se trouve semblablement en ce pays et par tout le rivage de la mer sur le sable abondance d'une espèce de fruit que les Espagnols nomment fèves marines, rondes comme un teston[1], mais plus épaisses et plus grosses, de couleur rougeâtre; que l'on dirait à les voir qu'elles sont artificielles. Les gens du pays n'en tiennent compte. Toutefois les Espagnols par singulière estime les emportent en leur pays, et les femmes et filles de maison en portent coutumièrement à leur col enchâssées en or ou argent, ce qu'ils disent avoir vertu contre la colique, douleur de tête et autres.

Bref, ce lieu est fort plaisant et fertile. Et si l'on entre plus avant, se trouve un plat pays couvert d'arbres autres que ceux de notre Europe; enrichi davantage de beaux fleuves, avec eaux merveilleusement claires et riches de poisson. Entre lesquels j'en décrirai un en cet endroit, monstrueux pour un poisson d'eau douce, autant qu'il est possible de voir.

Ce poisson est de grandeur et grosseur un peu moindres que notre hareng, armé de tête en queue comme un petit animant terrestre nommé tatou, la tête sans comparaison plus grosse que le corps, ayant trois os dedans l'échine, bon à manger; pour le moins en mangent les sauvages, et le nomment en leur langue *tamouhata*[1].

CHAPITRE XXV

De la rivière de Ganabara, autrement de Janaire,
& comme le pays où arrivâmes fut nommé
France Antarctique.

N'ayant meilleure commodité de séjourner au cap de Frie pour les raisons susdites, il fut question de quitter la place, faisant voile autre part, au grand regret des gens du pays, lesquels espéraient de nous plus long séjour et alliance, suivant la promesse que sur ce à notre arrivée leur en avions faite; pourtant naviguâmes l'espace de quatre jours, jusques au dixième[2], que trouvâmes cette grande rivière nommée Ganabara de ceux du pays, pour la similitude qu'elle a au lac, ou Janaire[3] par ceux qui ont fait la première découverte de ce pays, distante de là où nous étions partis, de trente lieues ou environ. Et nous retarda par le chemin le vent, que nous eûmes assez contraire. Ayant donc passé plusieurs petites îles, sur cette côte de mer, et le détroit de notre rivière, large comme d'un trait d'arquebuse, nous fûmes d'avis d'entrer en cet endroit et avec nos barques prendre terre; où incontinent les habitants nous reçurent autant humainement qu'il fut possible; et comme étant avertis de notre venue, avaient dressé un beau palais à la coutume du pays, tapissé tout autour de belles feuilles d'arbres et herbes odoriférès, par une manière de congratulation, montrant de leur part grand signe de joie et nous invitant à faire le semblable. Les plus vieux principalement, qui sont comme rois et gouverneurs successivement l'un après l'autre, nous venaient voir, et avec une admiration nous saluaient à leur mode et en leur langage; puis nous conduisaient au lieu qu'ils nous avaient préparé; auquel lieu ils nous apportèrent vivres de tous côtés, comme farine faite d'une racine qu'ils appellent *manihot*[1], et autres racines grosses et menues, très bonnes toutefois et plaisantes à manger, et autres choses selon le pays; de manière qu'étant arrivés, après avoir loué et remercié (comme le vrai chrétien doit faire) Celui qui nous avait pacifié la mer, les vents, bref, qui nous avait donné tout moyen d'accomplir si beau voyage, ne fut question sinon se récréer et reposer sur l'herbe verte, ainsi que les Troyens, après tant de naufrages et tempêtes, quand ils eurent rencontré cette bonne dame Didon; mais Virgile dit qu'ils avaient du bon vin vieil, et nous seulement de belle eau[2].

Après avoir là séjourné l'espace de deux mois et recherché tant en îles que terre ferme, fut nommé le pays loin à l'entour par nous découvert, France Antarctique, où ne se trouva lieu plus commode pour bâtir et se fortifier qu'une bien petite île, contenant seulement une lieue de circuit, située presque à l'origine de cette rivière dont nous avons parlé, laquelle pour même raison avec le fort qui fut bâti, a été aussi nommée Coligny[3]. Cette île est fort plaisante, pour être revêtue de grande quantité de palmiers, cèdres, arbres de brésil, arbrisseaux aromatiques verdoyants toute l'année; vrai est qu'il n'y a eau douce qui ne soit assez loin.

Donc le seigneur de Villegagnon, pour s'assurer contre les efforts de ces sauvages faciles à offenser, et aussi contre les Portugais, si quelquefois se voulaient adonner là, s'est fortifié en ce lieu, comme le plus commode, ainsi qu'il lui a été possible. Quant aux vivres, les sauvages lui en portent de tels que porte le pays, comme poissons, venaison et autres bêtes sauvages (car ils n'en nourrissent de privées[4], comme nous faisons par-deçà), farines de ces racines dont nous avons naguère parlé, sans pain ni vin : et ce, pour quelques choses de petite valeur, comme petits couteaux, serpettes et haims[5] à prendre poisson.

Je dirai entre les louanges de notre rivière que là près le détroit, se trouve un marais ou lac[1] provenant la plus grande part d'une pierre ou rocher, haut merveilleusement et élevé en l'air en forme de pyramide, et large en proportion, qui est une chose quasi incroyable[2]. Cette roche est exposée de tous côtés aux flots et tourmentes de la mer. Le lieu est à la hauteur du Capricorne vers le sud, outre l'équinoxial[3] vingt-et-trois degrés et demi, sous le tropique de Capricorne.

CHAPITRE XXVI

Du poisson de ce grand fleuve susnommé.

Je ne veux passer outre sans particulièrement traiter du poisson qui se trouve en ce beau fleuve de Ganabara ou de Janaire, en grande abondance et fort délicat. Il y a diversité de vignots tant gros que petits : et entre les autres, elle porte une huître dont l'écaille est reluisante comme fines perles, que les sauvages mangent communément, avec autre petit poisson que pêchent les enfants. Et sont ces huîtres tout ainsi que celles qui portent les perles; aussi s'en trouve en quelques-unes, non pas si fines que celles de Calicut[4] et autres parties du Levant. Au reste, les plus grands pêchent aussi le grand poisson dont cette rivière porte en abondance. La manière de le prendre est telle, qu'étant tout nus en l'eau, soit douce ou salée, leur tirent coups de flèches, à quoi sont fort dextres, puis les tirent hors de l'eau avec quelque corde faite de coton ou écorce de bois, ou bien le poisson étant mort vient de soi-même sur l'eau.

Or, sans plus long propos, j'en réciterai principalement quelques-uns monstrueux, représentés par portrait, ainsi que voyez, comme un qu'ils nomment en leur langage *panapana*, semblable à un chien de mer quant à la peau, rude et inégale comme une lime[5].

Ce poisson a six taillades ou pertuis de chacun côté du gosier, ordonnés à la façon d'une lamproie, la tête telle que pouvez voir par la

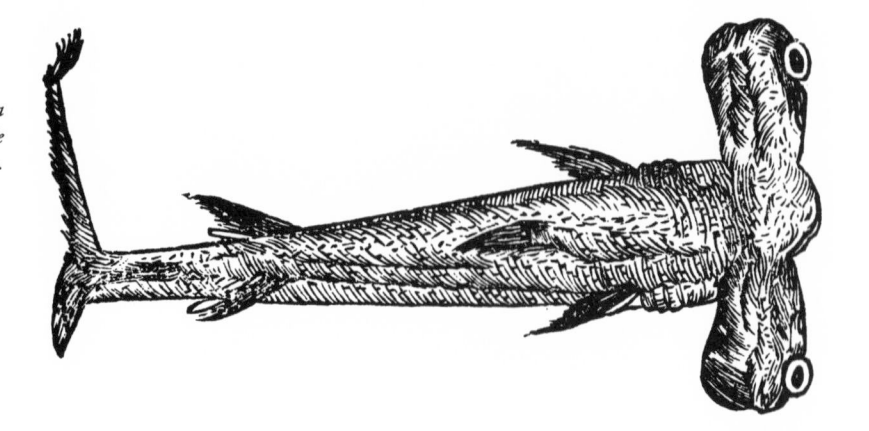

figure ici mise; les yeux presque au bout de la tête, tellement que de l'un à l'autre y a distance d'un pied et demi. Ce poisson au surplus est assez rare, toutefois que la chair n'en est fort excellente à manger, approchant du goût à celle du chien de mer.

Il y a davantage en ce fleuve grande abondance de raies, mais d'une autre façon que les nôtres : elles sont deux fois plus larges et plus longues, la tête plate et longue, et au bout y a deux cornes longues chacune d'un pied, au milieu desquelles sont les yeux. Elles ont six taillades sous le ventre, près l'une de l'autre; la queue longue de deux pieds et grêle comme celle d'un rat. Les sauvages du pays n'en mangeraient pour rien, non plus que de la tortue, estimant que tout ainsi que ce poisson est tardif à cheminer en l'eau, rendrait aussi ceux qui en mangeraient tardifs, qui leur serait cause d'être pris aisément de leurs ennemis, et de ne les pouvoir suivre légèrement à la course[1]. Ils l'appellent en leur langue *inevonea*[2]. Le poisson de cette rivière universellement est bon à manger, aussi celui de la mer côtoyant ce pays, mais non si délicat que sous la Ligne et autres endroits de la mer. Je ne veux oublier, sur le propos de poisson, à réciter une chose merveilleuse et digne de mémoire. En ce terroir autour du fleuve susnommé, se trouvent arbres et arbrisseaux approchant de la mer[3], tout couverts et chargés d'huîtres haut et bas. Vous devez entendre que quand la mer s'enfle, elle jette un flot assez loin en terre, deux fois en vingt-quatre heures, et que l'eau couvre le plus souvent ces arbres et arbustes, principalement les moins élevés. Lors ces huîtres, étant de soi aucunement visqueuses, se prennent et lient contre les branches, mais en abondance incroyable : tellement que les sauvages, quand ils en veulent manger, coupent les branches ainsi chargées, comme une branche de poirier chargée de poires, et les emportent; et en mangent plus coutumièrement que des plus grosses qui sont en la mer; pourtant, disent-ils, qu'elles sont de meilleur goût, plus saines, et qui moins engendrent fièvres que les autres.

CHAPITRE XXVII
De l'Amérique en général.

Ayant particulièrement traité des lieux où avons fait plus long séjour après avoir pris terre, et de celui principalement où aujourd'hui habite le seigneur de Villegagnon, et autres Français, ensemble de ce fleuve notable que nous avons appelé Janaire[1], les circonstances et dépendances de ces lieux, pource qu'ils sont situés en terre découverte et retrouvée de notre temps, reste d'en écrire ce qu'en avons connu, pour le séjour que nous y avons fait. Il est bien certain que ce pays n'a jamais été connu des anciens cosmographes, qui ont divisé la terre habitée en trois parties, Europe, Asie et Afrique, desquelles parties ils ont pu avoir connaissance. Mais je ne doute que s'ils eussent connu celle dont nous parlons, considéré sa grande étendue, qu'ils ne l'eussent nombrée la quatrième, car elle est beaucoup plus grande que nulle des autres[2]. Cette terre à bon droit est appelée Amérique[3], du nom de celui qui l'a premièrement découverte, nommé Améric Vespuce, homme singulier en art de navigation et hautes entreprises. Vrai est que, depuis lui, plusieurs en ont découvert la plus grande partie tirant vers Temistitan[1] jusques au pays des Géants[2] et détroit de Magellan. Qu'elle doive être appelée Inde, je n'y vois pas grande raison : car cette contrée du Levant que l'on nomme Inde a pris ce nom du fleuve notable Indus, qui est bien loin de notre Amérique. Il suffira donc de l'appeler Amérique ou France Antarctique[3]. Elle est située véritablement entre les tropiques jusque delà le Capricorne, se confinant du côté d'occident vers Temistitan et les Moluques ; vers le midi au détroit de Magellan, et des deux côtés de la mer Océane et Pacifique. Vrai est que près Dariene et Furne[4], ce pays est fort étroit, car la mer, des deux côtés, entre fort avant dans terre.

Or maintenant nous faut écrire de la part que nous avons plus connue et fréquentée, qui est située environ le tropique brumal[5], et encore delà. Elle a été et est habitée pour le jourd'hui, outre les chrétiens qui depuis Améric Vespuce l'habitent, de gens merveilleusement étranges et sauvages, sans foi, sans loi, sans religion, sans civilité aucune, mais vivant comme bêtes irraisonnables, ainsi que nature les a produits, mangeant racines, demeurant toujours nus tant hommes que femmes, jusques à tant, peut-être, qu'ils seront hantés des chrétiens, dont ils pourront peu à peu dépouiller cette brutalité pour vêtir une façon plus civile et humaine. En quoi nous devons louer affectueusement le Créateur qui nous a éclairci les choses, ne nous laissant ainsi brutaux, comme ces pauvres Amériques[6].

Quant au territoire de toute l'Amérique, il est très fertile en arbres portant fruits excellents, mais sans labeur ni semence. Et ne doutez que si la terre était cultivée, qu'elle ne rapportât fort bien, vu sa situation, montagnes fort belles, plainures spacieuses, fleuves portant bon poisson, îles grasses, terre ferme semblablement. Aujourd'hui les Espagnols et Portugais en habitent une grande partie, les Antilles sus l'Océan, les Moluques sus la mer Pacifique, de terre ferme jusques à Dariene, Parias[7] et Palmarie ; les autres plus vers le midi, comme en la terre du Brésil. Voilà de ce pays en général.

CHAPITRE XXVIII
De la religion des Amériques.

Nous avons dit que ces pauvres gens vivaient sans religion et sans loi, ce qui est véritable. Vrai est qu'il n'y a créature capable de raison tant aveuglée, voyant le ciel, la terre, le Soleil et la Lune ainsi ordonnés, la mer et les choses qui se font de jour en jour, qui ne juge cela être fait de la main de quelque plus grand ouvrier que ne sont les hommes. Et pour ce n'y a nation tant barbare que, par l'instinct naturel, n'ait quelque religion et quelque cogitation d'un Dieu[1].

Ils confessent donc tous être quelque puissance et quelque souveraineté; mais quelle elle est, peu le savent, c'est-à-savoir ceux auxquels Notre-Seigneur de sa seule grâce s'est voulu communiquer. Et pour ce cette ignorance a causé la variété des religions. Les uns ont reconnu le Soleil comme souverain, les autres la Lune, et quelques autres les étoiles; les autres autrement, ainsi que nous récitent les histoires.

Or, pour venir à notre propos, nos sauvages font mention d'un grand Seigneur (et le nomment en leur langue *Toupan*[2]), lequel, disent-ils, étant là-haut fait pleuvoir et tonner, mais ils n'ont aucune manière de prier ni honorer, ni une fois ni autre, ni lieu à ce propre. Si on leur tient propos de Dieu, comme quelquefois j'ai fait, ils écouteront attentivement avec une admiration; et demanderont si ce n'est point ce prophète qui leur a enseigné à planter leurs grosses racines qu'ils nomment *hétich*[3]. Et tiennent de leurs pères qu'avant la connaissance de ces racines, ils ne vivaient que d'herbes comme bêtes, et de racines sauvages. Il se trouva, comme ils disent, en leur pays un grand Charaïbe, c'est-à-dire prophète, lequel, s'adressant à une jeune fille, lui donna certaines grosses racines, nommées *hétich*, étant semblables aux naveaux limousins, lui enseignant qu'elle les mît en morceaux, et puis les plantât en terre; ce qu'elle fit; et depuis ont ainsi de père en fils toujours continué. Ce qui leur a bien

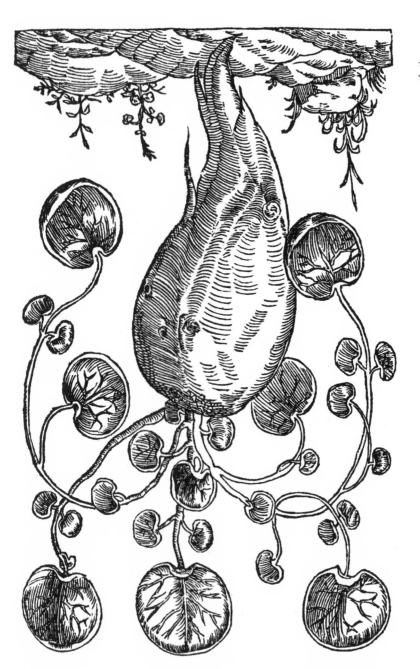

succédé, tellement qu'à présent ils en ont si grande abondance qu'ils ne mangent guère autre chose; et leur est cela commun ainsi que le pain à nous. D'icelle racine s'en trouve deux espèces de même grosseur. La première en cuisant devient jaune comme un coing; l'autre blanchâtre. Et ces deux espèces ont la feuille semblable à la mauve; et ne portent jamais graine. Parquoi les sauvages replantent la même racine coupée par rouelles, comme l'on fait les raves par-deçà, que l'on met en salades, et ainsi replantées, multiplient abondamment. Et pource qu'elle est inconnue à nos médecins et arboristes de par-deçà, il m'a semblé bon vous la représenter selon son naturel.

Lorsque premièrement ce pays fut découvert, ainsi que déjà nous avons dit, qui fut l'an mil quatre cent nonante-sept[1], par le commandement du roi de Castille, ces sauvages étonnés de voir les chrétiens de cette façon qu'ils n'avaient jamais vue, ensemble leur manière de faire, ils les estimaient comme prophètes et les honoraient ainsi que dieux; jusques à tant que cette canaille, les voyant devenir malades, mourir et être sujets à semblables passions comme eux[2], ont commencé à les mépriser et plus maltraiter que de coutume, comme ceux qui depuis sont allés par-delà, Espagnols et Portugais, de manière que si on les irrite, ils ne font difficulté de tuer un chrétien et le manger, comme ils font leurs ennemis. Mais cela se fait en certains lieux et spécialement aux Cannibales, qui ne vivent d'autre chose : comme nous faisons ici de bœuf et de mouton. Aussi ont-ils laissé à les appeler *Charaïbes*, qui est à dire prophètes ou demi-dieux, les appelant comme par mépris et opprobre *Mahire*, qui était le nom d'un de leurs anciens prophètes, lequel ils détestèrent et eurent en mépris[3].

Quant à *Toupan*, ils l'estiment grand, ne s'arrêtant en un lieu, ains allant çà et là[4], et qu'il déclare ses grands secrets à leurs prophètes. Voilà quant à la religion de nos barbares ce que oculairement j'en ai connu et entendu par le moyen d'un truchement français[5] qui avait là demeuré dix ans et entendait parfaitement leur langue.

CHAPITRE XXIX

Des Amériques, & de leur manière de vivre,
tant hommes que femmes.

Nous avons dit par ci-devant, parlant de l'Afrique qu'avons côtoyée en notre navigation, que les Barbares[1] et Éthiopes, et quelques autres ès Indes allaient ordinairement tout nus, hormis les parties honteuses, lesquelles ils couvraient de quelques chemises de coton ou peaux, ce qui est sans comparaison plus tolérable qu'en nos Amériques, qui vivent tout nus ainsi qu'ils sortent du ventre de la mère, tant hommes que femmes, sans aucune honte ou vergogne[2]. Si vous demandez s'ils font cela par indigence, ou pour les chaleurs, je répondrai qu'ils pourraient faire quelques chemises de coton, aussi bien qu'ils savent faire lits pour coucher[3]; ou bien pourraient faire quelques robes de peaux de bêtes sauvages et s'en vêtir, ainsi que ceux de Canada; car ils ont abondance de bêtes sauvages, et en prennent aisément; quant aux domestiques, ils n'en nourrissent point. Mais ils ont cette opinion d'être plus allègres et dispos à tous exercices que s'ils étaient vêtus. Et qui plus est, s'ils sont vêtus de quelque chemise légère, laquelle ils auront gagnée à grand travail, quand ils se rencontrent avec leurs ennemis, ils la dépouilleront incontinent, avant que mettre la main aux armes, qui sont l'arc et la flèche, estimant que cela leur ôterait la dextérité et l'allégreté au combat, même qu'ils ne pourraient aisément fuir ou se mouvoir devant leurs ennemis, voire qu'ils seraient pris par tels vêtements; par quoi se mettront nus, tant sont rudes et mal avisés. Toutefois ils sont fort désireux de robes, chemises, chapeaux et autres accoutrements, et les estiment chers et précieux jusque-là, qu'ils les laisseront plutôt gâter en leurs petites logettes que les vêtir, pour crainte qu'ils ont de les endommager[4]. Vrai est qu'ils les vêtiront aucunes fois pour faire quelques cahouinages, c'est-à-dire quand ils demeurent aucuns jours à boire et faire grande chère, après la mort de leurs pères ou de leurs parents; ou bien en quelque solennité de massacre de leurs ennemis.

Encore s'ils ont quelque hobergeon ou chemise de petite valeur vêtue, ils les dépouilleront et les mettront sus leurs épaules, se voulant asseoir en terre, pour crainte qu'ils ont de les gâter. Il se trouve quelques vieux entre eux, qui cachent leurs parties honteuses de quelques feuilles, mais le plus souvent par quelque indisposition qui y est. Aucuns ont voulu dire qu'en notre Europe, au commencement qu'elle fut habitée, que les hommes et femmes étaient nus, hormis les parties secrètes, ainsi que nous lisons de notre premier père. Néanmoins en ce temps-là les hommes vivaient plus long âge que ceux de maintenant, sans être offensés de tant de maladies : de manière qu'ils ont voulu soutenir que tous hommes devraient aller nus, ainsi qu'Adam et Ève, nos premiers parents, étaient en paradis terrestre.

Quant à cette nudité, il ne se trouve aucunement qu'elle soit du vouloir et commandement de Dieu. Je sais bien que quelques hérétiques appelés Adamians[1], maintenant faussement cette nudité, et les sectateurs vivaient tout nus, ainsi que nos Amériques dont nous parlons, et assistaient aux synagogues pour prier à leurs temples tout nus. Et par ce l'on peut connaître leur opinion évidemment fausse; car avant le péché d'Adam et Ève, l'Écriture sainte nous témoigne qu'ils étaient nus, et après se couvraient de peaux, comme pourriez estimer de présent en Canada. Laquelle erreur ont imitée plusieurs, comme les Turlupins[2] et les philosophes appelés Cyniques, lesquels alléguaient pour leurs raisons, et enseignaient publiquement l'homme ne devoir cacher ce que nature lui a donné. Ainsi sont montrés ces hérétiques plus impertinents après avoir eu la connaissance des choses, que nos Amériques. Les Romains, quelque étrange façon qu'ils observassent en leur manière de vivre, ne demeuraient toutefois ainsi nus. Quant aux statues et images, ils les colloquaient toutes nues en leurs temples, comme récite Tite-Live. Toutefois ils ne portaient coiffe ni bonnet sus la tête; comme nous trouvons de Caius César, lequel, étant chauve par-devant, avait coutume de ramener ses cheveux de derrière pour couvrir le front; pourtant prit licence de porter quelque bonnet léger ou coiffe pour cacher cette part de la tête qui était pelée[1].

Voilà sus le propos de nos sauvages. J'ai vu encore ceux du Pérou user de quelques petites chemisoles[2] de coton façonnées à leur mode. Sans éloigner de propos, Pline récite qu'à l'extrémité de l'Inde orientale (car jamais il n'eut connaissance de l'Amérique), du côté de Gange, y avait certains peuples vêtus de grandes feuilles larges, et être de petite stature. Je dirai encore de ces pauvres sauvages qu'ils ont un regard fort épouvantable, le parler austère, réitérant leur parole plusieurs fois. Leur langage est bref et obscur, toutefois plus aisé à comprendre que celui des Turcs ni des autres nations de Levant, comme je puis dire par expérience. Ils prennent grand plaisir à parler indistinctement, à vanter les victoires et triomphes qu'ils ont faits sus leurs ennemis. Les vieux tiennent leurs promesses et sont plus fidèles que les jeunes, tous néanmoins fort sujets à larcin, non qu'ils dérobent l'un l'autre, mais s'ils trouvent un chrétien ou autre étranger, ils le pilleront. Quant à l'or et argent, ils ne lui en feront tort, car ils n'en ont aucune connaissance. Ils usent de grandes menaces, spécialement quand on les a irrités, non de frapper seulement, mais de tuer.

Quelque incivilité qu'ils aient, ils sont fort prompts à faire service et plaisir, voire à petit salaire : charitables jusques à conduire un étranger cinquante ou soixante lieues dans le pays, pour les difficultés et dangers, avec toutes autres œuvres charitables et honnêtes, plus, je dirai, qu'entre les chrétiens. Or nos Amériques ainsi nus ont la couleur extérieure rougeâtre, tirant sus couleur de lion[3]; et la raison, je la laisserai aux philosophes naturels, et pourquoi elle n'est tant aduste[4] comme celle des Noirs d'Éthiopie; au surplus, bien formés et proportionnés de leurs membres; les yeux toutefois mal faits, c'est-à-savoir noirs, louches, et leur regard presque comme celui d'une bête sauvage. Ils sont de haute stature, dispos et allègres, peu sujets à maladie, sinon qu'ils reçoivent quelques coups de flèches en guerre.

CHAPITRE XXX
De la manière de leur manger & boire.

Il est facile à entendre que ces bonnes gens ne sont pas plus civils en leur manger qu'en autres choses. Et tout ainsi qu'ils n'ont certaines lois pour élire ce qui est bon et fuir le contraire, aussi mangent-ils de toutes viandes[1], à tous jours et à toutes heures, sans autre discrétion. Vrai est que d'eux-mêmes ils sont assez superstitieux de ne manger de quelque bête, soit terrestre ou aquatique, qui soit pesante à cheminer, ains de toutes autres qu'ils connaissent plus légères à courir ou voler, comme sont cerfs et biches; pource qu'ils ont cette opinion que cette chair les rendrait trop pesants, qui leur apporterait inconvénient, quand ils se trouveraient assaillis de leurs ennemis[2]. Ils ne veulent aussi manger de choses salées, et les défendent à leurs enfants. Et quand ils voient les chrétiens manger chairs salées, ils les reprennent comme de chose impertinente, disant que telles viandes leur abrégeront la vie. Ils usent au reste de toutes espèces de viandes, chair et poisson, le tout rôti à leur mode. Leurs viandes sont bêtes sauvages, rats de diverses espèces et grandeurs, certaines espèces de crapauds plus grands que les nôtres, crocodiles et autres, qu'ils mettent toutes entières sus le feu, avec peau et entrailles; et en usent ainsi sans autre difficulté; voire ces crocodiles, lézards gros comme un cochon d'un mois et longs en proportion, qui est une viande fort friande, témoins ceux qui en ont mangé. Ces lézards sont tant privés qu'ils s'approchent de vous, prenant votre repas, que si vous leur jetez quelque chose, ils la prendront sans crainte ou difficulté. Ces sauvages les tuent à coups de flèches. Leur chair ressemble à celle d'un poulet. Toute la viande qu'ils font bouillir, sont quelques petites huîtres et autres écailles de mer. Pour manger ils n'observent certaine heure limitée, mais à toutes heures qu'ils se sentent avoir appétit, soit la nuit après leur premier sommeil, se lèveront très bien pour manger, puis se remettront à dormir. Pendant le repas ils tiennent un merveilleux silence, qui est louable plus qu'en nous autres, qui jasons ordinairement à table. Ils cuisent fort bien leur viande, et si la mangent fort posément, se moquant de nous qui dévorons à la table au lieu de manger; et jamais ne mangent que la viande ne soit suffisamment refroidie. Ils ont une chose fort étrange : lorsqu'ils mangent, ils ne boiront jamais, quelque heure que ce soit; au contraire, quand ils se mettront à boire, ne mangeront point et passeront ainsi en buvant voire un jour tout entier.

Quand ils font leurs grands banquets et solennités, comme en quelque massacre ou autre solennité, lors ne feront que boire tout le jour, sans manger. Ils font breuvages de gros mil blanc et noir, qu'ils nomment en leur langue *avaty*. Toutefois, peu après avoir ainsi bu et s'être séparés les uns des autres, mangeront indifféremment tout ce qui se trouvera. Les pauvres vivent plus de poisson de mer, huîtres, et autres choses semblables, que de chair. Ceux qui sont loin de la mer pêchent aux rivières; aussi ont diversité de fruits, ainsi que nature les produit, néanmoins vivent longtemps sains et dispos.

Ici faut noter que les anciens ont plus communément vécu de poisson que de chair, ainsi que Hérodote affirme des Babyloniens, qui ne vivaient que de poisson[1]. Les lois de Triptolème, selon Xénophon[2], défendaient aux Athéniens l'usage de la chair. Ce n'est donc chose si étrange de pouvoir vivre de poisson sans usage de chair. Et même en notre Europe, du commencement, et avant que la terre fût ainsi cultivée et habitée, les hommes vivaient encore plus austèrement sans chair ni poisson, n'ayant l'industrie d'en user; et toutefois étaient robustes, et vivaient longuement, sans être tant efféminés que ceux de notre temps; lesquels d'autant plus qu'ils sont traités délicatement, et plus sont sujets à maladies et débilités. Or nos sauvages usent de chairs et poissons, comme nous avons dit, et en la manière qui vous est ici montrée par figure.

Quelques-uns d'iceux se couchent en leurs lits pour manger, au moins sont assis, spécialement le plus vieil d'une famille sera dedans son lit, et les autres auprès, lui faisant le service, comme si nature les avait enseignés à porter honneur à vieillesse. Encore ont bien cette honnêteté, que le premier qui a pris quelque grosse proie, soit en terre ou en eau, il en distribuera à tous, principalement aux chrétiens, s'il y en a, et les inviteront libéralement à manger de telle viande que Dieu leur donne, estimant recevoir injure si vous les refusez en cela. Et qui plus est, de prime face que l'on entre dans leurs logettes, ils vous demanderont en leur langue : « *Marabissere* », Comment as-tu nom ? Car vous vous pouvez assurer que s'ils le savent une fois, jamais ne l'oublieront, tant ils ont bonne mémoire, et y fût Cyrus roi des Perses, Cynéas légat du roi Pyrrhus, Mithridate, ni César, lesquels Pline récite avoir été de très bonne mémoire[1] ; et après leur avoir répondu quelque propos, vous demanderont : « *Marapipo* »[2], Que veux-tu dire ? et plusieurs autres caresses.

CHAPITRE XXXI

Contre l'opinion de ceux qui eſtiment
les sauvages être pelus[1].

Pourtant que[2] plusieurs ont cette folle opinion, que ces gens que nous appelons sauvages, ainsi qu'ils vivent par les bois et champs à la manière presque des bêtes brutes, être pareillement ainsi pelus par tout le corps comme un ours, un cerf, un lion, même les peignent ainsi en leurs riches tableaux; bref, pour décrire un homme sauvage, ils lui attribueront abondance de poil depuis le pied jusques en tête[3], comme un accident inséparable, ainsi qu'à un corbeau la noirceur[4]; ce qui est totalement faux; même j'en ai vu quelques-uns obstinés jusque-là, qu'ils affirmaient obstinément jusques à jurer d'une chose qui leur est incertaine, pour ne l'avoir vue; combien que telle soit la commune opinion. Quant à moi, je le sais et l'affirme assurément, pour l'avoir ainsi vu. Mais tout au contraire les sauvages, tant de l'Inde orientale que de notre Amérique, issent[5] du ventre de leur mère aussi beaux et polis que les enfants de notre Europe. Et si le poil leur croît par succession de temps en aucune partie de leur corps, comme il advient à nous autres, en quelque partie que ce soit, ils l'arrachent avec les ongles, réservé celui de la tête seulement, tant ils ont cela en grande horreur, autant les hommes que les femmes. Et du poil des sourcils qui croît aux hommes par mesure, leurs femmes le tondent et rasent avec une certaine herbe tranchante comme un rasoir. Cette herbe ressemble au jonc qui vient près des eaux. Et quant au poil amatoire[6] et barbe du visage, ils se l'arrachent comme au reste du corps. Depuis quelque temps, ils ont trouvé le moyen de faire je ne sais quelles pincettes, dont ils arrachent le poil brusquement. Car depuis qu'ils ont été fréquentés des chrétiens, ils ont appris quelque usage de malléer le fer. Et pour ce ne croirez dorénavant l'opinion commune et façon de faire des peintres, auxquels est permise une licence grande de peindre plusieurs choses à leur seule discrétion, ainsi qu'aux poètes de faire des contes. Que s'il advient une fois entre les autres qu'un enfant sorte ainsi velu du ventre de la mère, et que le poil se nourrisse et augmente par tout son corps, comme l'on en a vu aucuns en France, cela est un accident de nature, tout ni plus ni moins que si aucun naissait avec deux têtes, ou autre chose semblable. Ce ne sont choses si admirables, considéré que les médecins et philosophes en peuvent donner la raison. J'en ai vu un en Normandie couvert d'écailles comme une carpe. Ce sont imperfections de nature. Je confesse bien, même selon la glose sur le treizième d'Ésaïe[1], qu'il se trouve certains monstres ayant forme d'hommes, qu'ils ont appelés satyres, vivant par les bois, et velus comme bêtes sauvages. Et de cela sont pleins les écrits des poètes, de ces satyres, faunes, nymphes, dryades, hamadryades, orcades et autres manières de monstres, lesquels ne se trouvent aujourd'hui, ainsi comme le temps passé, auquel l'esprit malin s'efforçait par tous moyens à décevoir l'homme, se transformant en mille figures. Mais aujourd'hui que Notre-Seigneur par compassion s'est communiqué à nous, ces esprits malins ont été chassés hors, nous donnant puissance contre eux, ainsi que témoigne la Sainte Écriture. Aussi en Afrique se peuvent encore trouver certains monstres difformes[2], pour les raisons que nous avons alléguées au commencement de ce livre, et autres que je laisserai pour le présent.

Au surplus quant à nos Amériques, ils portent cheveux en tête, façonnés presque ainsi que ceux des moines[3], ne leur passant point les oreilles; vrai est qu'ils les coupent par le devant de la tête; et disent pour leurs raisons, ainsi que je m'en suis informé, même à un roitelet du pays, que s'ils portaient cheveux longs par-devant et barbe longue, cela leur serait occasion de tomber entre les mains de leurs ennemis, qui les pourraient prendre aux cheveux et à la barbe[4]; aussi qu'ils ont appris de leurs ancêtres, qu'être ainsi écourtés de poil leur causerait merveilleuse hardiesse. J'estimerais que si nos sauvages eussent fréquenté vers l'Asie, qu'ils eussent appris cela des Abantes, qui trouvèrent cette invention de se raser la tête, pour être, disent-ils, plus hardis et belliqueux entre leurs ennemis. Aussi Plutarque raconte en la vie de Theseus que la coutume des Athéniens était que les éphores, c'est-à-dire constitués comme tribuns en leur République, étaient tenus d'offrir la tonsure de leurs cheveux et perruques aux dieux en Delphes; de manière que Theseus, ayant fait raser le devant de la tête à la mode de nos Amériques, fut incité à cela par les Abantes, peuple d'Asie[1]. Et de fait, nous trouvons qu'Alexandre, roi de Macédoine, commanda à ses gens de prendre les Macédoniens par les cheveux et barbe, qu'ils portaient longue[2]; pource lors il n'y avait encore de barbiers pour les tondre ou raser. Et les premiers que l'on vit en Italie étaient venus de Sicile. Voilà donc quant au poil des Amériques.

CHAPITRE XXXII

D'un arbre nommé Génipat en langue des Amériques,
duquel ils font teinture.

Génipat[3] est un arbre dont les sauvages de l'Amérique font grande estime pour le fruit qu'il porte, nommé du nom de l'arbre; non pas qu'il soit bon à manger, mais utile à quelque autre chose où ils l'appliquent. Il ressemble de grandeur et de couleur à la pêche de ce pays; du jus duquel ils font certaine teinture dont ils teignent aucunefois tout leur corps. La manière de cette teinture est telle. Les pauvres bestiaux, n'ayant autre moyen de tirer le suc de ce fruit, sont contraints le mâcher, comme s'ils le voulaient avaler; puis le remettent et épreignent entre leurs mains pour lui faire rendre son jus, ainsi que d'une éponge quelque liqueur, lequel suc ou jus est aussi clair qu'eau de roche. Puis quand ils ont vouloir de faire quelque massacre, ou qu'ils se veulent visiter les uns les autres, et faire quelque autre solennité, ils se mouillent tout le corps de cette liqueur; et tant plus qu'elle se dessèche sur eux, et plus acquiert couleur vive. Cette couleur est quasi indicible, entre noire et azurée, n'étant jamais en son vrai naturel, jusques à ce qu'elle ait demeuré l'espace de deux jours sus le corps, et qu'elle soit aucunement séchée. Et s'en vont ainsi ces pauvres gens, autant contents comme nous faisons de notre velours et satin, quand nous allons à la fête, ou autrement. Les femmes se teignent de cette couleur plus coutumièrement que les hommes.

Et noterez en cet endroit que si les hommes sont invités de dix ou douze lieues pour aller faire quelque cahouinage avec leurs amis, avant que partir de leur village, ils pèleront quelque arbre dont le dedans sera rouge, jaune ou de quelque autre couleur, et le hacheront fort menu, puis tireront de la gomme de quelque autre arbre, laquelle ils nomment *usub,* et s'en frotteront tout le corps, combien qu'elle soit propre aux plaies, ainsi que j'ai vu par expérience ; puis par-dessus cette gomme gluante épandront de ces couleurs susdites.

Les autres, au lieu de ce bois, mettront force petites plumes de toutes couleurs, de manière que vous en verrez de rouges, comme fine écarlate, les autres d'autres couleurs ; et autour de leurs têtes portent de grands pennaches beaux à merveilles. Voilà de leur *génipat.* Cet arbre porte feuilles semblables à celles du noyer ; et le fruit vient presque au bout des branches, l'un sur l'autre d'une façon étrange. Il s'en trouve un autre aussi nommé *génipat,* mais son fruit est beaucoup plus gros, et bon à manger. Autre singularité d'une herbe qu'ils nomment en leur langue *pétun*[1], laquelle ils portent ordinairement avec eux, pource qu'ils l'estiment merveilleusement profitable à plusieurs choses. Elle ressemble à notre buglosse.

Or ils cueillent soigneusement cette herbe, et la font sécher à l'ombre dans leurs petites cabanes. La manière d'en user est telle : ils l'enveloppent, étant sèche, quelque quantité de cette herbe en une feuille de palmier qui est fort grande, et la roulent comme de la longueur d'une chandelle, puis mettent le feu par un bout, et en reçoivent la fumée par le nez et par la bouche. Elle est fort salubre, disent-ils, pour faire distiller et consumer les humeurs superflues du cerveau. Davantage, prise en cette façon, fait passer la faim et la soif pour quelque temps. Parquoi ils en usent ordinairement, même quand ils tiennent quelque propos entre eux, ils tirent cette fumée, et puis parlent; ce qu'ils font coutumièrement et successivement l'un après l'autre en guerre, où elle se trouve très commode. Les femmes n'en usent aucunement. Vrai est que si l'on prend trop de cette fumée ou parfum, elle entête et enivre, comme le fumet d'un fort vin. Les chrétiens étant aujourd'hui par-delà sont devenus merveilleusement friands de cette herbe et parfum; combien qu'au commencement l'usage n'est sans danger, avant que l'on y soit accoutumé : car cette fumée cause sueurs et faiblesses, jusques à tomber en quelque syncope; ce que j'ai expérimenté en moi-même[1]. Et n'est tant étrange qu'il semble, car il se trouve assez d'autres fruits qui offensent le cerveau, combien qu'ils soient délicats et bons à manger.

Pline récite qu'en Lynceste [y] a une fontaine dont l'eau enivre les personnes; semblablement une autre en Paphlagonie[2]. Quelques-uns penseront n'être vrai, mais entièrement faux, ce qu'avons dit de cette herbe, comme si nature ne pouvait donner telle puissance à quelque chose sienne, bien encore plus grande, même aux animaux, selon les contrées et régions, pourquoi aurait-elle plutôt frustré ce pays d'un tel bénéfice, tempéré sans comparaison plus que plusieurs autres? Et si quelqu'un ne se contentait de notre témoignage, lise Hérodote, lequel en son second livre fait mention d'un peuple d'Afrique vivant d'herbes seulement. Appian récite que les Parthes bannis et chassés de leur pays par Marc-Antoine ont vécu de certaine herbe qui leur ôtait la mémoire, toutefois avaient opinion qu'elle leur donnait bon nourrissement, combien que par quelque espace de temps ils mouraient[3]. Par quoi ne doit l'histoire de notre pétun être trouvée étrange.

CHAPITRE XXXIII

D'un arbre nommé paquouere.

Puisque nous sommes sur le propos des arbres, j'en décrirai encore quelqu'un, non pour amplification du présent discours, mais pour la grande vertu et incredible singularité des choses; et que de tels ne se trouve par-deçà, non pas en l'Europe, Asie ou Afrique. Cet arbre donc, que les sauvages nomment *paquouere*[1], est par aventure le plus admirable qui se trouva onc. Premièrement il n'est pas plus haut de terre jusques aux branches, qu'une brasse ou environ, et de grosseur autant qu'un homme peut empoigner de ses deux mains – cela s'entend, quand il est venu à juste croissance; et en est la tige si tendre qu'on la couperait aisément d'un couteau. Quant aux feuilles, elles sont de deux pieds de largeur, et de longueur une brasse, un pied et quatre doigts; ce que je puis assurer de vérité.

J'en ai vu quasi de cette même espèce en Égypte et en Damas retournant de Jérusalem[2]; toutefois la feuille n'approche à la moitié près en grandeur de celles de l'Amérique. Il y a davantage grande différence au fruit : car celui de cet arbre dont nous parlons est de la longueur d'un bon pied, c'est-à-savoir le plus long, et est gros comme un concombre, y retirant assez bien quant à la façon.

Ce fruit qu'ils nomment en leur langue *pacona*[3] est très bon, venu à maturité, et de bonne concoction. Les sauvages le cueillent avant qu'il soit justement mûr, lequel ils portent puis après en leurs logettes, comme l'on fait les fruits par-deçà. Il croît en l'arbre par monceaux, trente ou quarante ensemble, et tout auprès l'un de l'autre, en petites branches qui sont près du tronc : comme pouvez voir par la figure que j'ai fait représenter ci-après[4].

Et qui est encore plus admirable, cet arbre ne porte jamais fruit qu'une fois. La plus grande part de ces sauvages, jusque bien avant dans le pays, se nourrit de ce fruit une bonne partie du temps; et d'un autre fruit qui vient par les champs, qu'ils nomment *hoyriri*[5], lequel à voir pour sa façon et grandeur, l'on estimerait être produit en quelque arbre; toutefois il croît en certaine herbe, qui porte feuille semblable à celle de palme tant en longueur que largeur. Ce fruit est long d'une paulme, en façon d'une noix de pin, sinon qu'il

est plus long. Il croît au milieu des feuilles, au bout d'une verge toute ronde; et dedans se trouve comme petites noisettes, dont le noyau est blanc et bon à manger, sinon que la quantité (comme est de toutes choses) offense le cerveau; laquelle force l'on dit être semblable en la coriandre, si elle n'est préparée; pareillement si l'autre était ainsi préparé, peut-être qu'il dépouillerait ce vice. Néanmoins les Amériques en mangent, les petits enfants principalement. Les champs en sont tout pleins à deux lieues du cap de Frie, auprès de grands marécages que nous passâmes après avoir mis pied à terre à notre retour. Je dirai en passant, outre les fruits que nous vîmes près ce marais, que nous trouvâmes un crocodile mort, de la grandeur d'un veau, qui était venu des prochains marais, et là avait été tué; car ils en mangent la chair, comme des lézards dont nous avons parlé. Ils le nomment en leur langue *jacare absou*[1] : et sont plus grands que ceux du Nil[2].

Les gens du pays disent qu'il y a un marais tenant cinq lieues de circuit, du côté de Pernomeri, distant de la ligne dix degrés, tirant aux Cannibales, où il y a certains crocodiles comme grands bœufs, qui rendent une fumée mortelle par la gueule, tellement que si l'on s'approche d'eux, ils ne faudront à vous faire mourir : ainsi qu'ils ont entendu de leurs ancêtres.

Au même lieu où croît ce fruit dont nous parlons, se trouve abondance de lièvres semblables aux nôtres, hormis qu'ils ne sont si grands, ni de semblable couleur. Là se trouve aussi un autre petit animant, nommé *agoutin*[3], grand comme un lièvre mécrû, le poil comme un sanglier, droit et élevé, la tête comme celle d'un gros rat, les oreilles et la bouche d'un lièvre, ayant la queue longue d'un pouce, glabre totalement sur le dos, depuis la tête jusques au bout de la queue, le pied fourchu comme un porc. Ils vivent de fruits; aussi en nourrissent les sauvages pour leur plaisir, joint que la chair en est très bonne à manger.

CHAPITRE XXXIV

La manière qu'ils tiennent à faire
incisions sur leur corps.

Il ne suffit à nos sauvages d'être tout nus et se peindre le corps de diverses couleurs, d'arracher leur poil, mais pour se rendre encore plus difformes, ils se percent la bouche, étant encore jeunes, avec certaine herbe fort aiguë; tellement que le pertuis s'augmente avec le corps; car ils mettent dedans une manière de vigneaux, qui est un petit poisson[1] longuet, ayant l'écorce dure en façon de patenôtre, laquelle ils mettent dans le trou quand le poisson est hors, et ce en forme d'un douzil[2] ou broche en un muid de vin; dont le bout plus gros est par-dedans, et le moindre dehors, sus la lèvre basse.

Quand ils sont grands sus point de se marier, ils portent de grosses pierres tirant sus couleur d'émeraude, et en font telle estime qu'il n'est facile d'en recouvrer d'eux, si on ne leur fait quelque grand présent, car elles sont rares en leur pays. Leurs voisins et amis prochains apportent ces pierres d'une haute montagne qui est au pays des Cannibales, lesquelles ils polissent avec une autre pierre à ce dédiée, si naïvement qu'il n'est possible au meilleur ouvrier de faire mieux. Et se pourraient trouver en cette même montagne aucunes émeraudes, car j'ai vu telle de ces pierres que l'on eût jugée vraie émeraude. Ces Amériques donc se défigurent ainsi et difforment de ces grands pertuis et grosses pierres au visage; à quoi ils prennent autant de plaisir qu'un seigneur de ce pays à porter chaînes riches et précieuses; de manière que celui d'entre eux qui en porte le plus est de tant plus estimé et tenu pour roi ou grand seigneur; et non seulement aux lèvres et à la bouche, mais aussi des deux côtés des joues. Les pierres que portent les hommes sont quelquefois larges comme un double ducat et plus, et épaisses d'un grand doigt; ce qui leur empêche la parole, tellement qu'à grande difficulté les peut-on entendre quand ils parlent, non plus que s'ils avaient la bouche pleine de farine. La pierre avec sa cavité leur rend la lèvre de dessous grosse comme le poing; et selon la grosseur se peut estimer la capacité du per-tuis entre la bouche et le menton. Quand la pierre est ôtée, s'ils veulent parler, on voit leur salive sortir par ce conduit, chose hideuse à voir; encore quand cette canaille se veut moquer, ils tirent la langue par là[1].

Les femmes et filles ne sont ainsi difformes; vrai est qu'elles portent à leurs oreilles certaines choses pendues que les hommes font de gros vigneaux et coquilles de mer; et est cela fait comme une chandelle d'un liard de lon-gueur et grosseur. Les hommes, en outre, portent croissants longs et larges d'un pied sus la poitrine, et sont attachés au col. Aussi en portent commu-nément les enfants de deux à trois ans. Ils portent aussi quelques colliers blancs qui sont d'une autre espèce de plus petits vigneaux qu'ils prennent en la mer, et les tiennent chers et en grande estime. Ces patenôtres[2] que l'on vend maintenant en France, blanches quasi comme ivoire, viennent de là, et les font eux-mêmes. Les matelots les achètent pour quelque objet de vil prix, et les apportent par-deçà. Quand elles commencèrent à être en usage en notre France, l'on voulait faire croire que c'était corail blanc; mais depuis aucuns ont maintenu la matière de laquelle elles sont faites être de porcelaine. On les peut baptiser ainsi que l'on veut. Quoi qu'il en soit, étant au pays, j'en ai vu d'os de poisson. Et les femmes portent bracelets de ces écailles de poisson, et sont faits tout ainsi qu'un garde-bras de gen-darme. Ils estiment fort ces petites patenôtres de verre que l'on porte de deçà. Pour le comble de difformité, ces hommes et femmes le plus souvent sont tout noirs, pour être teints de certaines couleurs et teintures qu'ils font de fruits d'arbres, ainsi que déjà nous avons dit et pourrons encore dire. Ils se teignent et s'accoutrent les uns les autres. Les femmes accoutrent les hommes, leur faisant mille gentillesses, comme figures, ondes et autres choses semblables, déchiquetées si menu qu'il n'est possible de plus[3].

On ne lit point que les autres nations en aient ainsi usé. On trouve bien que les Scythes allant voir leurs amis, quand quelqu'un était décédé, se peignaient le visage de noir. Les femmes de Turquie se peignent bien les ongles de quelques couleurs rouge ou perse, pensant par cela être plus belles; mais non pas le reste du corps. Je ne veux oublier que les femmes en cette Amérique ne teignent le visage et corps de leurs petits enfants de noir seulement, mais de plusieurs autres couleurs, et d'une spécialement qui tire sur le *Boli armeni,* laquelle ils font d'une terre grasse comme argile, quelle couleur dure l'espace de quatre jours. Et de cette même couleur les femmes se teignent les jambes, de manière qu'à les voir de loin, on les estimerait être reparées de belles chausses de fin estamet noir[1].

CHAPITRE XXXV

Des visions, songes & illusions de ces Amériques,
& de la persécution qu'ils reçoivent
des esprits malins.

C'est chose admirable que ces pauvres gens, encore qu'ils ne soient raisonnables pour être privés de l'usage de vraie raison et de la connaissance de Dieu, sont sujets à plusieurs illusions fantastiques et persécutions de l'esprit malin. Nous avons dit que par-deçà advenait cas semblable avant l'avènement de Notre Seigneur; car l'esprit malin ne s'étudie qu'à séduire et débaucher la créature qui est hors de la connaissance de Dieu. Ainsi ces pauvres Amériques voient souvent un mauvais esprit tantôt en une forme, tantôt en une autre, lequel ils nomment en leur langue *Agnan*[2], et les persécute bien souvent jour et nuit, non seulement l'âme, mais aussi le corps, les battant et outrageant excessivement, de manière que aucune fois vous les orriez faire un cri épouvantable, disant en leur langue, s'il y a quelque chrétien là près : «Vois-tu pas *Agnan* qui me bat? Défends-moi, si tu veux que je te serve et coupe ton bois» — comme quelquefois on les fait travailler pour peu de chose au bois de brésil. Pourtant ne sortent la nuit de leurs logettes sans porter du feu avec eux, lequel ils disent être souveraine défense et remède contre leur ennemi. Et pensais, quand premièrement l'on m'en faisait le récit, que fût fable, mais j'ai vu par expérience cet esprit avoir été chassé par un chrétien en invoquant et prononçant le nom de JÉSUS-CHRIST. Il advient le semblable en Canada et en la Guinée, qu'ils sont ainsi tourmentés, dans les bois principalement, où ils ont plusieurs visions; et appellent en leur langage cet esprit, Grigri.

Davantage, nos sauvages, ainsi dépourvus de raison et de la connaissance de vérité, sont fort faciles à tomber en plusieurs folies et erreurs. Ils notent et observent les songes diligemment, estimant que tout ce qu'ils ont songé doit incontinent ainsi advenir. S'ils ont songé qu'ils doivent avoir victoire de leurs ennemis, ou devoir être vaincus, vous ne leur pourrez dissuader qu'il n'advienne ainsi, le croyant aussi assurément comme nous ferions l'Évangile. Vrai est que les philosophes tiennent aucuns songes advenir naturellement, selon les humeurs qui dominent, ou autre disposition du corps : comme songer le feu, l'eau, choses noires, et semblables; mais croire aux autres songes, comme ceux de ces sauvages, est impertinent et contraire à la vraie religion.

Macrobe, au *Songe de Scipion*[1], dit aucuns songes advenir pour la vanité des songeurs, les autres viennent des choses que l'on a trop appréhendées. Autres que nos sauvages ont été en cette folle opinion d'ajouter foi aux songes, comme les Lacédémoniens, les Persiens et quelques autres. Ces sauvages ont encore une autre opinion étrange et abusive de quelques- uns d'entre eux qu'ils estiment vrais prophètes, et les nomment en leur langue *pagés,* auxquels ils déclarent leurs songes, et les autres les interprètent; et ont cette opinion qu'ils disent la vérité. Nous dirons bien en cet endroit avec Philon, le premier qui a interprété les songes, et selon Trogus Pompeius, qui depuis a été fort excellent en cette même science. Pline est de cet avis que Amphiction en a été le premier interprète[2].

Nous pourrions ici amener plusieurs choses des songes et divinations, et quels songes sont véritables ou non, ensemble de leurs espèces, des causes, selon qu'en avons pu voir ès anciens auteurs; mais pource que cela répugne à notre religion, aussi qu'il est défendu y ajouter foi, nous arrêtant seulement à l'Écriture sainte et à ce qui nous est commandé, je me déporterai d'en parler davantage; m'assurant aussi que, quelque chose qu'on en veuille dire, que pour un où l'on pourra cueillir aucune chose, on se pourra tromper en infinité d'autres. Retournons aux sauvages de l'Amérique. Ils portent donc grande révérence à ces prophètes susnommés, lesquels ils appellent *pagés* ou *charaïbes*[1], qui vaut autant à dire comme demi-dieux; et sont vraiment idolâtres, ni plus ni moins que les anciens gentils[2].

CHAPITRE XXXVI

Des faux prophètes & magiciens de ce pays qui
communiquent avec les esprits malins;
& d'un arbre nommé ahouaï.

Ce peuple, ainsi éloigné de la vérité, outre les persécutions qu'il reçoit du malin esprit et les erreurs de ses songes, est encore si hors de raison qu'il adore le Diable par le moyen d'aucuns siens ministres, appelés *pagés,* desquels nous avons déjà parlé. Ces *pagés* ou *charaïbes* sont gens de mauvaise vie qui se sont adonnés à servir au Diable pour décevoir[3] leurs voisins. Tels imposteurs, pour colorer leur méchanceté et se faire honorer entre les autres, ne demeurent ordinairement en un lieu, ains sont vagabonds, errant çà et là par les bois et autres lieux, ne retournant point avec les autres que bien rarement et à certaines heures, leur faisant entendre qu'ils ont communiqué avec les esprits pour les affaires du public, et qu'il faut faire ainsi et ainsi, ou qu'il adviendra ceci ou cela; et lors ils sont reçus et caressés honorablement, étant nourris et entretenus sans faire autre chose; encore s'estiment bienheureux ceux-là qui peuvent demeurer en leur bonne grâce, et leur faire quelque présent.

S'il advient pareillement qu'aucun d'entre eux ait indignation ou querelle contre son prochain, ils ont de coutume de se retirer vers ces *pagés*, afin qu'ils fassent mourir par poison celui ou ceux auxquels ils veulent mal. Entre autres choses ils s'aident d'un arbre nommé en leur langue *ahouai*[1], portant fruit vénéneux et mortel, lequel est de la grosseur d'une châtaigne moyenne, et est vrai poison, spécialement le noyau. Les hommes, pour légère cause étant courroucés contre leurs femmes, leur en donnent, et les femmes aux hommes. Même ces malheureuses femmes, quand elles sont enceintes, si le mari les a fâchées, elles prendront au lieu de ce fruit certaine herbe pour se faire avorter. Ce fruit blanc avec son noyau est fait comme un Δ (delta), lettre des Grecs. Et de ce fruit les sauvages, quand le noyau est dehors, en font des sonnettes qu'ils mettent aux jambes, lesquelles font aussi grand bruit comme les sonnettes de par-deçà.

Les sauvages pour rien ne donneraient de ce fruit aux étrangers, étant frais cueilli, même défendent à leurs enfants y attoucher aucunement, devant que le noyau en soit ôté. Cet arbre est quasi semblable en hauteur à nos poiriers. Il a la feuille de trois ou quatre doigts de longueur et deux de largeur, verdoyante toute l'année. Elle a l'écorce blanchâtre. Quand on en coupe quelque branche, elle rend un certain suc blanc, quasi comme lait. L'arbre coupé rend une odeur merveilleusement puante. Par quoi les sauvages n'en usent en aucune sorte, même n'en veulent faire feu.

Je me déporte de vous décrire ici la propriété de plusieurs autres arbres, portant fruits beaux à merveilles, néanmoins autant ou plus vénéneux que cestui-ci dont nous parlons, et duquel vous avons ici présenté le portrait au naturel. Davantage il faut noter que les sauvages ont en tel honneur et révérence ces *pagés* qu'ils les adorent ou plutôt idolâtrent; même, quand ils retournent de quelque part, vous verriez le populaire aller au-devant, se prosternant, et les prier, disant : «Fais que je ne sois malade, que je ne meure point, ni moi ni mes enfants»; ou autre chose. Et lui répond : «Tu ne mourras point, tu ne seras malade», et semblables

Ahouaï,
arbre.

choses. Que s'il advient quelquefois que ces *pagés* ne disent la vérité et que les choses arrivent autrement que le présage, ils ne font difficulté de les faire mourir, comme indignes de ce titre et dignité de *pagés*[1]. Chacun village, selon qu'il est plus grand ou plus petit, nourrit un ou deux de ces vénérables. Et quand il est question de savoir quelque grande chose, ils usent de certaines cérémonies et invocations diaboliques, qui se font en telle manière. On fera premièrement une logette toute neuve, en laquelle jamais homme n'aura habité, et là-dedans dresseront un lit blanc et net à leur mode ; puis porteront en ladite loge grande quantité de vivres, comme du *cahouin*, qui est leur boisson ordinaire, fait par une fille vierge de dix ou douze ans, ensemble de la farine faite de racines dont ils usent au lieu de pain. Et toutes choses ainsi préparées, le peuple assemblé conduit ce gentil prophète en la loge, où il demeurera seul, après qu'une jeune fille lui aura donné à laver. Mais faut noter que avant ce mystère, il se doit abstenir de sa femme l'espace de neuf jours. Étant là-dedans seul, et le peuple retiré arrière, il se couche plat sur ce lit et commence à invoquer l'esprit malin par l'espace d'une heure et davantage, faisant je ne sais quelles cérémonies accoutumées ; tellement que sur la fin de ses invocations l'esprit vient à lui sifflant, comme ils disent, et flûtant. Les autres m'ont récité que ce mauvais esprit vient aucunes fois en la présence de tout le peuple, combien qu'il ne le voit aucunement, mais oit quelque bruit et hurlement. Adonc ils s'écrient tous d'une voix en leur langue, disant : «Nous te prions de vouloir dire la vérité à notre prophète qui t'attend là-dedans.» L'interrogation est de leurs ennemis, savoir lesquels emporteront la victoire, avec les réponses de même qui disent, ou que quelqu'un sera pris et mangé de ses ennemis, ou que l'autre sera offensé de quelque bête sauvage, et autres choses selon qu'il est interrogé. Quelqu'un d'eux me dit, entre autres choses, que leur prophète leur avait prédit notre venue. Ils appellent cet esprit *Houioulsira*.

Cela et plusieurs autres choses m'ont affirmées quelques chrétiens qui de longtemps se tiennent là ; et ce principalement, qu'ils ne font aucune entreprise sans avoir la réponse de leur prophète. Quand le mystère est accompli, le prophète sort, lequel, étant incontinent environné du peuple, fait une harangue où il récite tout ce qu'il a entendu. Et Dieu sait les caresses et les présents que chacun lui fait. Les Amériques ne sont les premiers qui ont pratiqué la magie abusive; mais avant eux elle a été familière à plusieurs nations, jusques au temps de Notre-Seigneur, qui a effacé et aboli la puissance de Satan, laquelle il exerçait sus le genre humain. Ce n'est donc sans cause qu'elle est défendue par les Écritures.

D'icelle magie nous trouvons deux espèces principales, l'une par laquelle l'on communique avec les esprits malins, [l'autre] qui donne intelligence des choses les plus secrètes de nature. Vrai est que l'une est plus vicieuse que l'autre, mais toutes deux pleines de curiosité. Et qu'est-il besoin, quand nous avons les choses qui nous sont nécessaires et en entendons autant qu'il plaît à Dieu nous faire capables, trop curieusement rechercher les secrets de nature et autres choses desquelles Notre-Seigneur s'est réservé à lui seul la connaissance? Telles curiosités démontrent un jugement imparfait, une ignorance et faute de foi et bonne religion[1]. Encore plus est abusé le simple peuple qui croit telles impostures. Et ne me puis assez émerveiller comme en pays de loi et police, on laisse pulluler telles ordures avec un tas de vieilles sorcières[2] qui mettent herbes aux bras, pendent écriteaux au col[3], force mystères, cérémonies qui guérissent de fièvres et autres choses, qui ne sont que vraie idolâtrie, digne de grande punition. Encore s'en trouvera-t-il aujourd'hui entre les plus grands, où l'on devrait chercher quelque raison et jugement, qui sont aveuglés les premiers. Parquoi ne se faut ébahir si le simple peuple croit légèrement ce qu'il voit être fait par ceux qui s'estiment les plus sages. Ô brutalité aveuglée! Que nous sert l'Écriture sainte, que nous servent les lois et autres bonnes sciences dont Notre-Seigneur nous a donné connaissance, si nous vivons en erreur et ignorance comme ces pauvres sauvages, et plus brutalement que bêtes brutes? Toutefois nous voulons être estimés savoir beaucoup, et faire profession de vertu. Et pour ce il ne se faut émerveiller si les anciens ignorant la vérité sont tombés en erreur, la cherchant par tous moyens, et encore moins de nos sauvages ; mais la vanité du monde cessera quand il plaira à Dieu.

Or, sans plus de propos, nous avons commencé à dire qu'il y a une magie damnable que l'on appelle *theurgia* ou *goetia*[1], pleine d'enchantements, paroles, cérémonies, invocations, ayant quelques autres espèces sous elle ; de laquelle on dit avoir été inventeur un nommé Zabulus. Quant à la vraie magie, qui n'est autre chose que chercher et contempler les choses célestes, célébrer et honorer Dieu, elle a été louée de plusieurs grands personnages. Tels étaient ces trois nobles rois[2] qui visitèrent Notre-Seigneur. Et telle magie a été estimée parfaite sapience. Aussi les Perses ne recevaient jamais homme à la couronne de leur Empire, s'il n'était appris en cette magie, c'est-à-dire qu'il ne fût sage. Car *magus* en leur langue n'est autre chose que sage en la nôtre, et σοφός, en grec, *sapiens* en latin. D'icelle l'on dit avoir été inventeurs Zamolxis et Zoroastre, non celui qui est tant vulgaire, mais qui était fils d'Oromase. Aussi Platon en son *Alcibiade* dit n'estimer la magie de Zoroastre être autre chose que connaître et célébrer Dieu. Pour laquelle entendre, lui-même, avec Pythagore, Empédocle et Démocrite, s'être hasardés par mer et par terre, allant en pays étranges pour connaître cette magie. Je sais bien que Pline[3] et plusieurs autres se sont efforcés d'en parler, comme des lieux et nations où elle a été célébrée et fréquentée, ceux qui l'ont inventée et pratiquée, mais assez obscurément discerné quelle magie, attendu qu'il y en a plusieurs espèces. Quant à moi, voilà ce qu'il m'a semblé bon en dire pour le présent, puisqu'il venait à propos de nos sauvages.

CHAPITRE XXXVII

Que les sauvages Amériques croient l'âme être immortelle.

Ce pauvre peuple, quelque erreur ou ignorance qu'il ait, si est-il beaucoup plus tolérable, et sans comparaison, que les damnables athéistes[4] de notre temps, lesquels, non contents d'avoir été créés à l'image et semblance du Dieu éternel, parfaits sus toutes créatures, malgré toutes écritures et miracles se veulent comme défaire et rendre bêtes brutes, sans loi ni sans raison. Et puisqu'ainsi est, on les devrait traiter comme bêtes; car il n'y a bête irraisonnable qui ne rende obéissance et service à l'homme, comme étant image de Dieu; ce que nous voyons journellement. Vrai est que quelque jour on leur fera sentir s'il reste rien après la séparation du corps et de l'âme; mais cependant qu'il plaise à Dieu les bien conseiller, ou de bonne heure en effacer la terre, tellement qu'ils n'apportent plus de nuisance aux autres.

Donc ces pauvres gens estiment l'âme être immortelle, qu'ils nomment en leur langue *cherepicouare*[1]. Ce que j'ai entendu, les interrogeant que devenait leur esprit quand ils mouraient. Les âmes, disent-ils, de ceux qui ont vertueusement combattu leurs ennemis s'en vont avec plusieurs autres âmes aux lieux de plaisance, bois, jardins et vergers; mais de ceux qui au contraire n'auront bien défendu le pays, s'en iront avec *Agnan*. Je m'ingérai quelquefois d'en interroger un grand roi du pays, lequel nous était venu voir bien de trente lieues, qui me répondit assez furieusement en sa langue paroles semblables : «Ne sais-tu pas qu'après la mort nos âmes vont en pays lointain et se trouvent toutes ensemble en de beaux lieux, ainsi que disent nos prophètes qui les visitent souvent et parlent à elles?» Et tiennent cette opinion assurée, sans en vaciller de rien. Une autre fois étant allé voir un autre roi du pays nommé *Pindahousou*[2], lequel je trouvai malade en son lit d'une fièvre continue, qui commence à m'interroger; et entre autres choses, que devenaient les âmes de nos amis à nous autres, *Maires*[3], quand ils mouraient; et lui faisant réponse qu'elles allaient avec *Toupan*, il crut aisément; en contemplation de quoi, me dit : «Viens-çà, je t'ai entendu faire si grand récit de *Toupan* qui peut toutes choses, parle à lui pour moi, qu'il me guérisse, et si je puis être guéri, je te ferai plusieurs beaux présents; je veux être accoutré comme toi, porter grande barbe et honorer *Toupan* comme toi.» Et de fait étant guéri, le seigneur de Villegagnon[1] délibéra de le faire baptiser; et pour ce le retint avec lui.

Ils ont une autre folle opinion : c'est qu'étant sur l'eau, soit mer ou fleuve, pour aller contre leurs ennemis, si survient quelque tempête ou orage (comme il advient bien souvent), ils croient que cela vienne des âmes de leurs parents et amis; mais pourquoi, ils ne savent; et pour apaiser la tourmente, ils jettent quelque chose en l'eau par manière de présent, estimant par ce moyen pacifier les tempêtes. Davantage, quand quelqu'un d'entre eux décède, soit roi ou autre, avant que le mettre en terre, s'il y a aucun qui ait chose appartenant au trépassé, il se gardera bien de le retenir, ains le portera publiquement et le rendra devant tout le monde pour être mis en terre avec lui; autrement il estimerait que l'âme après la séparation du corps le viendrait molester pour ce bien retenu. Plût à Dieu que plusieurs d'entre nous eussent semblable opinion (j'entends sans erreur), l'on ne retiendrait pas le bien d'autrui, comme l'on fait aujourd'hui sans crainte ni vergogne. Et ayant rendu à leur homme mort ce qui lui appartenait, il est lié et garrotté de quelques cordes, tant de coton que d'écorce de certain bois, tellement qu'il n'est possible, selon leur opinion, qu'il revienne; ce qu'ils craignent fort, disant que cela est advenu autrefois à leurs majeurs[2] et anciens, qui leur a été cause d'y donner meilleur ordre; tant sont spirituels et bien enseignés ces pauvres gens.

CHAPITRE XXXVIII

Comme ces sauvages font guerre les uns contre les autres, & principalement contre ceux qu'ils nomment Margageas & Thabajares, & d'un arbre qu'il appellent hayri, duquel ils font leurs bâtons de guerre.

Ce peuple de l'Amérique est fort sujet à quereller contre ses voisins, spécialement contre ceux qu'ils appellent en leur langue *Margageas* et *Thabajares*[3]; et n'ayant autre moyen d'apaiser leur querelle, se battent fort et ferme. Ils font assemblées de six mille hommes, quelquefois de dix et autres fois de douze; c'est-à-savoir village contre village, ou autrement ainsi qu'ils se rencontrent; autant en font ceux du Pérou et les Cannibales. Et devant que exécuter quelque grande entreprise, soit à la guerre ou ailleurs, ils font assemblée, principalement des vieux, sans femmes ni enfants, d'une telle grâce et modestie qu'ils parleront l'un après l'autre, et celui qui parle sera diligemment écouté; puis ayant fait sa harangue, quitte sa place à un autre, et ainsi consécutivement. Les auditeurs sont tous assis sur la terre, sinon quelques-uns entre les autres qui, en contemplation de quelque prééminence, soit par lignée ou d'ailleurs, seront lors assis en leurs lits. Ce que considérant, me vint en mémoire cette louable coutume des gouverneurs de Thèbes, ancienne ville de la Grèce, lesquels, pour délibérer ensemble de la République, étaient toujours assis sus la terre. Laquelle façon de faire, l'on estime un argument de prudence; car l'on tient pour certain, selon les philosophes, que le corps assis et à repos, les esprits sont plus prudents et plus libres, pour n'être tant occupés vers le corps quand il repose, que autrement.

Davantage, une chose étrange est que ces Amériques ne font jamais entre eux aucune trêve ni paction, quelque inimitié qu'il y ait, comme font toutes autres nations, même entre les plus cruels et barbares, comme Turcs, Mores et Arabes; et pense que si Thésée, premier auteur des trêves envers les Grecs[1], y était, il serait plus empêché qu'il ne fut onc. Ils ont quelques ruses de guerre pour surprendre l'un l'autre, aussi bien que l'on peut avoir en autres lieux. Donc ces Amériques, ayant inimitié perpétuelle et de tout temps contre leurs voisins susnommés, se cherchent souvent les uns les autres et se battent autant furieusement qu'il est possible. Ce qui les contraint d'une part et d'autre de se fortifier de gens et armes chacun village. Ils s'assembleront de nuit en grand nombre pour faire le guet, car ils sont coutumiers de se surprendre plus de nuit que de jour. Si aucunes fois ils sont avertis ou autrement se soupçonnent de la

venue de leurs ennemis, ils vous planteront en terre tout autour de leurs
tugures[1], loin d'un trait d'arc, une infinité de chevilles de bois fort
aiguës, de manière que le bout qui sort hors de terre étant fort aigu ne
se voit que bien peu ; ce que je ne puis mieux comparer qu'aux chausse-
trappes dont l'on use par-deçà[2] ; afin que les ennemis se percent les pieds
qui sont nus ainsi que le reste du corps, et par ce moyen les puissent saccager, c'est-à-savoir tuer les uns, les autres emmener prisonniers. C'est
un très grand honneur à eux, lesquels partant de leur pays pour aller
assaillir les autres sur leurs frontières, et quand ils amènent plusieurs de
leurs ennemis prisonniers en leur pays ; aussi est-il célébré et honoré des
autres comme un roi et grand seigneur, qui en a le plus tué. Quand ils
veulent surprendre quelque village l'un de l'autre, ils se cacheront et
musseront[3] de nuit par les bois ainsi que renards, se tenant là quelque
espace de temps jusques à tant qu'ils aient gagné l'opportunité de se ruer
dessus. Arrivant à quelque village, ils ont certaine industrie[4] de jeter le

feu ès logettes de leurs ennemis pour les faire sortir hors avec tout leur bagage, femmes et enfants. Étant saillis[1], ils chargent les uns les autres de coups de flèches confusément, de masses et épées de bois, qu'onque ne fut si beau passe-temps[2] de voir une telle mêlée. Ils se prennent et mordent avec les dents en tous endroits qu'ils se peuvent rencontrer et par les lèvres qu'ils ont pertuisées, montrant quelquefois pour intimider leurs ennemis les os de ceux qu'ils ont vaincus en guerre et mangés[3]; bref, ils emploient tous moyens pour fâcher leurs ennemis.

Vous verriez les uns emmenés prisonniers, liés et garrottés comme larrons. Et au retour de ceux qui s'en vont en leur pays avec quelque signe de victoire, Dieu sait les caresses et hurlements qui se font.

Les femmes suivent leurs maris à la guerre, non pour combattre comme les Amazones[4], mais pour leur porter et administrer vivres et autres munitions requises à telle guerre, car quelquefois ils font voyages de cinq et six mois sans retourner. Et quand ils veulent départir pour aller en guerre, ils mettent le feu en toutes leurs loges, et ce qu'ils ont de bon, ils le cachent sous terre jusques à leur retour. Qui est plus grand entre eux, plus a de femmes à son service. Leurs vivres sont tels que porte le pays, farines de racines fort délicates quand elles sont récentes, mais si elles sont quelque peu envieillies, elles sont autant plaisantes à manger que le son d'orge ou d'avoine; et au reste chairs sauvagines et poisson, le tout séché à la fumée. On leur porte aussi leurs lits de coton, les hommes ne portant rien que leurs arcs et flèches à la main[5].

Leurs armes sont grosses épées de bois fort massives et pesantes; au reste arcs et flèches. Leurs arcs sont la moitié plus longs que les arcs turquois, et les flèches à l'équipollent, faites les unes de cannes marines, les autres du bois d'un arbre qu'ils nomment en leur langue *haïri*, portant feuillage semblable au palmier, lequel est de couleur de marbre noir, dont plusieurs le disent être ébène[6]; toutefois il me semble autrement, car vrai ébène est plus luisant. Davantage l'arbre d'ébène n'est semblable à cestui-ci, car cestui-ci est fort épineux de tous côtés; joint que le bon

*Haïri,
arbre.*

ébène se prend au pays de Calicut et en Éthiopie. Ce bois est si pesant qu'il va au fond de l'eau comme fer ; pourtant les sauvages en font leurs épées à combattre. Il porte un fruit gros comme un éteuf et quelque peu pointu à l'un des bouts. Au-dedans trouverez un noyau blanc comme neige ; duquel fruit j'ai apporté grande quantité par-deçà. Ces sauvages en outre font de beaux colliers de ce bois. Aussi est-il si dur et si fort (comme nous disions naguère) que les flèches qui en sont faites sont tant fortes qu'elles perceraient le meilleur corselet[1].

La troisième pièce de leurs armes est un bouclier dont ils usent en guerre. Il est fort long, fait de peaux d'une bête de même couleur que les vaches de ce pays, ainsi diversifiées, mais de diverse grandeur[2]. Ces boucliers sont de telle force et résistance comme les boucliers barcelonais, de manière qu'ils attendront une arquebuse, et par conséquent chose moindre. Et quant aux arquebuses, plusieurs en portent qui leur ont été données depuis que les chrétiens ont commencé à les hanter, mais ils n'en savent user, sinon qu'ils en tirent aucunes fois à grande difficulté, pour seulement épouvanter leurs ennemis.

CHAPITRE XXXIX

La manière de leurs combats,
tant sur eau que sur terre.

Si vous demandez pourquoi ces sauvages font guerre les uns contre les autres, vu qu'ils ne sont guère plus grands seigneurs l'un que l'autre ; aussi qu'entre eux n'y a richesses si grandes et qu'ils ont de la terre assez et plus qu'il ne leur en faut pour leur nécessité. Et pour cela vous suffira entendre que la cause de leur guerre est assez mal fondée, seulement pour appétit de quelque vengeance[3], sans autre raison, tout ainsi que bêtes brutes, sans se pouvoir accorder par honnêteté quelconque, disant pour résolution que ce sont leurs ennemis de tout temps. Ils s'assemblent donc

Défi avant le combat.

(comme avons dit ci-devant) en grand nombre pour aller trouver leurs ennemis, s'ils ont reçu principalement quelque injure récente; et où ils se rencontrent, ils se battent à coups de flèches, jusques à se joindre au corps et s'entreprendre par bras et oreilles, et donner coups de poing. Là ne faut point parler de cheval, dont pouvez penser comme l'emportent les plus forts. Ils sont obstinés et courageux, tellement que, avant de se joindre et battre (comme avez vu au précédent chapitre), étant à la campagne éloignés les uns des autres de la portée d'une arquebuse, quelquefois l'espace d'un jour entier ou plus se regarderont et menaceront, montrant visage plus cruel et épouvantable qu'il est possible, hurlant et criant si confusément que l'on ne pourrait ouïr tonner, montrant aussi leurs affections par signes de bras et de mains, les élevant en haut avec leurs épées et masses de bois. «Nous sommes vaillants (disent-ils), nous avons mangé vos parents, aussi vous mangerons-nous»; et plusieurs menaces frivoles, comme vous représente la présente figure.

En ce les sauvages semblent observer l'ancienne manière de guerroyer des Romains, lesquels, avant que d'entrer en bataille, faisaient cris épouvantables et usaient de grandes menaces. Ce que depuis a été pareillement pratiqué par les Gaulois en leurs guerres, ainsi que le décrit Tite-Live. L'une et l'autre façon de faire m'a semblé être fort différente de celle des Achéiens dont parle Homère, parce qu'iceux, étant près de batailler et donner l'assaut à leurs ennemis, ne faisaient aucun bruit, ains se contenaient totalement de parler[1].

La plus grande vengeance dont les sauvages usent, et qui leur semble la plus cruelle et indigne, est de manger leurs ennemis. Quand ils en ont pris aucun en guerre, s'ils ne sont les plus forts pour l'emmener, pour le moins s'ils peuvent, avant la rescousse ils lui couperont bras ou jambes; et avant que le laisser le mangeront, ou bien chacun en emportera son morceau, grand ou petit. S'ils en peuvent emmener quelques-uns jusques en leur pays, pareillement les mangeront-ils. Les anciens Turcs, Mores et Arabes usaient quasi de cette façon (dont encore aujourd'hui se dit un proverbe : « Je voudrais avoir mangé de son cœur »), aussi usaient-ils presque de semblables armes que nos sauvages. Mais depuis les chrétiens leur ont forgé et montré à forger les armes dont aujourd'hui ils sont battus, en danger qu'il n'en advienne autant de ces sauvages, soient Amériques ou autres[2].

Davantage, ce pauvre peuple se hasarde sur l'eau, soit douce ou salée, pour aller trouver son ennemi, comme ceux de la grande rivière de Janaire contre ceux de Morpion[3]. Auquel lieu habitent les Portugais, ennemis des Français, ainsi que les sauvages de ce même lieu sont ennemis de ceux de Janaire. Les vaisseaux dont ils usent sus l'eau sont petites almadies[4], ou barquettes composées d'écorces d'arbres, sans clou ni cheville, longues de cinq ou six brassées, et de trois pieds de largeur. Et devez savoir qu'ils ne les demandent plus massives, estimant que autrement ne les pourraient faire voguer à leur plaisir, pour fuir ou pour suivre leur ennemi. Ils tiennent une folle superstition à dépouiller ces arbres de leur écorce. Le jour qu'ils les dépouillent (ce qui se fait depuis la racine jusques au coupeau[1]), ils ne boiront ni mangeront, craignant (ainsi qu'ils disent) que autrement il ne leur advînt quelque infortune sur l'eau. Les vaisseaux ainsi faits, ils en mettront cent ou six vingts, plus ou moins, et en chacun quarante ou cinquante personnes, tant hommes que femmes. Les femmes servent d'épuiser et jeter hors avec quelque petit vaisseau d'aucun fruit cavé l'eau qui entre en leurs petites nacelles. Les hommes sont assurés dedans avec leurs armes, nageant près de la rive; et s'il se trouve quelque village, ils mettront pied à terre et le saccageront par feu et sang s'ils sont les plus forts. Quelque peu avant notre arrivée, les Amériques qui se disent nos amis avaient pris sus la mer un petit navire de Portugais étant encore en quelque endroit près du rivage, quelque résistance qu'ils pussent faire, tant avec leur artillerie que autrement; néanmoins il fut pris, les hommes mangés, hormis quelques-uns que nous rachetâmes à notre arrivée. Par cela pouvez entendre que les sauvages qui tiennent pour les Portugais sont ennemis des sauvages où se sont arrêtés les Français, et au contraire. Au reste, ils combattent sur l'eau comme sur la terre. S'il advient aucunes fois que la mer soit furieuse, ils jettent dedans de la plume de perdrix ou autre chose, estimant par ce moyen apaiser les ondes de la mer. Ainsi font quasi les Mores et Turcs en tel péril, se lavant le corps d'eau de la mer, et à ce pareillement voulant contraindre ceux de leur compagnie, quels qu'ils soient, ainsi que j'ai vu étant sur la mer.

Nos sauvages donc, retournant en leurs maisons victorieux, montrent tous signe de joie, sonnant fifres, tambourins, et chantant à leur mode; ce qu'il fait très bon ouïr, avec les instruments de même, faits de quelques fruits cavés par-dedans ou bien d'os de bêtes ou de leurs ennemis. Leurs instruments de guerre sont richement étoffés de quelques beaux pennaches pour décoration. Ce que l'on fait encore aujourd'hui, et non sans raison, ainsi en a-l'on usé le temps passé. Les fifres, tambourins et autres instruments semblent réveiller les esprits assoupis et les exciter ni plus ni moins que fait le soufflet un feu à demi mort. Et n'y a, ce me semble, meilleur moyen de susciter l'esprit des hommes que par le son de ces instruments[1]; car non seulement les hommes, mais aussi les chevaux, sans toutefois en faire comparaison aucune, semblent tressaillir comme d'une gaieté de cœur; ce qu'a été observé de tout temps[2]. Il est vrai que les Amériques et ces autres barbares usent coutumièrement en leurs assauts et combats de cris et hurlements fort épouvantables, ainsi que nous dirons ci-après des Amazones[3].

CHAPITRE XL

Comme ces barbares font mourir leurs ennemis
qu'ils ont pris en guerre, & les mangent[4].

Après avoir déclaré comme les sauvages de toute l'Amérique mènent leurs ennemis prisonniers en leurs logettes et tugures, les ayant pris en guerre, ne reste que déduire comme ils les traitent à la fin du jeu; ils en usent donc ainsi. Le prisonnier rendu en leur pays, un ou deux, autant de plus que de moins, sera fort bien traité quatre ou cinq jours, après on lui baillera une femme, par aventure la fille de celui auquel sera le prisonnier, pour entièrement lui administrer ses nécessités à la couchette ou autrement; cependant est traité des meilleures viandes que l'on pourra trouver, s'étudiant à l'engraisser comme un chapon en mue jusques au temps de le faire mourir. Et se peut icelui temps facilement connaître par un collier fait de fil de coton, avec lequel ils enfilent certains fruits tout ronds ou os de poisson ou de bête, faits en façon de patenôtres, qu'ils mettent au col de leur prisonnier. Et où ils auront envie de le garder quatre ou cinq lunes, pareil nombre de ces patenôtres ils lui attacheront; et les lui ôtent à mesure que les lunes expirent, continuant jusques à la dernière, et quand il n'en reste plus, ils le font mourir. Aucuns, au lieu de ces patenôtres, leur mettent autant de petits colliers au col comme ils ont de lunes à vivre. Davantage, tu pourras ici noter que les sauvages ne comptent sinon jusques au nombre de cinq, et n'observent aucunement les heures du jour ni les jours mêmes, ni les mois, ni les ans, mais comptent seulement par lunes. Telle manière de compter fut anciennement commandée par Solon aux Athéniens, à savoir d'observer les jours par le cours de la lune[1]. Si de ce prisonnier et de la femme qui lui est donnée proviennent quelques enfants le temps qu'ils sont ensemble, on les nourrira un espace de temps, puis ils les mangeront, se recordant qu'ils sont enfants de leurs ennemis[2]. Ce prisonnier ayant été bien nourri et engraissé, ils le feront mourir, estimant cela à grand honneur. Et pour la solennité de tel massacre, ils appelleront leurs amis plus lointains pour y assister et en manger leur part.

Le jour du massacre, il sera couché au lit, bien enferré de fers (dont les chrétiens leur ont donné l'usage[3]), chantant tout le jour et la nuit telles chansons : « Les *Margageas* nos amis sont gens de bien, forts et puissants en guerre, ils ont pris et mangé grand nombre de nos ennemis, aussi me mangeront-ils quelque jour, quand il leur plaira ; mais de moi, j'ai tué et mangé des parents et amis de celui qui me tient prisonnier » ; avec plusieurs semblables paroles. Par cela pouvez connaître qu'ils ne font compte de la mort, encore moins qu'il n'est possible de penser. J'ai autrefois (pour plaisir) devisé avec tels prisonniers, hommes beaux et puissants, leur remontrant s'ils ne se souciaient autrement d'être ainsi massacrés comme du jour au lendemain ; à quoi me répondant en risée et moquerie : « Nos amis, disaient-ils, nous vengeront », et plusieurs autres propos, montrant une hardiesse et assurance grande. Et si on leur parlait de les vouloir racheter d'entre les mains de leurs ennemis, ils prenaient tout en moquerie.

Quant aux femmes et filles que l'on prend en guerre, elles demeurent prisonnières quelque temps ainsi que les hommes, puis sont traitées de même, hormis que on ne leur donne point de mari. Elles ne sont aussi tenues si captives, mais elles ont liberté d'aller çà et là ; on les fait travailler aux jardins et à pêcher quelques huîtres.

Or retournons à ce massacre. Le maître du prisonnier, comme nous avons dit, invitera tous ses amis à ce jour pour manger leur part de ce

butin, avec force *cahouïn,* qui est un breuvage fait de gros mil avec certaines racines[1]. À ce jour solennel, tous ceux qui y assistent se pareront de belles plumes de diverses couleurs ou se teindront tout le corps.

Celui spécialement qui doit faire l'occision[2], se mettra au meilleur équipage qu'il lui sera possible, ayant son épée de bois aussi richement étoffée de divers plumages. Et tant plus le prisonnier verra faire les préparatifs pour mourir, et plus il montrera signes de joie. Il sera donc mené, bien lié et garrotté de cordes de coton, en la place publique, accompagné de dix ou douze mille sauvages du pays, ses ennemis, et là sera assommé comme un pourceau, après plusieurs cérémonies. Le prisonnier mort, sa femme, qui lui avait été donnée, fera quelque petit deuil. Incontinent le corps étant mis en pièces, ils en prennent le sang et en lavent leurs petits enfants mâles pour les rendre plus hardis, comme ils disent, leurs remontrant que, quand ils seront venus à leur âge, ils fassent ainsi à leurs ennemis.

Dont faut penser qu'on leur en fait autant de l'autre part, quand ils sont pris en guerre. Ce corps, ainsi mis par pièces et cuit à leur mode, sera distribué à tous, quelque nombre qu'il y ait, à chacun son morceau. Quant aux entrailles, les femmes communément les mangent, et la tête, ils la réservent à pendre au bout d'une perche sur leurs logettes, en signe de triomphe et victoire; et spécialement prennent plaisir à y mettre celles des Portugais. Les Cannibales et ceux du côté de la rivière de Marignan sont encore plus cruels aux Espagnols, les faisant mourir plus cruellement sans comparaison[1], et puis les mangent.

Il ne se trouve par les histoires nation, tant soit-elle barbare, qui ait usé de si excessive cruauté, sinon que Josèphe écrit que, quand les Romains allèrent en Jérusalem, la famine, après avoir tout mangé, contraignit les mères de tuer leurs enfants et en manger[2]. Et les Anthropophages, qui sont peuples de Scythie, vivent de chair humaine comme ceux-ci[3].

Or celui qui a fait ledit massacre, incontinent après se retire en sa maison et demeurera tout le jour sans manger ni boire en son lit ; et s'en abstiendra encore par certains jours, ni mettra pied à terre aussi de trois jours. S'il veut aller en quelque part, se fait porter, ayant cette folle opinion que s'il ne faisait ainsi, il lui arriverait quelque désastre ou même la mort. Puis après il fera avec une petite scie, faite de dents d'une bête nommée *agoutin*, plusieurs incisions et pertuis au corps, à la poitrine et autres parties, tellement qu'il apparaîtra tout déchiqueté. Et la raison, ainsi que je m'en suis informé à quelques-uns, est qu'il fait cela par plaisir, réputant à grande gloire ce meurtre par lui commis en la personne de son ennemi[1]. Auquel voulant remontrer la cruauté de la chose, indigné de ce, me renvoya très bien, disant que c'était grande honte à nous de pardonner à nos ennemis, quand les avons pris en guerre, et qu'il est trop meilleur les faire mourir, afin que l'occasion leur soit ôtée de faire une autre fois la guerre. Voilà de quelle discrétion se gouverne ce pauvre peuple brutal. Je dirai davantage à ce propos que les filles usent de telles incisions par le corps, l'espace de trois jours continus après avoir eu la première purgation des femmes, jusques à en être quelquefois bien malades. Ces mêmes jours aussi s'abstiennent de certaines viandes, ne sortant aucunement dehors et sans mettre pied à terre, comme déjà nous avons dit des hommes, assises seulement sur quelque pierre accommodée à cette affaire.

CHAPITRE XLI

Que ces sauvages sont merveilleusement
vindicatifs.

Il n'est trop admirable si ce peuple cheminant en ténèbres, pour ignorer la vérité, appète[2] non seulement vengeance, mais aussi se met en tout effort de l'exécuter, considéré que le chrétien, encore qu'elle lui soit défendue par exprès commandement, ne s'en peut garder, comme voulant imiter l'erreur d'un nommé Mellicius, lequel tenait qu'il ne fallait pardonner à son ennemi. Laquelle erreur a longtemps pullulé au pays d'Égypte. Toutefois elle fut abolie par un Empereur romain. Appéter donc vengeance est haïr son prochain, ce qui répugne totalement à la loi.

Or cela n'est étrange en ce peuple, lequel avons dit par ci-devant vivre sans foi et sans loi; tout ainsi que toute leur guerre ne procède que d'une folle opinion de vengeance, sans cause ni raison. Et n'estimez que telle folie ne les tienne de tout temps, et tiendra, s'ils ne se changent. Ce pauvre peuple est si mal appris que pour le vol d'une mouche ils se mettront en effort. Si une épine les pique, une pierre les blesse, ils la mettront de colère en cent mille pièces, comme si la chose était sensible; ce qui ne leur provient que par faute de bon jugement[1]. Davantage, ce que je dois dire pour la vérité, mais je ne puis sans vergogne, pour se venger des poux et puces, ils les prennent à belles dents, chose plus brutale que raisonnable[2].

Et quand ils se sentiront offensés tant légèrement que ce soit, ne pensez jamais vous réconcilier. Telle opinion s'apprend et observe de père en fils. Vous les verriez montrer à leurs enfants de l'âge de trois à quatre ans à manier l'arc et la flèche, et quant et quant les enhorter à hardiesse, prendre vengeance de leurs ennemis, ne pardonner à personne, plutôt mourir. Aussi quand ils sont prisonniers les uns aux autres, n'estimez qu'ils demandent à échapper par quelque composition que ce soit, car ils n'en espèrent autre chose que la mort, estimant cela à gloire et honneur. Et pour ce ils se savent fort bien moquer, et reprendre aigrement nous autres qui délivrons nos ennemis étant en notre puissance, pour argent ou autre chose, estimant cela être indigne d'homme de guerre. «Quant à nous, disent-ils, nous n'en userons jamais ainsi.»

Advint une fois entre les autres qu'un Portugais prisonnier de ces sauvages, pensant par belles paroles sauver sa vie, se mit en tout devoir de les prêcher par paroles les plus humbles et douces qu'il lui était possible ; néanmoins ne put tant faire pour lui que sus-le-champ celui auquel il était prisonnier ne le fît mourir à coups de flèches : «Va, disait-il, tu ne mérites que l'on te fasse mourir honorablement comme les autres et en bonne compagnie».

Autre chose digne de mémoire. Quelque fois fut emmené un jeune enfant mâle de ces sauvages de l'Amérique, du pays et ligue de ceux qu'ils appellent Tabajares, ennemis mortels des sauvages où sont les Français, par quelques marchands de Normandie, qui depuis baptisé, nourri et marié à Rouen, vivant en homme de bien, s'avisa de retourner en son pays en nos navires, âgé de vingt-deux ans ou environ. Advint qu'étant par-delà, fut découvert à ses anciens ennemis par quelques chrétiens ; lesquels incontinent, comme chiens enragés de furie, coururent à nos navires, déjà en partie délaissés de gens, où, de fortune le trouvant, sans merci ni pitié aucune se jettent dessus et le mettent en pièces là, sans toucher aux autres qui étaient là près. Lequel, comme Dieu le permit, endurant ce piteux massacre, leur remontrait la foi de JÉSUS-CHRIST, un seul Dieu en trinité de personnes et unité d'essence ; et ainsi mourut le pauvre homme entre leurs mains bon chrétien. Lequel toutefois ils ne mangèrent, comme ils avaient accoutumé faire de leurs ennemis[1].

Quelle opinion de vengeance est plus contraire à notre loi ? Nonobstant, se trouvent encore aujourd'hui plusieurs entre nous autres autant opiniâtres à se venger comme les sauvages. Davantage cela est entre eux : si aucun frappe un autre, qu'il se propose en recevoir autant ou plus, et que cela ne demeurera impuni. C'est un très beau spectacle que les voir quereller ou se battre. Au reste, assez fidèles l'un à l'autre ; mais au regard des chrétiens, les plus affectés et subtils larrons, encore qu'ils soient nus, qu'il est possible ; et estiment cela grande vertu, de nous pouvoir dérober quelque chose. Ce que j'en parle est pour l'avoir expérimenté en moi-même. C'est qu'environ Noël, étant là, vint un roi du pays voir le sieur de Villegagnon ; ceux de sa compagnée m'emportèrent mes habillements comme j'étais malade[1]. Voilà un mot de leur fidélité et façon de faire en passant, après avoir parlé de leur obstination et appétit de vengeance.

CHAPITRE XLII

Du mariage des sauvages Amériques.

C'est chose digne de grande commisération, la créature, encore qu'elle soit capable de raison, vivre néanmoins brutalement. Par cela pouvons connaître que nous ayons apporté quelque naturel du ventre de notre mère, que nous demeurerions brutaux, si Dieu par sa bonté n'illuminait nos esprits. Et pour ce ne faut penser que nos Amériques soient plus discrets en leurs mariages qu'en autres choses. Ils se marient les uns avec les autres sans aucune cérémonie. Le cousin prendra la cousine, et l'oncle prendra la nièce sans différence ou répréhension, mais non le frère la sœur[2]. Un homme, d'autant plus qu'il est estimé grand pour ses prouesses et vaillantises en guerre, et plus lui est permis avoir de femmes pour le servir; et aux autres moins. Car, à vrai dire, les femmes travaillent plus sans comparaison, c'est-à-savoir à cueillir racines, faire farines, breuvages, amasser les fruits, faire jardins, et autres choses qui appartiennent au ménage. L'homme seulement va aucunefois pêcher, ou aux bois prendre venaison pour vivre. Les autres s'occupent seulement à faire arcs et flèches, laissant le surplus à leurs femmes[3].

Ils vous donneront une fille pour vous servir le temps que vous y serez, ou autrement, ainsi que voudrez; et vous sera libre de la rendre quand bon vous semblera, et en usent ainsi coutumièrement. Incontinent que serez là, ils vous interrogeront ainsi en leur langage : « Viens-çà, que me donneras-tu, et je te baillerai ma fille qui est belle, elle te servira pour te faire de la farine et autres nécessités. » Pour obvier à cela, le seigneur de Villegagnon à notre arrivée défendit sus peine de la mort de ne les accointer, comme chose illicite au chrétien[1].

Vrai est qu'après qu'une femme est mariée, il ne faut qu'elle se joue ailleurs; car si elle est surprise en adultère, son mari ne fera faute de la tuer, car ils ont cela en grande horreur. Et quant à l'homme, il ne lui fera rien, estimant que s'il le touchait, il acquerrait l'inimitié de tous les amis de l'autre, qui engendrerait une perpétuelle guerre et divorce. Pour le moins ne craindra de la répudier, ce qui leur est loisible, pour adultère; aussi pour être stérile et ne pouvoir engendrer enfants, et pour quelques autres occasions. Davantage, ils n'ont jamais compagnée de jour avec leurs femmes, mais la nuit seulement, ni en places publiques, ainsi que plusieurs estiment par-deçà; comme les Cris, peuple de Thrace[2], et autres barbares en quelques îles de la mer Magellanique, chose merveilleusement détestable et indigne de chrétien; auquel peuvent servir d'exemple en cet endroit ces pauvres brutaux.

Les femmes, pendant qu'elles sont grosses, ne porteront pesants fardeaux et ne feront chose pénible, ains se garderont très bien d'être offensées. La femme accouchée, quelques autres femmes portent l'enfant tout nu laver à la mer ou à quelque rivière, puis le reportent à la mère, qui ne demeure que vingt et quatre heures en couches. Le père coupera le nombril à l'enfant avec les dents, comme j'ai vu y étant. Au reste traitent la femme en travail autant soigneusement comme l'on fait par-deçà. La nourriture du petit enfant est le lait de la mère; toutefois que peu de jours après sa nativité lui bailleront quelques gros aliments comme farine mâchée ou quelques fruits. Le père, incontinent que l'enfant est né, lui baillera un arc et flèche à la main, comme un commencement et protestation de guerre et vengeance de leurs ennemis.

Mais il y a une autre chose qui gâte tout : que avant que marier leurs filles, les pères et mères les prosternent[3] au premier venu pour quelque petite chose, principalement aux chrétiens allant par-delà, s'il en veulent user, comme nous avons jà dit. À ce propos de nos Sauvages, nous trouvons par les histoires, aucuns peuples avoir approché de telle façon de faire en leurs mariages. Sénèque en une de ses épîtres et Strabon en sa *Cosmographie* écrivent que les Lydiens et Arméniens avaient de coutume d'envoyer leurs filles aux rivages de la mer, pour là se prosternant à tous venants, gagner leurs mariages. Autant, selon Justin, en faisaient les vierges de l'île de Chypre pour gagner leur douaire et mariage; lesquelles, étant quittes et bien justifiées, offraient par après quelque chose à la déesse Vénus. Il s'en pourrait trouver aujourd'hui par-deçà, lesquelles, faisant grande profession de vertu et de religion, en feraient bien autant ou plus, sans toutefois offrir ni présent ni chandelle. Et de ce je m'en rapporte à la vérité. Au surplus de la consanguinité en mariage, saint Jérôme écrit que les Athéniens avaient de coutume marier les frères avec les sœurs, et non les tantes aux neveux[1], ce qui est au contraire de nos Amériques.

Pareillement en Angleterre, une femme jadis avait liberté de se marier à cinq hommes, et non au contraire. En outre nous voyons les Turcs, Perses et Arabes prendre plusieurs femmes, non pas qu'il soit honnête ni tolérable en notre christianisme. Conclusion, nos sauvages en usent en la manière que nous avons dite, tellement que bien à peine une fille est mariée ayant sa virginité; mais étant mariées, elles n'oseraient faire faute, car les maris les regardent de près, comme tachés de jalousie. Vrai est qu'elle peut laisser son mari quand elle est maltraitée, ce qui advient souvent. Comme nous lisons des Égyptiens, qui faisaient le semblable avant qu'ils eussent aucunes lois.

En cette pluralité de femmes dont ils usent, comme nous avons dit, il y en a une toujours par-sus les autres plus favorisée, approchant plus près de la personne, qui n'est tant sujette au travail comme les autres. Tous les enfants qui proviennent en mariage de ces femmes sont réputés légitimes, disant que le principal auteur de génération est le père, et la mère non. Qui est cause que bien souvent ils font mourir les enfants mâles de leurs ennemis étant prisonniers, pource que tels enfants à l'avenir pourraient être leurs ennemis[2].

CHAPITRE XLIII

Des cérémonies, sépulture & funérailles
qu'ils font à leurs décès.

Après avoir déduit les mœurs, façon de vivre et plusieurs autres
manières de faire de nos Amériques, reste à parler de leurs funérailles et
sépultures. Quelque brutalité qu'ils aient, encore ont-ils cette opinion et
coutume de mettre les corps en terre, après que l'âme est séparée, au lieu
où le défunt en son vivant avait pris plus de plaisir; estimant, ainsi qu'ils
disent, ne le pouvoir mettre en lieu plus noble qu'en la terre qui produit
les hommes, qui porte tant de beaux fruits et autres richesses utiles et
nécessaires à l'usage de l'homme. Il y a eu plusieurs anciennement trop
plus impertinents que ces peuples sauvages, ne se souciant que devien-
drait leur corps, fût-il exposé ou aux chiens ou aux oiseaux; comme
Diogène, lequel après sa mort commanda son corps être livré aux oiseaux
et autres bêtes, pour le manger, disant qu'après sa mort son corps ne sen-
tirait plus de mal et qu'il aimait trop mieux que son corps servît de
nourriture que de pourriture. Semblablement Lycurgus, législateur des
Lacédémoniens, commanda expressément, ainsi qu'écrit Sénèque, qu'après
sa mort son corps fût jeté en la mer. Les autres, que leurs corps fussent
brûlés et réduits en cendre. Ce pauvre peuple, quelque brutalité ou
ignorance qu'il ait, se montre après la mort de son parent ou ami sans
comparaison plus raisonnable que ne faisaient anciennement les Parthes,
lesquels, avec leurs lois telles quelles, au lieu de mettre un corps en
honorable sépulture, l'exposaient comme proie aux chiens et oiseaux.
Les Taxilles, à semblable, jetaient les corps morts aux oiseaux du ciel,
comme les Caspiens aux autres bêtes. Les Éthiopiens jetaient les corps
morts dedans les fleuves. Les Romains les brûlaient et réduisaient en
cendre, comme ont fait plusieurs autres nations[1]. Par ceci peut-on
connaître que nos sauvages ne sont point tant dénués de toute honnêteté

qu'il n'y ait quelque chose de bon, considéré encore que sans foi et sans loi ils ont cet avis, c'est-à-savoir autant que nature les enseigne. Ils mettent donc leurs morts en une fosse, mais tous assis, comme déjà nous avons dit, en manière que faisaient anciennement les Nasamones[1].

Or la sépulture des corps est fort bien approuvée de l'Écriture sainte vieille et nouvelle, ensemble les cérémonies, si elles sont dûment observées : tant pour avoir été vaisseaux[2] et organes de l'âme divine et immortelle, que pour donner espérance de la future résurrection, et qu'ils seraient en terre comme en garde sûre, attendant ce jour terrible de la résurrection. On pourrait amener ici plusieurs autres choses à ce propos, et comme plusieurs en ont mal usé, les uns d'une façon, les autres d'une autre; que la sépulture honorablement célébrée est chose divine; mais je m'en déporterai pour le présent, venant à notre principal sujet.

Donc entre ces sauvages, si aucun père de famille vient à décéder, ses femmes, ses proches parents et amis mèneront un deuil merveilleux, non par l'espace de trois ou quatre jours, mais de quatre ou cinq mois. Et le plus grand deuil est aux quatre ou cinq premiers jours. Vous les entendrez faire tel bruit et harmonie comme de chiens et chats; vous verrez tant hommes que femmes couchés sur leurs couchettes pensiles[3], les autres le cul contre terre s'embrassant l'un l'autre, comme pourrez voir par la présente figure; disant en leur langue : «Notre père et ami était tant homme de bien, si vaillant à la guerre, qui avait tant fait mourir de ses ennemis. Il était fort et puissant, il labourait tant bien nos jardins, il prenait bêtes et poissons pour nous nourrir; hélas! il est trépassé, nous ne le verrons plus, sinon après la mort avec nos amis aux pays que nos *pagés* nous disent avoir vus», et plusieurs autres semblables paroles. Ce qu'ils répéteront plus de dix mille fois, continuant jour et nuit l'espace de quatre ou cinq heures, ne cessant de lamenter. Les enfants du trépassé, au bout d'un mois, inviteront leurs amis pour faire quelque fête et solennité à son honneur. Et là s'assembleront, peinturés de diverses couleurs, de plumages et autre équipage à leur mode, faisant mille

passe-temps et cérémonies. Je ferai en cet endroit mention de certains oiseaux à ce propos, ayant semblable cri et voix qu'un hibou de ce pays, tirant sur le piteux; lesquels ces sauvages ont en si grande révérence qu'on ne les oserait toucher, disant que par ce chant piteux ces oiseaux pleurent la mort de leurs amis; qui leur en fait avoir souvenance[1].

Ils font donc, étant ainsi assemblés et accoutrés de plumages de diverses couleurs, danses, jeux, tambourinages, avec flûtes faites des os des bras et jambes de leurs ennemis, et autres instruments à la mode du pays. Les autres, comme les plus anciens, tout ce jour ne cessent de boire sans manger, et sont servis par les femmes et parentes du défunt. Ce qu'ils font, ainsi que je m'en suis informé, est afin d'élever le cœur des jeunes enfants, et les émouvoir et animer à la guerre, les enhardir contre leurs ennemis.

Les Romains avaient quasi semblable manière de faire. Car après le décès d'aucun citoyen qui avait travaillé beaucoup pour la République,

ils faisaient jeux, pompes et chants funèbres à la louange et honneur du
défunt, ensemble pour donner exemple aux plus jeunes de s'employer
pour la liberté et conservation du pays. Pline récite qu'un nommé
Lycaon fut inventeur de telles danses, jeux et chants funèbres, pompes
et obsèques que l'on faisait lors ès mortuailles[1]. Pareillement les Argives,
peuple de Grèce, pour la mémoire du furieux lion défait par Hercule,
faisaient des jeux funèbres. Et Alexandre le Grand, après avoir vu le
sépulcre du vaillant Hector[2], en mémoire de ses prouesses commanda et
lui fit plusieurs caresses et solennités. Je pourrais ici amener plusieurs histoires, comme les anciens ont diversement observé les sépultures selon la
diversité des lieux; mais pour éviter prolixité, suffira pour le présent
entendre la coutume de nos sauvages, pource que tant les anciens que
ceux de notre temps ont fait plusieurs excès en pompes funèbres, plus
pour une vaine et mondaine gloire qu'autrement. Mais au contraire,
doivent entendre que celles qui sont faites à l'honneur du défunt et pour

le regard de son âme sont louables, la déclarant par ce moyen immortelle et approuvant la résurrection future.

CHAPITRE XLIV

Des Mortugabes, & de la charité de laquelle ils usent
envers les étrangers.

Puisqu'il est question de parler de nos sauvages, nous dirons encore quelque chose de leur façon de vivre. En leur pays, il n'y a villes ni forteresses de grandeur, sinon celles que les Portugais et autres chrétiens y ont bâties pour leur commodité. Les maisons où ils habitent sont petites logettes qu'ils appellent en leur langue *mortugabes*[1], assemblées par hameaux ou villages, tels que nous les voyons en aucuns lieux par-deçà. Ces logettes sont de deux ou trois cents pas de long, et de largeur vingt pas ou environ, plus ou moins; bâties de bois et couvertes de feuilles de palme, le tout disposé si naïvement qu'il est impossible de plus. Chacune logette a plusieurs belles <c>ouvertures, mais basses, tellement qu'il se faut baisser pour y entrer, comme qui voudrait passer par un guichet. En chacune y a plusieurs ménages[2]; et en chacun pour lui et sa famille trois brassées de long. Je trouve encore cela plus tolérable que des Arabes et Tartares qui ne bâtissent jamais maison permanente, mais errent çà et là comme vagabonds; toutefois ils se gouvernent par quelques lois; et nos sauvages n'en ont point, sinon celles que Nature leur a données.

Ces sauvages donc en ces maisonnettes font plusieurs ménages ensemble, au milieu desquelles, chacun en son quartier, sont pendus les lits à piliers forts et puissants, attachés en carrure, lesquels sont faits de bon coton, car ils en ont abondance, que porte un petit arbre de la hauteur d'un homme, à la semblance de gros boutons comme glands, différents toutefois à ceux de Chypre, Malte et Syrie. Lesdits lits ne sont point plus épais qu'un linceul de ce pays; et se couchent là-dedans tout nus, ainsi qu'ils ont accoutumé d'être. Ce lit en leur langue est appelé *iny*, et le coton dont il est fait *manigot*[1]. Des deux côtés du lit du maître de la famille les femmes lui font du feu le jour et la nuit, car les nuits sont aucunement froides.

Chacun ménage garde et se réserve une sorte de fruit gros comme un œuf d'autruche qui est de couleur de nos cougourdes[2] de par-deçà; étant en façon de bouteille percée des deux bouts, passant par le milieu un bâton d'ébène, long d'un pied et demi. L'un des bouts est planté en terre, l'autre est garni de beaux plumages d'un oiseau nommé *arat*, qui est totalement rouge. Laquelle chose ils ont en tel honneur et réputation, comme si elle le méritait; et estiment cela être leur *Toupan*; car quand leurs prophètes viennent vers eux, ils font parler ce qui est dedans, entendant par ce moyen le secret de leurs ennemis, et comme ils disent, savent nouvelles des âmes de leurs amis décédés[3].

Ces gens, autour de leurs maisons, ne nourrissent aucuns animaux domestiques, sinon quelques poules, encore bien rarement et en certains endroits seulement où les Portugais premièrement les ont portées, car auparavant n'en avaient eu aucune connaissance. Ils en tiennent toutefois si peu de compte que pour un petit couteau vous aurez deux poules. Les femmes n'en mangeraient pour rien; ayant toutefois à grand déplaisir quand ils voient aucun chrétien manger à un repas quatre ou cinq œufs de poule, lesquelles poules ils nomment *arignane*; estimant que pour chacun œuf ils mangent une poule, qui suffirait pour repaître deux hommes[4]. Ils nourrissent en outre des perroquets, lesquels ils changent en trafic aux chrétiens pour quelques ferrailles. Quant à or et argent monnayé, ils n'en usent aucunement. Iceux, une fois entre les autres, ayant pris un navire de Portugais où il y avait grand nombre de pièces d'argent monnayé qui avait été apporté de Morpion, ils donnèrent tout à un Français pour quatre haches et quelques petits couteaux. Ce qu'ils estimaient beaucoup, et non sans raison, car cela leur est propre pour couper leur bois, lequel auparavant étaient contraints de couper avec pierres, ou mettre le feu ès arbres pour les abattre; et à faire leurs arcs et flèches ils n'usaient d'autre chose.

Ils sont au surplus fort charitables et autant que leur loi de Nature le permet. Quant aux choses qu'ils estiment les plus précieuses, comme tout ce qu'ils reçoivent des chrétiens, ils en sont fort chiches; mais de tout ce qui croît en leur pays, non : comme aliments de bêtes, fruits et poissons, ils en sont assez libéraux (car ils n'ont guère autre chose) non seulement par entre eux, mais aussi à toute nation, pourvu qu'ils ne leur soient ennemis. Car incontinent qu'ils verront quelqu'un de loin arriver en leur pays, ils lui présenteront vivres, logis, et une fille pour son service, comme nous avons dit en quelque endroit. Aussi viendront à l'entour du pérégrin femmes et filles assises contre terre, pour crier et pleurer en signe de joie et bienvenue[1]. Lesquelles si vous voulez endurer jetant larmes, diront en leur langue : «Tu sois le très bienvenu, tu es de nos bons amis, tu as pris si grande peine de nous venir voir», et plusieurs autres caresses. Aussi lors sera dedans son lit le patron de famille, pleurant tout ainsi que les femmes.

S'ils cheminent trente ou quarante lieues tant sur eau que sur terre, ils vivent en communauté : si l'un en a, il en communiquera aux autres, s'ils en ont besoin; ainsi en font-ils aux étrangers.

Qui plus est, ce pauvre peuple est curieux de choses nouvelles, et les admire (aussi, selon le proverbe, Ignorance est mère d'admiration), mais encore davantage pour tirer quelque chose qui leur agrée des étrangers, savent si bien flatter qu'il est malaisé de les pouvoir éconduire. Les hommes premièrement, quand on les visite à leurs loges et cabanes, après les avoir salués, s'approchent de telle assurance et familiarité qu'ils prendront incontinent votre bonnet ou chapeau, et l'ayant mis sur leur tête quelquefois plusieurs l'un après l'autre, se regardent et admirent avec quelque opinion d'être plus beaux. Les autres prendront votre dague, épée ou autre couteau si vous en avez, et avec ce menaceront de paroles et autres gestes leurs ennemis : bref, ils vous recherchent entièrement, et

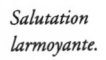

*Salutation
larmoyante.*

ne leur faut rien refuser, autrement vous n'en auriez service, grâce, ni amitié quelconque, vrai est qu'ils vous rendent vos hardes. Autant en font les filles et femmes, plus encore flatteresses que les hommes, et toujours pour tirer à elles quelque chose, bien vrai qu'elles se contentent de peu. Elles s'en viendront à vous de même grâce que les hommes, avec quelques fruits ou autres petites choses dont ils ont accoutumé faire présent, disant en leur langue : «*Agatouren*»[1], qui est autant à dire comme «tu es bon», par une manière de flatterie; «*Eori asse pia*», «montre-moi ce que tu as», ainsi désireuses de quelques choses nouvelles, comme petits miroirs, patenôtres de verre; aussi vous suivent à grandes troupes les petits enfants et demandent en leur langage : «*Hamabe pinda*», «donne-nous des haims», dont ils usent à prendre le poisson. Et sont bien appris à vous user de ce terme devant dit : «*Agatouren*», «tu es bon», si vous leur baillez ce qu'ils demandent; sinon, d'un visage rébarbatif, vous diront :

«*Hippochi*»[1], «va, tu ne vaux rien», «*Dangaïapa aïouga*»[2], «il te faut tuer», avec plusieurs autres menaces et injures; de manière que ils ne donnent qu'en donnant, et encore vous remarquent et reconnaissent à jamais pour le refus que leur aurez fait.

CHAPITRE XLV

Description d'une maladie nommée Pians,
à laquelle sont sujets ces peuples de l'Amérique,
tant ès îles que terre ferme.

Sachant bien qu'il n'y a chose depuis la terre jusques au premier ciel, quelque compassement et proportion qu'il y ait, qui ne soit sujette à mutation et continuelle altération, l'air donc qui nous environne n'étant air simplement, ains composé, n'est toujours semblable en tout temps ni en tout endroit, mais tantôt d'une façon, tantôt d'une autre, joint que toutes maladies (comme nous disent les médecins) viennent ou de l'air ou de la manière de vivre, je me suis avisé d'écrire une maladie fort familière et populaire en ces terres de l'Amérique et de l'Occident découvertes de notre temps. Or cette maladie appelée *pians* par les gens du pays ne provient du vice de l'air, car il est là fort bon et tempéré; ce que montrent par expérience les fruits que produit la terre avec le bénéfice de l'air (sans lequel rien ne se fait, soit de nature ou artifice), aussi que la maladie provenant du vice de l'air offense autant le jeune que le vieux, le riche comme le pauvre, moyennant toutefois la disposition interne.

Reste donc qu'elle provienne de quelque malversation, comme de trop fréquenter charnellement l'homme avec la femme, attendu que ce peuple est fort luxurieux, charnel et plus que brutal, les femmes spécialement, car elles cherchent et pratiquent tous moyens à émouvoir les hommes au déduit[3]. Qui me fait penser et dire être plus que vraisemblable telle maladie n'être autre chose que cette belle vérole aujourd'hui tant commune en notre Europe, laquelle faussement on attribue aux Français, comme si les autres n'y étaient aucunement sujets; de manière que maintenant les étrangers l'appellent mal français. Chacun sait combien véritablement elle luxurie[1] en la France, mais non moins autre part; et l'ont prise premièrement à un voyage à Naples, où l'avaient portée quelques Espagnols de ces îles occidentales[2]; car par avant qu'elles fussent découvertes et sujettes à l'Espagnol, n'en fut onc mention, non seulement par-deçà, mais aussi ni en la Grèce, ni autre partie de l'Asie et Afrique. Et me souvient avoir ouï réciter ce propos quelquefois à défunt monsieur Sylvius[3], médecin des plus doctes de notre temps. Pourtant serait à mon jugement mieux séant et plus raisonnable l'appeler mal espagnol, ayant de là son origine pour l'égard du pays de deçà, qu'autrement; car en français est appelée vérole, pource que le plus souvent, selon le temps et les complexions, elle se manifeste au-dehors à la peau par pustules, que l'on appelle véroles.

Retournons au mal de nos sauvages et aux remèdes dont ils usent. Or ce mal prend les personnes, tant sauvages comme chrétiens par-delà, de contagion ou attouchement, ni plus ni moins que la vérole par-deçà; aussi a-t-il mêmes symptômes et jusque-là si dangereux que s'il est envieilli, il est malaisé de le guérir, même quelquefois les afflige jusques à la mort. Quant aux chrétiens habitant en l'Amérique, s'ils se frottent aux femmes, ils n'évaderont jamais qu'ils ne tombent en cet inconvénient beaucoup plus tôt que ceux du pays. Pour la curation, ensemble pour quelque altération qui bien souvent accompagne ce mal, ils font certaine décoction de l'écorce d'un arbre nommé en leur langue *hivourahé*[4], de laquelle ils boivent avec aussi bon ou meilleur succès que de notre gaïac; aussi sont plus aisés à guérir que les autres, à mon avis pour leur température et complexion qui n'est corrompue de crapules[5] comme les nôtres par-deçà.

Voilà ce qui m'a semblé dire à propos en cet endroit; et qui voudra faire quelque difficulté de croire à mes paroles, qu'il demande l'opinion des plus savants médecins sur l'origine et cause de cette maladie, et quelles parties internes sont plutôt offensées, où elle se nourrit; car j'en vois aujourd'hui plusieurs contradictions assez frivoles (non entre les doctes), et s'en trouve bien peu, ce me semble, qui touchent au point, principalement de ceux qui entreprennent de la guérir; entre lesquels se trouvent quelques femmes et quelques hommes autant ignorants, qui est cause de grands inconvénients aux pauvres patients, car au lieu de les guérir, ils les précipitent au gouffre et abîme de toute affliction.

Il y a quelques autres maladies comme ophtalmies (desquelles nous avons déjà parlé) qui viennent d'une abondance de fumée, comme ils font le feu en plusieurs parts et endroits de leurs cases et logettes qui sont grandes, pource qu'ils s'assemblent en grand nombre pour leur hébergement. Je sais bien que toute ophtalmie ne vient pas de cette fumée, mais quoi qu'il en soit, elle vient toujours du vice du cerveau, par quelque moyen qu'il ait été offensé. Aussi n'est toute maladie d'yeux ophtalmie, comme même l'on peut voir entre les habitants de l'Amérique dont nous parlons; car plusieurs ont perdu la vue sans avoir inflammation quelconque aux yeux, qui ne peut être, à mon jugement, que certaine humeur dedans le nerf optique, empêchant que l'esprit de la vue ne parvienne à l'œil. Et cette plénitude et abondance de matière au cerveau, selon que j'en puis connaître, provient de l'air et vent austral, chaud et humide, fort familier par-delà, lequel remplit aisément le cerveau, comme dit très bien Hippocrate. Aussi expérimentons en nous-mêmes par-deçà les corps humains devenir plus pesants, la tête principalement, quand le vent est au midi.

Pour guérir ce mal des yeux, ils coupent une branche de certain arbre fort mollet, comme une espèce de palmier, qu'ils emportent à leur maison, et en distillent le suc tout rougeâtre dedans l'œil du patient. Je dirai encore que ce peuple n'est jamais sujet à lèpre, paralysie, ulcères, et autres vices extérieurs et superficiels comme nous autres par-deçà[1]; mais presque toujours sains et dispos, cheminent d'une audace, la tête levée comme un cerf. Voilà en passant de cette maladie la plus dangereuse de notre France Antarctique.

CHAPITRE XLVI

Des maladies plus fréquentes en l'Amérique,
& la méthode qu'ils observent à se guérir.

Il n'y a celui de tant rude esprit qui n'entende bien ces Amériques être composés des quatre éléments, comme sont tous corps naturels, et par ainsi sujets à mêmes affections que nous autres, jusques à la dissolution des éléments. Vrai est que les maladies peuvent aucunement être diverses, selon la température de l'air, de la région et de la manière de vivre. Ceux qui habitent en ce pays près de la mer sont fort sujets à maladies putré-dineuses[1], fièvres, catarrhes et autres. En quoi sont ces pauvres gens tant persuadés et abusés de leurs prophètes dont nous avons parlé, lesquels sont appelés pour les guérir quand ils sont malades; et ont cette folle opinion qu'ils les peuvent guérir. On ne saurait mieux comparer tels galants qu'à plusieurs bateleurs, empiriques, imposteurs que nous avons par-deçà[2], qui persuadent aisément au simple peuple, et font profession de guérir toutes maladies curables et incurables. Ce que je croirai fort bien, mais que science soit devenue ignorance, ou au contraire.

Donc ces prophètes donnent à entendre à ces bestiaux qu'ils parlent aux esprits et âmes de leurs parents, et que rien ne leur est impossible, qu'ils ont puissance de faire parler l'âme dedans le corps. Aussi quand un malade râle, ayant quelque humeur en l'estomac et poumons, laquelle par débilité ou autrement il ne peut jeter, il estime que c'est son âme qui se plaint. Or ces beaux prophètes, pour les guérir, les suceront avec la bouche en la partie où ils sentiront mal, pensant que par ce moyen ils tirent et emportent la maladie dehors[3]. Ils se sucent pareille-ment l'un l'autre, mais ce n'est avec telle foi et opinion. Les femmes en

usent autrement. Elle mettront un fil de coton long de deux pieds en la bouche du patient, lequel après elles sucent, estimant aussi avec ce fil emporter la maladie. Si l'un blesse l'autre par mal ou autrement, il est tenu de lui sucer sa plaie, jusques à ce qu'il soit guéri; et cependant ils s'abstiennent de certaines viandes, lesquelles ils estiment être contraires. Ils ont cette méthode de faire incisions entre les épaules et en tirent quelque quantité de sang, ce qu'ils font avec une espèce d'herbe fort tranchante ou bien avec dents de quelques bêtes[1].

Leur manière de vivre, étant malades, est qu'ils ne donneront jamais à manger au patient, si premièrement il n'en demande, et le laisseront plutôt languir un mois. Les maladies, comme j'ai vu, n'y sont tant fréquentes que par-deçà, encore qu'ils demeurent nus jour et nuit; aussi ne font-ils aucun excès à boire ou à manger. Premièrement ils ne goûteront de fruit corrompu qu'il ne soit justement mûr; la viande bien cuite. Au surplus, fort curieux de connaître les arbres et fruits, et leurs propriétés pour en user en leurs maladies. Le fruit duquel plus communément ils usent en leurs maladies est nommé *nana*[1], gros comme une moyenne citrouille, fait tout autour comme une pomme de pin, ainsi que pourrez voir par la présente figure.

Ce fruit devient jaune en maturité, lequel est merveilleusement excellent, tant pour sa douceur que saveur, autant amoureuse que fin sucre, et plus. Il n'est possible d'en apporter par-deçà sinon en confiture, car étant mûr il ne se peut longuement garder. Davantage, il ne porte aucune graine; par quoi il se plante par certains petits rejets, comme vous diriez les greffes de ce pays à enter. Aussi avant qu'être mûr, il est si rude à manger qu'il vous écorche la bouche. La feuille de cet arbrisseau, quand il croît, est semblable à celle d'un large jonc.

Je ne veux oublier, comme par singularité entre les maladies, une indisposition merveilleuse que leur causent certains petits vers qui leur entrent ès pieds, appelés en leur langue *tom*[2], lesquels ne sont guère plus gros que cirons; et croirais volontiers qu'ils s'engendrent et concréent dedans ces mêmes parties, car il y en a aucunes fois telle multitude en un endroit qu'il se fait une grosse tumeur comme une fève, avec douleur et démangeaison en la partie. Ce qui nous est pareillement advenu étant par-delà, tellement que nos pieds étaient couverts de petites bossettes, auxquelles, quand sont crevées, l'on trouve seulement un ver tout blanc avec quelque boue. Et pour obvier à cela, les gens du pays font certaine huile d'un fruit nommé *hiboucouhu*[3], semblant une datte, lequel n'est bon à manger; laquelle huile ils réservent en petits vaisseaux de fruits, nommés en leur langue *caramemo*[4], et en frottent les parties offensées; chose propre, ainsi qu'ils affirment, contre ces vers. Aussi s'en oignent quelquefois tout le corps, quand ils se trouvent lassés. Cette huile en outre est propre aux plaies et ulcères, ainsi qu'ils ont connu par expérience. Voilà des maladies et remèdes dont usent les Amériques.

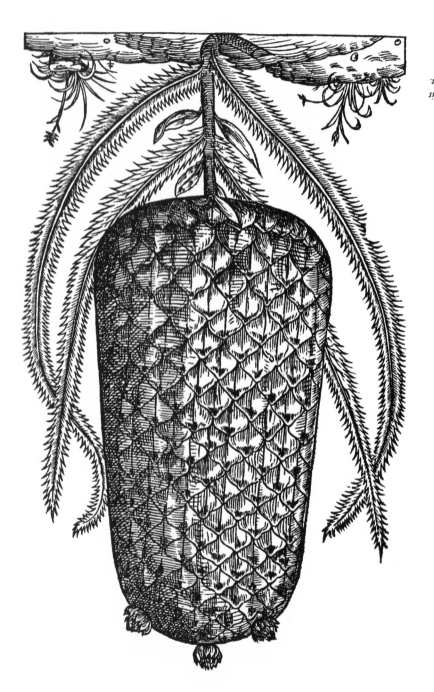

Nana, fruit
fort excellent.

CHAPITRE XLVII

La manière de trafiquer entre ce peuple.
D'un oiseau nommé Toucan,
& de l'épicerie du pays.

Combien qu'en l'Amérique y ait diversité de peuples, sauvages néanmoins, mais de diverses ligues et factions, coutumiers de faire guerre les
uns contre les autres, toutefois ils ne laissent de trafiquer, tant entre eux
qu'avec les étrangers (spécialement ceux qui sont près de la mer) de telles
choses que porte le pays. Le plus grand trafic est de plumes d'autruches,
garnitures d'épées faites de pennaches et autres plumages fort exquis. Ce
que l'on apporte de cent ou six vingts[1] lieues, plus ou moins, avant
dedans le pays; grande quantité semblablement de colliers blancs et
noirs; aussi de ces pierres vertes, lesquelles ils portent aux lèvres, comme
nous avons dit ci-dessus. Les autres qui habitent sus la côte de la mer où
trafiquent les chrétiens, reçoivent quelques haches, couteaux, dagues,
épées et autres ferrements[2], patenôtres de verre, peignes, miroirs et autres
menues besognes de petite valeur, dont ils trafiquent avec leurs voisins,
n'ayant autre moyen, sinon donner une marchandise pour l'autre; et en
usent ainsi : «Donne-moi cela, je te donnerai ceci», sans tenir long propos.
   Sur la côte de la marine, la plus fréquente marchandise est le plumage
d'un oiseau qu'ils appellent en leur langue *toucan*, lequel décrirons sommairement, puisqu'il vient à propos. Cet oiseau est de la grandeur d'un
pigeon. Il y en a une autre espèce de la forme d'une pie, de même plumage que l'autre, c'est-à-savoir noirs tous deux, hormis autour de la
queue où il y a quelques plumes rouges entrelacées parmi les noires, sous
la poitrine plume jaune, environ quatre doigts, tant en longueur que
largeur; et n'est possible trouver jaune plus excellent que celui de cet
oiseau; au bout de la queue il a petites plumes rouges comme sang. Les
sauvages en prennent la peau à l'endroit qui est jaune, et l'accommodent

à faire garnitures d'épées à leur mode et quelques robes, chapeaux et autres choses. J'ai apporté un chapeau fait de ce plumage, fort beau et riche, lequel a été présenté au roi comme chose singulière.

Et de ces oiseaux ne s'en trouve sinon en notre Amérique, prenant depuis la rivière de Plate[1] jusques à la rivière des Amazones. Il s'en trouve quelques-uns au Pérou, mais ne sont de si grande corpulence que les autres. À la Nouvelle-Espagne, Floride, Mexique, Terre-Neuve, il ne s'en trouve point, à cause que le pays est trop froid, ce qu'ils craignent merveilleusement. Au reste, cet oiseau ne vit d'autre chose parmi les bois où il fait sa résidence, sinon de certains fruits provenant du pays. Aucuns pourraient penser qu'il fût aquatique, ce qui n'est vraisemblable, comme j'ai vu par expérience.

Au reste, cet oiseau est merveilleusement difforme et monstrueux, ayant le bec plus gros et plus long quasi que le reste du corps[2]. J'en ai aussi apporté un qui me fut donné par-delà, avec les peaux de plusieurs de diverses couleurs, les unes rouges comme fine écarlate, les autres jaunes, azurées, et les autres d'autres couleurs. Ce plumage donc est fort estimé entre nos Amériques, duquel ils trafiquent ainsi que nous avons dit.

Il est certain qu'avant l'usage de monnaie on trafiquait ainsi une chose pour l'autre, et consistait la richesse des hommes, voire des rois, en bêtes, comme chameaux, moutons et autres. Et qu'il soit ainsi, vous en avez exemples infinis, tant en Bérose qu'en Diodore; lesquels nous récitent la manière que les anciens tenaient de trafiquer les uns avec les autres, laquelle je trouve peu différente à celle de nos Amériques et autres peuples barbares. Les choses donc anciennement se baillaient les unes pour les autres, comme une brebis pour du blé, de la laine pour du sel. Le trafic, si bien nous considérons, est merveilleusement utile, outre qu'il est le moyen d'entretenir la société civile. Aussi est-il fort célébré par toute nation. Pline en son septième en attribue l'invention et premier usage aux Phéniciens[1]. Le trafic des chrétiens avec les Amériques sont monnes[2], bois de brésil, perroquets, coton, en change d'autres choses, comme nous avons dit. Il s'apporte aussi de là certaine épice qui est la graine d'une herbe ou arbrisseau de la hauteur de trois ou quatre pieds. Le fruit ressemble à une fraise de ce pays, tant en couleur qu'autrement. Quand il est mûr, il se trouve dedans une petite semence comme fenouil. Nos marchands chrétiens se chargent de cette manière d'épice, non toutefois si bonne que la maniguette[3] qui croît en la côte de l'Éthiopie et en la Guinée; aussi n'est-elle à comparer à celle de Calicut ou de Taprobane[4].

Et noterez en passant que, quand l'on dit l'épicerie de Calicut, il ne faut estimer qu'elle croisse là totalement, mais bien à cinquante lieues loin, en je ne sais quelles îles, et spécialement en une appelée Corchel[5]. Toutefois Calicut est le lieu principal où se mène tout le trafic en l'Inde de Levant; et pour ce est dite épicerie de Calicut. Elle est donc meilleure que celle de notre Amérique. Le roi de Portugal, comme chacun peut entendre, reçoit grand émolument du trafic qu'il fait de ces épiceries, mais non tant que le temps passé; qui est depuis que les Espagnols ont découvert l'île de Zebut[1], riche et de grande étendue, laquelle vous trouvez après avoir passé le détroit de Magellan. Cette île porte mine d'or, gingembre, abondance de porcelaine blanche. Après ont découvert Aborney[2], cinq degrés de l'équinoxial, et plusieurs îles des Noirs, jusques à ce qu'ils sont parvenus aux Moluques, qui sont Atidore, Terrenate, Mate et Machian[3], petites îles assez près l'une de l'autre, comme vous pourriez dire les Canaries, desquelles avons parlé. Ces îles, distantes de notre France de plus de cent octante degrés et situées droit au Ponant[4], produisent force bonnes épiceries, meilleures que celles de l'Amérique sans comparaison. Voilà en passant des Moluques, après avoir traité du trafic de nos sauvages Amériques.

CHAPITRE XLVIII

Des oiseaux plus communs de l'Amérique.

Entre plusieurs genres d'oiseaux que nature diversement produit, découvrant ses dons par particulières propriétés, dignes certes d'admiration, lesquelles elle a baillées à chacun animal vivant, il ne s'en trouve un qui excède en perfection et beauté cestui-ci qui se voit coutumièrement en l'Amérique, nommé des sauvages *carinde*[5], tant nature se plaisait à portraire ce bel oiseau, le revêtant d'un si plaisant et beau pennage qu'il est impossible n'admirer telle ouvrière. Cet oiseau n'excède point la grandeur d'un corbeau; et son plumage, depuis le ventre jusques au gosier, est jaune comme fin or; les ailes et la queue, laquelle il a fort longue, sont de couleur de fin azur. À cet oiseau se trouve un autre semblable en grosseur, mais différent en couleur; car au lieu que l'autre a le plumage jaune, cestui-ci l'a rouge comme fine écarlate, et le reste azuré. Ces oiseaux sont espèces de perroquets, et de même forme, tant en tête, bec, qu'en pieds. Les sauvages du pays les tiennent fort chers, à cause que, trois ou quatre fois l'année, ils leur tirent les plumes pour en faire chapeaux, garnir boucliers, épées de bois, tapisseries et autres choses exquises qu'ils font coutumièrement. Lesdits oiseaux sont si privés[1] que tout le jour se tiennent dans les arbres, tout autour des logettes des sauvages. Et quand ce vient sur le soir, ces oiseaux se retirent les uns dans les loges, les autres dans les bois; toutefois ne faillent jamais à retourner le lendemain, ni plus ni moins que font nos pigeons privés qui nidifient aux maisons par-deçà[2].

Ils ont plusieurs autres espèces de perroquets, tous différents de plumages les uns des autres. Il y en a un plus vert que nul autre qui se trouve par-delà, qu'ils nomment *ajouroub*[3]; autres ayant sur la tête petites plumes azurées, les autres vertes, que nomment les sauvages *marganas*[4]. Il ne s'en trouve point de gris, comme en la Guinée et en la haute Afrique. Les Amériques tiennent toutes ces espèces d'oiseaux en leurs loges, sans être aucunement enfermés, comme nous faisons par-deçà; j'entends, après les avoir apprivoisés de jeunesse à la manière des anciens, comme dit Pline au livre dixième de son *Histoire naturelle,* parlant des oiseaux; où il affirme que Strabon a été le premier qui a montré à mettre les oiseaux en cage, lesquels paravant avaient toute liberté d'aller et venir[5]. Les femmes spécialement en nourrissent quelques-uns, semblables de stature et couleur aux loriots de par-deçà, lesquels elles tiennent fort chers, jusques à les appeler en leur langue « leurs amis »[6]. Davantage, nos Amériques apprennent à ces oiseaux à parler en leur langue, comme à demander de la farine qu'ils font de racines; ou bien leur apprennent le plus souvent à dire et proférer qu'il faut aller en guerre contre leurs ennemis pour les prendre, puis les manger, et plusieurs autres choses. Pour rien ne leur donneraient des fruits à manger, tant aux grands qu'aux petits; car telle chose (disent-ils) leur engendre un ver qui leur perce le cœur. Il y a multitude d'autres perroquets sauvages qui se tiennent aux bois, desquels ils tuent grande quantité à coups de flèches pour manger. Et font ces perroquets leurs nids au sommet des arbres, de forme toute ronde, pour crainte des bêtes piquantes.

Il a été un temps que ces oiseaux n'étaient connus aux anciens Romains et autres pays de l'Europe, sinon depuis (comme aucuns ont voulu dire) qu'Alexandre le Grand envoya son lieutenant Onésicrite en l'île Taprobane[1], lequel en apporta quelque nombre; et depuis se multiplièrent si bien, tant au pays de Levant qu'en Italie, et principalement à Rome, comme dit Columelle au livre troisième des dits des anciens, que Marcus Portius Caton (duquel la vie et doctrine fut exemple à tout le peuple romain), ainsi comme se sentant scandalisé, dit un jour au Sénat : «Ô pères conscrits, ô Rome malheureuse, je ne sais plus en quel temps nous sommes tombés depuis que j'ai vu en Rome telles monstruosités, c'est-à-savoir les hommes porter perroquets sus leurs mains, et voir les femmes nourrir et avoir en délices les chiens.»

Retournons à nos oiseaux qui se trouvent par-delà, d'autre espèce et fort étranges (comme est celui qu'ils appellent *toucan,* duquel nous avons parlé ci-devant), tous différents à ceux de notre hémisphère, comme pouvez plus clairement voir par ceux qui nous sont représentés en ce livre, et de plusieurs autres dont j'ai apporté quelques corps garnis de plumes, les unes jaunes, rouges, vertes, pourprées, azurées et de plusieurs autres couleurs, qui ont été présentés au roi comme choses singulières et qui n'avaient onques été vues par-deçà[2].

Il reste à décrire quelques autres oiseaux assez rares et étranges, entre lesquels se trouve une espèce de même grandeur et couleur que petits corbeaux, sinon qu'ils ont le devant de la poitrine rouge comme sang, et se nomme *panon*[3]; son bec est cendré, et ne vit d'autre chose, sinon d'un fruit d'une espèce de palmier nommé *jerahuva*[4]. Il s'en trouve d'autres grands comme nos merles, tout rouges comme sang-de-dragon, qu'ils nomment en leur langue *quiapian*[5]. Il y a une autre espèce de la grosseur d'un petit moineau, lequel est tout noir, vivant d'une façon fort étrange. Quand il est saoul de fourmis et autre petite vermine qu'il mange, il ira en quelque arbrisseau, dans lequel il ne fera que voltiger de haut en bas, de branche en branche, sans avoir repos quelconque. Les sauvages le nomment *annon*[6].

Entre tous les oiseaux qui sont par-delà, il s'en trouve encore un autre que les sauvages ne tueraient ou offenseraient pour chose quelconque. Cet oiseau a la voix fort éclatante et piteuse comme celle de notre chat-huant; et disent ces pauvres gens que son chant leur fait recorder leurs amis morts, estimant que ce sont eux qui leur envoient, leur portant bonne fortune et mauvaise à leurs ennemis[1]. Il n'est pas plus grand qu'un pigeon ramier, ayant couleur cendrée et vivant du fruit d'un arbre qui s'appelle *hivourahé*.

Je ne veux oublier un autre oiseau nommé *govambuch*[2], qui n'est pas plus gros qu'un petit cerf-volant ou une grosse mouche, lequel, néanmoins qu'il soit petit, est si beau à le voir qu'il est impossible de plus. Son bec est longuet et fort menu, et sa couleur grisâtre. Et combien que ce soit le plus petit oiseau qui soit (comme je pense) sous le ciel, néanmoins il chante merveilleusement bien, et est fort plaisant à ouïr.

Je laisse les oiseaux d'eau douce et salée, qui sont tous différents à ceux de par-deçà, tant en corpulence qu'en variété de plumages. Je ne doute, lecteur, que nos modernes auteurs des livres d'oiseaux ne trouvent fort étrange la présente description que j'en fais et les portraits que je t'ai représentés. Mais sans honte leur pourras réputer cela à la vraie ignorance qu'ils ont des lieux, lesquels ils n'ont jamais visités, et à la petite connaissance qu'ils ont pareillement des choses étrangères. Voilà donc le plus sommairement qu'il m'a été possible, des oiseaux de notre France Antarctique, et ce que, pour le temps que nous y avons séjourné, avons pu observer.

CHAPITRE XLIX

Des venaisons et sauvagines[3]
que prennent ces sauvages.

Il me semble n'être hors de propos si je récite les bêtes qui se trouvent ès bois et montagnes de l'Amérique, et comme les habitants du pays les prennent pour leur nourriture. Il me souvient avoir dit en quelque endroit comme ils ne nourrissent aucuns animaux domestiques, mais se nourrit par les bois grande quantité de sauvages, comme cerfs, biches, sangliers et autres. Quand ces bêtes se détraquent[1] à l'écart pour chercher leur vie, ils vous feront une fosse profonde couverte de feuillages au lieu auquel la bête hantera le plus souvent, mais de telle ruse et finesse qu'à grande peine pourra échapper; et la prendront toute vive, ou la feront mourir là-dedans, quelquefois à coups de flèches.

Le sanglier[2] est trop plus difficile. Icelui ne ressemble du tout le nôtre, mais est plus furieux et dangereux; et a la dent plus longue et apparente. Il est totalement noir et sans queue; davantage, il porte sur le dos un évent semblable de grandeur à celui du marsouin, avec lequel il respire en l'eau. Ce porc sauvage jette un cri fort épouvantable, aussi entend-on ses dents claqueter et faire bruit, soit en mangeant ou autrement. Les sauvages nous en amenèrent une fois un lié, lequel toutefois échappa en notre présence.

Le cerf et la biche n'ont le poil tant uni et délié comme par-deçà, mais fort bourreux et tressonné[3], assez long toutefois. Les cerfs portent cornes petites au regard des nôtres. Les sauvages en font grande estime, pource qu'après avoir percé la lèvre à leurs petits enfants, ils mettront souvent dedans le pertuis quelque pièce de cette corne de cerf pour l'augmenter, estimant qu'elle ne porte venin aucun; mais au contraire elle répugne[4] et empêche qu'à l'endroit ne s'engendre quelque mal.

Pline affirme la corne de cerf être remède et antidote contre tous venins[5]. Aussi les médecins la mettent entre les médicaments cordiaux, comme roborant et confortant l'estomac de certaine propriété, comme l'ivoire et autres. La fumée de cette corne brûlée a puissance de chasser les serpents. Aucuns veulent dire que le cerf fait tous les ans corne nouvelle; et lorsqu'il est destitué de ses cornes, se cache, même quand les cornes lui veulent tomber. Les anciens ont estimé à mauvais présage la rencontre d'un cerf et d'un lièvre; mais nous sommes tout au contraire, aussi est cette opinion folle, superstitieuse et répugnante à notre religion[1]. Les Turcs et Arabes sont encore aujourd'hui en cette erreur. À ce propos, nos sauvages se sont persuadés une autre rêverie, et sera bien subtil qui leur pourra dissuader; laquelle est, qu'ayant pris un cerf ou biche, ils ne les oseraient porter en leurs cabanes qu'ils ne leur aient coupé cuisses et jambes de derrière, estimant que s'ils les portaient avec leurs quatre membres, cela leur ôterait le moyen à eux et à leurs enfants de pouvoir prendre leurs ennemis à la course; outre plusieurs rêveries dont leur cerveau est parfumé. Et n'ont autre raison, sinon que leur grand Charaïbe leur a fait ainsi entendre; aussi que leurs pagés et médecins le défendent.

Ils vous feront cuire leur venaison par pièces, mais avec la peau; et après qu'elle est cuite, sera distribuée à chacun ménage, qui habitent en une loge tous ensemble, comme écoliers aux collèges. Ils ne mangeront jamais chair de bête ravissante ou qui se nourrisse de choses impures, tant privée soit-elle; aussi ne s'efforceront d'apprivoiser telle bête, comme une qu'ils appellent *coati*[2], grande comme un renard de ce pays, ayant le museau d'un pied de long, noir comme une taupe et menu comme celui d'un rat, le reste enfumé, le poil rude, la queue grêle comme celle d'un chat sauvage, moucheté de blanc et noir, ayant les oreilles comme un renard. Cette bête est ravissante, et vit de proie autour des ruisseaux.

En outre se trouve là une espèce de faisans, gros comme chapons, mais de plumage noir, hormis la tête qui est grisâtre, ayant une petite crête rouge, pendante comme celle d'une petite poule d'Inde, et les pieds rouges. Aussi y a des perdrix nommées en leur langue *macouacanna*[3], qui sont plus grosses que les nôtres.

Il se trouve davantage en l'Amérique grande quantité de ces bêtes qu'ils nomment *tapihire*[4], désirées et recommandables pour leur difformité. Aussi les sauvages les poursuivent à la chasse, non seulement pour la chair qui en est très bonne, mais aussi pour les peaux dont ces sauvages font boucliers desquels ils usent en guerre. Et est la peau de cette bête si forte qu'à grande difficulté un trait d'arbalète la pourra percer. Ils les prennent ainsi que le cerf et le sanglier dont nous avons parlé naguère. Ces bêtes sont de la grandeur d'un grand âne, mais le col plus gros, et la tête comme celle d'un taureau d'un an; les dents tranchantes et aiguës; toutefois elle n'est dangereuse. Quand on la pourchasse, elle ne fait autre résistance que la fuite, cherchant lieu propre à se cacher, courant plus légèrement que le cerf. Elle n'a point de queue, sinon bien peu, de la longueur de trois ou quatre doigts, laquelle est sans poil comme celle de l'*agoutin*[1]. Et de telles bêtes sans queue, se trouve grande multitude par-delà. Elle a le pied fourchu avec une corne fort longue, autant presque devant comme derrière. Son poil est rougeâtre comme celui d'aucunes mules ou vaches de par-deçà; et voilà pourquoi les chrétiens qui sont par-delà nomment telles bêtes vaches, non différentes d'autre chose à une vache, hormis qu'elle ne porte point de cornes; et à la vérité, elle me semble participer autant de l'âne que de la vache, car il se trouve peu de bêtes d'espèces diverses qui se ressemblent entièrement sans quelque grande différence. Comme aussi des poissons que nous avons vus sur la mer à la côte de l'Amérique : se présenta un entre les autres ayant la tête comme d'un veau et le corps fort bizarre. Et en cela pouvez voir l'industrie de Nature qui a diversifié les animaux selon la diversité de leurs espèces tant en l'eau qu'en la terre.

CHAPITRE L

D'un arbre nommé Hyvourahé.

Je ne voudrais aucunement laisser en arrière, pour son excellence et singularité, un arbre nommé des sauvages *hyvourahé*[2], qui vaut autant à dire comme chose rare. Cet arbre est de haute stature, ayant l'écorce argentine et au-dedans demi-rouge. Il a quasi le goût de sel ou comme bois de réglisse, ainsi que j'ai plusieurs fois expérimenté. L'écorce de cet arbre a une merveilleuse propriété entre toutes les autres, aussi est en telle réputation vers les sauvages comme le bois de gaïac par-deçà[1]; même qu'aucuns estiment être vrai gaïac, ce que toutefois je n'approuve pas, car ce n'est pas à dire que tout ce qui a même propriété que le gaïac soit néanmoins gaïac. Nonobstant ils s'en servent au lieu de gaïac, j'entends des chrétiens, car les sauvages ne sont tant sujets à cette maladie commune de laquelle parlons plus amplement autre part.

La manière d'en user est telle : l'on prend quelque quantité de cette écorce, laquelle rend du lait quand elle est récemment séparée d'avec le bois; laquelle, coupée par petits morceaux, font bouillir en eau l'espace de trois ou quatre heures, jusques à tant que cette décoction devient colorée comme vin clairet. Et de ce breuvage boivent par l'espace de quinze ou vingt jours consécutivement, faisant quelque petite diète; ce qui succède[2] fort bien, ainsi que j'ai pu entendre. Et ladite écorce n'est seulement propre à ladite affection, mais à toutes maladies froides et pituiteuses, pour atténuer et dessécher les humeurs; de laquelle pareillement usent nos Amériques en leurs maladies. Et encore telle décoction est fort plaisante à boire en pleine santé.

Autre chose singulière à cet arbre, portant un fruit de la grosseur d'une prune moyenne de ce pays, jaune comme fin or de ducat; et au-dedans se trouve un petit noyau fort suave et délicat, avec ce qu'il est merveilleusement propre aux malades et dégoûtés. Mais autre chose sera par aventure étrange et presque incroyable à ceux qui ne l'auront vue : c'est qu'il ne porte son fruit que de quinze ans en quinze ans. Aucuns m'ont voulu donner à entendre de vingt en vingt; toutefois depuis j'ai su le contraire, pour m'en être suffisamment informé, même des plus anciens du pays. Je m'en fis montrer un, et me dit celui qui me le montrait, que de sa vie n'en avait pu manger fruit que trois ou quatre fois. Il me souvient de ce bon fruit de l'arbre nommé *Lothe*[3], duquel le fruit est si friand, ainsi que récite Homère en son *Odyssée*, lequel après que les gens de Scipion[4] eurent goûté, ils ne tenaient compte de retourner à leurs navires pour manger autres viandes et fruits. Au surplus, en ce pays se trouvent quelques arbres portant casse[1], mais elle n'est si excellente que celle d'Égypte ou Arabie.

CHAPITRE LI

D'un autre arbre nommé Uhebehasou[2],
& des mouches à miel qui le fréquentent.

Allant quelque jour en un village, distant du lieu où était notre résidence environ dix lieues, accompagné de cinq sauvages et d'un truchement chrétien, je me mis à contempler de tous côtés les arbres dont il y avait diversité; entre lesquels je m'arrêtai à celui duquel nous voulons parler, lequel à voir, l'on jugerait être ouvrage artificiel et non de Nature. Cet arbre est merveilleusement haut, les branches passant les unes par-dedans les autres, les feuilles semblables à celles d'un chou, chargée chacune branche de son fruit qui est d'un pied de longueur. Interrogeant donc l'un de la compagnie quel était ce fruit, il me montre lors et m'admoneste de contempler une infinité de mouches[3] à l'entour de ce fruit, qui lors était tout vert, duquel se nourrissent ces mouches à miel; dont s'était retiré un grand nombre dedans un pertuis de cet arbre, où elles faisaient miel et cire. Il y a deux espèces de ces mouches : les unes sont grosses comme les nôtres, qui ne vivent seulement que de bonnes fleurs odorantes, aussi font-elles un miel très bon, mais de cire non en tout si jaune que la nôtre. Il s'en trouve une autre espèce, la moitié plus petites que les autres; leur miel est encore meilleur que le premier, et le nomment les sauvages *hira*[4]. Elles ne vivent de la pâture des autres, qui cause, à mon avis, qu'elles font une cire noire comme charbon; et s'en fait grande quantité, spécialement près la rivière des Vases et de Plate.

Il se trouve là un animant nommé *heyrat*[5], qui vaut autant à dire comme bête à miel, pource qu'elle recherche de toutes parts ces arbres, pour

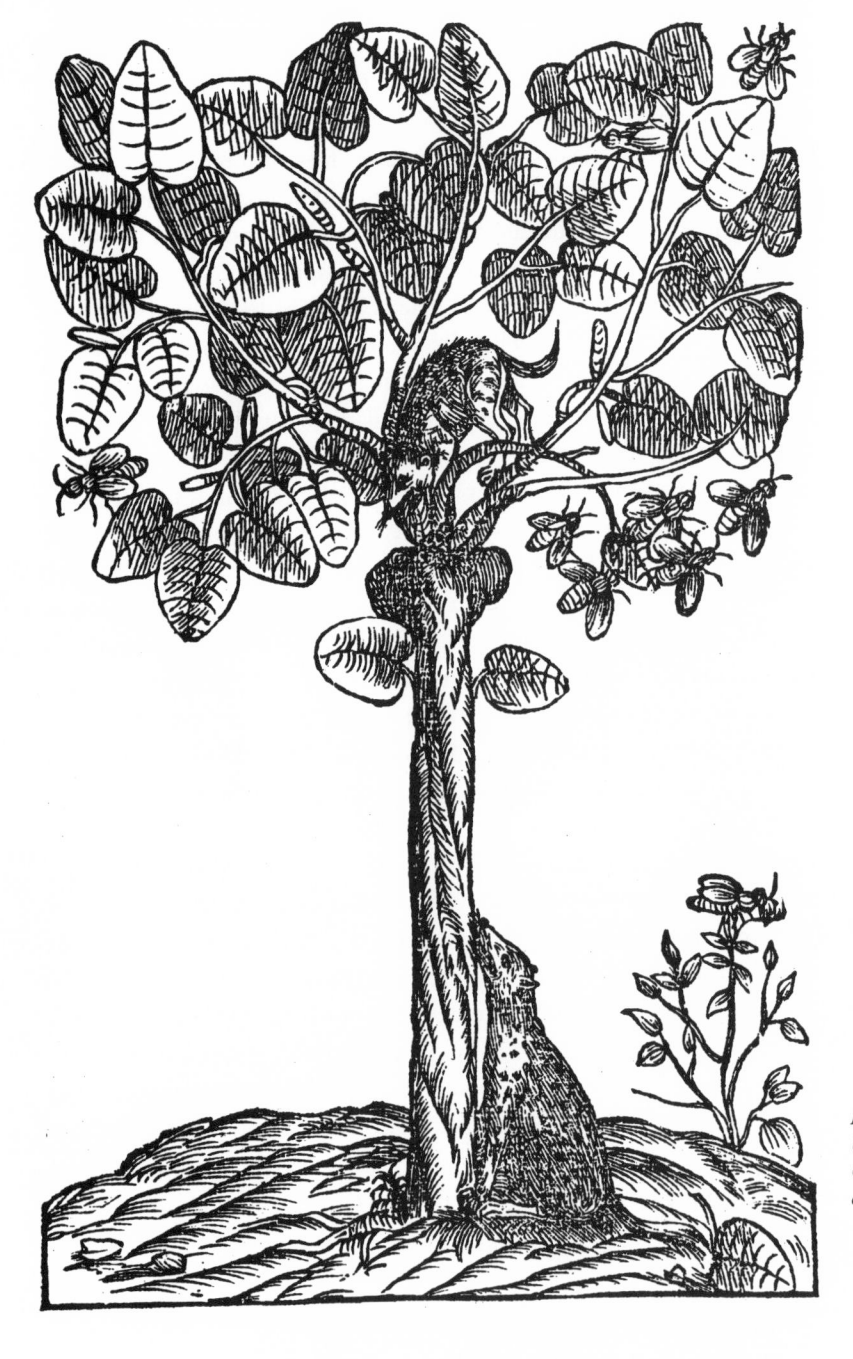

L'arbre
Uhebehasou
& le Heyrat
ou bête à miel.

manger le miel que font ces mouches. Cet animant est tanné, grand comme un chat, et a la méthode de tirer le miel avec ses griffes, sans toucher aux mouches, ni elles à lui. Ce miel est fort estimé par-delà, pource que les sauvages en présentent à leurs malades, mistionné avec farine récente qu'ils ont accoutumé faire de racines. Quant à la cire, ils n'en usent autrement, sinon qu'ils l'appliquent pour faire tenir leurs plumettes et pennages autour de la tête. Ou bien de boucher quelques grosses cannes dans lesquelles ils mettent leurs plumes, qui est le meilleur trésor de ces sauvages. Les anciens Arabes et Egyptiens usaient et appliquaient aussi du miel en leurs maladies, plus que d'autres médecines, ainsi que récite Pline[1]. Les sauvages de la rivière de Marignan ne mangent ordinairement, sinon miel avec quelques racines cuites, lequel distille et déchet[2] des arbres et rochers comme la manne[3] du ciel, qui est un très bon aliment à ces barbares.

À propos, Lactance, au premier livre des *Institutions divines,* récite, si j'ai bonne mémoire, que Melissus, roi de Crète, lequel premier sacrifia aux dieux, avait deux filles, Amalthea et Mélissa, lesquelles nourrirent Jupiter de lait de chèvre, quand il était enfant, et de miel[4]. Dont voyant ceux de Crète cette tant bonne nourriture de miel, commencèrent en nourrir leurs enfants; ce qui a donné argument aux poètes de dire que les mouches à miel étaient volées à la bouche de Jupiter. Ce que connaissant, encore le sage Solon permit qu'on transportât tous fruits hors de la ville d'Athènes, et plusieurs autres victuailles, excepté le miel[5]. Pareillement les Turcs ont le miel en telle estime qu'il n'est possible de plus, espérant après leur mort aller en quelques lieux de plaisance remplis de tous aliments et spécialement de bon miel, qui sont expectations fatales[6].

Or pour retourner à notre arbre, il est fort fréquenté par les mouches à miel, combien que le fruit ne soit bon à manger, comme sont plusieurs autres du pays, à cause qu'il ne vient guère à maturité, ains est mangé des mouches, comme j'ai pu apercevoir. Au reste, il porte gomme rouge, propre à plusieurs choses, comme ils la savent bien accommoder.

CHAPITRE LII

D'une bête assez étrange, appelée Haüt.

Aristote et quelques autres après lui se sont efforcés avec toute diligence de chercher la nature des animaux, arbres, herbes et autres choses naturelles; toutefois par ce qu'ils ont écrit, n'est vraisemblable qu'ils soient parvenus jusques à notre France Antarctique ou Amérique, pource qu'elle n'était découverte auparavant ni de leur temps. Toutefois, ce qu'ils nous en ont laissé par écrit nous apporte beaucoup de consolation et soulagement. Si donc nous en décrivons quelques-unes, rares quant à nous et inconnues, j'espère qu'il ne sera pris en mauvaise part, mais au contraire pourra apporter quelque contentement au lecteur amateur des choses rares et singulières, lesquelles Nature n'a voulu être communes à chacun pays.

Cette bête, pour abréger, est autant difforme qu'il est possible, et quasi incroyable à ceux qui ne l'auraient vue. Ils la nomment *haüt*[1] ou *haüthi*, de la grandeur d'une bien grande guenon d'Afrique; son ventre est fort avalé contre terre. Elle a la tête presque semblable à celle d'un enfant, et la face semblablement, comme pouvez voir par la présente figure retirée du naturel.

Étant prise, elle fait des soupirs comme un enfant affligé de douleur. Sa peau est cendrée et velue comme celle d'un petit ours. Elle ne porte sinon trois ongles aux pieds, longs de quatre doigts, faits en mode de grosses arêtes de carpe, avec lesquelles elle grimpe aux arbres, où elle demeure plus qu'en terre. Sa queue est longue de trois doigts, ayant bien peu de poil. Une autre chose digne de mémoire, c'est que cette bête n'a jamais été vue manger, d'homme vivant, encore que les sauvages en aient tenu long espace de temps pour voir si elle mangerait, ainsi qu'eux-mêmes m'ont récité[2]. Pareillement je ne l'eusse encore cru, jusques à ce qu'un capitaine de Normandie nommé de L'Espiné et le capitaine Mogneville

natif de Picardie, se promenant quelque jour en des bois de haute futaie, tirèrent un coup d'arquebuse contre deux de ces bêtes qui étaient au faîte d'un arbre, dont tombèrent toutes deux à terre, l'une fort blessée et l'autre seulement étourdie, de laquelle me fut fait présent. Et la gardant bien l'espace de vingt-six jours, où je connus que jamais ne voulut manger ni boire, mais toujours à un même état, laquelle à la fin fut étranglée par quelques chiens qu'avions menés avec nous par-delà.

Aucuns estiment cette bête vivre seulement des feuilles de certain arbre nommé en leur langue *amahut*[1]. Cet arbre est haut élevé sur tous autres de ce pays, ses feuilles fort petites et déliées. Et pource que coutumièrement elle est en cet arbre, ils l'ont appelée *haüt*. Au surplus, fort amoureuse de l'homme quand elle est apprivoisée, ne cherchant qu'à monter sur ses épaules, comme si son naturel était d'appéter toujours choses hautes, ce que malaisément peuvent endurer les sauvages, pource qu'ils sont nus et que cet animant a les ongles fort aigus et plus longs que le lion ni bête que j'aie vue, tant farouche et grande soit-elle[1]. À ce propos j'ai vu par expérience certains caméléons que l'on tenait en cage dans Constantinople, qui furent aperçus vivre seulement de l'air[2]. Et par ainsi je connus être véritable ce que m'avaient dit les sauvages de cette bête. En outre, encore qu'elle demeurât attachée jour et nuit dehors au vent et à la pluie (car ce pays y est assez sujet), néanmoins elle était toujours aussi sèche comme paravant.

Voilà les faits admirables de Nature, et comme elle se plaît à faire choses grandes, diverses et le plus souvent incompréhensibles et admirables aux hommes. Parquoi ce serait chose impertinente d'en chercher la cause et raison, comme plusieurs de jour en jour s'efforcent; car cela est un vrai secret de Nature, dont la connaissance est réservée au seul Créateur[3], comme de plusieurs autres que l'on pourrait ici alléguer, dont je me déporterai pour sommairement parvenir au reste.

CHAPITRE LIII
Comme les Amériques font feu,
de leur opinion du déluge & des ferrements dont ils usent.

Après avoir traité d'aucunes plantes singulières et animaux inconnus, non seulement par-deçà mais aussi, comme je pense, en tout le reste de notre monde habitable, pour n'avoir été ce pays connu ou découvert que depuis certain temps en-çà, j'ai bien voulu, pour mettre fin à notre discours de l'Amérique, décrire la manière fort étrange dont usent ces barbares à faire feu, comme par-deçà avec la pierre et le fer; laquelle invention à la vérité est céleste, donnée divinement à l'homme pour sa nécessité. Or nos sauvages tiennent une autre méthode, presque incrédible, de faire le feu, bien différente à la nôtre, qui est de frapper le fer au caillou. Et faut entendre qu'ils usent coutumièrement de feu pour

leurs nécessités, comme nous faisons; et encore plus, pour résister à cet esprit malin qui les tourmente; qui est la cause qu'ils ne se coucheront jamais, quelque part qu'ils soient, qu'il n'y ait du feu allumé alentour de leur lit. Et pour ce, tant en leurs maisons que ailleurs, soit au bois ou à la campagne, où ils sont contraints quelquefois demeurer longtemps, comme quand ils vont en guerre ou chasser à la venaison, ils portent ordinairement avec eux leurs instruments à faire feu.

Donc ils vous prendront deux bâtons inégaux, l'un, qui est le plus petit, de deux pieds ou environ, fait de certain bois fort sec portant moelle; l'autre quelque peu plus long.

Celui qui veut faire feu mettra le plus petit bâton en terre, percé par le milieu, lequel tenant avec les pieds qu'il mettra dessus, fichera le bout de l'autre bâton dedans le pertuis du premier, avec quelque peu de coton et de feuilles d'arbre sèches; puis, à force de tourner ce bâton, il s'engendre telle chaleur de l'agitation et tourment que les feuilles et coton se prennent à brûler, et ainsi allument leur feu ; lequel en leur langue ils appellent *thata,* et la fumée *thatatin*[1].

Et celle manière de faire feu, tant subtile, disent tenir d'un grand Charaïbe plus que prophète[2], qui l'enseigna à leurs pères anciens, et autres choses dont paravant n'avaient eu connaissance. Je sais bien qu'il se trouve plusieurs fables de cette invention de feu. Les uns tiennent que certains pasteurs furent premiers inventeurs de faire feu à la manière de nos sauvages, c'est-à-savoir avec certain bois, destitués de fer et caillou. Par cela l'on peut connaître évidemment que le feu ne vient ni du fer ni de la pierre ; comme dispute très bien Aphrodisée en ses *Problèmes,* et en quelques annotations sur ce passage par celui qui naguère les a mis en français[3]. Vous pourrez voir le lieu. Diodore écrit que Vulcain a été inventeur du feu, lequel pour ce respect les Égyptiens élurent roi[4]. Aussi sont presque en même opinion nos sauvages, lesquels, paravant l'invention du feu[5], mangeaient leurs viandes séchées à la fumée.

Et cette connaissance leur apporta, comme nous avons dit, un grand Charaïbe, qui la leur communiqua la nuit en dormant, quelque temps après un déluge, lequel ils maintiennent avoir été autrefois, encore qu'ils n'aient aucune connaissance par écritures, sinon de père en fils ; tellement qu'ils perpétuent ainsi la mémoire des choses, bien l'espace de trois ou quatre cents ans, ce qui est aucunement admirable. Et par ainsi sont fort curieux d'enseigner et réciter à leurs enfants les choses advenues et dignes de mémoire ; et ne font les vieux et anciens, la meilleure partie de la nuit, après le réveil, autre chose que remontrer aux plus jeunes ; et de les ouïr, vous diriez que ce sont prêcheurs ou lecteurs en chaire.

Or l'eau fut si excessivement grande en ce déluge[6] qu'elle surpassait les plus hautes montagnes de ce pays, et par ainsi tout le peuple fut submergé et perdu. Ce qu'ils tiennent pour assuré, ainsi que nous tenons celui que nous propose la Sainte Écriture. Toutefois il leur est trop aisé de faillir, attendu qu'ils n'ont aucun moyen d'écriture pour mémoire des choses[7], sinon comme ils ont ouï dire à leurs pères ; aussi qu'ils nombrent par pierres ou autres choses seulement, car autrement ils ne savent nombrer que jusques à cinq, et comptent les mois par lunes (comme déjà en avons fait quelque part mention), disant : « Il y a tant de lunes que je suis né, et tant de lunes que fut ce déluge », lequel temps fidèlement supputé revient bien à cinq cents ans.

Or ils affirment et maintiennent constamment leur déluge, et si on leur contredit, ils s'efforcent par certains arguments de soutenir le contraire. Après que les eaux furent abaissées et retirées, ils disent qu'il vint un grand Charaïbe, le plus grand qui fut jamais entre eux, qui mena là un peuple de pays fort lointain, étant ce peuple tout nu comme ils sont encore aujourd'hui, lequel a si bien multiplié jusques à présent qu'ils s'en disent par ce moyen être issus. Il me semble n'être trop répugnant qu'il puisse avoir été autre déluge que celui du temps de Noé. Toutefois je me déporterai d'en parler, puisque nous n'en avons aucun témoignage par l'Écriture.

Retournant au feu de nos sauvages, comme ils en ont usé à plusieurs choses, comme à cuire viandes, abattre bois, jusques à ce que depuis ils ont trouvé moyen de le couper, encore avec quelques pierres, et depuis naguère ont reçu l'usage des ferrements par les chrétiens qui sont allés par-delà. Je ne doute que l'Europe et quelques autres pays n'aient été autrefois sans usage de ferrements. Ainsi récite Pline au septième de son *Histoire naturelle,* que Dedalus fut inventeur de la première forge, en laquelle il forgea lui-même une cognée, une scie, lime et clous[1]. Ovide toutefois au huitième de sa *Métamorphose* dit qu'un nommé Pedris, neveu de Dedalus, inventa la scie à la semblance de l'épine d'un poisson élevée en haut[2]. Et de telle espèce de poisson, passant sous la ligne équinoxiale à notre retour, en prîmes un qui avait l'épine longue d'un pied sus le dos ; lequel volontiers nous eussions ici représenté par figure, si la commodité l'eût permis, ce que toutefois nous espérons faire une autre fois. Donc aucuns des sauvages, depuis quelque temps désirant l'usage de ces ferrements pour leurs nécessités, se sont appris à forger, après avoir été instruits par les chrétiens Or, sans divertir loin de propos, j'ai été contraint de changer souvent et varier de sentences, pour la variété des portraits que j'ai voulu ainsi diversifier d'une matière à autre.

CHAPITRE LIV

De la rivière des Vases, ensemble d'aucuns animaux
qui se trouvent là environ, & de la terre
nommée Morpion.

Cette rivière des Vases [1] par-delà célébrée autant et plus que Charente [2], Loire ou Seine par-deçà, située à vingt et cinq lieues de Genèvre, où nous arrêtâmes et sont encore pour le jourd'hui les Français, est fort fréquentée, tant pour l'abondance du bon poisson que pour la navigation à autres choses nécessaires. Or ce fleuve arrose un beau et grand pays, tant en plainure que de montagnes; esquelles se trouve quelque mine d'or qui n'apporte grand émolument à son maître, pource que par le feu il se résout presque tout en fumée. Là autour sont plusieurs rochers, et pareillement en plusieurs endroits de l'Amérique, qui portent grande quantité de marcassites [3] luisantes comme fin or; semblablement autres petites pierres luisantes, mais non pas fines comme celles de Levant; aussi ne s'y trouvent rubis ni diamants, ni autres pierres riches. Il y a en outre abondance de marbre et jaspe; et en ces mêmes endroits l'on espère de trouver quelques mines d'or ou d'argent; ce que l'on n'a osé encore entreprendre, pour les ennemis qui en sont assez proches.

En ces montagnes se voient bêtes ravissantes, comme léopards, loups-cerviers, mais de lions nullement, ni de loups. Il se trouve là une espèce de monnes [4] que les sauvages appellent *cacuycu*, de même grandeur que les communes, sans autre différence, sinon qu'elle porte barbe au menton comme une chèvre. Cet animal est fort enclin à luxure. Avec ces monnes se trouvent force petites bêtes jaunes, nommées *saguouins* [5], non seulement en cet endroit, mais en plusieurs autres. Les sauvages les chassent pour les manger, et si elles se voient contraintes, elles prendront leurs petits au col et gagneront la fuite. Ces monnes sont noires et grises en la Barbarie[1], et au Pérou de la couleur d'un renard.

Là ne se trouvent aucuns singes, comme en l'Afrique et Éthiopie ; mais en récompense se trouve grande multitude de *tatous*, qui sont bêtes armées[2], dont les uns sont de la grandeur et hauteur d'un cochon, les autres sont moindres ; et afin que je dise ce en passant, leur chair est merveilleusement délicate à manger.

Quant au peuple de cette contrée, il est plus belliqueux qu'en tout autre endroit de l'Amérique, pour être confin[3] et près de ses ennemis, ce qui les contraint à s'exercer au fait de la guerre. Leur roi en leur langue s'appelle *Quoniambec*, le plus craint et redouté qui soit en tout le pays, aussi est-il martial et merveilleusement belliqueux[4]. Et pense que jamais Ménélas, roi et conducteur de l'armée des Grecs, ne fut tant craint ou redouté des Troyens que cestui-ci est de ses ennemis[5]. Les Portugais le craignent sus les autres, car il en a fait mourir plusieurs. Vous verriez son palais, qui est une loge faite de même et ainsi que les autres, ornée par-dehors de têtes de Portugais ; car c'est la coutume d'emporter la tête de leurs ennemis et les pendre sur leurs loges. Ce roi, averti de notre venue, nous vint voir incontinent au lieu où nous étions, et y séjourna l'espace de dix-huit jours[6], occupant la meilleure partie du temps, principalement de trois heures de matin, à réciter ses victoires et gestes belliqueux contre ses ennemis ; davantage menacer les Portugais avec certains gestes, lesquels en sa langue il appelle *peros*[7].

Ce roi est le plus apparent et renommé de tout le pays. Son village et territoire est grand, fortifié à l'entour de bastions et plates-formes de terre, favorisés de quelques pièces, comme fauconneaux qu'il a pris sus les Portugais. Quant à y avoir villes et maisons fortes de pierre, il n'en y a point, mais bien, comme nous avons dit, ils ont leurs logettes fort longues et spacieuses. Ce que n'avait encore au commencement le genre humain, lequel était si peu curieux et soigneux d'être en sûreté qu'il ne se souciait pour lors d'être enclos en villes murées ou fortifiées de fossés et remparts, ains était errant et vagabond ni plus ni moins que les autres animaux, sans avoir lieu certain et désigné pour prendre son repos, mais en ce lieu se reposait, auquel la nuit le surprenait, sans aucune crainte de larrons[1] ; ce que ne font nos Amériques, encore qu'ils soient fort sauvages.

Or, pour conclusion, ce roi dont nous parlons s'estime fort grand et n'a autre chose à réciter que ses grandeurs, réputant à grande gloire et honneur avoir fait mourir plusieurs personnes et les avoir mangées quant et quant[2], même jusques au nombre de cinq mille, comme il disait.

Il n'est mémoire qu'il se soit jamais fait telle inhumanité comme entre ce peuple. Pline récite bien que Jules César en ses batailles est estimé avoir fait mourir de ses ennemis nonante deux mille onze cents hommes[3] ; et se trouvent plusieurs autres guerres et grands saccagements, mais ils ne se sont mangés l'un l'autre. Et par ainsi, retournant à notre propos, le roi et ses sujets sont en perpétuelle guerre et inimitié avec les Portugais de Morpion et aussi les sauvages du pays.

Morpion[4] est une place tirant vers la rivière de Plate ou au détroit de Magellan, distante de la ligne vingt-cinq degrés, que tiennent les Portugais pour leur roi. Et pour ce faire, y a un lieutenant général avec nombre de gens de tous états et esclaves ; où ils se maintiennent de sorte qu'il en revient grand émolument au roi de Portugal. Du commencement ils se sont adonnés à planter force cannes à faire sucres ; à quoi depuis ils n'ont si diligemment vaqué, s'occupant à chose meilleure, après avoir trouvé mine d'argent. Ce lieu porte grande quantité de bons fruits, desquels ils font confitures à leur mode, et principalement d'un fruit nommé *nanas* duquel j'ai parlé autre part.

Entre ces arbres et fruits, j'en réciterai un, nommé en leur langue *choyne*, portant fruit grand comme une moyenne citrouille, les feuilles semblables à celles de laurier ; au reste, le fruit fait en forme d'un œuf d'autruche. Il n'est bon à manger, toutefois plaisant à voir, quand l'arbre

*L'arbre
choyne.*

en est ainsi chargé. Les sauvages, en outre qu'ils en font vaisseaux à boire, ils en font certain mystère[1], le plus étrange qu'il est possible. Ils emplissent ce fruit, après être creusé, de quelques graines, de mil ou autres, puis avec un bâton fiché en terre d'un bout, et de l'autre dedans ce fruit, enrichi tout à l'entour de beaux plumages. Et le vous tiennent ainsi en leur maison, chacun ménage, deux ou trois, mais avec une grande révérence, estimant ces pauvres idolâtres en sonnant et maniant ce fruit, que leur *Toupan* parle à eux; et que par ce moyen ils ont révélation de tout, signamment à leurs prophètes; parquoi estiment et croient y avoir quelque divinité, et n'adorent autre chose sensible que cet instrument ainsi sonnant quand on le manie.

Et pour singularité j'ai apporté un de ces instruments par-deçà (que je retirai secrètement de quelqu'un) avec plusieurs peaux d'oiseaux de diverses couleurs, dont j'ai fait présent à Monsieur Nicolas de Nicolai, géographe du roi[2], homme ingénieux et amateur non seulement de l'antiquité, mais aussi de toutes choses vertueuses. Depuis, il les a montrées au roi étant à Paris en sa maison, qui était exprès allé voir le livre qu'il fait imprimer des habits du Levant[3]; et m'a fait le récit que le roi prit fort grand plaisir à voir telles choses, entendu qu'elles lui étaient jusqu'à ce jour inconnues.

Au reste, y a force oranges, citrons, cannes de sucre; bref, le lieu est fort plaisant. Il y a là aussi une rivière non fort grande où se trouvent quelques petites perles, et force poisson, une espèce principalement qu'ils appellent *pira-ipouchi*[4] qui vaut autant à dire comme méchant poisson. Il est merveilleusement difforme, prenant sa naissance sur le dos d'un chien de mer, et le suit étant jeune, comme son principal tuteur. Davantage, en ce lieu de Morpion, habité, comme nous avons dit, par les Portugais, se nourrissent maintenant plusieurs espèces d'animaux domestiques que lesdits Portugais y ont portés. Ce qui enrichit fort et décore le pays, outre son excellence naturelle et agriculture, laquelle journellement et de plus en plus y est exercée.

CHAPITRE LV

De la rivière de Plate & pays circonvoisins.

Puisque nous sommes si avant en propos, je me suis avisé de dire un mot de ce beau fleuve de l'Amérique que les Espagnols ont nommé Plate, ou pour sa largeur, ou pour les mines d'argent qui se trouvent auprès, lequel en leur langue ils appellent Plate[1] ; vrai est que les sauvages du pays le nomment *Paranagacu,* qui est autant à dire comme mer ou grande congrégation d'eau. Ce fleuve contient de largeur vingt-six lieues, étant outre la ligne trente-cinq degrés et distant du cap de Saint-Augustin six cent septante lieues. Je pense que le nom de Plate lui a été donné par ceux qui du commencement le découvrirent, pour la raison premièrement amenée. Aussi, lorsqu'ils y parvinrent, reçurent une joie merveilleuse, estimant cette rivière tant large être le détroit Magellanique[2], lequel ils cherchaient pour passer de l'autre côté de l'Amérique ; toutefois, connaissant la vérité de la chose, délibérèrent mettre pied à terre, ce qu'ils firent. Les sauvages du pays se trouvèrent fort étonnés pour n'avoir jamais vu chrétiens ainsi aborder en leurs limites ; mais par succession de temps les apprivoisèrent, spécialement les plus anciens et habitant près le rivage, avec présents et autrement ; de manière que visitant les lieux assez librement, trouvèrent plusieurs mines d'argent ; et après avoir bien reconnu les lieux, s'en retournèrent, leurs navires chargés de brésil.

Quelque temps après, équipèrent trois bien grands navires de gens et munitions pour y retourner, pour la cupidité de ces mines d'argent. Et étant arrivés au même lieu où premièrement avaient été, déplièrent leurs esquifs pour prendre terre, c'est-à-savoir le capitaine accompagné d'environ quatre-vingts soldats, pour résister aux sauvages du pays, s'ils faisaient quelque effort ; toutefois au lieu d'approcher, de prime face ces barbares s'enfuyaient çà et là ; qui était une ruse pour pratiquer meilleure occasion de surprendre les autres, desquels ils se sentaient offensés dès le premier voyage. Donc, peu après qu'ils furent en terre, arrivèrent sur eux de trois à quatre cents de ces sauvages, furieux et enragés comme lions affamés, qui en un moment vous saccagèrent ces Espagnols et en firent une gorge chaude[1], ainsi qu'ils sont coutumiers de faire ; montrant puis après à ceux qui étaient demeurés ès navires cuisses et autres membres de leurs compagnons rôtis, donnant entendre que s'ils les tenaient, leur feraient le semblable. Ce qui m'a été récité par deux Espagnols qui étaient lors ès navires. Aussi les sauvages du pays le savent bien raconter comme chose digne de mémoire, quand il vient à propos.

Depuis y retourna une compagnie de bien deux mille hommes avec autres navires, mais pour être affligés de maladies, ne purent rien exécuter et furent contraints s'en retourner ainsi. Encore depuis, le capitaine Arval[2], mil cinq cent quarante et un, accompagné seulement de deux cents hommes et environ cinquante chevaux, y retourna, où il usa de telle ruse qu'il vous accoutra messieurs les sauvages d'une terrible manière. En premier, les épouvanta avec ces chevaux qui leur étaient inconnus et réputés comme bêtes ravissantes[3] ; puis vous fit armer ses gens d'armes fort polies et luisantes, et par-dessus élevées en bosse plusieurs images épouvantables, comme têtes de loups, lions, léopards, la gueule ouverte, figures de diables cornus, dont furent si épouvantés ces pauvres sauvages qu'ils s'enfuirent, et par ce moyen furent chassés de leur pays.

Ainsi sont demeurés maîtres et seigneurs de cette contrée, outre plusieurs autres pays circonvoisins que, par succession de temps, ils ont conquêtés, même jusques aux Moluques en l'Océan, au Ponant de l'autre côté de l'Amérique, de manière qu'aujourd'hui ils tiennent grand pays alentour de cette belle rivière où ils ont bâti villes et forts, et ont été faits chrétiens quelques sauvages d'à l'environ réconciliés ensemble. Vrai est qu'environ cent lieues de là se trouvent autres sauvages qui leur font la guerre, lesquels sont fort belliqueux, de grande stature, presque comme géants[4] ; et ne vivent guère sinon de chair humaine comme les Cannibales. Lesdits peuples marchent si légèrement du pied qu'ils peuvent atteindre les bêtes sauvages à la course. Ils vivent plus longuement que tous autres sauvages, comme cent cinquante ans, les autres moins. Ils sont fort sujets au péché de luxure, damnable et énorme devant Dieu; duquel je me déporterai de parler, non seulement pour le regard de cette contrée de l'Amérique, mais aussi de plusieurs autres. Ils font donc ordinairement la guerre tant aux Espagnols qu'aux sauvages du pays alentour.

Pour retourner à notre propos, cette rivière de Plate avec le terroir circonvoisin est maintenant fort riche, tant en argent que pierreries. Elle croît par certains jours de l'année, comme fait semblablement l'Aurelane[1] qui est au Pérou et comme le Nil en Égypte[2]. À la bouche de cette rivière se trouvent plusieurs îles, dont les unes sont habitées, les autres non[3]. Le pays est fort montueux depuis le cap de Sainte-Marie[4] jusques au Cap Blanc[5], spécialement celui devers la pointe Sainte-Hélène[6], distante de la rivière soixante-cinq lieues; et de là aux Arènes gourdes[7] trente lieues; puis encore de là aux Basses[8] à l'autre terre, ainsi nommée Basse pour les grandes vallées qui y sont. Et de Terre Basse à la baie de Fonde[9], septante-cinq lieues. Le reste du pays n'a point été fréquenté des chrétiens, tirant jusques au cap de Saint-Dominique, au cap Blanc[10], et de là au promontoire des Onze Mille Vierges[11], cinquante-deux degrés et demi outre l'équinoxial; et là près est le détroit de Magellan, duquel nous parlerons ci-après.

Quant au plat pays, il est de présent fort beau par une infinité de jardinages, fontaines et rivières d'eau douce, auxquelles se trouve abondance de très bon poisson. Et sont lesdites rivières fréquentées d'une espèce de bête que les sauvages nomment en leur langue *saricouieme*[12], qui vaut autant à dire comme bête friande. De fait, c'est un animal amphibie, demeurant plus dans l'eau que dans terre, et n'est pas plus grand qu'un petit chat; sa peau qui est maillée de gris, blanc et noir, est fine comme velours; ses pieds étant faits à la semblance de ceux d'un oiseau de rivière. Au reste, sa chair est fort délicate et très bonne à manger. En ce pays se trouvent autres bêtes fort étranges et monstrueuses en la part tirant au détroit, mais non si cruelles qu'en Afrique.

Et pour conclusion, le pays à présent se peut voir réduit en telle forme que l'on le prendrait du tout pour un autre; car les sauvages du pays ont depuis peu de temps en-çà inventé par le moyen des chrétiens arts et sciences très ingénieux, tellement qu'ils font vergogne maintenant à plusieurs peuples d'Asie et de notre Europe, j'entends de ceux qui curieusement observent la loi mahométiste, épilentique[1] et damnable doctrine.

CHAPITRE LVI

Du détroit de Magellan & de celui de Dariene[2].

Puisque nous sommes approchés si près de ce lieu notable, il ne sera impertinent d'en écrire sommairement quelque chose. Or ce détroit, appelé en grec πορθμὸς, ainsi que l'océan entre deux terres, et ἰσθμὸς un détroit de terre entre deux eaux, comme celui de Dariene confine l'Amérique vers le midi et la sépare d'avec une autre terre aucunement découverte, mais non habitée, ainsi que Gibraltar, l'Europe d'avec l'Afrique, et celui de Constantinople[3] l'Europe de l'Asie; appelé détroit de Magellan du nom de celui qui premièrement le découvrit, situé cinquante-deux degrés et demi delà l'équinoxial; contenant de largeur deux lieues, par une même hauteur, droit l'est et ouest, deux mille deux cents lieues de Vénécule[4], du sud au nord; davantage, du cap d'Esséade[5], qui est à l'entrée du détroit, jusques à l'autre mer, du Sud ou Pacifique, septante-quatre lieues, jusques au premier cap ou promontoire, qui est quarante degrés[6].

Ce détroit a été longtemps désiré et cherché de plus de deux mille huit cents lieues, pour entrer par cet endroit en la mer Magellanique, dite autrement Pacifique, et parvenir aux îles de Moluques. Améric Vespuce, l'un des meilleurs pilotes qui ait été, a côtoyé presque depuis

Irlande jusques au cap de Saint-Augustin, par le commandement du roi de Portugal, l'an mil cinq cent et un. Depuis, un autre capitaine[1], l'an mil cinq cent trente-quatre, vint jusques à la région nommée des Géants. Cette région entre la rivière de Plate et ce détroit, les habitants sont fort puissants, appelés en leur langue *Patagones*[2], «géants», pour la haute stature et forme de corps.

Ceux qui premièrement découvrirent ce pays, en prirent un finement, ayant de hauteur douze palmes, et robuste à l'avenant; pourtant si malaisé à tenir que bien à grande peine y suffisaient vingt et cinq hommes; et pour le tenir, convint le lier pieds et mains ès navires; toutefois ne le purent garder longtemps en vie, car de deuil et ennui se laissa (comme ils disent) mourir de faim[3].

Cette région est de même température que peut être Canada et autres pays approchant de notre pôle; pour ce les habitants se vêtent de peaux de certaines bêtes qu'ils nomment en leur langue *su*, qui est autant à dire comme eau; pourtant, selon mon jugement, que cet animal la plupart du temps réside aux rivages des fleuves. Cette bête est fort ravissante, faite d'une façon fort étrange, pourquoi je la vous ai bien voulu représenter par figure. Autre chose : si elle est poursuivie, comme font les gens du pays pour en avoir la peau, elle prend ses petits sus le dos, et les couvrant de sa queue grosse et longue, se sauve à la fuite. Toutefois les sauvages usent d'une finesse pour prendre cette bête : faisant une fosse profonde près du lieu où elle a de coutume faire sa résidence, et la couvrent de feuilles vertes, tellement qu'en courant, sans se douter de l'embûche, la pauvre bête tombe en cette fosse avec ses petits. Et se voyant ainsi prise, elle (comme enragée) mutile et tue ses petits; et fait ses cris tant épouvantables qu'elle rend iceux sauvages fort craintifs et timides. Enfin pourtant ils la tuent à coups de flèches, puis ils l'écorchent.

Retournons à propos. Ce capitaine, nommé Fernand de Magellan, homme courageux, étant informé de la richesse qui se pouvait trouver ès îles des Moluques, comme abondance d'épicerie, gingembre, cannelle,

muscades, ambre gris, myrobolans[1], rhubarbe, or, perles et autres
richesses, spécialement en l'île de Matel, Mahian, Tidore et Terrenate[2],
assez prochaines l'une de l'autre, estimant par ce détroit chemin plus
court et plus commode, se délibéra, partant des îles Fortunées[3], aux îles
de Cap-Vert, tirant à droite route au promontoire de Saint-Augustin[4],
huit degrés outre la ligne; côtoya près de terre trois mois entiers; et fit
tant par ses journées qu'il vint au cap des Vierges, distant de l'équinoxial
cinquante-deux degrés, près du détroit dont nous parlons. Et après avoir
navigué l'espace de cinq journées dedans ce détroit de l'est droit à ouest
sur l'Océan, lequel s'enflant, les portait sans voiles dépliées droit au sud[5],
qui leur donnait un merveilleux contentement, encore que la meilleure
part de leurs gens fussent morts, pour les incommodités de l'air et de la
marine, et principalement de faim et soif.

En ce détroit se trouvent plusieurs belles îles, mais non habitées. Le
pays alentour est fort stérile, plein de montagnes, et ne s'y trouve sinon

bêtes ravissantes, oiseaux de diverses espèces, spécialement autruches; bois de toutes sortes, cèdres, et autre espèce d'arbre portant son fruit presque ressemblant à nos guignes[1], mais plus délicat à manger. Voilà l'occasion, et comme ce détroit a été trouvé.

Depuis, ont trouvé quelque autre chemin, naviguant sur une grande rivière du côté du Pérou[2], coulant sur la côte du Nombre de Dieu[3], au pays de Chagre, quatre lieues de Panama, et de là au golfe Saint-Michel[4] vingt-cinq lieues. Quelque temps après, un capitaine[5], ayant navigué certain temps sur ces fleuves, se hasarda de visiter le pays; et le roi des barbares de ce pays-là, nommé en leur langue *Therca*, les reçut humainement avec présents d'or et de perles (ainsi que m'ont récité quelques Espagnols qui étaient en la compagnie), combien que cheminant sur terre ne furent sans grand danger, tant pour les bêtes sauvages que pour autres incommodités. Ils trouvèrent par après quelque nombre des habitants du pays fort sauvages et plus redoutés que les premiers, auxquels, pour quelque mauvaise assurance que l'on avait d'eux, promirent tout service et amitié, au roi principalement, qu'ils appellent *Atorizo*; duquel reçurent plusieurs beaux présents, comme grandes pièces d'or pesant environ dix livres. Après aussi lui avoir donné de ce qu'ils pouvaient avoir et ce qu'ils estimaient qui lui serait le plus agréable, c'est-à-savoir menues ferrailles, chemises et robes de petite valeur, finalement, avec bonnes guides atteignirent Dariene. De là entrèrent et découvrirent la mer du Sud de l'autre côté de l'Amérique, en laquelle sont les Moluques, où ayant trouvé les commodités dessus nommées, se sont fortifiés près de la mer. Et ainsi par ce détroit de terre ont sans comparaison abrégé leur chemin sans monter au détroit Magellanique, tant pour leurs trafics que pour autres commodités.

Et depuis ce temps, trafiquent aux îles des Moluques, qui sont grandes et pour le présent habitées et réduites au christianisme, lesquelles auparavant étaient peuplées de gens cruels, plus sans comparaison que ceux de l'Amérique, qui étaient aveuglés et privés de la connaissance des grandes richesses que produisaient lesdites îles; vrai est qu'en ce même endroit de la mer de Ponant[1] y a quatre îles désertes, habitées (comme ils affirment) seulement de Satyres, parquoi les ont nommées îles de Satyres[2]. En cette même mer se trouvent dix îles nommées Manioles[3], habitées de gens sauvages, lesquels ne tiennent aucune religion. Auprès d'icelles y a grands rochers qui attirent les navires à eux, à cause du fer dont elles sont clouées. Tellement que ceux qui trafiquent en ce pays-là sont contraints d'user de petits navires chevillés de bois pour éviter tel danger[4]. Voilà quant à notre détroit de Magellan.

Touchant de l'autre terre nommée Australe, laquelle, côtoyant le détroit, est laissée à main senestre, n'est point encore connue des chrétiens; combien qu'un certain pilote anglais[5], homme autant estimé et expérimenté à la marine que l'on pourrait trouver, ayant passé le détroit, me dit avoir mis pied en cette terre; alors je fus curieux de lui demander quel peuple habitait en ce pays; lequel me répondit que c'étaient gens puissants et tout noirs, ce qui n'est vraisemblable, comme je lui dis, vu que cette terre est quasi à la hauteur d'Angleterre et d'Écosse, car la terre est comme éclatante et gelée de perpétuelles froidures et hiver continuel.

CHAPITRE LVII

Que ceux qui habitent depuis la rivière de Plate jusques
au détroit de Magellan sont nos antipodes[6].

Combien que nous voyons, tant en la mer qu'aux fleuves, plusieurs îles divisées et séparées de la continente, si est-ce que l'élément de la terre est estimé un seul et même corps, qui n'est autre chose que cette rotondité et superficie de la terre, laquelle nous apparaît toute plaine[7] pour sa grande et admirable amplitude. Et telle était l'opinion de Thalès Milésien, l'un des sept sages de Grèce, et autres philosophes, comme récite Plutarque[8]. Œcetes, grand philosophe pythagorique, constitue deux parties de la terre, à savoir cette-ci que nous habitons, que nous appelons hémisphère, et celle des Antipodes, que nous appelons semblablement hémisphère inférieur[1]. Théopompe, historiographe, dit après Tertullien contre Hermogène, que Silène jadis affirma au roi Midas qu'il y avait un monde et globe de terre autre que celui où nous sommes[2]. Macrobe[3], davantage (pour faire fin aux témoignages), traite amplement de ces deux hémisphères et parties de la terre, auquel vous pourrez avoir recours, si vous désirez voir plus au long sur ce les opinions des philosophes.

Mais ceci importe de savoir si ces deux parties de la terre doivent être totalement séparées et divisées l'une de l'autre, comme terres différentes, et estimées être deux mondes; ce qui n'est vraisemblable, considéré qu'il n'y a qu'un élément de la terre, lequel il faut estimer être coupé par la mer en deux parties, comme écrit Solin en son *Polyhistor,* parlant des peuples Hyperborées[4]. Mais j'aimerais trop mieux dire l'univers être séparé en deux parties égales par ce cercle imaginé, que nous appelons équinoxial.

Davantage, si vous regardez l'image et figure du monde en un globe ou quelque carte, vous connaîtrez clairement comme la mer divise la terre en deux parties non du tout égales, qui sont les deux hémisphères, ainsi nommés par les Grecs. Une partie de l'univers contient l'Asie, Afrique et Europe; l'autre contient l'Amérique, la Floride, Canada, et autres régions comprises sous le nom des Indes Occidentales, auxquelles plusieurs estiment habiter nos Antipodes.

Je sais bien qu'il y a plusieurs opinions des Antipodes. Les uns estiment n'y en avoir point; les autres que s'il y en a, doivent être ceux qui habitent l'autre hémisphère, lequel nous est caché. Quant à moi, je serais bien d'avis que ceux qui habitent sous les deux pôles (car nous les avons montrés habitables) sont véritablement antipodes les uns aux autres. Pour exemple, ceux qui habitent au Septentrion tant plus approchent du pôle et plus leur est élevé, le pôle opposite est abaissé, et au contraire; de manière qu'il faut nécessairement que tels soient Antipodes; et les autres tant plus éloignent des pôles, approchant de l'équinoxial, et moins sont Antipodes. Parquoi je prendrais pour vrais Antipodes ceux qui habitent les deux pôles, et les deux autres pris directement, c'est-à-savoir Levant et Ponant; et les autres au milieu Antichtones[1], sans en faire plus long propos.

Il n'y a point de doute que ceux du Pérou sont Antichtones plutôt qu'Antipodes, à ceux qui habitent en Lima, Cuzco, Cariquipa, au Pérou[2], à ceux qui sont autour de ce grand fleuve Indus, au pays de Calicut, île de Ceylan et autres terres de l'Asie. Les habitants des îles des Moluques d'où viennent les épiceries, à ceux de l'Éthiopie, aujourd'hui appelée Guinée[3]. Et pour cette raison Pline a très bien dit que c'était la Taprobane des Antipodes, confondant, comme plusieurs, Antipodes avec Antichtones. Car certainement ceux qui vivent en ces îles sont Antichtones aux peuples qui habitent celle partie de l'Éthiopie, comprenant depuis l'origine du Nil jusques à l'île de Méroé, combien que ceux de Mexico ne soient directement Antipodes aux peuples de l'Arabie Félice[4], et à ceux qui sont aux fins du cap de Bonne-Espérance.

Or les Grecs ont appelé Antipodes ceux qui cheminent les pieds opposites les uns aux autres, c'est-à-dire, plante contre plante, comme ceux dont nous avons parlé; et Antichtones, qui habitent une terre oppositement située; comme même ceux qu'ils appellent Anteci, ainsi que les Espagnols, Français et Allemands, à ceux qui habitent près la rivière de Plate[5], et les Patagones desquels nous avons parlé au chapitre précédent, qui sont près le détroit de Magellan, sont Antipodes. Les autres nommés Paroeci[6], qui habitent une même zone, comme Français et Allemands, au contraire de ceux qui sont Anteci. Et combien que proprement ces deux [Anteci et Paroeci] ne soient Antipodes, toutefois on les appelle communément ainsi, et les confondent plusieurs les uns avec les autres. Et pour cette raison, j'ai observé que ceux du cap de Bonne-Espérance ne nous sont du tout Antipodes; mais ce qu'ils appellent «Anteci», qui habitent une terre non opposite, mais diverse, comme ceux qui sont par-delà l'équinoxial, nous qui sommes par-deçà, jusques à parvenir aux Antipodes.

Je ne doute point que plusieurs malaisément comprennent cette façon de cheminer d'Antipodes, qui a été cause que plusieurs des anciens ne les aient approuvés, même saint Augustin au livre quinzième de la *Cité de Dieu,* chapitre 9[1]. Mais qui voudra diligemment considérer, lui sera fort aisé de les comprendre. S'il est ainsi que la terre soit comme un globe tout rond, pendu au milieu de l'univers[2], il faut nécessairement qu'elle soit regardée du ciel de tous côtés. Donc nous qui habitons cet hémisphère supérieur quant à nous, nous voyons une partie du ciel à nous propre et particulière. Les autres habitant l'hémisphère inférieur quant à nous, à eux supérieur, voient l'autre partie du ciel, qui leur est affectée. Il y a même raison et analogie de l'un à l'autre; mais notez que ces deux hémisphères ont même et commun centre en la terre. Voilà un mot en passant des Antipodes, sans éloigner de propos.

CHAPITRE LVIII

Comme les sauvages exercent l'agriculture & font jardins
d'une racine nommée Manihot[3], & d'un arbre
qu'ils appellent Peno-absou.

Nos Amériques en temps de paix n'ont guère autre métier ou occupation qu'à faire leurs jardins, ou bien, quand le temps le requiert, ils sont contraints aller à la guerre. Vrai est qu'aucuns font bien quelques trafics, comme nous avons dit; toutefois la nécessité les contraint tous de labourer la terre pour vivre, comme nous autres de par-deçà. Et suivent quasi la coutume des anciens, lesquels, après avoir enduré et mangé les fruits provenant de la terre sans aucune industrie de l'homme, et n'étant suffisant pour nourrir tout ce qui vivait dessus terre, leur causèrent rapines et envahissements, s'appropriant un chacun quelque portion de terre, laquelle ils séparaient par certaines bornes et limites; et dès lors commença entre les hommes l'état populaire et des républiques[4]. Et ainsi ont appris nos sauvages à labourer la terre, non avec bœufs ou autres bêtes domestiques, soit lanigères ou d'autres espèces que nous avons de par-deçà, car ils n'en ont point, mais avec la sueur et labeur de leur corps, comme l'on fait en d'autres provinces. Toutefois ce qu'ils labourent est bien peu, comme quelques jardins loin de leurs maisons et village environ de deux ou trois lieues, où ils sèment du mil seulement pour tout grain; mais bien plantent quelques racines. Ce qu'ils recueillent deux fois l'an, à Noël, qui est leur été, quand le soleil est au Capricorne; et à la Pentecôte. Ce mil donc est gros comme pois communs, blanc et noir; l'herbe qui le porte est grande en façon de roseaux marins.

Or la façon de leurs jardins est telle. Après avoir coupé sept ou huit arpents de bois, ne laissant rien que le pied, à la hauteur par aventure d'un homme, ils mettent le feu dedans pour brûler et bois et herbe à l'entour, et le tout c'est en plat pays. Ils grattent la terre avec certains instruments de bois ou de fer, depuis qu'ils en ont eu connaissance; puis les femmes plantent ce mil et racines qu'ils appellent *hétich*[1], faisant un pertuis en terre avec le doigt, ainsi que l'on plante les pois et fèves par-deçà. D'engraisser et amender la terre, ils n'en ont aucune pratique, joint que de soi elle est assez fertile, n'étant aussi lassée de culture, comme nous la voyons par-deçà. Toutefois c'est chose admirable qu'elle ne peut porter notre blé; et moi-même en ai quelquefois semé (car nous en avions porté avec nous) pour éprouver, mais il ne put jamais profiter. Et n'est à mon avis le vice de la terre, mais de je ne sais quelle petite vermine qui le mange en terre; toutefois ceux qui sont demeurés par-delà pourront avec le temps en faire plus sûre expérience. Quant à nos sauvages, il ne se faut trop émerveiller s'ils n'ont eu connaissance de blé, car même en notre Europe et autres pays, au commencement les hommes vivaient des fruits que la terre produisait d'elle-même sans être labourée. Vrai est que l'agriculture est fort ancienne, comme il appert par l'Écriture; ou bien si dès le commencement ils avaient la connaissance du blé, ils ne le savaient accommoder à leur usage.

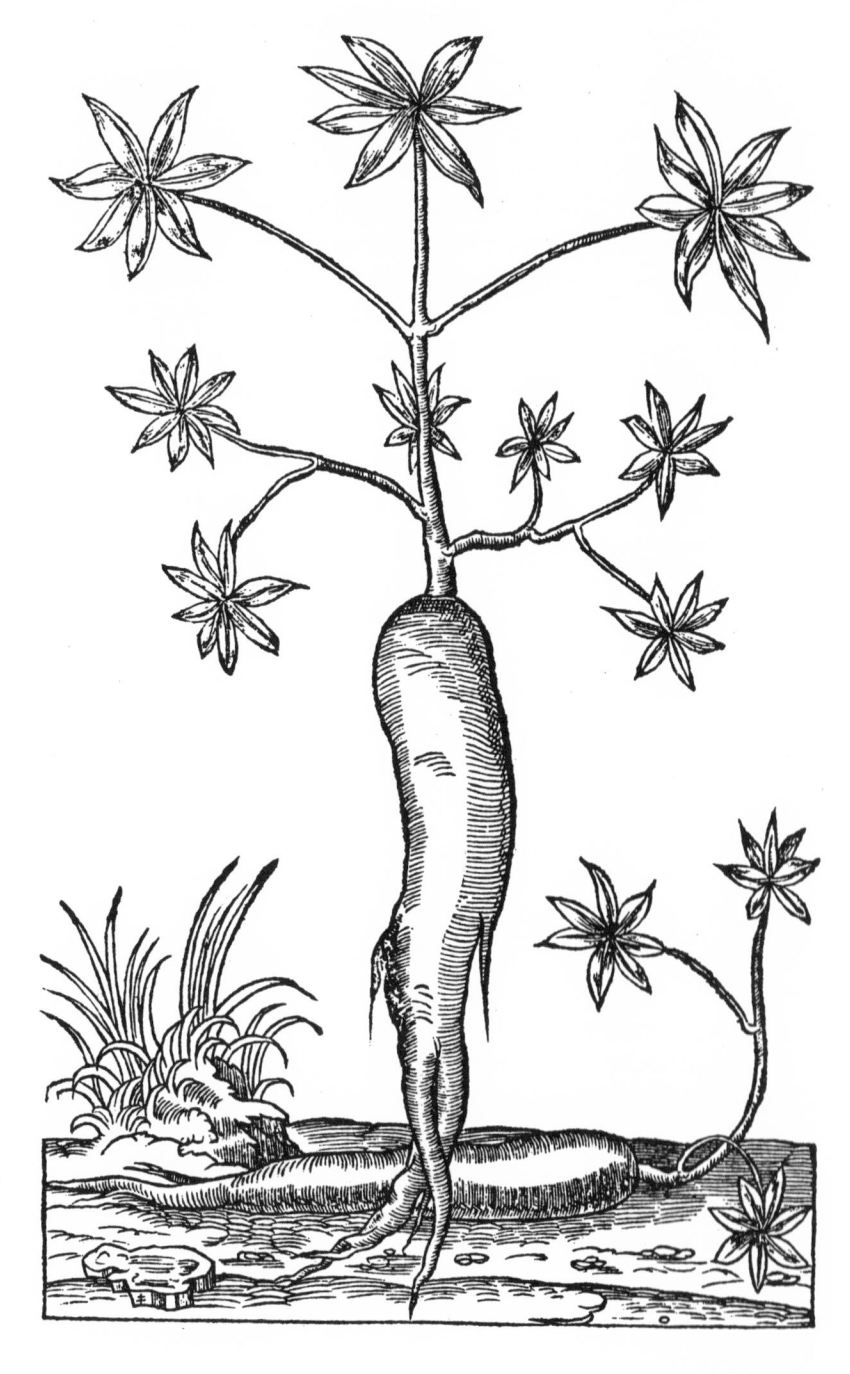

Portrait du
Manihot.

Diodore écrit que le premier pain fut vu en Italie, et l'apporta Isis, reine d'Égypte, montrant à moudre le blé et cuire le pain[1] ; car auparavant ils mangeaient les fruits tels que Nature les produisait, soit que la terre fût labourée ou non. Or, que les hommes universellement en toute la terre aient vécu de même les bêtes brutes, c'est plutôt fable que vraie histoire ; car je ne vois que les poètes qui aient été de cette opinion, ou bien quelques autres les imitant, comme vous avez en Virgile au premier de ses *Géorgiques*[2] ; mais je crois trop mieux l'Écriture sainte qui fait mention du labourage d'Abel[3] et des offrandes qu'il faisait à Dieu.

Ainsi aujourd'hui nos sauvages font farine de ces racines que nous avons appelées *manihot*, qui sont grosses comme le bras, longues d'un pied et demi ou deux pieds ; et sont tortues et obliques communément. Et est cette racine d'un petit arbrisseau, haut de terre environ quatre pieds ; les feuilles sont quasi semblables à celles que nous nommons de par-deçà *pataleonis*, ainsi que nous démontrerons par figure, qui sont six ou sept en nombre ; au bout de chacune branche, est chacune feuille longue de demi-pied, et trois doigts de large.

Or la manière de faire cette farine est telle. Ils pilent ou râpent ces racines sèches ou vertes avec une large écorce d'arbre garnie toute de petites pierres fort dures, à la manière qu'on fait de par-deçà une noix de muscade ; puis vous passent cela, et la font chauffer en quelque vaisseau sur le feu avec certaine quantité d'eau ; puis brassent le tout, en sorte que cette farine devient en petits drageons, comme est la manne grenée[4], laquelle est merveilleusement bonne quand elle est récente, et nourrit très bien.

Et devez penser que depuis le Pérou, Canada et la Floride, en toute cette terre continente entre l'Océan et le Magellanique, comme l'Amérique, Cannibales, voire jusques au détroit de Magellan, ils usent de cette farine, laquelle y est fort commune, encore qu'il y a de distance d'un bout à l'autre de plus de deux mille lieues de terre ; et en usent avec chair et poisson, comme nous faisons ici de pain.

Ces sauvages tiennent une étrange méthode à la manger : c'est qu'ils n'approcheront jamais la main de la bouche, mais la jettent de loin plus d'un grand pied, à quoi ils sont fort dextres; aussi se savent bien moquer des chrétiens, s'ils en usent autrement[1]. Tout le négoce de ces racines est remis aux femmes, estimant n'être séant aux hommes de s'y occuper. Nos Amériques en outre plantent quelques fèves, lesquelles sont toutes blanches, fort plates, plus larges et longues que les nôtres. Aussi ont-ils une espèce de petits légumes blancs en grande abondance[2], non différents à ceux que l'on voit en Turquie et Italie. Ils les font bouillir et en mangent avec du sel, lequel ils font avec eau de mer boullue et consumée jusques à la moitié; puis avec autre matière la font convertir en sel. Pareillement avec ce sel et quelque épice broyée ils font pains gros comme la tête d'un homme, dont plusieurs mangent avec chair et poisson, les femmes principalement[3]. En outre, ils mêlent quelquefois de l'épice avec leur farine, non pulvérisée, mais ainsi qu'ils l'ont cueillie. Ils font encore farine de poisson fort sèche, très bonne à manger avec je ne sais quelle mixtion qu'ils savent faire[4].

Je ne veux ici oublier une manière de choux ressemblant presque ces herbes larges sus les rivières, que l'on appelle nénuphars[5], avec une autre espèce d'herbe portant feuilles telles que nos ronces, et croissent tout de la sorte de grosses ronces piquantes.

Reste à parler d'un arbre qu'ils nomment en leur langue *peno-absou*. Cet arbre porte son fruit gros comme une grosse pomme, rond à la semblance d'un éteuf[6]; lequel tant s'en faut qu'il soit bon à manger, que plutôt est dangereux comme venin. Ce fruit porte dedans six noix de la sorte de nos amandes, mais un peu plus larges et plus plates; en chacune desquelles y a un noyau, lequel (comme ils affirment) est merveilleusement propre pour guérir plaies; aussi en usent les sauvages, quand ils ont été blessés en guerre de coups de flèches, ou autrement. J'en ai apporté quelque quantité à mon retour par-deçà, que j'ai départi à mes amis. La manière d'en user est telle. Ils tirent certaine huile toute rousse

de ce noyau après être pilé, qu'ils appliquent sur la partie offensée. L'écorce de cet arbre a une odeur fort étrange, le feuillage toujours vert, épais comme un teston et fait comme feuilles de pourpier.

En cet arbre séjourne ordinairement un oiseau grand comme un pivert, ayant une longue huppe sus la tête, jaune comme fin or, la queue noire, et le reste de son plumage jaune et noir, avec petites ondes de diverses couleurs, rouge à l'entour des joues, entre le bec et les yeux comme écarlate; et fréquente cet arbre, comme avons dit, pour manger et se nourrir de quelques vers qui sont dans le bois. Et est sa huppe fort longue, comme pouvez voir par la figure[1].

Au surplus, laissant plusieurs espèces d'arbres et arbrisseaux, je dirai seulement, pour abréger, qu'il se trouve là cinq ou six sortes de palmes portant fruits, non comme ceux de l'Egypte, qui portent dattes, car ceux-ci n'en portent nulles, ains bien autres fruits, les uns gros comme éteufs, les autres moindres. Entre lesquelle palmes, est celle qu'ils appellent *gerahuva*; une autre *iry*[1], qui porte un autre fruit différent. Il y en a une qui porte son fruit tout rond, gros comme un petit pruneau, étant même de la couleur quand il est mûr, lequel paravant a goût de verjus venant de la vigne. Il porte noyau tout blanc, gros comme celui d'une noisette, duquel les sauvages mangent.

Or, voilà de notre Amérique, ce qu'avons voulu réduire assez sommairement, après avoir observé les choses les plus singulières qu'avons connues par-delà, dont nous pourrons quelquefois écrire plus amplement, ensemble de plusieurs arbres, arbrisseaux, herbes et autres simples, avec leurs propriétés selon l'expérience des gens du pays, que nous avons laissé à dire pour éviter prolixité. Et pour le surplus, avons délibéré en passant écrire un mot de la terre du Brésil.

CHAPITRE LIX

Comme la terre de l'Amérique fut découverte,
& le bois de brésil trouvé, avec plusieurs autres
arbres non vus ailleurs qu'en ce pays.

Or nous tenons pour certain que Améric Vespuce est le premier qui a découvert ce grand pays de terre continente [2] entre deux mers, non toutefois tout le pays, mais la meilleure partie. Depuis, les Portugais, par plusieurs fois, non contents de certain pays, se sont efforcés toujours de découvrir pays, selon qu'ils trouvaient la commodité, c'est-à-savoir quelque chose singulière, et que les gens du pays leur faisaient recueil. Visitant donc ainsi le pays et cherchant comme les Troyens au territoire carthaginois [3], virent diverses façons de plumages dont se faisait trafic, spécialement de rouges; se voulurent soudainement informer et savoir le moyen de faire cette teinture. Et leur montrèrent les gens du pays l'arbre de brésil. Cet arbre, nommé en leur langue *oraboutan*[1], est très beau à voir; l'écorce par-dehors est toute grise, le bois rouge par-dedans, et principalement le cœur, lequel est plus excellent, aussi s'en chargent-ils le plus. Dont ces Portugais, dès lors, en apportèrent grande quantité; ce que l'on continue encore maintenant; et depuis que nous en avons eu connaissance, s'en fait grand trafic. Vrai est que les Portugais n'endurent aisément que les Français naviguent par-delà, ains en plusieurs lieux trafiquent en ces pays, pource qu'ils s'estiment et s'attribuent la propriété des choses, comme premiers possesseurs, considéré qu'ils en ont fait la découverte, qui est chose véritable.

Retournons à notre brésil : cet arbre porte feuilles semblables à celles du buis, ainsi petites, mais épaisses et fréquentes. Il ne rend nulle gomme, comme quelques autres, aussi ne porte aucun fruit. Il a été autrefois en meilleure estime qu'il n'est à présent, spécialement au pays de Levant; l'on estimait au commencement que ce bois était celui que la Reine de Saba porta à Salomon, que nomme l'histoire au premier livre des Rois, dit Dalmagin[2]. Aussi ce grand capitaine Onésicrite, au voyage qu'il fit en l'île Taprobane, située en l'océan Indique au Levant, apporta grande quantité de ce bois et autres choses fort exquises; ce que prisa fort Alexandre, son maître[3]. De notre brésil, celui qui est du côté de la rivière de Janaire, Morpion et cap de Frie, est meilleur que l'autre du côté des Cannibales et toute la côte de Marignan[4]. Quand les chrétiens, soient Français ou Espagnols, vont par-delà pour changer du brésil, les sauvages du pays le coupent et dépècent eux-mêmes, et aucunes fois le portent de trois ou quatre lieues jusques aux navires; je vous laisse à penser à quelle peine, et ce pour appétit de gagner quelque pauvre accoutrement de méchante doublure ou quelque chemise.

Il se trouve davantage en ce pays un autre bois jaune, duquel ils font aucunes leurs épées; pareillement un bois de couleur de pourpre, duquel, à mon jugement, l'on pourrait faire de très bel ouvrage. Je doute fort si c'est point celui duquel parle Plutarque, disant que Caius Marius Rutilius,

Oraboutan,
arbre du brésil.

premier dictateur de l'ordre populaire, entre les Romains, fit tirer en bois de pourpre une bataille dont les personnages n'étaient plus grands que trois doigts; et avait été apporté ce bois de la haute Afrique, tant ont été les Romains curieux des choses rares et singulières.

Davantage se trouvent autres arbres, desquels le bois est blanc comme fin papier, et fort tendre; pour ce les sauvages n'en tiennent compte. Il ne m'a été possible d'en savoir autrement la propriété, sinon qu'il me vint en mémoire d'un bois blanc duquel parle Pline, lequel il nomme Betula, blanc et tendre, duquel étaient faites les verges que l'on portait devant les magistrats de Rome[1]. Et tout ainsi qu'il se trouve diversité d'arbres et fruits différents de forme, couleurs et autres propriétés, aussi se trouve diversité de terre, l'une plus grasse, l'autre moins, aussi de terre forte, dont ils font vases à leur usage, comme nous ferions par-deçà, pour manger et boire.

Or voilà de notre Amérique, non pas tant que j'en puis avoir vu, mais ce qui m'a semblé plus digne d'être mis par écrit, pour satisfaire au bon vouloir d'un chacun honnête lecteur, s'il lui plaît prendre la patience de lire, comme j'ai de le lui réduire par écrit, après tous les travaux et dangers de si difficile et lointain voyage. Je m'assure que plusieurs trouveront ce mien discours trop bref, les autres par aventure trop long; parquoi je cherche médiocrité[2], pour satisfaire à un chacun.

CHAPITRE LX

De notre département de la France Antarctique
ou Amérique.

Or avons-nous ci-dessus recueilli et parlé amplement de ces nations, desquelles les mœurs et particularités n'ont été par les historiographes anciens décrites ou célébrées, pour n'en avoir eu la connaissance. Après donc avoir séjourné quelque espace de temps en ce pays, autant que la chose pour lors le requérait et qu'il était nécessaire pour le contentement de l'esprit, tant du lieu que des choses y contenues, il ne fut question que de regarder l'opportunité et moyen de notre retour, puisqu'autrement n'avions délibéré y faire plus longue demeure. Donc sous la conduite de Monsieur de Bois-le-Comte[1], capitaine des navires du roi en la France Antarctique, homme magnanime et autant bien appris au fait de la marine, outre plusieurs autres vertus, comme si toute sa vie en avait fait exercice, prîmes donc notre chemin tout au contraire de celui par lequel étions venus, à cause des vents qui sont propres pour le retour ; et ne faut aucunement douter que le retour ne soit plus long que l'aller de plus de quatre ou cinq cents lieues, et plus difficile.

Ainsi le dernier jour de janvier[2] à quatre heures du matin, embarqués avec ceux qui ramenaient les navires par-deçà, fîmes voile, saillant de cette rivière de Janaire en la grande mer sus l'autre côté, tirant vers le Ponant, laissée à dextre la côte d'Éthiopie, laquelle nous avions tenue en allant[3]. Auquel départ, nous fut le vent assez propice, mais de petite durée ; car incontinent se vint enfler comme furieux, et nous donner droit au nez le Nord et Nord-Ouest, lequel, avec la mer assez inconstante et mal assurée en ces endroits, qui nous détourna de notre droite route, nous jetant çà, puis là en diverses parts ; tant que finalement avec toute difficulté se découvrit le cap de Frie[4], où avions descendu et pris terre à notre venue. Et derechef arrêtâmes l'espace de huit jours, jusques au neuvième, que le Sud commença à nous donner à poupe, et nous conduit bien nonante lieues en plaine mer, laissant le pays d'aval et côtoyant de loin Mahouac, pour les dangers. Car les Portugais tiennent ce quartier-là, et les sauvages, qui tous deux nous sont ennemis, comme j'ai montré quelque part ; où depuis deux ans en-çà ont trouvé mines d'or et d'argent, qui leur a été cause de bâtir en cet endroit et y mettre sièges nouveaux pour habiter.

Or cheminant toujours sur cette mer à grande difficulté, jusques à la hauteur du cap de Saint-Augustin[5], pour lequel doubler et affronter demeurâmes flottant çà et là l'espace de deux mois ou environ, tant il est grand et se jetant avant dans la mer. Et ne s'en faut émerveiller, car je sais quelques-uns de bonne mémoire, qui y ont demeuré trois ou quatre mois; et si le vent ne nous eût favorisés, nous étions en danger d'arrêter davantage, encore qu'il ne fût advenu autre inconvénient. Ce cap tient de longueur huit lieues ou environ, distant de la rivière dont nous étions partis, trois cent deux lieues. Il entre en mer neuf ou dix lieues du moins; et pour ce est autant redouté des navigants sur cette côte, comme celui de Bonne-Espérance sur la côte d'Éthiopie, qu'ils ont pour ce nommé «Lion de la mer», comme j'ai déjà dit; ou bien autant comme celui qui est en la mer Égée en Achaïe (que l'on appelle aujourd'hui la Morée) nommé cap de Saint-Ange[1], lequel est aussi très dangereux. Et a ce cap ainsi été nommé par ceux qui premièrement l'ont découvert, que l'on tient avoir été Pinson Espagnol[2]; aussi est-il ainsi marqué en nos cartes marines. Ce Pinson avec un sien fils ont merveilleusement découvert de pays inconnus et non auparavant découverts.

Or l'an mil cinq cent un, Emmanuel, roi de Portugal, envoya avec trois grands vaisseaux en la basse Amérique pour rechercher le détroit de Furne[3] et Dariene, afin de pouvoir passer plus aisément aux Moluques, sans aller au détroit de Magellan[4]; et naviguant de ce côté, firent découverte de ce beau promontoire; où, ayant mis pied en terre, trouvèrent le lieu si beau et tempéré, combien qu'il ne soit qu'à trois cent quarante degrés de longitude, minute zéro, et huit de latitude, minute zéro, qu'ils s'y arrêtèrent; où depuis sont allés autres Portugais avec nombre de vaisseaux et de gens. Et par succession de temps, après avoir pratiqué les sauvages du pays, firent un fort nommé Castelmarin[5]; et encore depuis, un autre assez près de là, nommé Fernambou[6], trafiquant là les uns avec les autres. Les Portugais se chargent de coton, peaux de sauvagines, épiceries, et entre autres choses, de prisonniers que les sauvages ont pris en guerre sus leurs ennemis, lesquels ils mènent en Portugal pour vendre.

CHAPITRE LXI

Des Cannibales, tant de la terre ferme
que des îles, & d'un arbre nommé Acajou.

Ce grand promontoire ainsi doublé et affronté, combien que difficilement, quelque vent qui se présentât, il fallait tenter la fortune et avancer chemin autant que possible était, sans s'éloigner beaucoup de terre ferme, principalement côtoyant assez près de l'île Saint-Paul[1] et autres petites non habitées, prochaines de terre ferme où sont les Cannibales; lequel pays divise les pays du roi d'Espagne d'avec ceux de Portugal, comme nous dirons autre part.

Puisque nous sommes venus à ces Cannibales, nous en dirons un petit mot. Or ce peuple depuis le cap de Saint-Augustin et au-delà jusque près de Marignan[2], est le plus cruel et inhumain qu'en partie quelconque de l'Amérique. Cette canaille mange ordinairement chair humaine, comme nous ferions du mouton, et y prennent encore plus grand plaisir. Et vous assurez qu'il est malaisé de leur ôter un homme d'entre les mains quand ils le tiennent, pour l'appétit qu'ils ont de le manger comme lions ravissants. Il n'y a bête aux déserts d'Afrique ou de l'Arabie tant cruelle, qui appète si ardemment le sang humain que ce peuple sauvage plus que brutal[3]. Aussi n'y a nation qui se puisse accoster d'eux, soient chrétiens ou autres. Et si vous voulez trafiquer et entrer en leur pays, vous ne serez reçu aucunement sans bailler otages, tant ils se défient, eux-mêmes plus dignes desquels l'on se doive méfier. Voilà pourquoi les Espagnols quelquefois et Portugais leur ont joué quelques bravades; en mémoire de quoi, quand ils les peuvent atteindre, Dieu sait comme ils les traitent, car ils dînent avec eux. Il y a donc inimitié et guerre perpétuelle entre eux, et se sont quelquefois bien battus, tellement qu'il y est demeuré des chrétiens au possible.

Ces Cannibales portent pierres aux lèvres, vertes et blanches, comme les autres sauvages, mais plus longues sans comparaison, de sorte qu'elles descendent jusques à la poitrine. Le pays, au surplus, est trop meilleur qu'il n'appartient à telle canaille; car il porte fruits en abondance, herbes et racines cordiales, avec grande quantité d'arbres qu'ils nomment *acajous*[1], portant fruits gros comme le poing, en forme d'un œuf d'oie. Aucuns en font certain breuvage, combien que le fruit de soi n'est bon à manger, retirant au goût d'une corme[2] demi-mûre. Au bout de ce fruit vient une espèce de noix grosse comme un marron, en forme d'un rognon de lièvre. Quant au noyau qui est dedans, il est très bon à manger, pourvu qu'il ait passé légèrement par le feu. L'écorce est toute pleine d'huile, fort âpre au goût, de quoi les sauvages pourraient faire quantité plus grande que nous ne faisons de nos noix par-deçà. La feuille de cet arbre est semblable à celle d'un poirier, un peu plus pointue et rougeâtre par le bout. Au reste, cet arbre a l'écorce un peu rougeâtre, assez amère; et les sauvages du pays ne se servent aucunement de ce bois, à cause qu'il est un peu mollet. Aux îles des Cannibales, dans lesquelles s'en trouve grande abondance, se servent du bois pour faire brûler, à cause qu'ils n'en ont guère d'autre, et du gaïac. Voilà que j'ai voulu dire de notre *acajou*, avec le portrait qui vous est ci-après représenté.

Il se trouve là d'autres arbres ayant le fruit dangereux à manger; entre lesquels est un nommé *haouvay*[3]. Au surplus, ce pays est fort montueux, avec bonnes mines d'or. Il y a une haute et riche montagne, où ces sauvages prennent ces pierres vertes, lesquelles ils portent aux lèvres. Pour ce, n'est pas impossible qu'il ne s'y trouvât émeraudes et autres richesses, si cette canaille tant obstinée permettait que l'on y allât sûrement. Il s'y trouve semblablement marbre blanc et noir, jaspe et porphyre. Et en tout ce pays depuis qu'on a passé le cap de Saint-Augustin jusques à la rivière de Marignan, tiennent une même façon de vivre que les autres du cap de Frie. Cette même rivière sépare la terre du Pérou d'avec les Cannibales, et a de bouche quinze lieues ou environ, avec aucunes îles peuplées et riches en or; car les sauvages ont appris quelque moyen de le fondre et en faire anneaux larges comme boucles et petits croissants

Arbre nommé
Acajou.

qu'ils pendent aux deux côtés des narines et à leurs joues; ce qu'ils portent par gentillesse[1] et magnificence.

Les Espagnols disent que la grande rivière qui vient du Pérou, nommée Aurelane, et ceste-ci s'assemblent. Il y a sur cette rivière une autre île qu'ils nomment de la Trinité[2], distante dix degrés de la ligne, ayant de longueur environ trente lieues, et huit de largeur, laquelle est des plus riches qui se trouve point en quelque lieu que ce soit, pource qu'elle porte toute sorte de métaux. Mais pource que les Espagnols y descendant plusieurs fois pour la vouloir mettre en leur obéissance, ont maltraité les gens du pays, en ont été rudement repoussés, et saccagés la meilleure part. Cette île produit abondance d'un certain fruit dont l'arbre ressemble fort à un palmier, duquel ils font du breuvage. Davantage, se trouve là encens fort bon, bois de gaïac, qui est aujourd'hui tant célébré; pareillement en plusieurs autres îles prochaines de la terre ferme.

Il se trouve entre le Pérou et les Cannibales dont est question plusieurs îles appelées Cannibales[3], assez prochaines de la terre de Zamana, dont la principale est distante de l'île Espagnole environ trente lieues. Toutes lesquelles îles sont sous l'obéissance d'un roi qu'ils appellent *cacique*, desquels il est fort bien obéi. La plus grande a de longueur soixante lieues, et de largeur quarante-huit, rude et montueuse, comparable presque à l'île de Corse; en laquelle se tient leur roi coutumièrement. Les sauvages de cette île sont ennemis mortels des Espagnols, mais de telle façon qu'ils n'y peuvent aucunement trafiquer. Aussi est ce peuple épouvantable à voir, arrogant et courageux, fort sujet à commettre larcins.

Il y a plusieurs arbres de gaïac, et une autre espèce d'arbre portant fruit de la grosseur d'un éteuf, beau à voir, toutefois vénéneux; parquoi trempent leurs flèches dont ils se veulent aider contre leurs ennemis, au jus de cet arbre. Il y en a un autre, duquel la liqueur qui en sort, l'arbre étant scarifié, est venin comme réagal[4] par-deçà. La racine toutefois est bonne à manger, aussi en font-ils farine, dont ils se nourrissent comme en l'Amérique, combien que l'arbre soit différent de tronc, branches et feuillage. La raison pourquoi même plante porte aliment et venin, je la laisse à contempler aux philosophes. Leur manière de guerroyer est comme des Amériques et autres Cannibales dont nous avons parlé, hormis qu'ils usent de fondes[1] faites de peaux de bêtes ou de pelure de bois; à quoi sont tant experts que je ne puis estimer les Baléares, inventeurs de la fonde selon Végèce, avoir été plus excellents fundibulateurs.

CHAPITRE LXII

De la rivière des Amazones, autrement dite Aurelane,
par laquelle on peut naviguer aux pays des Amazones
& en la France Antarĉtique.

Pendant que nous avons la plume en main pour écrire des places découvertes et habitées par-delà notre équinoxial, entre Midi et Ponant, pour illustrer les choses et en donner plus évidente connaissance, je me suis avisé de réduire par écrit un voyage, autant lointain que difficile, hasardeusement entrepris par quelques Espagnols, tant par eau que par terre, jusques aux terres de la mer Pacifique, autrement appelée Magellanique, où sont les îles des Moluques et autres. Et pour mieux entendre ce propos, il faut noter que le prince d'Espagne tient sous son obéissance grande étendue de pays en ces Indes occidentales, tant en îles que terre ferme, au Pérou et à l'Amérique, que par succession de temps il a pacifié, de manière qu'aujourd'hui il en reçoit grand émolument et profit. Or entre les autres, un capitaine espagnol[2], étant pour son prince au Pérou, délibéra un jour de découvrir, tant par eau que par terre, jusques à la rivière de Plate (laquelle est distante du cap Saint-Augustin sept cents lieues, delà la ligne, et dudit cap jusques aux îles du Pérou, environ trois cents lieues), quelque difficulté qu'il y eût pour la longueur du chemin et montagnes inaccessibles, que pour la suspicion des gens et bêtes sauvages; espérant l'exécution de si haute entreprise, outre les admirables richesses, acquérir un los immortel et laisser perpétuelle gloire de soi à la postérité.

Ayant donc dressé et mis le tout en bon ordre et suffisant équipage, ainsi que la chose le méritait, c'est-à-savoir de quelque marchandise, pour, en trafiquant par les chemins, recouvrer vivres et autres munitions; au reste, accompagné de cinquante Espagnols, quelque nombre d'esclaves, pour le service laborieux, et quelques autres insulaires qui avaient été faits chrétiens, pour la conduite et interprétation des langues, il fut question de s'embarquer avec quelques petites caravelles sur la rivière d'Aurelane, laquelle je puis assurer la plus longue et la plus large qui soit en tout le monde. Sa largeur est de cinquante-neuf lieues et sa longueur de plus de mille[1]. Plusieurs la nomment mer douce, laquelle procède du côté des hautes montagnes de Moullubamba[2] avec la rivière de Marignan[3]; néanmoins leur embouchement et entrée sont distantes de cent quatre lieues l'une de l'autre, et environ six cents lieues dans plain pays s'associent[4], la marée entrant dedans bien quarante lieues. Cette rivière croît en certain temps de l'année, comme fait aussi le Nil qui passe par l'Égypte, procédant des montagnes de la Lune, selon l'opinion d'aucuns, ce que j'estime être vraisemblable. Elle fut nommée Aurelane du nom de celui qui premièrement fit dessus cette longue navigation, néanmoins que paravant avait été découverte par aucuns qui l'ont appelée par leurs cartes rivière des Amazones; elle est merveilleusement fâcheuse à naviguer, à cause des courantes qui sont en toutes saisons de l'année; et que plus est, l'embouchement difficile, pour quelques gros rochers que l'on ne peut éviter qu'avec toute difficulté.

Quand l'on est entré assez avant, l'on trouve quelques belles îles dont les unes sont peuplées, les autres non. Au surplus, cette rivière est dangereuse tout du long, pour être peuplée, tant en pleine eau que sus la rive, de plusieurs peuples fort inhumains et barbares, et qui de longtemps tiennent inimitié aux étrangers, craignant qu'ils abordent en leur pays et les pillent. Aussi, quand de fortune ils en rencontrent quelques-uns, ils les tuent sans rémission et les mangent rôtis et boullus, comme autre chair.

Donc embarqués en l'une de ces îles du Pérou, nommée Sainte-Croix[1], en la grand mer, pour gagner le détroit de ce fleuve; lequel après avoir passé avec un vent merveilleusement propre, s'acheminent, côtoyant la terre d'assez près pour toujours reconnaître le pays, le peuple et la façon de faire, et pour plusieurs autres commodités. Côtoyant donc en leur navigation nos viateurs, maintenant deçà, maintenant delà, selon que la commodité le permettait, les sauvages du pays se montraient en grand nombre sur la rive avec quelques signes d'admiration, voyant cette étrange navigation, l'équipage des personnes, vaisseaux et munitions propres à guerre et à navigation. Cependant les navigants n'étaient moins étonnés de leur part, pour la multitude de ce peuple incivil et totalement brutal, montrant quelque semblant de les vouloir saccager, pour dire en peu de paroles. Qui leur donna occasion de naviguer long espace de temps sans ancrer ni descendre. Néanmoins la famine et autres nécessités les contraignit finalement de plier voiles et planter ancres. Ce qu'ayant fait environ la portée d'une arquebuse loin de terre, je demande s'il leur restait autre chose, sinon par beaux signes de flatterie, et autres petits moyens, caresser messieurs les sauvages, pour impétrer quelques vivres et permission de se reposer. Donc quelque nombre de ces sauvages, alléchés ainsi de loin, avec leurs petites barquettes d'écorce d'arbres, desquelles ils usent ordinairement sur les rivières, se hasardèrent d'approcher, non sans aucune doute, n'ayant jamais vu les chrétiens affronter de si près leurs limites. Toutefois, pour la crainte qu'ils montraient de plus en plus, les Espagnols derechef, leur faisant montre de quelques couteaux et autres petits ferrements reluisants, les attirèrent. Et après leur avoir fait quelques petits présents, ce peuple sauvage à toute diligence leur va pourchasser[2] des vivres; et de fait, apportèrent quantité de bon poisson, fruits de merveilleuse excellence, selon la portée du pays. Entre autres l'un de ces sauvages, ayant massacré le jour précédent quatre de ses ennemis cannibaliens, leur en présenta deux membres cuits, ce que les autres refusèrent.

Ces sauvages (comme ils disent) étaient de haute stature, beau corps, tout nus ainsi que les autres sauvages, portant sur l'estomac larges croissants de fin or; les autres grandes pièces luisantes de fin or bien poli, en forme de miroirs ronds. Il ne se faut enquérir si les Espagnols changèrent de leurs marchandises avec telles richesses; je crois fermement qu'elles ne leur échappèrent pas ainsi, pour le moins en firent-ils leur devoir[1]. Or nos pèlerins, ainsi rafraîchis et envitaillés pour le présent, avec la réserve pour l'avenir, avant que prendre congé, firent encore quelques présents comme paravant; et puis pour la continuation du voyage, fut question de faire voile et abréger chemin. De ce pas naviguèrent plus de cent lieues sans prendre terre, observant tous sus les rives diversité de peuples sauvages ainsi comme les autres, desquels je ne m'arrêterai à écrire pour éviter prolixité; mais suffira entendre le lieu où pour la seconde fois sont abordés.

CHAPITRE LXIII

Abordement de quelques Espagnols en une contrée
où ils trouvèrent des Amazones[2].

Lesdits Espagnols firent tant par leurs journées qu'ils arrivèrent en une contrée où il se trouva des Amazones; ce que l'on n'eût jamais estimé pource que les historiographes n'en ont fait aucune mention, pour n'avoir eu la connaissance de ces pays naguère trouvés. Quelques-uns pourraient dire que ce ne sont Amazones, mais quant à moi, je les estime telles, attendu qu'elles vivent tout ainsi que nous trouvons avoir vécu les Amazones de l'Asie. Et avant que passer outre, vous noterez que ces Amazones dont nous parlons se sont retirées et habitent en certaines petites îles qui leur sont comme forteresses, ayant toujours guerre perpétuelle à

quelques peuples, sans autre exercice, ni plus ni moins que celles desquelles
ont parlé les historiographes.

Donc ces femmes belliqueuses de notre Amérique, retirées et fortifiées
en leurs îles, sont coutumièrement assaillies de leurs ennemis qui les
vont chercher par-sus l'eau avec barques et autres vaisseaux, et charger à
coups de flèches. Ces femmes, au contraire, se défendent de même, cou-
rageusement, avec menaces, hurlements et contenances les plus épouvantables qu'il est possible. Elles font leurs remparts d'écailles de
tortues, grandes en toute dimension. Le tout comme vous pouvez voir à
l'œil par la présente figure.

Et pource qu'il vient à propos de parler des Amazones, nous en écrirons
quelque chose en cet endroit. Les pauvres gens ne trouvent grande consolation entre ces femmes tant rudes et sauvages. L'on trouve par les histoires
qu'il y a eu trois sortes d'Amazones semblables, pour le moins différentes de

lieux et d'habitations. Les plus anciennes ont été en Afrique, entre lesquelles ont été les Gorgones qui avaient Méduse pour reine. Les autres Amazones ont été en Scythie près le fleuve de Tanaïs[1] ; lesquelles depuis ont régné en une partie de l'Asie, près le fleuve Thermodon[2]. Et la quatrième sorte des Amazones, sont celles desquelles parlons présentement[3].

Il y a diverses opinions pourquoi elles ont été appelées Amazones. La plus commune est pource que ces femmes se brûlaient les mamelles en leur jeunesse pour être plus dextres à la guerre[4]. Ce que je trouve fort étrange, et m'en rapporterai aux médecins, si telles parties se peuvent ainsi cruellement ôter sans mort, attendu qu'elles sont fort sensibles, joint aussi qu'elles sont prochaines du cœur, toutefois la meilleure part est de cette opinion. Si ainsi était, je pense que pour une qui évaderait la mort, qu'il en mourrait cent. Les autres prennent l'étymologie de cette particule *a*, privative, et de *maza*, qui signifie pain, pource qu'elles ne vivaient de pain, ains de quelques autres choses[5]. Ce qui n'est moins absurde que l'autre : car l'on eût pu appeler, même de ce temps-là, plusieurs peuples vivant sans pain Amazones : comme les Troglodytes et plusieurs autres, et aujourd'hui tous nos sauvages. Les autres de *a* privatif et *mazos*, comme celles qui ont été nourries sans lait de mamelle, ce qu'est plus vraisemblable, comme est d'opinion Philostrate[6] ; ou bien d'une nymphe nommée Amazonide, ou d'une autre nommée Amazone, religieuse de Diane et reine d'Éphèse. Ce que j'estimerais plutôt que brûlement de mamelles ; et en dispute au contraire qui voudra.

Quoi qu'il en soit, ces femmes sont renommées belliqueuses. Et pour en parler plus à plein, il faut noter qu'après que les Scythes que nous appelons Tartares furent chassés d'Égypte, subjuguèrent la meilleure partie de l'Asie et la rendirent totalement tributaire et sous leur obéissance. Cependant que longtemps les Scythes demeurèrent en cette expédition et conquête, pour la résistance des superbes Asians, leurs femmes ennuyées de ce si long séjour (comme la bonne Pénélope de son mari Ulysse), les admonestent par plusieurs gracieuses lettres et messages de retourner; autrement, que cette longue et intolérable absence les contraindrait faire nouvelles alliances avec leurs prochains et voisins, considéré que l'ancienne lignée des Scythes était en hasard de périr. Nonobstant ce peuple, sans avoir égard aux douces requêtes de leurs femmes, ont tenu d'un courage obstiné cinq cents ans cette Asie tant superbe, voire jusques à ce que Ninus la délivra de cette misérable servitude. Pendant lequel temps, ces femmes ne firent onques alliance de mariage avec leurs voisins, estimant que le mariage n'était pas moyen de leur liberté, ains plutôt de quelque lien et servitude; mais toutes d'un accord et vertueuse entreprise délibérèrent de prendre les armes et faire exercice à la guerre, se réputant être descendues de ce grand Mars, dieu des guerres. Ce qu'elles exécutèrent si vertueusement sous la conduite de Lampédo et Marthésia leurs reines, qui gouvernaient l'une après l'autre, que non seulement elles défendirent leur pays de l'invasion de leurs ennemis, maintenant leur grandeur et liberté, mais aussi firent plusieurs belles conquêtes en Europe et en Asie, jusques à ce fleuve dont nous avons naguère parlé. Auxquels lieux, principalement en Éphèse, elles firent bâtir plusieurs châteaux, villes et forteresses. Ce fait, elles renvoyèrent une partie de leurs bandes en leurs pays, avec riche butin de dépouilles de leurs ennemis, et le reste demeura en Asie. Finalement, ces bonnes dames, pour la conservation de leur sang, se prostituèrent volontairement à leurs voisins, sans autre espèce de mariage; et de la lignée qui en procédait, elles faisaient mourir l'enfant mâle, réservant la femelle aux armes, auxquelles la dressaient fort bien et avec toute diligence. Elles ont donc préféré l'exercice des armes et de la chasse à toutes autres choses. Leurs armes étaient arcs et flèches avec certains boucliers dont Virgile parle en son *Énéide*, quand elles allèrent, durant le siège de Troie, au secours des Troyens contre les Grecs. Aucuns tiennent aussi qu'elles sont les premières qui ont commencé à chevaucher et à combattre à cheval[1].

Or il est temps désormais de retourner aux Amazones de notre Amérique et de nos Espagnols. En cette part elles sont séparées d'avec

Comme les Amazones traitent ceux qu'elles prennent en guerre.

les hommes et ne les fréquentent que bien rarement, comme quelquefois en secret la nuit ou à quelque autre heure déterminée. Ce peuple habite en petites logettes et cavernes contre les rochers, vivant de poisson ou de quelques sauvagines, de racines et quelques bons fruits que porte ce terroir. Elles tuent leurs enfants mâles, incontinent après les avoir mis sus terre; ou bien les remettent entre les mains de celui auquel elles les pensent appartenir. Si c'est une femelle, elles la retiennent à soi, tout ainsi que faisaient les premières Amazones.

Elles font guerre ordinairement contre quelques autres nations, et traitent fort inhumainement ceux qu'elles peuvent prendre en guerre[1]. Pour les faire mourir, elles les pendent par une jambe à quelque haute branche d'un arbre; pour l'avoir ainsi laissé quelque espace de temps, quand elles y retournent, si de cas fortuit n'est trépassé, elles tireront dix mille coups de flèches; et ne le mangent comme les autres sauvages, ains le passent par le feu, tant qu'il est réduit en cendres. Davantage, ces femmes approchant pour combattre, jettent horribles et merveilleux cris pour épouvanter leurs ennemis.

De l'origine de ces Amazones en ce pays, n'est facile d'en écrire au certain. Aucuns tiennent qu'après la guerre de Troie où elles allèrent (comme déjà nous avons dit) sous Penthésilée[1], elles s'écartent ainsi de tous côtés. Les autres, qu'elles étaient venues de certains lieux de la Grèce en Afrique, d'où un roi assez cruel les rechassa. Nous en avons plusieurs histoires, ensemble de leurs prouesses au fait de la guerre, et de quelques autres femmes, que je laisserai pour continuer notre principal propos ; comme assez nous démontrent les histoires anciennes, tant grecques que latines. Vrai est que plusieurs auteurs n'en ont décrit quasi que par une manière d'acquit.

Nous avons commencé à dire comme nos pèlerins n'avaient séjourné que bien peu, pour se reposer seulement et pourchasser quelques vivres ; pource que ces femmes, comme toutes étonnées de les voir en cet équipage qui leur était fort étrange, s'assemblent incontinent de dix à douze mille en moins de trois heures, filles et femmes toutes nues, mais l'arc au poing et la flèche, commençant à hurler comme si elles eussent vu leurs ennemis ; et ne se termina ce déduit[2] sans quelques flèches tirées ; à quoi les autres ne voulant faire résistance, incontinent se retirèrent bagues sauves. Et de lever ancres, et de déplier voiles. Vrai est qu'à leur partement, disant adieu, ils les saluèrent de quelques coups de canon ; et femmes en route[3] ! Toutefois qu'il n'est vraisemblable qu'elles se soient aisément sauvées sans en sentir quelque autre chose.

CHAPITRE LXIV

De la continuation du voyage de Morpion
& de la rivière de Plate.

De là continuant leur chemin bien environ six vingts lieues, connurent par leur astrolabe[4], selon la hauteur du lieu où ils étaient, laquelle est tant nécessaire pour la bonne navigation que ceux qui naviguent en lointains pays ne pourraient avoir sûreté de leur voyage, si cette pratique leur défaillait; par quoi cet art de la hauteur du soleil excède toutes les autres règles; et cette subtilité, les anciens l'ont grandement estimée et pratiquée, mêmement Ptolémée et autres grands auteurs. Donc ils quittent leurs caravelles, les enfonçant au fond de l'eau, puis chacun se charge du reste de leurs vivres, munitions et marchandises, les esclaves principalement qui étaient là pour cette fin. Ils cheminèrent par l'espace de neuf jours par montagnes enrichies de toutes sortes d'arbres, herbes, fleurs, fruits et verdure, tant que par leurs journées abordèrent un grand fleuve provenant des hautes montagnes, où se trouvèrent certains sauvages, entre lesquels, de grande crainte, les uns fuyaient, les autres montaient ès arbres; et ne demeura en leurs logettes que quelques vieillards, auxquels (par manière de congratulation) firent présents de quelques couteaux et miroirs : ce qui leur fut très agréable. Par quoi ces bons vieillards se mettent en effort d'appeler les autres, leur faisant entendre que ces étrangers nouvellement arrivés étaient quelques grands seigneurs qui en rien ne les voulaient incommoder, ains leur faire présents de leurs richesses. Les sauvages, émus de cette libéralité, se mettent en devoir de leur amener vivres, comme poissons, sauvagines et fruits selon le pays. Ce que voyant, les Espagnols se proposèrent de passer là leur hiver, attendant autre temps, et cependant découvrir le pays, aussi s'il se trouverait point quelque mine d'or ou d'argent, ou autre chose dont ils remportassent quelque fruit. Par ainsi demeurèrent là sept mois entiers; lesquels, voyant les choses ne succéder à souhait[1], reprennent chemin et passent outre, ayant pris pour conduite huit de ces sauvages qui les menèrent environ quatre-vingts lieues, passant toujours par le milieu d'autres sauvages, beaucoup plus rudes et moins traitables que les précédents; en quoi leur fut autant nécessaire que profitable la conduite[2]. Finalement, connaissant véritablement être parvenus à la hauteur d'un lieu nommé Morpion[3], lors habité de Portugais, les uns, comme lassés de si long voyage, furent d'avis de tirer vers ce lieu susnommé; les autres, au contraire, de persévérer jusques à la rivière de Plate, distante encore environ trois cents lieues par terre. En quoi pour résolution, selon l'avis du capitaine en chef, une partie poursuit la route vers Plate, et l'autre vers Morpion. Près lequel lieu, nos pèlerins spéculaient de tous côtés s'il se trouverait occasion aucune de butin, jusques à tant qu'il se trouva une rivière passant au pied d'une montagne, en laquelle buvant, considèrent certaines pierres reluisantes comme argent, dont ils en portèrent quelque quantité jusques à Morpion, distant de là dix-huit lieues; lesquelles furent trouvées à la preuve, porter bonne et naturelle mine d'argent. Et en a depuis le roi de Portugal tiré de l'argent infini, après avoir fait sonder la mine et réduire en essence.

Après que ces Espagnols furent reposés et récréés à Morpion avec les Portugais leurs voisins, fut question de suivre les autres et tourner chemin vers Plate, loin de Morpion deux cent cinquante lieues par mer et trois cents par terre; où les Espagnols ont trouvé plusieurs mines d'or et d'argent, et l'ont ainsi nommée Plate, qui signifie en leur langue Argent[1]; et pour y habiter, ont bâti quelques forteresses. Depuis, aucuns d'eux, avec quelques autres Espagnols nouvellement venus en ce lieu, non contents encore de leur fortune, se sont hasardés de naviguer jusques au détroit de Magellan, ainsi appelé du nom de celui qui premièrement le découvrit, qui confine l'Amérique vers le Midi; et de là entrèrent en la mer Pacifique, de l'autre côté de l'Amérique, où ils ont trouvé plusieurs belles îles; et finalement parvenus jusques aux Moluques, qu'ils tiennent et habitent encore aujourd'hui. Au moyen de quoi retourne un grand tribut d'or et d'argent au prince d'Espagne.

Voilà sommairement quant au voyage duquel j'ai bien voulu écrire en passant ce qui m'en a été récité, sus ma navigation, par quelqu'un qui le savait, ainsi qu'il m'assura, pour avoir fait le voyage.

CHAPITRE LXV

La séparation des terres du roi d'Espagne
& du roi de Portugal.

Les rois d'Espagne et Portugal, après avoir acquis en communes forces plusieurs victoires et heureuses conquêtes, tant en Levant qu'en Ponant, aux lieux de terre et de mer non auparavant connus ni découverts, se proposèrent pour une assurance plus grande de diviser et limiter[1] tout le pays qu'ils avaient conquêté, pour aussi obvier aux querelles qui eussent pu ensuivir, comme ils eurent de la mine d'or du Cap à Trois Pointes, qui est en la Guinée[2]; comme aussi des îles du Cap-Vert et plusieurs autres places. Aussi un chacun doit savoir qu'un royaume ne veut jamais souffrir deux rois, ni plus ni moins que le monde ne reçoit deux soleils[3].

Or est-il que depuis la rivière de Marignan, entre l'Amérique et les îles des Antilles qui joignent au Pérou, jusques à la Floride, près Terre-Neuve, est demeuré au prince d'Espagne, lequel tient aussi grand pays en l'Amérique, tirant du Pérou au Midi sus la côte de l'Océan jusques à Marignan, comme a été dit. Au roi de Portugal advint tout ce qui est depuis la même rivière de Marignan vers le Midi jusques à la rivière de Plate, qui est trente-six degrés delà l'équinoxial. Et la première place tirant au côté de Magellan est nommée Morpion, la seconde Mahouhac[4], auquel lieu se sont trouvées plusieurs mines d'or et d'argent. Tiercement Porte Sigoure[5], près du cap de Saint-Augustin. Quartement la pointe de Crouestmourou[6], Château-Marin et Fernambou[7], qui sont confins des Cannibales de l'Amérique. De déclarer particulièrement tous les lieux d'une rivière à l'autre, comme Curtane, Caribes, prochain de la rivière d'eau douce, et de Réal, ensemble leurs situations et autres, je m'en déporterai pour le présent. Or, sachez seulement qu'en ces places dessus nommées les Portugais se sont habitués[8], et savent bien entretenir les sauvages du pays, de manière qu'ils vivent là paisiblement et trafiquent de plusieurs riches marchandises. Et là ont bâti maisons et forts pour s'assurer contre leurs ennemis.

Pour retourner au prince d'Espagne, il n'a pas moins fait de sa part, que nous avons dit être depuis Marignan[1] vers le Ponant, jusques aux Moluques, tant deçà que delà, en l'Océan et en la Pacifique, les îles de ces deux mers, et le Pérou en terre ferme; tellement que le tout ensemble est d'une merveilleuse étendue, sans le pays confin qui se pourra découvrir avec le temps, comme Cartagere[2], Cate, Palmarie, Parise grande et petite[3].

Tous les deux, spécialement Portugais, ont semblablement découvert plusieurs pays au Levant pour trafiquer, dont ils ne jouissent toutefois, ainsi qu'en plusieurs lieux de l'Amérique et du Pérou. Car pour régner en ce pays, il faut pratiquer l'amitié des sauvages; autrement ils se révoltent et saccagent tous ceux qu'ils peuvent trouver le plus souvent. Et se faut accommoder selon les ligues, querelles, amitiés ou inimitiés qui sont entre eux.

Or ne faut penser telles découvertes avoir été faites sans grande effusion de sang humain, spécialement des pauvres chrétiens qui ont exposé leur vie sans avoir égard à la cruauté et inhumanité de ces peuples, bref, ni difficulté quelconque[4]. Nous voyons en notre Europe combien les Romains, au commencement voulant amplifier leur Empire, voire d'un si peu de terre au regard de ce qui a été fait depuis soixante ans en-çà, ont épandu de sang, tant d'eux que de leurs ennemis. Quelles furies et horribles dissipations de lois, disciplines et honnêtes façons de vivre ont régné par l'univers, sans[5] les guerres civiles de Sylla et Marius, Cinna, et de Pompée, de Brutus, d'Antoine et d'Auguste, plus dommageables que les autres? Aussi s'en est ensuivie la ruine de l'Italie par les Goths, Huns et Vandales, qui même ont envahi l'Asie et dissipé l'Empire des Grecs. Auquel propos Ovide semble avoir ainsi parlé :

> *Or voyons-nous toutes choses tourner*
> *Et maintenant un peuple dominer,*
> *Qui n'était rien; et celui qui puissance*
> *Avait en tout, lui faire obéissance*[6].

Conclusion que toutes choses humaines sont sujettes à mutation[1], plus ou moins difficiles, selon qu'elles sont plus grandes ou plus petites.

CHAPITRE LXVI
Division des Indes Occidentales en trois parties.

Avant que passer outre à décrire ce pays, à bon droit (comme j'estime) aujourd'hui appelé France Antarctique, auparavant Amérique, pour les raisons que nous avons dites, pour son amplitude en toute dimension, me suis avisé (pour plus aisément donner à entendre aux lecteurs) le diviser en trois. Car depuis les terres récemment découvertes, tout le pays de l'Amérique, Pérou, la Floride, Canada, et autres lieux circonvoisins, à aller jusques au détroit de Magellan, ont été appelés en commun Indes Occidentales. Et ce pour tant que le peuple tient presque même manière de vivre, tout nu, barbare et rude, comme celui qui est encore aux Indes de Levant. Lequel pays mérite véritablement ce nom du fleuve Indus, comme nous disons en quelque lieu. Ce beau fleuve donc entrant en la mer de Levant, appelée Indique, par sept bouches (comme le Nil en la Méditerranée) prend son origine des montagnes Arbiciennes et Beciennes. Aussi le fleuve Gange, entrant semblablement en cette mer par cinq bouches, divise l'Inde en deux, et fait la séparation de l'une à l'autre. Étant donc cette région si lointaine de l'Amérique, car l'une est en Orient, l'autre comprend depuis le Midi jusques en Occident, nous ne saurions dire être autres qui aient imposé le nom à cette terre que ceux qui en ont fait la première découverte, voyant la bestialité et cruauté de ce peuple ainsi barbare, sans foi, ni sans loi, et non moins semblable à divers peuples des Indes, de l'Asie et pays d'Éthiopie : desquels fait ample mention Pline en son *Histoire naturelle*. Et voilà comme ce pays a pris le nom d'Inde à la similitude de celui qui est en Asie, pour être conformes les mœurs, férocité et barbarie (comme naguère avons dit) de ces peuples occidentaux, à aucuns de Levant.

Donc la première partie de cette terre ainsi ample contient vers le Midi, depuis le détroit de Magellan, qui est cinquante-deux degrés, minutes trente delà la ligne équinoxiale, j'entends de latitude australe, ne comprenant aucunement l'autre terre qui est delà le détroit[1], laquelle n'a été jamais habitée, ni connue de nous, sinon depuis ce détroit, venant à la rivière de Plate. De là tirant vers le Ponant, loin entre ces deux mers, sont comprises les provinces de Patalie, Paranaguacu, Margageas, Patagones ou région des Géants, Morpion, Tabajares, Toupinambau, Amazones, le pays du Brésil jusques au cap de Saint-Augustin, qui est huit degrés delà la ligne, le pays des Cannibales anthropophages, lesquelles régions sont comprises en l'Amérique environnée de notre mer Océane[2], et de l'autre côté devers le Sud de la mer Pacifique, que nous disons autrement Magellanique. Nous finirons[3] donc cette terre Indique à la rivière des Amazones, laquelle tout ainsi que Gange fait la séparation d'une Inde à l'autre vers Levant, aussi ce fleuve notable (lequel a de largeur cinquante lieues) pourra faire séparation de l'Inde Amérique à celle du Pérou.

La seconde partie commencera depuis ladite rivière, tirant et comprenant plusieurs royaumes et provinces tout le Pérou, le détroit de terre contenant Darien, Furne, Popaian, Anzerma, Carapa, Quimbaya, Cali, Paste, Quito, Canares, Cuzco, Chile, Patalia, Parias, Temistitan, Mexique, Catay, Panuco, les Pygmées, jusques à la Floride, qui est située vingt-cinq degrés de latitude deçà la ligne. Je laisse les îles à part, sans les y comprendre, combien qu'elles ne sont moins grandes que Sicile, Corse, Chypre ou Candie, ni moins à estimer. Parquoi sera cette partie limitée vers Occident à la Floride.

Il ne reste plus sinon de décrire la troisième : laquelle commencera à la Neuve-Espagne[4], comprenant toutes les provinces de Anauac, Ucatan[5], Culhuacan, Xalixe, Chalco, Mixtecapan, Tezeuco, Guzanes, Apalachen, Xancho, Aute et le royaume de Micuacan. De la Floride jusques à la terre des Baccales[6] (qui est une grande région, sous laquelle est comprise aussi la terre de Canada, et la province de Chicora[7], qui est trente-trois degrés deçà la ligne) la terre de Labrador, Terre-Neuve, qui est environnée de la mer Glaciale du côté du Nord.

Cette contrée des Indes Occidentales, ainsi sommairement divisée, sans spécifier plusieurs choses d'un bout à l'autre, c'est-à-savoir du détroit de Magellan, auquel avons commencé, jusques à la fin de la dernière terre Indique, y a plus de quatre mille huit cents lieues de longueur : et par cela l'on peut considérer la largeur[1], excepté le détroit de Parias susnommé. Pourquoi on les appelle communément aujourd'hui Indes majeures, sans comparaison plus grandes que celles de Levant. Au reste je supplie le lecteur prendre en gré cette petite division, attendant le temps qu'il plaise à Dieu nous donner moyen d'en faire une plus grande, ensemble de parler plus amplement de tout ce pays : laquelle j'ai voulu mettre en cet endroit pour apporter quelque lumière au surplus de notre discours.

CHAPITRE LXVII
De l'île des Rats.

Quittant incontinent ces Cannibales pour le peu de consolation que l'on en peut recevoir avec le vent de Sud, voguâmes jusques à une très belle île lointaine de la ligne quatre degrés : et non sans grand danger on l'approche, car elle n'est moins difficile à affronter que quelque grand promontoire, tant pource qu'elle entre avant dedans la mer, que pour les rochers qui sont à l'entour et en front de rivage. Cette île a été découverte fortuitement et au grand désavantage de ceux qui premièrement la découvrirent. Quelque navire de Portugal passant quelquefois[2] sur cette côte par imprudence et faute de bon gouvernement, heurtant contre un rocher près de cette île, fut brisé et tout submergé en fond, hormis vingt-trois hommes qui se sauvèrent en cette île. Auquel lieu ont demeuré l'espace de deux ans, les autres morts jusques à deux : qui cependant

n'avaient vécu que de rats, oiseaux et autres bêtes. Et comme quelquefois passait un navire de Normandie retournant de l'Amérique, mirent
l'esquif pour se reposer en cette île, où trouvèrent ces deux pauvres
Portugais, restant seulement de ce naufrage, qu'ils emmenèrent avec
eux. Et avaient ces Portugais nommé l'île des Rats, pour la multitude
des rats de diverse espèce qui y sont, en telle sorte qu'ils disaient leurs
compagnons être morts en partie pour l'ennui que leur faisait cette vermine, et font encore, quand l'on descend là, qu'à grande difficulté s'en
peut-on défendre. Ces animaux vivent d'œufs de tortues, qu'elles font
au rivage de la mer, et d'œufs d'oiseaux, dont il y a grande abondance.
Aussi quand nous y allâmes pour chercher eau douce, dont nous avions
telle nécessité que quelques-uns d'entre nous furent contraints de boire
leur urine, ce qui dura l'espace de trois mois, et la famine quatre, nous y
vîmes tant d'oiseaux, et si privés, qu'il nous était aisé d'en charger nos
navires. Toutefois il ne nous fut possible de recouvrer eau douce, joint que
n'entrâmes avant dans le pays. Au surplus elle est très belle, enrichie de
beaux arbres verdoyants la meilleure part de l'année, ni plus ni moins qu'un
vert pré au mois de mai, encore qu'elle soit près de la ligne à quatre degrés.
Que cette île soit habitable n'est impossible, aussi bien que plusieurs autres
en la même zone: comme les îles Saint-Homer, sous l'équinoxial et autres.
Et si elle était habitée, je puis véritablement assurer qu'on en ferait un des
beaux lieux qu'il soit possible au monde, et riche à l'équipolent. On y ferait
bien force bon sucre, épiceries, et autres choses de grand émolument.

Je sais bien que plusieurs cosmographes ont eu cette opinion que la
zone entre les tropiques était inhabitable pour l'excessive ardeur du
soleil; toutefois l'expérience montre le contraire, sans plus longue con-
tention[1], tout ainsi que les zones aux deux pôles pour le froid. Hérodote
et Solin affirment que les monts Hyperborées sont habitables, et pareillement le Canada[2], approchant fort du Septentrion, et autres pays encore
plus près, environ la mer Glaciale, dont nous avons déjà parlé. Parquoi
sans plus en disputer, retournons à notre île des Rats.

Ce lieu est à bon droit ainsi nommé pour l'abondance des rats qui vivent là, dont y a plusieurs espèces. Une entre les autres, que mangent les sauvages de l'Amérique, nommés en leur langue *Sohiatan*[1] : et ont la peau grise, la chair bonne et délicate, comme d'un petit levreau[2]. Il y en a une autre nommée *Hiérousou*, plus grands que les autres, mais non si bons à manger. Ils sont de telle grandeur que ceux d'Égypte, que l'on appelle rats de Pharaon. D'autres grands comme fouines, que les sauvages ne mangent point, à cause que quand ils sont morts ils puent comme charogne, comme j'ai vu. Il se trouve là pareillement variété de serpents, nommés *Gerara*, lesquels ne sont bons à manger : oui bien ceux qu'ils nomment *Theïrab*. Car de ces serpents y en a plusieurs espèces qui ne sont en rien vénéneux, ni semblables à ceux de notre Europe : de manière que leur morsure n'est mortelle ni aucunement dangereuse. Il s'en trouve de rouges, écaillés de diverses couleurs : pareillement en ai vu de verts autant ou plus que la verte feuille de laurier que l'on pourrait trouver. Ils ne sont si gros de corps que les autres, néanmoins ils sont fort longs. Pourtant[3] ne se faut émerveiller si les sauvages là entour mangent de ces rats et serpents sans danger : ni plus ni moins que les lézards, comme ci-devant nous avons dit.

Près cette île se trouve semblablement une sorte de poisson, et sur toute la côte de l'Amérique, qui est fort dangereux, aussi craint et redouté des sauvages : pource qu'il est ravissant et dangereux, comme un lion ou un loup affamé. Ce poisson nommé *Houperou* en leur langue, mange l'autre poisson en l'eau, hormis un, qui est grand comme une petite carpe, qui le suit toujours, comme s'il y avait quelque sympathie et occulte amitié entre les deux; ou bien le suit pour être garanti et défendu contre les autres, dont les sauvages, quand ils pêchent tout nus, ainsi qu'ils font ordinairement, le craignent, et non sans raison, car s'il les peut atteindre, il les submerge et étrangle, ou bien où il les touchera de la dent, il emportera la pièce. Aussi ils se gardent bien de manger de ce poisson, ains s'ils le peuvent prendre vif, ce qu'ils font quelquefois pour se venger, ils le font mourir à coups de flèches.

Étant donc encore quelque espace de temps, et tournant çà et là, j'en contemplai plusieurs étranges que n'avons par-deçà : entre lesquels j'en vis deux fort monstrueux, ayant sous la gorge comme deux tétines de chèvre, un fanon ou[1] menton, que l'on jugerait à le voir être une barbe. La figure ci-après mise, comme pouvez voir, représente le reste du corps.

Voilà comme Nature, grande ouvrière, prend plaisir à diversifier ses ouvrages tant en l'eau qu'en la terre; ainsi que le savant ouvrier enrichit son œuvre de portraits et couleurs, outre la traditive[2] commune de son art.

CHAPITRE LXVIII

La continuation de notre chemin, avec la déclaration de l'astrolabe marin[3].

Pour ne trouver grand soulagement de nos travaux en cette île, il fut question, sans plus séjourner, de faire voile avec vent assez propre jusque sous notre équinoxial, à l'entour duquel et la mer et les vents sont assez inconstants. Aussi là voit-on toujours l'air indisposé : si d'un côté est serein, de l'autre nous menace d'orage; donc le plus souvent là-dessous sont pluies et tonnerres qui ne peuvent être sans danger aux navigants. Or avant qu'approcher de cette ligne, les bons pilotes et mariniers experts conseillent toujours leurs astrolabes pour connaître la distance et situation des lieux où l'on est. Et puisqu'il vient à propos de cet instrument tant nécessaire en navigation, j'en parlerai légèrement en passant pour l'instruction de ceux qui veulent suivre la marine, si grand que l'entendement de l'homme ne le peut bonnement comprendre. Et ce que je dis de l'astrolabe, autant en faut entendre de la boussole ou aiguille de mer, par laquelle on peut aussi conduire droitement le navire. Cet instrument est aussi tant subtil et prime qu'avec un peu de papier ou parchemin, comme la paume de la main, et avec certaines lignes marquées qui signifient les vents, et un peu de fer, duquel se fabrique cet instrument, par sa seule naturelle vertu qu'une pierre lui donne et influe, par son propre mouvement et sans que nul la touche, montre où est l'Orient, Occident, le Septentrion et le Midi; et pareillement tous les trente-deux vents de la navigation, et ne les enseigne pas seulement en un endroit, ains en tous lieux de ce monde; et autres secrets que je laisse pour le présent.

Par quoi appert clairement que l'astrolabe, l'aiguille, avec la carte marine, sont bien faites, et que leur adresse et perfection est chose admirable, d'autant qu'une chose tant grande, comme est la mer, est portraite en si petit espace et se conforme tant qu'on adresse par icelle à naviguer le monde. Dont le bon et juste astrolabe n'est autre chose que la sphère pressée et représentée en un plain accompli en sa rotondité de trois cent soixante degrés, répondant à la circonférence de l'univers divisée en pareil nombre de degrés : lesquels derechef il faut diviser en notre instrument par quatre parties égales, c'est-à-savoir en chacune partie nonante, lesquels puis après faut partir de cinq à cinq. Puis tenant votre instrument par l'anneau, l'élever au Soleil, en sorte que l'on puisse faire

entrer les rayons par le pertuis de l'alidade, puis regardant à votre décli-
naison, en quel an, mois et jour vous êtes, quand vous prenez la hauteur
et que le soleil soit devers le Sud, qui est du côté de l'Amérique, et vous
soyez devers le Nord, il vous faut ôter de votre hauteur autant de degrés
que le soleil a décliné loin de la ligne, de laquelle nous parlons, par-
devers le Sud. Et si en prenant la hauteur du soleil vous êtes vers Midi
delà l'équinoxial et le soleil soit au Septentrion, vous devez semblablement ôter autant de degrés que le soleil décline de la ligne vers notre
pôle. Exemple : Si vous prenez votre hauteur, le soleil étant entre l'équinoxial et vous, quand aurez pris ladite hauteur, il faut pour savoir le lieu
où vous êtes, soit en mer ou en terre, ajouter les degrés que le soleil est
décliné loin de la ligne avec votre hauteur, et vous trouverez ce que
demandez, qui s'entend autant du pôle Arctique qu'Antarctique. Voilà
seulement, lecteur, un mot en passant de notre astrolabe, remettant le
surplus de la connaissance et usage de cet instrument aux mathémati-
ciens qui en font profession ordinaire. Il me suffit en avoir dit sommairement ce que je connais être nécessaire à la navigation, spécialement
aux plus rudes qui n'y sont encore exercés.

CHAPITRE LXIX
Département de notre équateur ou équinoxial.

Je pense qu'il n'y a nul homme d'esprit qui ne sache que l'équinoxial
ne soit une trace au cercle, imaginé par le milieu du monde, de Levant
en Ponant, en égale distance des deux; tellement que de cet équinoxial
jusques à chacun des pôles y a nonante degrés, comme nous avons amplement traité en son lieu. Et de la température de l'air qui est là environ,
de la mer et des poissons; reste qu'en retournant en parlions encore un
mot, de ce que nous avons omis à dire. Passant donc environ le premier
d'avril, avec un vent si propice que tenions facilement notre chemin au

droit fil, à voiles dépliées, sans en décliner aucunement, droit au Nord; toutefois molestés d'une autre incommodité, c'est que jour et nuit ne cessait de pleuvoir; ce qui néanmoins nous venait aucunement à propos pour boire, considéré la nécessité que l'espace de deux mois et demi avions endurée de boire, n'ayant pu recouvrer d'eau douce. Et Dieu sait si nous ne bûmes pas notre saoul et à gorge dépliée, vu les chaleurs excessives qui nous brûlaient. Vrai est que l'eau de pluie en ces endroits est corrompue, pour l'infection de l'air dont elle vient, et de matière pareillement corrompue en l'air et ailleurs, dont cette pluie est engendrée; de manière que si on en lave les mains, il s'élèvera dessus quelques vessies et pustules[1]. À ce propos je sais bien que les philosophes tiennent quelque eau de pluie n'être saine, et mettent différence entre ces eaux, avec les raisons que je n'allèguerai pour le présent, évitant prolixité. Or quelque vice qu'il y eût, si en fallait-il boire, fût-ce pour mourir. Cette eau davantage tombant sur du drap, laisse une tache que à grande difficulté l'on peut effacer.

Ayant donc incontinent passé la ligne, il fut question pour notre conduite commencer à compter nos degrés depuis là jusques en notre Europe, autant en faut-il faire quand on va par-delà, après être parvenu sous ladite ligne. Il est certain que les anciens mesuraient la terre (ce que l'on pourrait faire encore aujourd'hui) par stades, pas et pieds, et non point par degrés, comme nous faisons, ainsi qu'affirment Pline, Strabon et les autres. Mais Ptolémée inventa depuis les degrés pour mesurer la terre et l'eau ensemble, qui autrement n'étaient ensemble mesurables, et est beaucoup plus aisé. Ptolémée donc a compassé l'univers par degrés où, tant en longueur qu'en largeur, se trouvent trois cent soixante, et en chacun degré septante mille, qui valent dix-sept lieues et demie, comme j'ai pu entendre de nos pilotes, fort experts en l'art de naviguer. Ainsi cet univers ayant le ciel et les éléments en sa circonférence, contient ces trois cent soixante degrés, égalés par douze signes, dont un chacun a trente degrés; car douze fois trente font trois cent soixante justement. Un degré contient soixante minutes, une minute soixante tierces[1], une tierce soixante quartes, une quarte soixante quintes, jusques à soixante dixièmes. Car les proportions du ciel se peuvent partir[2] en autant de parties que nous avons ici dit. Donc par les degrés on trouve la longitude, latitude, et distance des lieux. La latitude depuis la ligne en-deçà jusques à notre pôle, où il y a nonante degrés et autant delà, la longitude prise depuis les îles Fortunées au Levant. Pourquoi je dis pour conclusion que le pilote qui voudra naviguer doit considérer trois choses : la première, en quelle hauteur de degrés il se trouve, et en quelle hauteur est le lieu où il veut aller. La seconde le lieu où il se trouve et le lieu où il espère aller, et savoir quelle distance ou éloignement il y a d'un côté à l'autre. La troisième, savoir quel vent ou vents le serviront en sa navigation. Et le tout pourra voir et connaître par sa carte et instruments de marine.

Poursuivant toujours notre route six degrés deçà notre ligne, tenant le cap au Nord jusques au quinzième d'avril, auquel temps connûmes le soleil directement être sous notre zénith, qui n'était sans endurer excessive chaleur, comme pouvez bien imaginer, si vous considérez la chaleur qui est par-deçà, le soleil étant en Cancer, bien loin encore de notre zénith, à nous qui habitons cette Europe. Or avant que passer outre, je parlerai de quelques poissons volants que j'avais omis, quand j'ai parlé des poissons qui se trouvent environ cette ligne.

Il est donc à noter qu'environ ladite ligne dix degrés deçà et delà, il se trouve abondance d'un poisson que l'on voit voler haut en l'air, étant poursuivi d'un autre poisson pour le manger. Et ainsi de la quantité de celui que l'on voit voler, on peut aisément comprendre la quantité de l'autre vivant de proie. Entre lesquels la dorade (de laquelle avons parlé ci-dessus[3]) le poursuit sur tous autres, pource qu'il a la chair fort délicate et friande. Duquel y a deux espèces : l'une est grande comme un hareng de deçà, et c'est celui qui est tant poursuivi des autres. Ce poisson a quatre ailes, deux grandes faites comme celles d'une chauve-souris, deux autres plus petites auprès de la queue. L'autre ressemble quasi à une grosse lamproie. Et de telles espèces ne s'en trouve guère sinon quinze degrés deçà et delà la ligne, qui est cause, selon mon jugement, que ceux qui font livres des poissons l'ont omis avec plusieurs autres. Les Amériques nomment ce poisson *Piravene*. Son vol est presque comme celui d'une perdrix; le petit vole trop mieux et plus haut que le grand. Et quelquefois pour être poursuivis et chassés en la mer, volent en telle abondance, principalement de nuit, qu'ils venaient le plus souvent heurter contre les voiles de nos navires, et demeuraient là[1]. Un autre poisson est qu'ils appellent *Albacore*, beaucoup plus grand que le marsouin, faisant guerre perpétuelle au poisson volant, ainsi que nous avons dit de la dorade; et est fort bon à manger, excellent sur tous les autres poissons de la mer, tant de Ponant que de Levant. Il est difficile à prendre; et pour ce l'on contrefait un poisson blanc avec quelque linge, que l'on fait voltiger sur l'eau, comme fait le poisson volant, et par ainsi se laisse prendre communément.

CHAPITRE LXX
Du Pérou & des principales provinces contenues en icelui.

Pour suivre notre chemin avec si bonne fortune de vent, côtoyâmes la terre du Pérou et les îles étant sur cette côte de mer Océane, appelées îles du Pérou, jusques à la hauteur de l'île Espagnole[2], de laquelle nous parlerons ci-après en particulier. Ce pays, selon que nous avons divisé, est l'une des trois parties des Indes Occidentales, ayant de longueur sept cents lieues, prenant du Nord au midi, et cent de largeur, de Levant en Occident; commence en terre continente, depuis Themistitan[3], à passer par le détroit de Dariene, entre l'Océan et la mer qu'ils appellent Pacifique; et a été ainsi appelé d'une rivière nommée Pérou, laquelle a de largeur environ une petite lieue; comme plusieurs autres provinces en Afrique, Asie et Europe, ont pris leur nom des rivières plus fameuses; ainsi que même nous avons dit de Sénéga[1]. Cette région est donc enclose de l'Océan et de la mer de Sud[2]; au reste, garnie de forêts épaisses et de montagnes qui rendent le pays en plusieurs lieux presque inaccessible, tellement qu'il est malaisé d'y pouvoir conduire chariots ou bêtes chargées, ainsi que nous faisons en nos plaines de deçà. En ce pays du Pérou, y a plusieurs belles provinces, entre lesquelles les principales et plus renommées sont Quito, tirant au Nord, qui a de longueur, prenant de Levant au Ponant, environ soixante lieues, et trente de largeur. Après Quito, s'ensuit la province des Canares, ayant au Levant la rivière des Amazones, avec plusieurs montagnes, et habitée d'un peuple assez inhumain, pour n'être encore réduit. Cette province passée, se trouve celle que les Espagnols ont nommée Saint-Jacques du port vieux, commençant à un degré de la ligne équinoxiale. La quatrième, qu'ils appellent en leur langue *Taxamilca*[3], se confine à la grande ville de Tongille, laquelle, après l'empoisonnement de leur roi, nommé Atabalyba[4], Pizarre, voyant la fertilité du pays, là fit bâtir et fortifier quelque ville et château. Il y en a une autre nommée Cuzco, en laquelle ont longtemps régné les Inges[5], ainsi nommés, qui ont été puissants seigneurs; et signifie ce mot Inges autant comme Rois. Et était leur royaume et dition[6] si ample en ce temps-là, qu'elle contenait plus de mille lieues d'un bout à autre. Aussi a été nommé ce pays de la principale ville, ainsi nommée comme Rhodes, Metellin, Candie, et autres pays prenant le nom des villes plus renommées, comme nous avons devant dit. Et dirai davantage qu'un Espagnol ayant demeuré quelque temps en ce pays, m'a affirmé, étant quelquefois au cap de Fineterre en Espagne, qu'en cette contrée de Cuzco se trouve un peuple qui a les oreilles pendantes jusque sur les épaules, ornées par singularité de grandes pièces de fin or, luisantes et bien polies, riche toutefois sus tous les autres du Pérou, aux paroles duquel je croirais plutôt que non pas à plusieurs historiographes de ce temps qui écrivent par ouïr-dire, comme de nos gentils observateurs[7] qui nous viennent rapporter les choses qu'ils ne virent onques. Il me souvient à ce propos de ceux qui nous ont voulu persuader qu'en la haute Afrique avait un peuple portant oreilles pendantes jusques aux talons, ce qui est manifestement absurde[1]. La cinquième province est Canar, ayant du côté de Ponant la mer du Sud, contrée merveilleusement froide, de manière que les neiges et glaces y sont toute l'année. Et combien qu'aux autres régions du Pérou le froid ne soit si violent et qu'il y vienne abondance de plus beaux fruits, aussi n'y a-il telle température en été; car ès autres parties en été l'air est excessivement chaud et mal tempéré, qui cause une corruption, principalement ès fruits. Aussi que les bêtes vénéneuses ne se trouvent ès régions froides, comme ès chaudes. Parquoi, le tout considéré, il est malaisé de juger laquelle de ces contrées doit être préférée à l'autre; mais en cela se faut résoudre que toute commodité est accompagnée de ses incommodités.

Encore une autre nommée Colao[2], en laquelle se fait plus de trafic qu'en autre contrée du Pérou; qui est cause que pareillement est beaucoup plus peuplée. Elle se confine du côté de Levant aux montagnes des Andes, et du Ponant aux montagnes de Navades[3]. Le peuple de cette contrée, nommée en leur langue *Xuli, Chilane, Acos, Pomata, Cepita* et *Trianguanacho*, combien qu'il soit sauvage et barbare, est toutefois fort docile, à cause de la marchandise et trafic qui se mène là; autrement ne serait moins rude que les autres de l'Amérique. En cette contrée y a un grand lac, nommé en leur langue *Titicata*[4], qui est à dire île de plumes; pource qu'en ce lac y a quelques petites îles, esquelles se trouve si grand nombre d'oiseaux de toutes grandeurs et espèces, que c'est chose presque incroyable. Reste à parler de la dernière contrée de ce Pérou, nommée Carcas[5], voisine de Chile, en laquelle est située la belle et riche cité de Plate; le pays fort riche pour les belles rivières et mines d'or et d'argent. Donc ce grand pays et royaume contient et s'appelle tout ce qui est compris depuis la ville de Plate jusques à Quito, comme déjà nous avons dit, et duquel avons déclaré les huit principales contrées et provinces.

Cette terre continente ainsi ample et spacieuse représente la figure d'un triangle équilatère, combien que plusieurs des modernes l'appellent île, ne pouvant ou ne voulant mettre différence entre île et ce que nous appelons presqu'île, et continente. Par ainsi ne faut douter que depuis le détroit de Magellan, cinquante-deux degrés de latitude et trente minutes, et trois cent trois degrés de longitude, delà la ligne, jusques à plus de soixante-huit degrés deçà, est terre ferme. Vrai est que si ce peu de terre entre la Nouvelle-Espagne et le Pérou, n'ayant de largeur que dix-sept lieues, de la mer Océane à celle du Sud, était coupée d'une mer en l'autre, le Pérou se pourrait dire alors île, mais Darien, détroit de terre[1], ainsi nommé de la rivière de Dariène, l'empêche.

Or est-il question de dire encore quelque chose du Pérou. Quant à la religion des sauvages du pays qui ne sont encore réduits à notre foi, ils tiennent une opinion fort étrange, d'une grande bouteille qu'ils gardent par singularité, disant que la mer a autrefois passé par-dedans avec toutes ses eaux et poissons; et que d'un autre large vase étaient saillis le Soleil et la Lune, le premier homme et la première femme. Ce que faussement leur ont persuadé leurs méchants prêtres, nommés *Bohitis*; et l'ont reçu long espace de temps, jusques à ce que les Espagnols leur ont dissuadé la meilleure part de telles rêveries et impostures. Au surplus, ce peuple est fort idolâtre sur tous autres. L'un adore en son particulier ce qu'il lui plaît; les pêcheurs adorent un poisson nommé liburon; les autres adorent autres bêtes et oiseaux. Ceux qui labourent les jardins adorent la terre; mais en général ils tiennent le Soleil un grand dieu, la Lune pareillement et la terre; estimant que par le Soleil et la Lune toutes choses sont conduites et régies. En jurant, ils touchent la terre de la main, regardant le Soleil. Ils tiennent davantage avoir été un déluge, comme ceux de l'Amérique, disant qu'il vint un prophète de la part de Septentrion, qui faisait merveilles; lequel, après avoir été mis à mort, avait encore puissance de vivre, et de fait avait vécu.

Les Espagnols occupent tout ce pays de terre ferme, depuis la rivière de Marignan jusques à Furne et Dariene, et encore plus avant du côté de l'Occident, qui est le lieu plus étroit de toute la terre ferme par lequel on va aux Moluques. Davantage ils s'étendent jusques à la rivière de Palme, où ils ont si bien bâti et peuplé tout le pays que c'est chose merveilleuse de la richesse qu'aujourd'hui leur rapporte tout ce pays, comme un grand royaume. Premièrement presque en toutes les îles du Pérou y a mines d'or ou d'argent, quelques émeraudes et turquoises, n'ayant toutefois si vive couleur que celles qui viennent de Malacca ou Calicut. Le peuple le plus riche de tout le Pérou est celui qu'ils nomment *Ingas*[1], belliqueux aussi sur toutes autres nations. Ils nourrissent bœufs, vaches et tout autre bétail domestique en plus grand nombre que ne faisions par-deçà; car le pays y est fort propre, de manière qu'ils font grand trafic de cuir de toutes sortes; et tuent les bêtes seulement pour en avoir le cuir. La plus grande part de ces bêtes privées et domestiques sont devenues sauvages, pour la multitude qu'il y en a, tellement que l'on est contraint les laisser aller par les bois jour et nuit, sans les pouvoir tirer ni héberger aux maisons. Et pour les prendre, sont contraints de les courir, et user de quelques ruses, comme à prendre les cerfs et autres bêtes sauvages par-deçà. Le blé, comme j'ai entendu, ne peut profiter tant ès îles que terre ferme du Pérou, non plus qu'en l'Amérique. Parquoi tant gentilshommes qu'autres vivent d'une manière d'aliment qu'ils appellent *Cassade*, qui est une sorte de tourteaux faits d'une racine nommée Manihot. Au reste, ils ont abondance de mil et de poisson. Quant au vin, il n'y en croît aucunement, au lieu duquel ils font certains breuvages. Voilà quant à la continente du Pérou, lequel, avec ses îles, dont nous parlerons ci-après, est remis en telle forme qu'à présent y trouverez villes, châteaux, cités, bourgades, maisons, villes épiscopales, républiques, et toute autre manière de vivre que vous jugeriez être une autre Europe. Nous connaissons par cela combien est grande la puissance et bonté de notre Dieu, et sa providence envers le genre humain; car autant que les Turcs, Mores et Barbares, ennemis de vérité, s'efforcent d'anéantir et détruire notre religion, de tant plus elle se renforce, augmente et multiplie d'autre côté. Voilà du Pérou, lequel à notre retour avons côtoyé à senestre, tout ainsi qu'en allant avons côtoyé l'Afrique[2].

CHAPITRE LXXI

Des îles du Pérou, & principalement de l'Espagnole.

Après avoir écrit de la continente du Pérou, pourtant que d'une même route avons côtoyé à notre retour quelques îles sus l'Océan appelées îles du Pérou, pour en être fort prochaines, j'en ai pareillement bien voulu écrire quelque chose. Or pource qu'étant parvenus à la hauteur de l'une de ces îles, nommée Espagnole par ceux qui depuis certain temps l'ont découverte, appelée paravant *Haïti*, qui vaut autant à dire comme terre âpre, et Quisqueïa, grande. Aussi véritablement est-elle de telle beauté et grandeur que, de Levant au Ponant, elle a cinquante lieues de long, et de large du Nord au Midi, environ quarante, et plus de quatre cents de circuit. Au reste, est à dix-huit degrés de la ligne, ayant au Levant l'île dite de Saint-Jean[1] et plusieurs petites îlettes fort redoutées et dangereuses aux navigants ; et au Ponant l'île de Cuba et Jamaïque; du côté du Nord les îles des Cannibales, et vers le Midi le cap de Vele, situé en terre ferme. Cette île ressemble aucunement à celle de Sicile, que premièrement l'on appelait Trinacria pour avoir trois promontoires fort éminents; tout ainsi celle dont nous parlons en a trois fort avancés dans la mer; desquels le premier s'appelle Tiburon, le deuxième Higuey, le troisième Lobos, qui est du côté de l'île qu'ils ont nommée Beata, quasi toute pleine de bois de gaïac.

En cette Espagnole se trouvent de très beaux fleuves, entre lesquels le plus célèbre, nommé Orane, passe alentour de la principale ville de ladite île, nommée par les Espagnols Saint-Domingue. Les autres sont Nequée, Hatibonice et Haqua, merveilleusement riches de bon poisson et délicat à manger; et ce pour la température de l'air, et bonté de la terre et de l'eau. Les fleuves se rendent à la mer presque tous du côté du Levant; lesquels étant assemblés font une rivière fort large, navigable de navires entre deux terres. Avant que cette île fût découverte des chrétiens, elle était habitée des sauvages, qui idolâtraient ordinairement le diable, lequel se montrait à eux en diverses formes; aussi faisaient plusieurs et diverses idoles, selon les visions et illusions nocturnes qu'ils en avaient; comme ils font encore à présent en plusieurs îles et terre ferme de ce pays. Les autres adoraient plusieurs dieux, mêmement un par-dessus les autres, lequel ils estimaient comme un modérateur de toutes choses; et le représentaient par une idole de bois élevée contre quelque arbre, garnie de feuilles et plumages; ensemble ils adoraient le Soleil et autres créatures célestes. Ce que ne font les habitants d'aujourd'hui, pour avoir été réduits au christianisme et à toute civilité. Je sais bien qu'il s'en est trouvé aucuns le temps passé, et encore maintenant, qui en tiennent peu de compte.

Nous lisons de Caius Caligula empereur de Rome, quelque mépris qu'il fît de la divinité, si a-t-il horriblement tremblé, quand il s'est apparu aucun signe de l'ire de Dieu[1]. Mais avant que cette île de laquelle nous parlons ait été réduite à l'obéissance des Espagnols (ainsi que quelques-uns qui étaient à la conquête m'ont récité), les barbares ont fait mourir plus de dix ou douze mille chrétiens, jusques après avoir fortifié en plusieurs lieux, ils en ont fait mourir grand nombre, les autres menés esclaves de toutes parts. Et de cette façon ont procédé en l'île de Cuba, de Saint-Jean, Jamaïque, Sainte-Croix, celles des Cannibales, et plusieurs autres îles et pays de terre ferme; car au commencement les Espagnols et Portugais, pour plus aisément les dominer, s'accommodaient fort à leur manière de vivre, et les alléchant par présents et par douces paroles, s'entretenaient toujours en leur amitié; tant que par succession de temps se voyant les plus forts, commencèrent à se révolter, prenant les uns esclaves, les ont contraints à labourer la terre; autrement jamais ne fussent venus à fin de leur entreprise. Les rois plus puissants de ce pays sont en Casco et Apina, îles riches et fameuses, tant pour l'or et l'argent qui s'y trouve, que pour la fertilité de la terre. Les sauvages ne portent qu'or sur eux, comme larges boucles de deux ou trois livres, pendues aux oreilles, tellement que pour si grande pesanteur ils pendent les oreilles demi-pied de long; qui a donné argument aux Espagnols de les appeler Grands oreilles[1].

Cette île est merveilleusement riche en mines d'or, comme plusieurs autres de ce pays-là, car il s'en trouve peu qui n'aient mines d'or ou d'argent. Au reste, elle est riche et peuplée de bêtes à cornes, comme bœufs, vaches, moutons, chèvres, et nombre infini de pourceaux, aussi de beaux chevaux; desquelles bêtes la meilleure part, pour la multitude, est devenue sauvage; comme nous avons dit de la terre ferme. Quant au blé et vin, ils n'en ont aucunement, s'il n'est porté d'ailleurs; par quoi en lieu de pain ils mangent force cassade, faite de farine de certaines racines; et au lieu de vin, breuvages bons et doux, faits aussi de certains fruits, comme le citre[2] de Normandie.

Ils ont infinité de bons poissons, dont les uns sont fort étranges; entre lesquels s'en trouve un nommé Manati, lequel se prend dans les rivières et aussi dans la mer, non toutefois qu'il ait tant été vu en la mer qu'aux rivières. Ce poisson est fait à la semblance d'une peau de bouc ou de chèvre pleine d'huile ou de vin[3], ayant deux pieds aux deux côtés des épaules, avec lesquels il nage; et depuis le nombril jusques au bout de la queue, va toujours en diminuant de grosseur; sa tête est comme celle d'un bœuf, vrai est qu'il a le visage plus maigre, le menton plus charnu et plus gros, ses yeux sont fort petits selon sa corpulence, qui est de dix pieds de grosseur, et vingt de longueur; sa peau grisâtre, brochée de petit poil, autant épaisse comme celle d'un bœuf; tellement que les gens du pays en font souliers à leur mode. Au reste ses pieds sont tout ronds, garnis chacun de quatre ongles assez longuets, ressemblant ceux d'un éléphant. C'est le poisson le plus difforme que l'on ait guère pu voir en ces pays-là; néanmoins la chair est merveilleusement bonne à manger, ayant plus le goût de chair de veau, que de poisson. Les habitants de l'île font grand amas de la graisse dudit poisson, à cause qu'elle est propre à leurs cuirs de chèvres, de quoi ils font grand nombre de bons maroquins. Les esclaves noirs en frottent communément leurs corps, pour le rendre plus dispos et maniable, comme ceux d'Afrique font d'huile d'olive.

L'on trouve certaines pierres dans la tête de ce poisson, desquelles ils font grande estime, pource qu'ils les ont éprouvées être bonnes contre le calcul, soit ès reins et à la vessie; car de certaine propriété occulte, cette pierre le comminue[1] et met en poudre. Les femelles de ce poisson rendent leurs petits tout vifs, sans œuf, comme fait la baleine, et le loup marin; aussi elles ont deux tétins comme les bêtes terrestres, avec lesquels sont allaités leurs petits. Un Espagnol qui a demeuré longtemps en cette île m'a affirmé qu'un seigneur en avait nourri un l'espace de trente ans en un étang, lequel par succession de temps devint si familier et privé, qu'il se laissait presque mettre la main sus lui. Les sauvages prennent ce poisson communément assez près de terre, ainsi qu'il paît de l'herbe[2].

Je laisse à parler du nombre des beaux oiseaux vêtus de divers et riches pennages, dont ils font tapisseries figurées d'hommes, de femmes, bêtes, oiseaux, arbres, fruits, sans y appliquer autre chose que ces plumes naturellement embellies et diversifiées de couleurs; bien est vrai qu'ils les appliquent sus quelque linceul[3]. Les autres en garnissent chapeaux, bonnets et robes, choses fort plaisantes à la vue. Des bêtes étranges à quatre pieds, ne s'en trouve point, sinon celles que nous avons dit; bien se trouvent deux autres espèces d'animaux, petits comme connins[4], qu'ils appellent *Hulias*, et autres *Caris*, bons à manger.

Ce que j'ai dit de cette île, autant puis-je dire de l'île Saint-Jacques, paravant nommée Jamaïca; elle tient à la part de Levant l'île de Saint-Dominique[5]. Il y a une autre belle île, nommée *Bouriquan* en langue du pays, appelée ès cartes marines île de Saint-Jean[6]; laquelle tient du côté du Levant l'île Sainte-Croix, et autres petites îles dont les unes sont habitées, les autres désertes. Cette île, de Levant en Ponant, tient environ cinquante-deux lieues, de longitude trois cents degrés, minutes nulles; et de latitude dix-huit degrés, minutes nulles. Bref, il y a plusieurs autres îles en ces parties-là, desquelles, pour la multitude je laisse à parler, n'ayant aussi pu en avoir particulière connaissance. Je ne veux oublier qu'en toutes ces îles ne se trouvent bêtes ravissantes, non plus qu'en Angleterre et en l'île de Crète.

CHAPITRE LXXII

Des îles de Cuba & Lucaïa.

Reste, pour le sommaire des îles du Pérou, réciter quelques singularités de l'île de Cuba et de quelques autres prochaines, combien qu'à la vérité l'on n'en peut quasi dire guère autre chose qui déjà n'ait été attribué à l'Espagnole. Cette île est plus grande que les autres, et quant et quant plus large; car l'on compte du promontoire qui est du côté de Levant à un autre qui est du côté de Ponant, trois cents lieues, et du Nord à Midi, septante lieues. Quant à la disposition de l'air, il y a une fort grande température, tellement qu'il n'y a grand excès de chaud ni de froid. Il s'y trouve de riches mines, tant d'or que d'argent, semblablement d'autres métaux. Du côté de la marine se voient hautes montagnes, desquelles procèdent fort belles rivières, dont les eaux sont excellentes, avec grande quantité de poisson. Au reste, paravant qu'elle fût découverte, elle était beaucoup plus peuplée des sauvages que nulle de toutes les autres; mais aujourd'hui les Espagnols en sont seigneurs et maîtres. Le milieu de cette île tient deux cent nonante degrés de longitude, minutes nulles, et latitude vingt degrés, minutes nulles. Il s'y trouve une montagne près de la mer, qui est toute de sel, plus haute que celle de Chypre, grand nombre d'arbres de coton, brésil, et ébène.

Que dirai-je du sel terrestre, qui se prend en une autre montagne fort haute et maritime? Et de cette espèce s'en prend pareillement en l'île de Chypre, nommé des Grecs ὄρυκτος[1], lequel se prend aussi en une montagne prochaine de la mer. Davantage se trouve en cette île abondance d'azur, vermillon, alun, nitre, sel de nitre, galène[2], et autres tels qui se prennent ès entrailles de la terre. Et quant aux oiseaux, vous y trouverez une espèce de perdrix assez petites, de couleur rougeâtre par-dehors, au reste diversifiées de variables couleurs, la chair fort délicate. Les rustiques des montagnes en nourrissent un nombre dans leurs maisons, comme on fait les poules par-deçà. Et plusieurs autres choses dignes d'être écrites et notées.

En premier lieu y a une vallée, laquelle dure environ trois lieues, entre deux montagnes, où se trouve un nombre infini de boules de pierre, grosses, moyennes et petites, rondes comme éteufs, engendrées naturellement en ce lieu, combien que l'on les jugerait être faites artificiellement. Vous y en verrez quelquefois de si grosses, que quatre hommes seraient bien empêchés à en porter une; les autres sont moindres, les autres si petites qu'elles n'excèdent la quantité d'un petit éteuf. La seconde chose digne d'admiration est qu'en la même île se trouve une montagne prochaine du rivage de la mer, de laquelle sort une liqueur semblable à celle que l'on fait aux îles Fortunées, appelée Bré, comme nous avons dit; laquelle matière vient à dégoutter et rendre dans la mer. Quinte-Curce en ses livres qu'il a faits des gestes d'Alexandre le Grand[1], récite qu'icelui étant arrivé à une cité nommée Memi, voulut voir par curiosité une grande fosse ou caverne, en laquelle [y] avait une fontaine rendant grande quantité de gomme merveilleusement forte, quand elle était appliquée avec autre matière pour bâtir; tellement que l'auteur estime pour cette seule raison, les murailles de Babylone avoir été si fortes, pour être composées de telle matière. Et non seulement s'en trouve en l'île de Cuba, mais aussi au pays de Themistitan et du côté de la Floride.

Quant aux îles de Lucaïa (ainsi nommées, pour être plusieurs en nombre), elles sont situées au Nord de l'île de Cuba et de Saint-Dominique[2]. Elles sont plus de quatre cents en nombre, toutes petites et non habitées, sinon une grande, qui porte le nom pour toutes les autres, nommée Lucaïa. Les habitants de cette île vont communément trafiquer en terre ferme et aux autres îles. Ceux qui font résidence, tant hommes que femmes, sont plus blancs et plus beaux qu'en aucune des autres. Puisqu'il vient à propos de ces îles et de leurs richesses, je ne veux oublier à dire quelque chose des richesses de Potosi[3]; lequel prend son nom d'une haute montagne, qui a de hauteur une grande lieue, et une demie de circuit, élevée en haut en façon de pyramide. Cette montagne est merveilleusement riche à cause des mines d'argent, de cuivre et étain[1], qu'on a trouvées quasi auprès du coupeau de la montagne, et s'est trouvée là mine d'argent si très bonne, qu'à un quintal de mine se peut trouver un demi-quintal de pur argent. Les esclaves ne font autre chose qu'aller quérir cette mine, et la portent à la ville principale du pays, qui est au bas de la montagne, laquelle depuis la découverture a été là bâtie par les Espagnols. Tout le pays, îles et terre ferme, est habité de quelques sauvages tout nus, ainsi qu'aux autres lieux de l'Amérique. Voilà du Pérou et de ses îles.

CHAPITRE LXXIII

Description de la Nouvelle-Espagne, & de la grande cité
de Themiſtitan, située aux Indes Occidentales.

Pource qu'il n'est possible à tout homme de voir sensiblement toutes choses, durant son âge, soit ou pour la continuelle mutation de tout ce qui est en ce monde inférieur[2], ou pour la longue distance des lieux et pays, Dieu a donné moyen de les pouvoir représenter, non seulement par écrit, mais aussi par vrai portrait, par l'industrie et labeur de ceux qui les ont vues. Je regarde que l'on réduit bien par figures plusieurs fables anciennes, pour donner plaisir seulement; comme sont celles de Jason, d'Adonis, d'Actéon, d'Éneas, d'Hercule; et pareillement d'autres choses que nous pouvons tous les jours voir en leur propre essence, sans figure[3], comme sont plusieurs espèces d'animaux. À cette cause je me suis avisé vous décrire simplement, et au plus près qu'il m'a été possible, la grande et ample cité de Themistitan, étant suffisamment informé que bien peu d'entre vous l'ayez vue, et encore moins la pouvez aller voir, pour la longue, merveilleuse et difficile navigation qu'il vous conviendrait faire.

Themistitan est une cité située en la Nouvelle-Espagne, laquelle prend son commencement au détroit d'Ariane, limitrophe du Pérou, et finit du côté du Nord, à la rivière du Panuque[1]; or fut-elle jadis nommée *Anauach*, depuis pour avoir été découverte et habitée des Espagnols, a reçu le nom de Nouvelle-Espagne. Entre lesquelles terres et provinces la première habitée fut celle d'Yucathan, laquelle a une pointe de terre aboutissant à la mer, semblable à celle de la Floride, jaçoit que nos faiseurs de cartes aient oublié de marquer le meilleur qui embellît leur description. Or cette Nouvelle-Espagne de la part de Levant, Ponant et Midi, est entourée du grand Océan; et du côté du Nord a le Nouveau Monde, lequel étant habité, voit encore par-delà en ce même Nord une autre terre non connue des modernes, qui est la cause que je sursois d'en tenir plus long propos.

Or Themistitan, laquelle est cité forte, grande et très riche, au pays susnommé, est située au milieu d'un grand lac; le chemin par où l'on y va, n'est point plus large que porte la longueur de deux lances. Laquelle fut ainsi appelée du nom de celui qui y mit les premiers fondements, surnommé Tenuth, fils puîné du roi Iztacmircoatz. Cette cité a seulement deux portes, l'une pour y entrer, et l'autre pour en sortir; et non loin de la cité, se trouve un pont de bois, large de dix pieds, fait pour l'accroissement et décroissement de l'eau; car ce lac croît et décroît à la semblance de la mer. Et pour la défense de la cité y en a encore plusieurs autres, pour être comme Venise édifiée en la mer. Ce pays est tout environné de fort hautes montagnes; et le plain pays a de circuit environ cent cinquante lieues, auquel se trouvent deux lacs, qui occupent une grande partie de la campagne, parce qu'iceux lacs ont de circuit cinquante lieues, dont l'un est d'eau douce, auquel naissent force petits poissons et délicats, et l'autre d'eau salée, laquelle, outre son amertume, est venimeuse, et pour ce ne peut nourrir aucun poisson, qui est contre l'opinion de ceux qui pensent que ce ne soit qu'un même lac. La plaine est séparée desdits lacs par aucunes montagnes, et à leur extrémité, sont conjoints d'une étroite terre, par où les hommes se font conduire avec barques jusque dedans la cité, laquelle est située dans le lac salé; et de là jusques à terre ferme, du côté de la chaussée, sont quatre lieues; et ne la saurais mieux comparer en grandeur qu'à Venise[1]. Pour entrer en ladite cité, y a quatre chemins, faits de pierres artificiellement, où il y a des conduits de la grandeur de deux pas, et de la hauteur d'un homme; dont par l'un desdits est conduite l'eau douce en la cité, qui est de la hauteur de cinq pieds; et coule l'eau jusques au milieu de la ville, de laquelle ils boivent et en usent en toutes leurs nécessités. Ils tiennent l'autre canal vide pour celle raison que, quand ils veulent nettoyer celui dans lequel ils conduisent l'eau douce, ils mènent toutes les immondices de la cité, avec l'autre en terre. Et pource que les canaux passent par les ponts et par les lieux où l'eau salée entre et sort, ils conduisent ladite eau par canaux doux, de la hauteur d'un pas. En ce lac qui environne la ville, les Espagnols ont fait plusieurs petites maisons et lieux de plaisance, les unes sur petites rochettes, et les autres sur pilotis de bois.

Quant au reste, Themistitan est situé à vingt degrés de l'élévation sus la ligne équinoxiale, et à deux cent septante-deux degrés de longitude. Elle fut prise de force par Fernand de Cortes, capitaine pour l'Empereur en ces pays l'an de grâce mil cinq cent vingt et un, contenant lors septante mille maisons, tant grandes que petites. Le palais du roi, qui se nommait *Mutueezuma*[2], avec ceux des seigneurs de la cité, étaient fort beaux, grands et spacieux. Les Indiens qui alors se tenaient en ladite cité avaient coutume de tenir de cinq jours en cinq jours le marché en places à ce dédiées. Leur trafic était de plumes d'oiseaux, desquelles ils faisaient variété de belles choses, comme robes façonnées à leur mode, tapisseries et autres choses. Et à ce étaient occupés principalement les vieux, quand ils voulaient aller adorer leur grande idole, qui était érigée au milieu de la ville en mode de théâtre, lesquels, quand ils avaient pris aucun de leurs ennemis en guerre, ils le sacrifiaient à leurs idoles, puis le mangeaient[3], tenant cela pour manière de religion. Leur trafic davantage était de peaux de bêtes, desquelles ils faisaient robes, chausses et une manière de coqueluches[4] pour se garder tant du froid que des petites mouches fort piquantes. Les habitants du jourd'hui jadis cruels et inhumains, par succession de temps ont changé si bien de mœurs et de condition, qu'au lieu d'être barbares et cruels, sont à présent humains et gracieux, en sorte qu'ils ont laissé toutes anciennes incivilités, inhumanités et mauvaises coutumes; comme de s'entretuer l'un l'autre, manger chairs humaines, avoir compagnie à la première femme qu'ils trouvaient, sans avoir aucun égard au sang et parentage, et autres semblables vices et imperfections. Leurs maisons sont magnifiquement bâties; entre les autres y a un fort beau palais, où les armes de la ville sont gardées; les rues et places de cette ville sont si droites que d'une porte l'on peut voir en l'autre, sans aucun empêchement. Bref, cette cité à présent fortifiée et environnée de remparts et fortes murailles à la façon de celles de par-deçà, et est l'une des grandes, belles et riches qui soient en toutes les provinces des Indes Occidentales, comprenant depuis le détroit de Magellan, qui est delà la ligne cinquante-deux degrés, jusques à la dernière terre de l'Abrador[1], laquelle tient cinquante et un degrés de latitude deçà la ligne du côté du Nord.

CHAPITRE LXXIV
De la Floride péninsule.

Puisqu'en écrivant ce discours, avons fait quelque mention de cette terre appelée Floride, encore qu'à notre retour n'en soyons si près approchés, considéré que notre chemin ne s'adonnait à descendre totalement si bas, toutefois que nous y tirâmes pour prendre le vent d'Est; il semble n'être impertinent d'en réciter quelque chose, ensemble de la terre de Canada qui lui est voisine, tirant au Septentrion, étant quelques montagnes seulement entre deux. Poursuivant donc notre chemin de la hauteur de la Neuve-Espagne à dextre pour atteindre notre Europe, non si tôt ni si droitement que nous le désirions, trouvâmes la mer assez favorable. Mais, comme de cas fortuit, je m'avisai de mettre la tête hors pour la contempler, je la vis, tant qu'il fut possible étendre ma vue, toute couverte d'herbes et fleurs par certains endroits, les herbes presque semblables à nos genièvres; qui me donna incontinent à penser que fussions près de terre, considéré aussi qu'en autre endroit de la mer je n'en avais autant vu, toutefois je me connus incontinent frustré de mon opinion, entendant qu'elles procédaient de la mer; et ainsi la vîmes-nous semée de ces herbes bien l'espace de quinze à vingt journées. La mer en cet endroit ne porte guère de poisson, car ces lieux semblent plus être quelques marécages qu'autrement[1]. Incontinent après nous apparut autre signe et présage, d'une étoile à queue, de Levant en Septentrion; lesquels présages je remets aux astrologues et à l'expérience que chacun en peut avoir connue. Après (ce qui est encore pis) fûmes agités l'espace de neuf jours d'un vent fort contraire, jusques à la hauteur de notre Floride.

Ce lieu est une pointe de terre entrant en pleine mer bien cent lieues, vingt-cinq lieues en carré, vingt-cinq degrés et demi deçà la ligne, et cent lieues du cap de Baxa, qui est près de là. Donc cette grande terre de la Floride est fort dangereuse à ceux qui naviguent du côté de Catay, Canibalu[2], Panuco et Themistitan; car à la voir de loin, on estimerait que ce fût une île située en pleine mer. Davantage est ce lieu dangereux à cause des eaux courantes[3], grandes et impétueuses, vents et tempêtes, qui là sont ordinaires. Quant à la terre ferme de la Floride, elle tient de la part de Levant la province de Chicoma[4], et les îles nommées Bahanna et Lucaïa[5]. Du côté de Ponant, elle tient la Neuve-Espagne, laquelle se divise en la terre que l'on nomme Anauac, de laquelle par ci-devant avons traité. Les provinces meilleures et plus fertiles de la Floride, c'est Panuco, laquelle se confine à la Neuve-Espagne. Les gens naturels de ce pays puissants et fort cruels, tous idolâtres, lesquels, quand ils ont nécessité d'eau ou du soleil pour leurs jardins et racines dont ils vivent tous les jours, se vont prosterner devant leurs idoles formées en figure d'hommes ou de bêtes. Au reste, ce peuple est plus cauteleux et rusé au fait de guerre que ceux du Pérou. Quand ils vont en guerre, ils portent leur roi dans une grande peau de bête, et ceux qui le portent, étant quatre en nombre, sont tous vêtus et garnis de riches plumages. Et s'il est question de combattre contre leurs ennemis, ils mettront leur roi au milieu d'eux tout vêtu de fines peaux, et jamais ne partira de là, que toute la bataille ne soit finie. S'ils se sentent les plus faibles et que leur roi fasse semblant de s'enfuir, ils ne faudront de le tuer; ce qu'observent encore aujourd'hui les Perses et autres nations barbares du Levant. Les armes de ce peuple sont arcs, garnis de flèches faites de bois qui porte venin, piques, lesquelles en lieu de fer sont garnies par le bout d'os de bêtes sauvages ou poissons, toutefois bien aigus. Les uns mangent leurs ennemis, quand ils les ont pris, comme ceux de l'Amérique, desquels avons parlé. Et combien que ce peuple soit idolâtre, comme déjà nous avons dit, ils croient toutefois l'âme être immortelle; aussi qu'il y a un lieu député pour les méchants, qui est une terre fort froide; et que les dieux permettent les péchés des mauvais être punis. Ils croient aussi qu'il y a un nombre infini d'hommes au ciel et autant sous la terre, et mille autres folies, qui se pourraient mieux comparer aux transformations d'Ovide[1] qu'à quelque chose d'où l'on puisse tirer rien mieux que moyen de rire. Davantage se persuadent ces choses être véritables comme font les Turcs et Arabes, ce qui est écrit en leur Alcoran. Ce pays est peu fertile la part qui approche à la mer; le peuple y est fort agreste, plus que celui du Pérou, ni de l'Amérique, pour avoir peu été fréquenté d'autre peuple plus civil. Cette terre ainsi en pointe fut nommée Floride l'an mil cinq cent douze, par ceux qui la découvrirent premièrement, pource qu'elle était toute verdoyante et garnie de fleurs d'infinies espèces et couleurs[2].

Entre cette Floride et la rivière de Palme se trouvent diverses espèces de bêtes monstrueuses; entre lesquelles l'on peut voir une espèce de grands taureaux, portant cornes longues seulement d'un pied, et sur le dos une tumeur ou éminence, comme un chameau; le poil long par tout le corps, duquel la couleur s'approche fort de celle d'une mule fauve, et encore l'est plus celui qui est dessous le menton[3].

*Taureau
sauvage.*

L'on en amena une fois deux tout vifs en Espagne, de l'un desquels j'ai vu la peau, et non autre chose, et n'y purent vivre longtemps. Cet animal, ainsi que l'on dit, est perpétuel ennemi du cheval, et ne le peut endurer près de lui.

De la Floride tirant au promontoire de Baxe, se trouve quelque petite rivière, où les esclaves vont pêcher huîtres qui portent perles. Or depuis que sommes venus jusque-là, que de toucher la collection[1] des huîtres, ne veux oublier par quel moyen les perles en sont tirées, tant aux Indes Orientales que Occidentales : il faut noter que chacun chef de famille ayant grande troupe d'esclaves, ne sachant en quoi mieux les employer, les envoient à la marine pour pêcher (comme dit est) huîtres, desquelles en portant pleines hottées chez leurs maîtres, les posent dans certains grands vaisseaux, lesquels, étant à demi pleins d'eau, sont cause que les huîtres, conservées là quelques jours, s'ouvrent; et l'eau les nettoyant, laissent ces pierres ou perles dans leurs vaisseaux. La forme de les en tirer est telle : ils ôtent premièrement les huîtres du vaisseau, puis font couler l'eau par un trou, sous lequel est mis un drap ou linge, afin qu'avec l'eau les perles qui pourraient y être ne s'écoulent. Quant à la figure de ces huîtres, elle est moult différente des nôtres, tant en couleur que écaille, ayant chacune d'elles certains petits trous que l'on pourrait juger avoir été faits artificiellement, là où sont comme liées ces petites perles par le dedans. Voilà ce que j'ai bien voulu vous déclarer en passant. D'icelles aussi s'en trouve au Pérou, et quelques autres pierres en bon nombre; mais les plus fines se trouvent à la rivière de Palme et à celle de Panuco, qui sont distantes l'une de l'autre trente-deux lieues; mais ils n'ont liberté d'en pêcher, à cause des sauvages qui ne sont encore tous réduits, adorant les créatures célestes et attribuant la divinité à la respiration, comme faisaient ceux qui passèrent ensemble plusieurs peuples des Scythes et Mèdes.

Côtoyant donc à senestre la Floride, pour le vent qui nous fut contraire, approchâmes fort près de Canada et d'une autre contrée, que l'on appelle Baccalos, à notre grand regret toutefois et désavantage, pour l'excessive froidure qui nous molesta l'espace de dix-huit jours; combien que cette terre de Baccalos entre fort avant en pleine mer du côté de Septentrion, en forme de pointe, bien deux cents lieues, en distance à la ligne de quarante-huit degrés seulement. Cette pointe a été appelée des Baccales, pour une espèce de poisson qui se trouve en la mer d'alentour, lequel ils nomment *Baccales*[1], entre laquelle et le cap del Gado y a diverses îles peuplées, difficiles toutefois à aborder, à cause de plusieurs rochers dont elles sont environnées; et sont nommées îles de Cortes[2]. Les autres ne les estiment îles, mais terre ferme, dépendante de cette pointe de Baccalos. Elle fut découverte premièrement par Sébastian Babate[3] Anglais, lequel persuada au roi d'Angleterre Henri Septième, qu'il irait aisément par là au pays de Catay, vers le Nord[4], et que par ce moyen trouverait épiceries et autres choses, aussi bien que le roi de Portugal aux

Indes; joint qu'il se proposait aller au Pérou et Amérique, pour peupler le pays de nouveaux habitants, et dresser là une nouvelle Angleterre. Ce qu'il n'exécuta; vrai est qu'il mit bien trois cents hommes en terre, du côté d'Irlande au Nord, où le froid fit mourir presque toute la compagnie, encore que ce fût au mois de juillet. Depuis Jacques Quartier (ainsi que lui-même m'a récité) fit deux fois le voyage en ce pays-là, c'est-à-savoir l'an mil cinq cent trente-quatre, et mil cinq cent trente-cinq[1].

CHAPITRE LXXV
De la terre de Canada, dite par ci-devant Baccalos,
découverte de notre temps, & de la manière
de vivre des habitants.

Pour autant que cette contrée au Septentrion a été découverte de notre temps par un nommé Jacques Quartier, Breton, maître pilote et capitaine[2], homme expert et entendu à la marine, et ce par le commandement du feu roi François premier de ce nom, que Dieu absolve[3], je me suis avisé d'en écrire sommairement en cet endroit ce qu'il me semble mériter d'être écrit, combien que selon l'ordre de notre voyage à retourner, il devait précéder le prochain chapitre. Qui m'a davantage invité à ce faire, c'est que je n'ai point vu homme qui en ait traité autrement, combien que la chose ne soit sans mérite en mon endroit, et que je l'ai certainement appris dudit Quartier qui en a fait la découverte.

Cette terre, étant presque sous le pôle Arctique zéniculaire, est jointe par l'occident à la Floride et aux îles du Pérou, et depuis là côtoie l'Océan, vers les Baccales, dont avons parlé. Lequel lieu, je crois que ce soit le même que ceux qui ont fait la dernière découverte, ont nommé Canada[4]; comme il advient que souvent à plaisir l'on nomme ce qui est hors de la connaissance d'autrui, se confinant vers Orient à une mer provenant de la glaciale ou Hyperborée; et de l'autre côté à une terre ferme, dite Campestre de Berge[1], au Sud-Est joignant à cette contrée. Il y a un cap appelé de Lorraine, autrement de ceux qui l'ont découvert, Terre des Bretons, prochaine des Terres-Neuves, où se prennent aujourd'hui les morues, un espace de dix ou douze lieues entre les deux, tenant ladite Terre-Neuve à cette haute terre, laquelle nous avons nommée Cap de Lorraine; et est assise au Nord-Est, une assez spacieuse et large île entre deux, laquelle a de circuit environ quatre lieues. Ladite terre commence tout auprès dudit Cap, par-devers le Sud, où se range Est, Nord-Est et Ouest, Surouest, la plupart d'icelle allant à la terre de la Floride, se range en forme de demi-cercle, tirant à Themistitan. Or pour retourner au cap de Lorraine, dont nous avons parlé, il gît à la terre par-devers le Nord, laquelle est rangée par une mer Méditerranée (comme déjà nous avons dit) ainsi que l'Italie entre la mer Adriatique et Ligustique[2]. Et depuis ledit cap allant à l'Ouest, Ouest et Surouest, se peut ranger environ deux cents lieues, et tous sablons et arènes, sans aucun port ni havre[3]. Cette région est habitée de plusieurs gens d'assez grande corpulence, fort malins, et portent ordinairement visage masqué et déguisé par linéaments de rouge et pers; lesquelles couleurs ils tirent de certains fruits. Ladite terre fut découverte par le dedans de cette mer, mil cinq cent trente-cinq, par le seigneur Quartier, comme nous avons dit, natif de Saint-Malo.

Donc outre le nombre des navires dont il usa, pour l'exécution de son voyage, avec quelques barques de soixante à quatre-vingts hommes, rangea ce pays par avant inconnu, jusques à un fleuve grand et spacieux, lequel ils nomment l'Abbaye de chaleur[4], où il se trouve de très bon poisson et en abondance, principalement de saumons. Alors ils trafiquèrent en plusieurs lieux circonvoisins, c'est-à-savoir les nôtres de haches, couteaux, haims[5] à pêcher, et autres hardes, contre peaux de cerfs, loutres et autres sauvagines dont ils ont abondance. Les barbares de ce pays leur firent bien bon accueil, se montrant bien affectionnés envers eux, et joyeux de telle venue, connaissance et amitié pratiquée et conçue les uns avec les autres. Après ce fait, passant outre, trouvèrent autres peuples, presque contraires aux premiers, tant en langue que manière de vivre; et disaient être descendus du grand fleuve de Chelogua[1] pour aller faire la guerre aux premiers voisins. Ce que puis après le capitaine Quartier a su et véritablement entendu par eux-mêmes, d'une de leurs barques, qu'il prit avec sept hommes; dont il en retint d'eux, qu'il amena en France au roi; lesquels il remmena à sa seconde navigation; et les ayant derechef amenés, ont pris le christianisme, et sont ainsi décédés en France. Et n'a onques été entendue la manière de vivre de ces premiers barbares, ni de ce qu'il y a en leur pays et région, pource qu'elle n'a été hantée ni autrement trafiquée.

CHAPITRE LXXVI
D'une autre contrée de Canada.

Quant à l'autre partie de cette région de Canada, où se tiennent et fréquentent les derniers sauvages, elle a été depuis découverte outre ledit fleuve de Chelogua, plus de trois à quatre cents lieues par ledit Quartier, avec le commandement du roi; où il a trouvé le pays fort peuplé, tant en sa seconde que première navigation. Le peuple est autant obéissant et amiable qu'il est possible, et aussi familier que si de tout temps eussent été nourris ensemble, sans aucun signe de mauvais vouloir, ni autre rigueur. Et illec fit ledit Quartier quelque petit fort et bâtiment pour hiverner lui et les siens, ensemble pour se défendre contre l'injure de l'air tant froid et rigoureux. Il fut assez bien traité pour le pays et la saison : car les habitants lui amenaient par chacun jour leurs barques chargées de poisson, comme anguilles, lamproies et autres; pareillement de chairs sauvages, dont ils en prennent bonne quantité. Aussi sont-ils grands veneurs, soit été ou hiver, avec engins[2] ou autrement. Ils usent d'une manière de raquettes tissues de cordes en façon de crible, de deux

Usage de ces raquettes.

pieds et demi de long, et un pied de large, tout ainsi que vous représente la figure ci-après mise[1]. Ils les portent sous les pieds au froid et à la neige, spécialement quand ils vont chasser aux bêtes sauvages, afin de n'enfoncer point dans les neiges, à la poursuite de leur chasse. Ce peuple se revêt de peaux de cerf, corroyées et accommodées à leur mode.

Pour prendre ces bêtes, ils s'assembleront dix ou douze armés de longues lances ou piques, grandes de quinze à seize pieds, garnies par le bout de quelque os de cerf ou autre bête, d'un pied de long ou plus, au lieu de fer, portant arcs et flèches garnies de même; puis par les neiges qui leur sont familières toute l'année, suivant les cerfs au trac par lesdites neiges assez profondes, découvrent la voie, laquelle étant ainsi découverte, vous y planteront branches de cèdre qui verdoient en tout temps, et ce en forme de rets, sous lesquelles ils se cachent armés en cette manière. Et incontinent que le cerf attiré pour le plaisir de cette verdure et chemin frayé s'y achemine, ils se jettent dessus à coups de piques et de flèches, tellement qu'ils le contraindront de quitter la voie et entrer ès profondes neiges, voire jusques au ventre, où ne pouvant aisément cheminer, est atteint de coups jusques à la mort. Il sera écorché sur-le-champ et mis en pièces, l'envelopperont en sa peau et traîneront par les neiges jusques en leurs maisons. Et ainsi les apportaient jusques au fort des Français, chair et peau, mais pour autre chose en récompense, c'est-à-savoir quelques petits ferrements et autres choses.

Aussi ne veux omettre ceci qui est singulier, que quand lesdits sauvages sont malades de fièvre ou persécutés d'autre maladie intérieure, ils prennent des feuilles d'un arbre qui est fort semblable aux cèdres, qui se trouvent autour de la montagne de Tarare, qui est au Lyonnais; et en font du jus, lequel ils boivent[1]. Et ne faut douter que dans vingt-quatre heures il n'y a si forte maladie, tant soit-elle invétérée dedans le corps, que ce breuvage ne guérisse; comme souventes fois les chrétiens ont expérimenté, et en ont apporté de la plante par-deçà.

CHAPITRE LXXVII

La religion & manière de vivre de ces pauvres Canadiens,
& comme ils résistent au froid.

Ce peuple en sa manière de vivre et gouvernement approche assez près de la loi de Nature. Leur mariage est qu'un homme prendra deux ou trois femmes sans autre solennité, comme les Amériques desquels avons jà parlé. De leur religion, ils ne tiennent aucune méthode ni cérémonie de révérer ou prier Dieu, sinon qu'ils contemplent le nouveau croissant, appelé en leur langue *Osannaha*, disant que *Andouagni* l'appelle ainsi, puis l'envoie peu à peu qu'elle avance et retarde les eaux. Au reste, ils croient très bien qu'il [y] a un Créateur, plus grand que le Soleil, la Lune, ni les étoiles, et qui tient tout en sa puissance; et est celui qu'ils appellent *Andouagni*[1], sans avoir toutefois forme, ni aucune méthode de le prier; combien qu'en aucune région de Canada ils adorent des idoles, et en auront aucune fois de telles en leurs loges, quarante ou cinquante, comme véritablement m'a récité un pilote portugais, lequel visita deux ou trois villages, et les loges où habitaient ceux du pays. Ils croient que l'âme est immortelle; et que si un homme verse mal[2], après la mort un grand oiseau prend son âme et l'emporte; si au contraire, l'âme s'en va en un lieu décoré de plusieurs beaux arbres et oiseaux chantant mélo-dieusement. Ce que nous a fait entendre le seigneur du pays de Canada, nommé *Donacoua Aguanna*, qui est mort en France bon chrétien, par-lant français, pour y avoir été nourri quatre ans[3].

Et pour éviter prolixité en l'histoire de nos Canadiens, vous noterez que les pauvres gens universellement sont affligés d'une froideur perpé-tuelle, pour l'absence du soleil, comme pouvez entendre. Ils habitent par villages et hameaux en certaines maisons faites à la façon d'un demi-cercle, en grandeur de vingt à trente pas, et dix de largeur, couvertes d'écor-ces d'arbres, les autres de joncs marins. Et Dieu sait si le froid les pénètre, tant mal bâties, mal couvertes et mal appuyées, tellement que bien sou-vent les piliers et chevrons fléchissent et tombent pour la pesanteur que cause la neige étant dessus. Nonobstant cette froidure tant excessive, ils sont puissants et belliqueux, insatiables de travail. Semblablement sont tous ces peuples septentrionaux ainsi courageux, les uns plus, les autres moins, tout ainsi que les autres tirant vers l'autre pôle, spécialement vers les tropiques et équinoxial sont tout au contraire; pource que la chaleur si véhémente de l'air leur tire dehors la chaleur naturelle et la dissipe; et par ainsi sont chauds seulement par-dehors et froids au-dedans. Les autres ont la chaleur naturelle serrée et contrainte dedans par le froid extérieur, qui les rend ainsi robustes et vaillants; car la force et faculté de toutes les parties du corps dépend de cette naturelle chaleur[4].

La mer alentour de ce pays est donc glacée tirant au Nord, et ce pour être trop éloignée du soleil, lequel d'Orient en Occident passe par le milieu de l'univers, obliquement toutefois[1]. Et de tant plus que la chaleur naturelle est grande, d'autant mieux se fait la concoction et digestion des viandes dans l'estomac : l'appétit aussi en est plus grand. Ainsi ce peuple de Septentrion mange beaucoup plus que ceux de la part opposite; qui est cause que bien souvent en ce Canada y a famine, joint que leurs racines et autres fruits desquels se doivent sustenter et nourrir toute l'année, sont gelés, leurs rivières pareillement l'espace de trois ou quatre mois. Nous avons dit qu'ils couvrent leurs maisons d'écorces de bois, aussi en font-ils barques, pour pêcher en eau douce et salée. Ceux du pays de Labrador, leurs voisins (qui furent découverts par les Espagnols[2], pensant de ce côté trouver un détroit pour aller aux îles des Moluques, où sont les épiceries), sont pareillement sujets à ces froidures, et couvrent leurs logettes de peaux de poissons et de bêtes sauvages, comme aussi plusieurs autres Canadiens.

Davantage lesdits Canadiens habitent en communauté[3], ainsi que les Amériques, et là travaille chacun selon ce qu'il sait faire. Aucuns font pots de terre, les autres plats, écuelles et cuillers de bois; les autres arcs et flèches, paniers, quelques autres habillements de peaux dont ils se couvrent contre le froid. Les femmes labourent la terre, et la remuent avec certains instruments faits de longues pierres, et sèment les grains, du mil spécialement, gros comme pois et de diverses couleurs, ainsi que l'on plante les légumes par-deçà. La tige croît en façon de cannes à sucre, portant trois ou quatre épis, dont y en a toujours un plus grand que les autres, de la façon de nos artichauts[4]. Ils plantent aussi des fèves plates et blanches comme neige, lesquelles sont fort bonnes. Il s'en trouve de cette espèce en l'Amérique et au Pérou. Il y a davantage force citrouilles et coucourdes, lesquelles ils mangent cuites à la braise, comme nous faisons les poires de par-deçà. Il y a en outre une petite graine fort menue, ressemblant à la graine de marjolaine, qui produit une herbe assez grande. Cette herbe[5] est merveilleusement estimée, aussi la font-ils sécher au soleil, après en avoir fait grand amas; et la portent à leur col ordinairement en de petits sachets de peaux de quelque bête, avec une manière de cornet percé, où ils mettent un bout de cette herbe ainsi séchée; laquelle ayant frottée entre leurs mains, y mettent le feu et en reçoivent la fumée par la bouche par l'autre bout du cornet. Et en prennent en telle quantité qu'elle sort par les yeux et par le nez; et se parfument ainsi à toutes heures du jour. Nos Amériques ont une autre manière de se parfumer, comme nous avons dit ci-devant.

CHAPITRE LXXVIII

Des habillements des Canadiens, comme ils portent cheveux,
& du traitement de leurs petits enfants.

Les Canadiens, trop mieux appris que les habitants de l'Amérique, se savent fort bien couvrir de peaux des bêtes sauvages, avec leur poil, accoutrés à leur mode, ainsi que déjà nous avons touché, par aventure contraints pour le froid, et non autrement; laquelle occasion ne s'est présentée aux autres, qui les a fait demeurer ainsi nus, sans aucune vergogne l'un de l'autre. Combien que ceux-ci, j'entends les hommes, ne sont totalement vêtus, sinon enveloppés d'une peau pelue, en façon d'un davanteau[1] pour couvrir le devant et parties honteuses; le faisant passer entremy les jambes, fermées à boutons sur les deux cuisses; puis ils se ceignent d'une large ceinture qui leur affermit tout le corps, bras et jambes nues; hormis que par sus le tout ils portent un grand manteau de peaux cousues ensemble, si bien accoutrées, comme si le plus habile pelletier y avait mis la main. Les manteaux sont faits, les uns de loutre, ours, martres, panthères, renards, lièvres, rats, connins, et autres peaux, corroyées avec le poil; qui a donné argument, à mon avis, à plusieurs ignorants de dire que les sauvages étaient velus[2]. Aucuns ont écrit que Hercule de Libye venant en France, trouva le peuple vivant presque à la manière des sauvages, qui sont tant aux Indes de Levant qu'en l'Amérique, sans nulle civilité; et allaient les hommes et femmes presque tous nus; les autres étaient vêtus de peaux de diverses espèces de bêtes. Ainsi a été la première condition du genre humain, étant au commencement rude et mal poli; jusques à ce que par succession de temps nécessité a contraint les hommes d'inventer plusieurs choses, pour la conservation et maintien de leur vie[1]. Encore sont en cette rude incivilité ces pauvres sauvages, admirant notre vêtement, de quelle matière et comment il est ainsi bâti, jusques à demander quels arbres portaient cette matière, comme il m'a été proposé en l'Amérique; estimant la laine croître ès arbres, comme leur coton. L'usage de laquelle a été par longtemps ignoré, et fut inventé, comme veulent plusieurs, par les Athéniens, et mise en œuvre. Les autres l'ont attribué à Pallas, pource que les laines étaient en usage avant les Athéniens et que leur ville fût bâtie. Voilà pourquoi les Athéniens l'ont merveilleusement honorée et eue en grande révérence, pour avoir reçu d'elle ce grand bénéfice[2]. Et par ainsi est vraisemblable que lesdits Athéniens et autres peuples de la Grèce se vêtaient de peaux, à la manière de nos Canadiens; et à la similitude du premier homme, comme témoigne saint Jérôme, laissant exemple à sa postérité d'en user ainsi, et non aller tout nus. En quoi ne pouvons assez louer et reconnaître notre Dieu, lequel par singulière affection, sur toutes les autres parties du monde, aurait uniquement favorisé à notre Europe.

Reste à parler comme ils portent les cheveux, c'est-à-savoir autrement que les Amériques. Tant hommes que femmes portent les cheveux noirs, fort longs; et y a cette différence seulement, que les hommes ont les cheveux troussés sur la tête, comme une queue de cheval, avec chevilles de bois à travers; et là-dessus une peau de tigre, d'ours ou autres bêtes; tellement qu'à les voir accoutrés en telle sorte, l'on les jugerait ainsi déguisés, vouloir entrer en un théâtre, ressemblant mieux aux portraits d'Hercule, que faisaient pour récréation les anciens Romains, et comme nous le peignons encore aujourd'hui, qu'à autre chose. Les autres se ceignent et enveloppent la tête de martres zibelines, ainsi appelées du nom de la région située au Nord[1], où cet animal est fréquent; lesquelles nous estimons précieuses par-deçà pour la rareté; et pour ce telles peaux sont réservées pour l'ornement des princes et grands seigneurs, ayant la beauté conjointe avec la rareté. Les hommes ne portent aucune barbe, non plus que ceux du Brésil, pource qu'ils l'arrachent selon qu'elle pullule.

Quant aux femmes, elles s'habillent de peaux de cerfs préparées à leur mode, qui est très bonne et meilleure que celle qu'on tient en France, sans en perdre un poil seul. Et ainsi enveloppées, se serrent tout le corps d'une ceinture longue, à trois ou quatre tours par le corps, ayant toujours un bras et une mamelle hors de cette peau, attachée sur l'une des épaules, comme une écharpe de pèlerin. Pour continuer notre propos, les femmes de Canada portent chausses de cuir tanné et fort bien labouré à leur mode, enrichi de quelque teinture faite d'herbes et fruits, ou bien de quelque terre de couleur, dont il y a plusieurs espèces. Le soulier est de même matière et cadelure[2].

Ils observent le mariage avec toute foi, fuyant adultère surtout; vrai est que chacun a deux ou trois femmes, comme déjà nous avons dit en un autre lieu. Le seigneur du pays nommé *Agahanna*[3] en peut avoir autant que bon lui semble. Les filles ne sont désestimées pour avoir servi à quelques jeunes hommes avant qu'être mariées, ainsi qu'en l'Amérique. Et pour ce ont certaines loges en leur village, où ils se rencontrent, et communiquent les hommes avec les femmes, séparés d'avec les jeunes gens, fils et filles. Les femmes veuves ne se remarient jamais, en quelque nombre qu'elles soient après la mort de leur mari; ains vivent en deuil le reste de leur vie, ayant le visage tout noirci de charbon pulvérisé avec huile de poisson; les cheveux toujours épars sur le visage, sans être liés ni troussés par-derrière, comme portent les autres; et se maintiennent ainsi jusques à la mort.

Quant au traitement de leurs petits enfants, ils les lient et enveloppent en quatre ou cinq peaux de martres cousues ensemble; puis les vous attachent et garrottent sur une planche ou ais de bois percé à l'endroit du derrière, en sorte qu'il a toujours ouverture libre, et entre les jambes comme un petit entonnoir ou gouttière faite d'écorce mollette, où ils font leur eau, sans toucher ni coïnquiner[1] leur corps, soit devant ou derrière, ni les peaux où ils sont enveloppés. Si ce peuple était plus prochain de la Turquie, j'estimerais qu'ils auraient appris cela des Turcs; ou au contraire avoir enseigné les autres[2]. Non pas que je veuille dire que ces sauvages estiment être péché que leurs enfants se mouillent de leur propre urine, comme cette nation superstitieuse de Turquie; mais plutôt pour une civilité qu'ils ont par-dessus les autres. Parce que l'on peut estimer combien ces pauvres brutaux les surpassent en honnêteté. Ils vous plantent cette planche avec l'enfant par l'extrémité inférieure pointue en terre, et demeure ainsi l'enfant debout pour dormir, la tête pendant en bas.

CHAPITRE LXXIX

La manière de leur guerre.

Comme ce peuple semble avoir presque mêmes mœurs que les autres barbares sauvages, aussi après eux ne se trouve autre plus prompt et coutumier de faire guerre l'un contre l'autre, et qui approche plus de leur manière de guerre, aucunes choses exceptées. Les Toutaniens, les Guadalpes et Chicorins font guerre ordinaire contre les Canadiens et autres peuples divers qui descendent de ce grand fleuve d'Ochelagua et Saguené[3]. Lesquelles rivières sont merveilleusement belles et grandes, portant très bon poisson et en grande quantité; aussi par icelles peut-on entrer bien trois cents lieues en pays et ès terres de leurs ennemis avec petites barques, sans pouvoir user de plus grands vaisseaux, pour le danger des rochers[4]. Et disent les anciens du pays que qui voudrait suivre ces deux rivières, qu'en peu de lunes, qui est leur manière de nombrer le temps, l'on trouverait diversité de peuples et abondance d'or et d'argent. Outre que ces deux fleuves, séparés l'un de l'autre, se trouvent et joignent ensemble en certain endroit, tout ainsi que le Rhône et la Saône à Lyon, et ainsi assemblés se rendent bien avant dans la Nouvelle-Espagne : car ils sont confins l'un à l'autre, comme la France et l'Italie. Et pour ce, quand il est question de guerre en Canada, leur grand *Agahanna*, qui vaut autant à dire que roi ou seigneur, commande aux autres seigneurs de son obéissance, ainsi que chacun village a son supérieur, qu'ils se délibèrent de venir et trouver par-devers lui en bon et suffisant équipage de gens, vivres et autres munitions, ainsi que leur coutume est de faire. Lesquels incontinent, chacun en son endroit, se mettent en effort et devoir d'obéir au commandement de leur seigneur, sans en rien y faillir, ou aller au contraire. Et ainsi s'en viennent sur l'eau, avec leurs petites barquettes, longues, et larges bien peu, faites d'écorces de bois, ainsi qu'en l'Amérique et autres lieux circonvoisins. Puis l'assemblée faite, s'en vont chercher leurs ennemis; et lorsqu'ils savent les devoir rencontrer, se mettront en si bon ordre pour combattre et donner assaut qu'il est possible, avec infinité de ruses et stratagèmes, selon leur mode.

Les attendants se fortifient en leurs loges et cabanes, assemblés à dix ou douze, et quinze mille hommes, avec quelques pièces de bois, fagots, ramages[1], engraissés de certaine graisse de loup marin ou autre poisson; et ce afin qu'ils empoisonnent leurs ennemis s'ils approchent, mettant le feu dedans, dont il en sort une fumée grosse et noire, et dangereuse à sentir pour la puanteur tant excessive, qu'elle fait mourir ceux qui la sentent; outre ce qu'elle aveugle les ennemis, qu'ils ne se peuvent voir l'un l'autre. Et vous savent adresser et disposer cette fumée de telle méthode que le vent la chasse de leur côté à celui des ennemis. Ils usent pareillement de poisons faits d'aucunes feuilles d'arbres, herbes et fruits, lesquelles matières séchées au soleil, ils mêlent parmi ces fagots et ramages, puis y mettent le feu de loin, voyant approcher leurs ennemis.

Ainsi se voulurent-ils défendre contre les premiers qui allèrent découvrir leur pays, faisant effort, avec quelques graisses et huiles, de mettre le feu la nuit ès navires des autres abordés au rivage de la mer. Dont les

nôtres, informés de cette entreprise, y donnèrent tel ordre qu'ils ne furent aucunement incommodés. Toutefois j'ai entendu que ces pauvres sauvages n'avaient machiné cette entreprise que justement et à bonne raison, considéré le tort qu'ils avaient reçu des autres. C'est qu'étant les nôtres descendus en terre, aucuns jeunes folâtres, par passe-temps, vicieux toutefois et irraisonnables, comme par une manière de tyrannie coupaient bras et jambes à quelques-uns de ces pauvres gens, seulement, disaient-ils, pour essayer si leurs épées tranchaient bien, nonobstant que ces pauvres barbares les eussent reçus humainement, avec toute douceur et amitié[1]. Et par ainsi depuis n'ont permis aucuns chrétiens aborder et mettre pied à terre en leurs rivages et limites, ni faire trafic quelconque, comme depuis l'on a bien connu par expérience.

Or, pour n'éloigner davantage de notre propos, ces Canadiens marchent en guerre quatre à quatre, faisant, quand ils se voient ou approchent les uns des autres, cris et hurlements merveilleux et épouvantables (ainsi qu'avons dit des Amazones) pour donner terreur et épouvanter leurs ennemis. Ils portent force enseignes, faites de branches de bouleaux, enrichis de pennages et plumages de cygnes. Leurs tambourins sont de certaines peaux tendues et bandées en manière d'une herse, où l'on fait le parchemin, portée par deux hommes de chacun côté, et un autre étant derrière frappant à deux bâtons le plus impétueusement qu'il lui est possible. Leurs flûtes sont faites d'os de jambes de cerf ou autre sauvagine. Ainsi se combattent ces Canadiens à coups de flèches, rondes massues, bâtons de bois à quatre quarres, lances et piques de bois, aiguisées par le bout d'os au lieu de fer. Leurs boucliers sont de pennaches, qu'ils portent au col, les tournant d'avant ou derrière, quand bon leur semble. Les autres portent une sorte de morion [1] fait de peaux d'ours fort épais, pour la défense de la tête. Ainsi en usaient les anciens à la manière des sauvages : ils combattaient à coups de poing, à coups de pied, mordaient à belles dents, se prenaient aux cheveux, et autres manières semblables. Depuis à combattre ils usèrent de pierres, qu'ils jetaient l'un contre l'autre; comme il appert mêmement par la sainte Bible. Davantage Hérodote, en son quatrième livre, parle de certain peuple qui se combattait à coups de bâtons et de massue; il dit en outre que les vierges de ce pays avaient coutume de batailler tous les ans avec pierres et bâtons les unes contre les autres, à l'honneur de la déesse Minerve, le jour de son anniversaire. Aussi Diodore au premier livre récite que les massues et peaux de lions étaient propres à Hercule pour combattre; car auparavant n'étaient encore les autres armes en usage [2]. Qui voudra voir Plutarque et Justin, et autres auteurs, trouvera que les anciens Romains combattaient tout nus. Les Thébains et Lacédémoniens se vengèrent de leurs ennemis à coups de leviers et grosses massues de bois. Et ne faut estimer que lors ce pauvre peuple ne fût autant hardi comme celui d'aujourd'hui, pour avoir demeuré tout nus, sans être aucunement vêtus, comme à présent sont nos Canadiens de grosses peaux, destitués semblablement de moyens et ruses de guerre, dont ces sauvages se savent aider maintenant. Je vous pourrais amener plusieurs auteurs parlant de la manière que tenaient les anciens en guerre, mais suffira pour le présent ce que j'en ai allégué, pour retourner au peuple de Canada, qui est notre principal propos.

Ce peuple n'use de l'ennemi pris en guerre comme l'on fait en toute l'Amérique, c'est-à-savoir qu'ils ne les mangent aucunement, ainsi que les autres. Ce qu'est beaucoup plus tolérable. Vrai est que s'ils prennent aucuns de leurs ennemis, ou autrement demeurent victorieux, ils leur écorchent la tête et le visage, et l'étendent à un cercle pour la sécher[1]; puis l'emportent en leur pays, la montrant avec une gloire, à leurs amis, femmes et vieillards, qui pour l'âge imbécile ne peuvent plus porter le faix, en signe de victoire. Au reste, ils ne sont si enclins à faire guerre comme les Pérusiens et ceux du Brésil, pour la difficulté, par aventure, que causent les neiges et autres incommodités qu'ils ont par-delà.

CHAPITRE LXXX

Des mines, pierreries & autres singularités
qui se trouvent en Canada.

Le pays et terroir de Canada est beau et bien situé, et de soi très bon, hormis l'intempérature du ciel qui le défavorise, comme pouvez aisément conjecturer. Il porte plusieurs arbres et fruits dont nous n'avons la connaissance par-deçà. Entre lesquels y a un arbre de la grosseur et forme d'un gros noyer de deçà, lequel a demeuré longtemps inutile et sans être connu, jusques à tant que quelqu'un le voulant couper, en saillit un suc, lequel fut trouvé d'autant bon goût et délicat que le bon vin d'Orléans ou de Beaune; même fut ainsi jugé par nos gens qui lors en firent l'expérience, c'est-à-savoir le capitaine et autres gentilshommes de sa compagnie, et recueillirent de ce jus sur l'heure de quatre à cinq grands pots[1]. Je vous laisse à penser si depuis ces Canadiens, affriandés à cette liqueur, ne gardent pas cet arbre chèrement pour leur breuvage, puisqu'il est ainsi excellent. Cet arbre, en leur langue, est appelé *Couton*. Une autre chose quasi incrédible est, qui ne l'aurait vue. Il se trouve en Canada plusieurs lieux et contrées qui portent très beaux ceps de vigne, du seul naturel de la terre, sans culture, avec grande quantité de raisins gros, bien nourris et très bons à manger[2]; toutefois n'est mention que le vin en soit bon en pareil. Ne doutez combien trouvèrent cela étrange et admirable ceux qui en firent la première découverte.

Ce pays est accompli de montagnes et planures[3]. En ces hautes montagnes se trouvent certaines pierres retirant en pesanteur et couleur à mine d'or; mais quand on la voulut éprouver, si elle était légitime, elle ne put endurer le feu qu'elle ne fût dissipée et convertie en cendre. Il n'est impossible qu'en cet endroit ne se trouvât quelque mine aussi bonne qu'aux îles du Pérou, qui caverait[4] plus avant en terre. Quant à mines de fer et de cuivre, il s'en trouve assez. Au surplus de petites pierres, faites et taillées en pointe de diamant, qui proviennent les unes en plainure, les autres aux montagnes. Ceux qui premièrement les trouvèrent, pensaient être riches en un moment, estimant que fussent vrais diamants, dont ils apportèrent abondance; et de là est tiré le proverbe aujourd'hui commun partout : «C'est un diamant de Canada.» De fait il tire au diamant de Calicut et des Indes Orientales. Aucuns veulent dire que c'est une espèce de fin cristal; de quoi je ne puis donner autre résolution, sinon ensuivant Pline, qui dit le cristal provenir de neige et eau excessivement gelée et ainsi concrée[5]. Par quoi ès lieux sujets à glace et neige se peut faire que quelque partie d'icelles, par succession de temps, se dessèche et concrée[6] en un corps luisant et transparent comme cristal. Solin estime cette opinion fausse, que le cristal vienne totalement de neige[7]; car si ainsi était, il se trouverait seulement ès lieux froids, comme en Canada et semblables régions froides; mais l'expérience nous montre le contraire; comme en l'île de Chypre, Rhodes, Égypte, et en plusieurs lieux de la Grèce, comme moi-même ai vu du temps que j'y étais, où il se trouvait, et encore trouve aujourd'hui abondance de cristal. Qui est vrai argument de juger que le cristal n'est eau congelée, considéré qu'en ces pays desquels parlons, la chaleur est trop plus fréquente et véhémente sans comparaison qu'en Canada, pays affligé de perpétuelles froidures. Diodore dit que le cristal est concréé d'eau pure, non congelée par froideur, mais plutôt séchée par chaleur véhémente. Néanmoins celui de Canada est plus luisant et sent mieux en toutes choses sa pierre fine que celui de Chypre et autres lieux. Les anciens empereurs de Rome estimaient beaucoup le fin cristal et en faisaient faire des vases, où ils mangeaient. Les autres en faisaient simulacres qu'ils tenaient particulièrement enfermés en leurs cabinets et trésors. Pareillement les rois d'Égypte, du temps que florissait Thèbes la grande[1], enrichissaient leurs sépultures de fin cristal, que l'on apportait de l'Arménie majeure et du côté de Syrie. Et de ce cristal étaient représentés les rois par portraits au naturel, pour demeurer, ce leur semblait, et être en perpétuelle mémoire. Voilà comme les anciens estimèrent le cristal et à quels usages était appliqué. Aujourd'hui il est employé à faire vases et coupes à boire, chose fort estimée, si elle n'était tant fragile. Au surplus en ce pays se trouve grande abondance de jaspes et cassidoines.

CHAPITRE LXXXI

Des tremblements de terre & grêles, auxquels est
fort sujet ce pays de Canada.

Cette région de Canada est merveilleusement sujette aux tremblements de terre et aux grêles[2]; dont ce pauvre peuple, ignorant les choses naturelles et encore plus les célestes, tombent en une peur extrême, encore que telles choses leur soient fréquentes et familières, ils estiment que cela provient de leurs dieux, pour les avoir irrités et fâchés. Toutefois le tremblement de terre naturel ne vient sinon des vents enfermés par quelques cavités de la terre, lequel par grande agitation la fait mouvoir, comme il fait sur la terre trembler arbres et autres choses; comme dispute très bien Aristote en ses *Météores*[1]. Quant à la grêle, ce n'est de merveille si elle y est fréquente, pour l'intempérature et inclémence de l'air, autant froid en sa moyenne région[2] qu'en la plus basse, pour la distance du soleil, qui n'en approche plus près que quand il vient à notre tropique; pourquoi l'eau qui tombe du ciel, l'air étant perpétuellement froid, est toujours congelée, qui n'est autre chose que neige ou grêle.

Or ces sauvages, incontinent qu'ils sentent telles incommodités, pour l'affliction qu'ils en reçoivent, se retirent en leurs logettes, et avec eux quelque bestial qu'ils nourrissent domestiquement, et là caressent leurs idoles, la forme desquelles n'est guère différente à la fabuleuse Mélusine de Lusignan, moitié serpent, moitié femme : vu que la tête avec la chevelure représente lourdement (selon leur bon esprit sauvage) une femme. Or le surplus du corps en forme de serpent, qui pourrait bailler argument aux poètes de feindre que Mélusine soit leur déesse, vu qu'elle s'enfuit en volant, selon qu'aucuns fabulent, narrateurs dudit Roman[3], qu'ils tiennent en leurs maisons ordinairement.

Le tremblement de terre est dangereux, combien que la cause en est évidente[4]. Puisqu'il vient à propos de ce tremblement, nous en dirons un mot, selon l'opinion des philosophes naturels, et les inconvénients qui en ensuivent. Thalès Milésien[5], l'un des sept sages de Grèce, disait l'eau être commencement de toutes choses, et que la terre flottant au milieu de cette eau, comme une nave en plaine mer, était en un tremblement perpétuel, quelquefois plus grand et quelquefois plus petit. De même opinion a été Démocrite; et disait davantage que l'eau sous terre, crue par pluie, ne pouvant pour son excessive quantité être contenue ès veines et capacités de la terre, causait ce tremblement; et de là venir les sources et fontaines que nous avons. Anaxagoras disait être le feu, lequel, appétant (comme est son naturel) monter en haut et s'unir au feu élémentaire[6], causait non seulement ce tremblement, mais quelques ouvertures, goulfes et autres semblables en la terre; comme nous voyons en quelques endroits. Et confirmait son opinion de ce que la terre brûlait en plusieurs lieux. Anaximène assurait la terre même être seule cause de ce tremblement, laquelle étant ouverte, pour l'excessive ardeur du soleil, l'air entrait dedans en grande quantité et avec violence; lequel par après, la terre étant réunie et rejointe, ne pouvant par où sortir, se mouvait çà et là au ventre de la terre, et que de là venait ce tremblement. Ce qui me semble plus raisonnable et approchant de la vérité, selon que nous avons dit, suivant Aristote[1]; aussi que le vent n'est autre chose qu'un air impétueusement agité. Mais ces opinions laissées des causes naturelles du tremblement de terre, il se peut faire pour autres raisons, du vouloir et permission du Supérieur, à nous toutefois inconnues[2].

Les inconvénients qui en surviennent, sont renversements de villes et cités; comme il advint en Asie des sept cités, du temps de Tibère César[3], et de la métropolitaine ville de Bithynie, durant le règne de Constantin. Plusieurs aussi ont été englouties de la terre, les autres submergées des eaux; comme furent Élicé et Bura aux ports de Corinthe[4]. Et pour dire en bref, ce tremblement se fait quelquefois de telle véhémence que, outre les inconvénients prédits[5], il fait îles de terre ferme, comme il a fait de Sicile, et quelques lieux en Syrie et autres. Il unit quelquefois les îles à la continente, comme Pline dit être advenu de celles de Doromisce, Perne en Milete[6]; ayant même fait qu'en la vieille Afrique plusieurs plaines et lieux champêtres se voient aujourd'hui réduits en lacs. Aussi récite Sénèque qu'un troupeau de cinq cents ouailles[7], et autres bêtes et oiseaux, furent quelquefois engloutis et perdus par un tremblement de terre. Pour cette raison, ils se logent (la plus grande part) près des rivages pour éviter ce tremblement, bien informés par expérience, et non de raison, que les lieux marécageux ne sont sujets à tremblements comme la terre ferme; et de ce la raison est bien facile à celui qui entendra la cause du tremblement ci-devant alléguée. Voilà parquoi le très riche et très renommé temple de Diane en Éphèse, qui dura plus de deux cents ans, bâti si somptueusement qu'il mérita être nombré entre les spectacles du monde[1], fut assis sur pilotis en lieu de marais, pour n'être sujet à tremblement de terre, jusques à tant qu'un certain folâtre nommé Helvidius, ou comme veulent aucuns, Ératosthène[2], pour se faire connaître et parler de lui, y mit le feu, et fut converti en cendres. Pour cette même cause les Romains avaient édifié un temple excellent à Hercule près le Tibre, et là lui faisaient sacrifices et oraisons. Or le tremblement en Canada est quelquefois si violent qu'en cinq ou six lieues de leurs maisons dedans le pays, il se trouvera plus de deux mille arbres, aucunefois plus, quelquefois moins, tombés par terre, tant en montagnes que plat pays; rochers renversés les uns sur les autres, terres enfoncées et abîmées; et tout cela ne provient d'ailleurs que de ce mouvement et agitation de la terre. Autant en peut-il advenir ès autres contrées sujettes aux tremblements de terre. Voilà du tremblement de terre, sans plus éloigner de notre route.

CHAPITRE LXXXII

Du pays appelé Terre-Neuve.

Après être départis de la hauteur du golfe de Canada, fut question de passer outre, tirant notre droit chemin au Nord, délaissant la terre de Labrador et les îles qu'ils appellent des Diables[3], et le cap de Marco, distant de la ligne cinquante-six degrés, nous côtoyâmes à senestre cette contrée qu'ils ont nommée Terre-Neuve, merveilleusement froide; qui a été cause que ceux qui premièrement la découvrirent, n'y firent long séjour, ni ceux aussi qui quelquefois y vont pour trafiquer. Cette Terre-Neuve est une région faisant une des extrémités de Canada, et en icelle se trouve une rivière, laquelle à cause de son amplitude et largeur semble quasi être une mer, et est appelée la rivière des Trois frères, distante des îles des Essores[4] quatre cents lieues, et de notre France neuf cents. Elle sépare la province de Canada de celle que nous appelons Terre-Neuve.

Aucuns modernes l'ont estimée être un détroit de mer, comme celui de Magellan, par lequel l'on pourrait entrer de la mer Océane à celle du Sud ou Pacifique, et de fait Gemma Frisius, encore qu'il fût expert en mathématique, a grandement erré, nous voulant persuader que cette rivière, de laquelle nous parlons, est un détroit, lequel il nomme Septentrional, et même l'a ainsi dépeint en sa Mappemonde[1]. Si ce qu'il en a écrit eût été véritable, en vain les Espagnols et Portugais eussent été chercher un autre détroit, distant de cestui-ci de trois mille lieues, pour entrer en cette mer du Sud et aller aux îles des Moluques, où sont les épiceries. Ce pays est habité de Barbares vêtus de peaux de sauvagines, ainsi que ceux de Canada, fort inhumains et mal traitables; comme bien l'expérimentent ceux qui vont par-delà pêcher les morues que nous mangeons par-deçà. Ce peuple maritime ne vit guère d'autre chose que de poisson de mer, dont ils prennent grande quantité, spécialement de loups marins, desquels ils mangent la chair, qui est très bonne. Ils font certaine huile de la graisse de ce poisson, laquelle devient, après être fondue, de couleur roussâtre, et la boivent au repas, comme nous ferions par-deçà du vin ou de l'eau. De la peau de ce poisson grande et forte, comme de quelque grand animal terrestre, ils font manteaux et vêtements à leur mode; chose admirable qu'en un élément si humide que cestui-là, qui est l'humidité même, se puisse nourrir un animant qui ait la peau dure et sèche comme les terrestres. Ils ont semblablement autres poissons vêtus de cuir assez dur, comme marsouins et chiens de mer; les autres revêtus de coquilles fortes, comme tortues, huîtres et moules. Au reste, ils ont abondance de tous autres poissons, grands et petits, desquels ils vivent ordinairement. Je m'ébahis que les Turcs, Grecs, Juifs et diverses autres nations du Levant ne mangent point de dauphins[2], ni de plusieurs autres poissons qui sont destitués d'écailles, tant de mer que d'eau douce, qui me fait juger que ceux-ci sont plus sages et mieux avisés de trouver le goût des viandes plus délicates, que non pas ou les Turcs ou Arabes, et autre tel fatras de peuple superstitieux. En cet endroit se trouvent des baleines (j'entends en la haute mer, car tel poisson ne s'approche jamais du rivage) qui ne vivent que de tels petits poissons. Toutefois le poisson qu'ordinairement mange la baleine n'est plus gros que nos carpes, chose quasi incrédible pour le respect de sa grandeur et grosseur. La raison est, ainsi que veulent aucuns, que la baleine ayant le gosier trop étroit en proportion du corps, ne peut dévorer plus grand morceau. Qui est un secret encore admirable, duquel les anciens ne se sont oncques avisés, voire ni les modernes, quoiqu'ils aient traité des poissons. La femelle ne fait jamais qu'un petit à la fois, lequel elle met hors comme un animant terrestre sans œuf, ainsi que les autres poissons ovipares. Et qui est encore plus admirable, elle allaite son petit, après être dehors; et pour ce elle porte mamelles au ventre sous le nombril; ce que ne fait autre poisson quelconque, soit de marine ou d'eau douce, sinon le loup. Ce que mêmement témoigne Pline[1]. Cette baleine est fort dangereuse sus la mer, pour la rencontre, ainsi que bien savent les Bayonnais pour l'avoir expérimenté, car ils sont coutumiers d'en prendre. À ce propos, lorsque nous étions en l'Amérique, le bateau de quelque marchand qui passait d'une terre à autre pour son trafic ou autre négoce, fut renversé et mis à sac, et tout ce qui était dedans, par la rencontre d'une baleine qui le toucha de sa queue. En ce même endroit où converse[2] la baleine, se trouve le plus souvent un poisson, qui lui est perpétuel ennemi; de manière que s'approchant d'elle, ne fera faute de la piquer sous le ventre (qui est la partie la plus mollette) avec sa langue tranchante et aiguë comme la lancette d'un barbier; et ainsi offensée, à grande difficulté se peut sauver qu'elle ne meure, ainsi que disent les habitants de Terre-Neuve et les pêcheurs ordinaires. En cette mer de Terre-Neuve se trouve une autre espèce de poisson que les barbares du pays nomment *Hehec*, ayant le bec comme un perroquet et autres poissons d'écaille. Il se trouve en ce même endroit abondance de dauphins qui se montrent le plus souvent sus les ondes et à fleur de l'eau, sautant et voltigeant par-dessus; ce qu'aucuns estiment être présage de tourmentes et tempêtes, avec vents impétueux de la part dont ils viennent, comme Pline récite et Isidore en ses *Étymologies*[3], de ce que aussi l'expérience m'a rendu plus certain que l'autorité ou de Pline, ou autre des anciens. Sans éloigner de propos, aucuns ont écrit qu'il y a cinq espèces de présage et pronostic des tempêtes futures sus la mer, comme Polybius, étant avec Scipion Émilien en Afrique. Au surplus y a abondance de moules fort grosses.

Quant aux animaux terrestres, vous y en trouverez un grand nombre, et bêtes fort sauvages et dangereuses, comme gros ours, lesquels presque tous sont blancs. Et ce que je dis des bêtes s'entend jusques aux oiseaux, desquels le plumage presque tire sur le blanc : ce que je pense advenir pour l'excessive froideur du pays. Lesquels ours jour et nuit sont importuns ès cabanes des sauvages, pour manger leurs huiles et poissons, quand il s'en trouve de réserve. Quant aux ours, encore que nous en ayons amplement traité en notre *Cosmographie de Levant*[1], nous dirons toutefois en passant comme les habitants du pays les prennent, affligés de l'importunité qu'ils leur font. Donc ils font certaines fosses en terre fort profondes près les arbres ou rochers, puis les couvrent si finement de quelques branches ou feuillages d'arbres; et ce là où quelque essaim de mouches à miel se retire, ce que ces ours cherchent et suivent diligemment, et en sont fort friands, non comme je crois tant pour s'en rassasier que pour s'en guérir les yeux qu'ils ont naturellement débiles, et tout le cerveau, même qu'étant piqués de ces mouches rendent quelque sang, spécialement par la tête, qui leur apporte grand allègement[2]. Il se voit là une espèce de bêtes grandes comme buffles, portant cornes assez larges, la peau grisâtre, dont ils font vêtements; et plusieurs autres bêtes, desquelles les peaux sont fort riches et singulières. Le pays au reste est montagneux et peu fertile, tant pour l'intempérature de l'air, que pour la condition de la terre peu habitée et mal cultivée.

Des oiseaux, il ne s'en trouve en si grand nombre qu'en l'Amérique ou au Pérou, ni de si beaux. Il y a deux espèces d'aigles, dont les uns hantent les eaux, et ne vivent guère que de poisson, et encore de ceux qui sont vêtus de grosses écailles ou coquilles qu'ils enlèvent en l'air, puis les laissent tomber en terre, et les rompent ainsi pour manger ce qui est dedans. Cet aigle nidifie en gros arbres sus le rivage de la mer. En ce pays [y] a plusieurs beaux fleuves et abondance de bon poisson.

Ce peuple n'appète autre chose, sinon ce qui lui est nécessaire pour sustenter leur nature, en sorte qu'ils ne sont curieux en viandes, et n'en vont quérir ès pays lointains, et sont leurs nourritures saines, de quoi advient qu'ils ne savent que c'est que maladies, ains vivent en continuelle santé et paix, et n'ont aucune occasion de concevoir envie les uns contre les autres, à cause de leurs biens ou patrimoine; car ils sont quasi tous égaux en biens et sont tous riches par un mutuel contentement et équalité de pauvreté. Ils n'ont aussi aucun lieu député pour administrer justice, parce qu'entre eux ne font aucune chose digne de répréhension. Ils n'ont aucunes lois, ni plus ni moins que nos Amériques et autre peuple de cette terre continente, sinon celle de nature[1]. Le peuple maritime se nourrit communément de poisson, comme nous avons déjà dit; les autres éloignés de la mer se contentent des fruits de la terre, qu'elle produit la plus grande part sans culture et être labourée. Et ainsi en ont usé autrefois les anciens, comme même récite Pline[2]. Nous en voyons encore assez aujourd'hui, que la terre nous produit elle-même sans être cultivée. Dont Virgile récite que la forêt Dodonée[3] commençant à se retraire, pour l'âge qui la surmontait, ou bien qu'elle ne pouvait satisfaire au nombre du peuple qui se multipliait, un chacun fut contraint de travailler et solliciter la terre, pour en recevoir émolument nécessaire à la vie. Et voilà quant à leur agriculture. Au reste ce peuple est peu sujet à guerroyer, si leurs ennemis ne les viennent chercher. Alors ils se mettent tous en défense en la façon et manière des Canadiens.

Leurs instruments incitants à batailler, sont peaux de bêtes tendues en manière de cercle, qui leur servent de tambourins, avec flûtes d'ossements de cerfs, comme ceux des Canadiens. Que s'ils aperçoivent leurs ennemis de loin, ils se prépareront de combattre de leurs armes, qui sont arcs et flèches; et avant qu'entrer en guerre, leur principal guide, qu'ils tiennent comme un Roi, ira tout le premier, armé de belles peaux et plumages, assis

sur les épaules de deux puissants sauvages, afin qu'un chacun le connaisse, et soient prompts à lui obéir en tout ce qu'il commandera. Et quand il obtient victoire, Dieu sait comme ils le caressent. Et ainsi s'en retournent joyeux en leurs loges avec leurs bannières déployées, qui sont rameaux d'arbres garnis de plumes de cygnes voltigeant en l'air, et portant la peau du visage de leurs ennemis, tendue en petits cercles, en signe de victoire, comme j'ai voulu représenter par la figure précédente[1].

CHAPITRE LXXXIII

Des îles des Essores.

Il ne reste plus de tout notre voyage qu'à traiter d'aucunes îles qu'ils appellent des Essores, lesquelles nous côtoyâmes à main dextre, et non sans grand danger de naufrage; car trois ou quatre degrés deçà et delà souffle ordinairement un vent le plus merveilleux, froid et impétueux qu'il est possible : craintes pour ce respect, et redoutées des pilotes et navigants, comme le plus dangereux passage qui soit en tout le voyage, soit pour aller aux Indes, ou à l'Amérique; et pouvez penser qu'en cet endroit la mer n'est jamais tranquille, ains se lève contremont, comme nous voyons souventefois que le vent élève la poudre ou fétus de la terre, et les hausse droitement contremont, ce que nous appelons communément tour-billon, qui se fait aussi bien en la mer comme en la terre, car en l'un et en l'autre il se fait comme une pointe de feu ou pyramide[1], et élève l'eau contremont, comme j'ai vu mainte fois, parquoi semble que le vent a aussi un mouvement droit d'en-bas contremont, comme mouvement circulaire, duquel j'ai dit en un autre lieu[2]. Voilà parquoi elles ont été ainsi nommées, pour le grand essor que cause ce vent ès dites îles : car essorer vaut autant à dire comme sécher ou essuyer[3]. Ces îles sont dis-tantes de notre France environ dix degrés et demi; et sont neuf en nombre, dont les meilleures sont habitées aujourd'hui des Portugais, où ils ont envoyé plusieurs esclaves pour travailler et labourer la terre; laquelle par leur diligence ils ont rendue fertile de tous bons fruits néces-saires à la vie humaine, de blé principalement, qu'elle produit en telle abondance que tout le pays de Portugal en est fourni de là; et le trans-portent à beaux navires, avec plusieurs bons fruits, tant du naturel du pays que d'ailleurs, mais un entre les autres, nommé *Hirci*, dont la plante a été apportée des Indes, car auparavant ne se trouvait nullement, tout ainsi qu'aux îles Fortunées. Et même en toute notre Europe, avant que l'on commençât à cultiver la terre, à planter et semer diversité de fruits, les hommes se contentaient seulement de ce que la terre produisait de son naturel; ayant pour breuvage de belle eau claire; pour vêtements quelques écorces de bois, feuillages et quelques peaux, comme déjà nous avons dit. En quoi pouvons voir clairement une admirable providence de notre Dieu, lequel a mis en la mer, soit Océane ou Méditerranée, grande quantité d'îles, les unes plus grandes, les autres plus petites, soutenant les flots et tempêtes d'icelle, sans toutefois aucunement bouger, ou que les habitants en soient de rien incommodés (le Seigneur, comme dit le Prophète, lui ayant ordonné ses bornes, qu'elle ne saurait passer[1]) dont les unes sont habitées, qui autrefois étaient désertes; plusieurs abandonnées qui jadis avaient été peuplées, ainsi que nous voyons advenir de plusieurs villes et cités de l'Empire de Grèce, Trapézonde[2] et Égypte. L'ordonnance du Créateur étant telle que toutes choses çà-bas ne seraient perdurables en leur être, ains sujettes à mutation. Ce que considérant nos Cosmographes modernes, ont ajouté aux tables de Ptolomée[3] les chartes nouvelles de notre temps, car depuis la connaissance et le temps qu'il écrivait, sont advenues plusieurs choses nouvelles.

Nos Essores donc étaient désertes, avant qu'elles fussent connues par les Portugais, pleines toutefois de bois de toutes sortes; entre lesquels se trouve une espèce de cèdre, nommé en langue des sauvages *Oracantin*, dont ils font très beaux ouvrages, comme tables, coffres, et plusieurs vaisseaux de mer. Ce bois est à merveilles odoriférant, et n'est sujet à putréfaction, comme autre bois, soit en terre ou en eau. Ce que Pline a bien noté, que de son temps l'on trouve à Rome quelques livres de philosophie en un sépulcre, entre deux pierres, dans un petit coffre, fait de bois de cèdre, qui avait demeuré sous terre bien l'espace de cinq cents ans[4]. Davan[ta]ge il me souvient avoir lu autrefois qu'Alexandre le Grand passant en la Taprobane[5], trouva un navire de cèdre sus le rivage de la mer, où il avait demeuré plus de deux cents ans, sans corruption ou putréfaction aucune. Et de là est venu le proverbe latin que l'on dit, *Digna cedro*, des choses qui méritent éternelle mémoire[6]. Il me semble que ces cèdres des Essores ne sont si haut élevés en l'air ni de telle odeur que ceux qui sont au détroit de Magellan, encore qu'il soit quasi en même hauteur que lesdites îles des Essores. Il s'y trouve pareillement plusieurs autres arbres, arbrisseaux portant fruits très beaux à voir, spécialement en la meilleure et plus notable île, laquelle ils ont nommée île de Saint-Michel[1], et la plus peuplée. En cette île [y] a une fort belle ville naguère bâtie avec un fort, là où les navires tant d'Espagne que de Portugal, au retour des Indes abordent et se reposent avant qu'arriver en leur pays. En l'une de ces îles [y] a une montagne, presque autant haute que celle de Ténériffe, dont nous avons parlé; où il y a abondance de pastel, de sucre et de vin quelque peu. Il ne s'y trouve aucune bête ravissante, oui bien quelques chèvres sauvages, et plusieurs oiseaux par les bocages. De la hauteur de ces îles fut question de passer outre, jusques au cap de Fineterre, sus la côte d'Espagne, où abordâmes, toutefois bien tard, pour recouvrer vivres dont nous avions grande indigence, pour filer et déduire chemin jusques en Bretagne, contrée de l'obéissance de France.

Voilà, Messieurs, le discours de mon lointain voyage au Ponant, lequel j'ai décrit, pour n'être vu inutile et pour néant avoir exécuté telle entreprise, le plus sommairement qu'il m'a été possible, non par aventure si éloquemment que méritent nos[2] oreilles tant délicates et jugement si exquis. Et si Dieu ne m'a fait cette grâce de consumer ma jeunesse ès bonnes lettres et y acquérir autant de perfection que plusieurs autres, ains plutôt à la navigation, je vous supplierai affectueusement m'excuser. Cependant si vous plaît agréablement recevoir ce mien écrit tumultuairement compris et labouré par les tempêtes et autres incommodités d'eau et de terre[3], vous me donnerez courage, étant séjourné et à repos par-deçà, après avoir réconcilié mes esprits, qui sont comme épandus çà et là, d'écrire plus amplement de la situation et distance des lieux, que j'ai observés oculairement, tant en Levant, Midi, que Ponant : lesquelles j'espère vous montrer à l'œil et représenter par vives figures[4], outre les cartes modernes, que j'oserai dire, sans offenser l'honneur de personne, manquer en plusieurs choses, soit la faute des portrayeurs, tailleurs ou autres, je m'en rapporte. Davantage, encore qu'il est malaisé, voire impossible, de pouvoir justement représenter les lieux et places notables, leurs situations et distances, sans les avoir vues à l'œil; qui est la plus certaine connaissance de toutes, comme un chacun peut juger et bien entendre. Vous voyez combien longtemps nous avons ignoré plusieurs pays, tant îles que terre ferme, nous arrêtant à ce qu'en avaient écrit les anciens ; jusques à tant que depuis quelque temps en-çà, l'on s'est hasardé à la navigation, de manière qu'aujourd'hui l'on a découvert tout notre hémisphère, et trouvé habitable : duquel Ptolomée et les autres n'avaient seulement reconnu la moitié.

FIN

ANNEXES

Pièces liminaires

PRIVILÈGE

HENRI par la grâce de Dieu Roi de France aux prévôts de Paris, bailli de Rouen, sénéchal de Lyon, Toulouse, Bordeaux, ou leurs lieutenants, et à tous nos autres justiciers et officiers salut. Notre aimé F. André Thevet d'Angoulême nous a fait remontrer qu'après avoir longuement voyagé et discouru par l'Amérique et autres terres et îles découvertes de notre temps, qu'il a rédigé par écrit, avec grande peine et labeur, les Singularités de toutes les contrées dessus dites, ayant le tout mis en bonne forme et due, pour le contentement et profit des gens studieux de notre Royaume, et pour l'illustration et augmentation des bonnes lettres; lesquelles Singularités il aurait grand désir faire imprimer et mettre en lumière, s'il nous plaisait de grâce lui permettre les faire imprimer par tel ou tels Libraires et Imprimeurs de nos villes de Paris et Lyon qu'il voudra élire. Mais il doute que quelques autres des Imprimeurs de notre Royaume le voulant frustrer de son labeur, fassent imprimer ledit livre, ou en vendent qui aient été imprimés par autre que par celui ou ceux auxquels il en donnera la charge. Nous requérant sur ce lui impartir nos lettres et grâce espéciale. Pource est-il que nous inclinant à sa requête pour les causes susdites et autres à ce nous mouvant, avons permis et octroyé, permettons et octroyons de grâce espéciale par ces présentes audit suppliant que lui seul puisse par tels Libraires et Imprimeurs que bon lui semblera, et qui lui sembleront plus capables et diligents en nos dites villes de Paris et Lyon, et autres, faire imprimer ledit livre. Et afin que le Libraire ou Imprimeur auquel ledit Thevet suppliant aura donné la charge de ce faire, se puisse rembourser des frais qu'il aura faits pour l'impression, avons inhibé et défendu, inhibons et défendons à tous autres Libraires et Imprimeurs et autres personnes quelconques de nos dites prévôtés, bailliages et sénéchaussées, et généralement à tous nos sujets d'imprimer ou faire imprimer, vendre ou distribuer ledit livre jusques à dix ans après la première impression d'icelui à compter du jour qu'il aura été achevé d'imprimer, sans la permission et consentement dudit Libraire ou Imprimeur; et ce sur peine de confiscation des livres imprimés et d'amende arbitraire. Si vous mandons et commandons par ces présentes, et à chacun de vous si comme à lui appartiendra, que de nos présente grâce, permission et octroi, vous fassiez, souffriez et laissez ledit suppliant, ou celui ou ceux auxquels il aura donné charge de faire ladite impression, jouir et user pleinement et paisiblement de notre dite présente permission et octroi. Et afin que personne n'en prétende cause d'ignorance, nous voulons que la copie en soit mise et insérée dedans les livres qui seront imprimés, et que foi y soit ajoutée comme au présent original. Car ainsi nous plaît-il être fait. Donné à Saint-Germain-en-Laye, le dix-huitième jour du mois de décembre, l'an de grâce mil cinq cent cinquante-six, et de notre règne le dixième.

Ainsi signé,

Par le Roi, vous présent.

Fizes.

À MONSEIGNEUR, MONSEIGNEUR LE RÉVÉRENDISSIME CARDINAL DE SENS[1],
GARDE DES SCEAUX DE FRANCE, F. ANDRÉ THEVET DÉSIRE PAIX ET FÉLICITÉ

Monseigneur, étant suffisamment averti combien, après ce très louable et non moins grand et laborieux exercice, auquel a plu au Roi employer votre prudence et prévoyant savoir, vous prenez plaisir, non seulement à lire, ains à voir et goûter quelque belle histoire, laquelle entre tant de fatigues puisse récréer votre esprit et lui donner une délectable intermission de ses plus graves et sérieux négoces, j'ai bien osé m'enhardir de vous présenter ce mien discours, du lointain voyage fait en l'Inde Amérique (autrement de nous nommée la France Antarctique, pour être partie peuplée, partie découverte par nos pilotes), terre qui pour le jourd'hui se peut dire la quatrième partie du monde, non tant pour l'éloignement de nos horizons que pour la diversité du naturel des animaux et température du ciel de la contrée; aussi pource que aucun n'en a fait jusques ici la recherche, cuidant tous cosmographes (voire se persuadant) que le monde fût limité en ce que les anciens nous avaient décrit. Et jaçoit que la chose me semble de soi trop petite pour être offerte devant les yeux de Votre Seigneurie, toutefois la grandeur de votre nom fera agrandir la petitesse de mon œuvre; vu même que je m'assure tant de votre naïve[2] douceur, vertu et désir d'ouïr choses admirables que facilement vous jugerez mon intention ne tendre ailleurs qu'à vous faire connaître que je n'ai plaisir qu'à vous offrir chose de laquelle vous puissiez tirer et recevoir quelque contentement, et où quelquefois vous trouviez relâche de ces grands et ennuyeux soucis qui s'offrent en ce degré que vous tenez. Car qui est l'esprit si constant qui quelquefois ne se fâche, voire se consume en vaquant sans intervalle aux affaires graves du gouvernement d'une république? Certes, tout ainsi que quelquefois, pour le soulagement du corps, le docte médecin ordonne quelque mutation d'aliments, aussi l'esprit est alléché et comme semonds à grandes choses par le récit diversifié de choses plaisantes et qui par leur véritable douceur semblent chatouiller les oreilles. Ceci est la raison pourquoi les philosophes anciens et autres se retiraient souvent à l'écart de la tourbe et enveloppement d'affaires publiques.

Comme aussi ce grand orateur Cicéron témoigne s'être plusieurs fois absenté du Sénat de Rome (au grand regret toutefois des citoyens) pour, en sa maison champêtre, chérir plus librement les douces Muses. Donc puisqu'entre les nôtres, ainsi que lui entre les Romains, pour votre singulière érudition, prudence et éloquence, êtes comme chef et principal administrateur de la triomphante République française, et tel à la vérité que le décrit Platon en sa *République*, c'est-à-savoir grand seigneur et homme amateur de science et vertu ; aussi n'est-il hors de raison de l'imiter et ensuivir en cet endroit. Or Monseigneur, ainsi que, retournant tout attédié et rompu de si long voyage, j'ai été par vous premièrement, de votre grâce reçu et bienvenu, qui me donnait à connaître qu'êtes le singulier patron de toute vertu et de tous ceux qui s'y appliquent, aussi m'a semblé ne pouvoir adresser en meilleur endroit ce mien petit labeur qu'au vôtre. Lequel s'il vous plaît recevoir autant humainement comme de bon et affectionné vouloir le vous présente et dédie ; et si lisez le contenu d'icelui, trouverez à mon opinion en quoi vous récréer, et m'obligerez à jamais (combien que déjà, pour plusieurs raisons, je me sente grandement votre tenu et obligé) à faire très humble et très obéissant service à Votre Seigneurie, à laquelle je supplie le Créateur donner accomplissement de toute prospérité.

ÉTIENNE JODELLE[1] SEIGNEUR DU LIMODIN, À M. THEVET,

ODE

Si nous avions pour nous les Dieux,
Si notre peuple avait des yeux,
Si les grands aimaient les doctrines,
Si nos magistrats trafiqueurs
Aimaient mieux s'enrichir de mœurs
Que s'enrichir de nos ruines,
Si ceux-là qui se vont masquant
Du nom de docte en se moquant
N'aimaient mieux mordre les sciences
Qu'en remordre leurs consciences,
Ayant d'un tel heur labouré,
Thevet, tu serais assuré
Des moissons de ton labourage,
Quand favoriser tu verrais
Aux Dieux, aux hommes et aux rois
Et ton voyage et ton ouvrage.

Car si encor nous estimons
De ceux-là les superbes noms
Qui dans leur grand Argon[2] osèrent
Asservir Neptune au fardeau[3],
Et qui maugré l'ire de l'eau
Jusque dans le Phase voguèrent;
Si pour avoir vu tant de lieux
Ulysse est presque entre les Dieux,

Combien plus ton voyage t'orne,
Quand passant sous le Capricorne
As vu ce qui eût fait pleurer
Alexandre[1] ? Si honorer
L'on doit Ptolomée en ses œuvres,
Qu'est-ce qui ne t'honorerait
Qui cela que l'autre ignorait
Tant heureusement nous décœuvres?

Mais le Ciel par nous irrité
Semble d'un œil tant dépité
Regarder notre ingrate France.
Les petits sont tant abrutis,
Et les plus grands qui des petits
Sont la lumière et la puissance,
S'empêchent toujours tellement
En un trompeur accroissement,
Que vu que rien ne leur peut plaire
Que ce qui peut plus grands les faire,
Celui-là fait beaucoup pour soi
Qui fait en France comme moi,
Cachant sa vertu la plus rare,
Et crois, vu ce temps vicieux,
Qu'encor ton livre serait mieux
En ton Amérique barbare.

Car qui voudrait un peu blâmer
Le pays qu'il nous faut aimer,
Il trouverait la France Arctique
Avoir plus de monstres, je crois,
Et plus de barbarie en soi
Que n'a pas ta France Antarctique.
Ces barbares marchent tout nus,
Et nous, nous marchons inconnus,
Fardés, masqués. Ce peuple étrange
À la piété ne se range.

Nous la nôtre nous méprisons,
Pipons, vendons et déguisons.
Ces barbares pour se conduire
N'ont pas tant que nous de raison,
Mais qui ne voit que la foison
N'en sert que pour nous entrenuire ?

Toutefois, toutefois ce Dieu,
Qui n'a pas banni de ce lieu
L'espérance notre nourrice,
Changeant des cieux l'inimitié,
Aura de sa France pitié
Tant pour le malheur que le vice.
Je vois nos rois et leurs enfants
De leurs ennemis triomphants,
Embrasser les choses louables,
Et nos magistrats honorables
Séparant les boucs des agneaux,
Ôter en France deux bandeaux,
Au peuple celui d'ignorance,
À eux celui de leur ardeur,
Lors ton livre aura bien plus d'heur
En sa vie, qu'en sa naissance.

À MONSIEUR THEVET ANGOUMOISIN, AUTEUR DE LA PRÉSENTE HISTOIRE,
FRANÇOIS DE BELLEFOREST COMMINGEOIS[1],
ODE

Le laboureur, quand il moissonne
Courbé par les champs ondoyants,
Ou quand sur la fin de l'automne
Contraint ses bœufs (jà pantelants
Dessous le joug, sous l'attelage)
Recommencer le labourage,
Qui pourvoir puisse aux ans suivants,

Ne s'ébahit, quoique la peine,
Que la rudesse du labeur
Cassent son corps, ains[2] d'une haleine
Forte, attend le temps, qui donneur
D'années riches, lui remplisse
Ses granges, et lui parfournisse
L'attente d'un espéré heur.

Ainsi ta plume qui nous chante
Les mœurs, les peuples du Levant,
Du passé point ne se contente,
Quoiqu'elle ait épandu le vent
D'une gloire immortalisée,
D'une mémoire éternisée,
Qui court du Levant au Ponent.

Car encor que l'antique Thrace,
Que l'Arabe riche aies vu,
Que d'Asie la terre grasse,
D'Égypte les merveilles su;
Encor que ta plume divine
Nous ait décrit la Palestine
Et que de ce son los ait eu[1] *;*

Toutefois ce désir d'entendre
Le plus exquis de l'univers,
A fait ton vol plus loin étendre;
Lui a fait voir de plus divers,
Tant peuples que leurs païsages,
Hommes nus allant et sauvages,
Jusque ici de nul découverts.

Je vois ton voyage qui passe
Tous degrés et dimensions
D'un Strabon, qui le ciel compasse,
Et les habités horizons,
Lesquels Ptolomée limite;
Mais leur connaissance petite
Surpassent tes conceptions[2]*.*

Car ayant côtoyé d'Afrique
Les règnes riches et divers,
Les lointains pays d'Amérique
Doctement nous as découverts;
Encor en l'Antarctiq'avances,
Non une, mais deux telles Frances
Qui soient miracle à l'univers[3]*.*

Et ce que jamais l'écrit d'homme
N'avait par-deçà rapporté,
Tu l'exprimes, tu le peins, somme
Tel tu le fais qu'en vérité

L'obscurté même en serait claire;
Tant que par ce moyen j'espère
Que l'on verra ressuscité

Des Mondes cet infini nombre
Qui fit Alexandre plourer[1].
O que d'arbres ici je nombre,
Quels fruits doux j'y peux savourer;
Que de monstres divers en formes,
Quelles mœurs de vivre difformes
Aux nôtres[2] tu sais coulourer!

Je vois la gent qui idolâtre
Tantôt un poisson écaillé,
Or un bois, un métal, un plâtre
Par eux mis en œuvre et taillé[3];
Tantôt un Pan qui mis en œuvre
Notre Dieu tout puissant décœuvre[4],
Qui de l'univers émaillé

Par maintes beautés fit le moule
Et l'enrichit d'animaux maints,
Qui la terre en forme de boule
Entoura des ciels clairs sereins.
De là sortent tes Antipodes,
Ces peuples que tu accommodes
À ces sauvages inhumains.

Desquels quand la façon viens lire
Avec tant d'inhumanités,
D'horreur, de pitié et puis d'ire,
Je poursuis ces grands cruautés,
Quelquefois de leur politique
Je loue la sainte pratique
Avecque leurs simplicités[5].

Las! si de ton esprit l'image
Dieu eût posé en autre corps,
Lequel d'un marinier orage
Eût évité les grands efforts,
Qui eût craint de voir par les ondes
Les éclats, les coups furibondes
Des armés, et cent mille morts,

Pas n'aurions de cette histoire
Le docte et véritable trait;
Mais Dieu soigneux et de ta gloire
Et de l'équitable souhait
De la France, qui ne désire
Que choses rares souvent lire,
Ce désir a mis en effet.

C'est quand il étrenna ce pôle
De ton bon esprit, et t'élut,
Ô Thevet, pour porter parole
De ces peuples, ainsi voulut
Que de voir désireux tu fusses,
Et pour le mieux, il fit que pusses
Parfaire ce que autre onc ne sut.

Ainsi l'Europe tributaire
À ton labeur, t'exaltera;
Pas ne pourra France se taire,
Ains t'admirant s'égaiera,
Lisant ces merveilles cachées
Et par nul écrivant touchées;
Les lisant, elle t'honorera.

IN THEVETUM NOVI ORBIS PERAGRATOREM ET DESCRIPTOREM, IO. AURATUS[1],
LITERARUM GRAECARUM REGIUS PROFESSOR

Aure tenus, sed non pedibus, nec navibus ullis,
 Plurimus et terras, mensus et eſt maria.
Multa tamen non nota maris terraeque reliĉta
 His loca, nec certis teſtificata notis.
At maria et terras pariter vagus iſte Thevetus
 Et visu, et mensus navibus, et pedibus.
Pignora certa refert longarum haec scripta viarum,
 Ignotique orbis cursor et author adeſt.
Vix quae audita aliis, subieĉta fidelibus edit
 Hic oculis, terra sospes ab Antipodum.
Tantum aliis hic Cosmographis Cosmographus anteit,
 Auditu quanto certior eſt oculus[2].

Considérant à part moi combien la longue expérience des choses et fidèle observation de plusieurs pays et nations, ensemble leurs mœurs et façons de vivre, apporte de perfection à l'homme, comme s'il n'y avait autre plus louable exercice par lequel on puisse suffisamment enrichir son esprit de toute vertu héroïque et science très solide, outre ma première navigation au pays de Levant, en la Grèce, Turquie, Égypte et Arabie, laquelle autrefois ai mise en lumière, me suis derechef sous la protection et conduite du grand Gouverneur de l'univers, si tant lui a plu me faire de grâce, abandonné à la discrétion et merci de l'un des éléments le plus inconstant, moins pitoyable et assuré qui soit entre les autres, avec petits vaisseaux de bois, fragiles et caduques (dont bien souvent l'on peut plus espérer la mort que la vie) pour naviguer vers le pôle Antarctique, lequel n'a jamais été découvert ni connu par les anciens, comme il appert par les écrits de Ptolomée et autres, même le nôtre de Septentrion, jusques à l'équinoxial; tant s'en faut qu'ils aient passé outre, et pour ce a été estimé inhabitable. Et avons tant fait par nos journées que sommes parvenus à l'Inde Amérique, environ le Capricorne, terre ferme de bonne température et habitée; ainsi que particulièrement et plus au long nous délibérons écrire ci-après. Ce que j'ai osé entreprendre à l'imitation de plusieurs grands personnages, dont les gestes plus qu'héroïques et hautes entreprises célébrées par les histoires les font vivre encore aujourd'hui en perpétuel honneur et gloire immortelle. Qui a donné argument à ce grand poète Homère de tant vertueusement célébrer par ses écrits Ulysse, sinon cette longue pérégrination et lointain discours qu'il a fait en divers lieux, avec l'expérience de plusieurs choses, tant par eau que par terre, après le saccagement de Troie? Qui a été occasion à Virgile de tant louablement écrire le Troyen Énée (combien que, selon aucuns historiographes, il eût malheureusement livré son propre pays ès mains de ses ennemis[1]), sinon pour avoir vertueusement résisté à la fureur des ondes impétueuses et autres inconvénients de la marine, il y ait vu et expérimenté plusieurs choses et finalement parvenu en Italie? Or tout ainsi que le souverain Créateur a composé l'homme de deux essences totalement différentes, l'une élémentaire et corruptible, l'autre céleste, divine et immortelle; aussi a-t-il remis toutes choses contenues sous le cave du ciel[1] en la puissance de l'homme pour son usage; dessus, afin d'en connaître autant qu'il lui était nécessaire pour parvenir à ce souverain bien; lui laissant toutefois quelque difficulté et variété d'exercice; autrement se fût abâtardi par une oisiveté et nonchalance. L'homme donc, bien qu'il soit créature merveilleusement bien accomplie, si n'est-il néanmoins qu'organe des actes vertueux, desquels Dieu est la première cause; de façon qu'Il peut élire tel instrument qu'il lui plaît pour exécuter son dessein, soit par mer ou par terre. Mais il se peut faire, comme l'on voit le plus souvent advenir, que quelques-uns sous ce prétexte fassent coutume d'en abuser. Le négociateur[2], pour une avarice et appétit insatiable de quelque bien particulier et temporel se hasardant indiscrètement, est autant vitupérable, ainsi que très bien le reprend Horace en ses *Épîtres*, comme celui est louable, qui pour l'embellissement et illustration de son esprit, et en faveur du bien public, s'expose librement à toute difficulté. Cette méthode a bien su pratiquer le sage Socrate, et après lui Platon son disciple, lesquels non seulement ont été contents d'avoir voyagé en pays étranges pour acquérir le comble de philosophie, mais aussi pour la communiquer au public, sans espoir d'aucun loyer ni récompense. Cicéron n'a-t-il pas envoyé son fils Marc à Athènes pour en partie ouïr Cratippus en philosophie, en partie pour apprendre les mœurs et façons de vivre des citoyens d'Athènes? Lysander, élu pour sa magnanimité gouverneur des Lacédémoniens, a si vaillamment exécuté plusieurs belles entreprises contre Alcibiade, homme preux et vaillant, et Antiochus, son lieutenant sur la mer, que, quelque jacture[4] ou détriment qu'il ait encouru, n'eut jamais le cœur abaissé, ains a tant poursuivi son ennemi par mer et par terre, que finalement il a rendu Athènes sous son obéissance. Thémistocle, non moins expert en l'art militaire qu'en philosophie, pour montrer combien il avait désir d'exposer sa vie pour la liberté de son pays, a persuadé aux Athéniens que l'argent recueilli ès mines, que l'on avait accoutumé de distribuer au peuple, fût converti et employé à bâtir navires, fûtes et galères contre Xerxès, lequel, pour en partie l'avoir défait et en partie mis en route, congratulant à cette heureuse victoire (contre le propre d'un ennemi) lui a fait présent de trois les plus apparentes cités de son empire. Qui a causé à Séleuc Nicanor, à l'Empereur Auguste César et à plusieurs princes et notables personnages de porter dans leurs devises et enseignes le Dauphin et l'ancre du navire[5], sinon donnant instruction à la postérité que l'art de la marine est le premier et de tous les autres le plus vertueux? Voilà, sans plus long discours, exemple en la navigation, comme toute chose, d'autant qu'elle est plus excellente, plus sont difficiles les moyens pour y parvenir; ainsi qu'après l'expérience nous témoigne Aristote, parlant de vertu. Et que la navigation soit toujours accompagnée de péril, comme un corps de son ombre, l'a bien montré quelquefois Anacharsis philosophe, lequel, après avoir interrogé de quelle épaisseur étaient les ais et tablettes[1] dont sont composés les navires; et la réponse faite qu'ils étaient seulement de quatre doigts: «De plus, dit-il, n'est éloignée la vie de la mort de celui qui avec navires flotte sus la mer.»[2]

Or, Messieurs, pour avoir allégué tant d'excellents personnages, n'est que je m'estime leur devoir être comparé, encore moins les égaler; mais je me suis persuadé que la grandeur d'Alexandre n'a empêché ses successeurs de tenter, voire jusques à l'extrémité, la fortune; aussi n'a le savoir éminent de Platon jusque-là intimidé Aristote, qu'il n'ait à son plaisir traité de la philosophie. Tout ainsi, afin de n'être vu oiseux[3] et inutile entre les autres, non plus que Diogène entre les Athéniens[4], j'ai bien voulu réduire par écrit plusieurs choses notables que j'ai diligemment observées en ma navigation entre le Midi et le Ponent: c'est-à-savoir la situation et disposition des lieux, en quelque climat, zone ou parallèle que ce soit, tant de la marine, îles et terre ferme, la température de l'air, les mœurs et façons de vivre des habitants, la forme et propriété des animaux terrestres et marins; ensemble d'arbres, arbrisseaux, avec leurs fruits, minéraux et pierreries; le tout représenté vivement au naturel par portrait le plus exquis qu'il m'a été possible. Quant au reste, je m'estimerai bienheureux, s'il vous plaît de recevoir ce mien petit labeur d'aussi bon cœur que le vous présente; m'assurant au surplus que chacun l'aura pour agréable, si bien il pense au grand travail de si longue et pénible pérégrination, qu'ai voulu entreprendre, pour à l'œil voir et puis mettre en lumière les choses plus mémorables que j'y ai pu noter et recueillir, comme l'on verra ci-après.

Je ne doute point, lecteur, que la description de cette présente histoire ne te mette aucunement en admiration, tant pour la variété des choses qui te sont à l'œil démontrées, que pour plusieurs autres qui de prime face te sembleront plutôt monstrueuses que naturelles. Mais après avoir mûrement considéré les grands effets de notre mère Nature, je crois fermement que telle opinion n'aura plus de lieu en ton esprit. Il te plaira semblablement ne t'ébahir de ce que tu trouveras la description de plusieurs arbres, comme des palmiers, bêtes et oiseaux, être totalement contraire à celle de nos modernes observateurs, lesquels, tant pour n'avoir vu les lieux que pour le peu d'expérience et doctrine qu'ils ont, n'y peuvent ajouter foi. Te suppliant avoir recours aux gens du pays qui demeurent par-deçà[1] ou à ceux qui ont fait ce voyage, lesquels te pourront assurer de la vérité. Davantage s'il y a quelques dictions françaises qui te semblent rudes ou mal accommodées, tu en accuseras la fièvre et la mort; la fièvre, laquelle a tellement détenu l'auteur depuis son retour qu'il n'a pas eu loisir de revoir son livre avant que le bailler à l'imprimeur, étant pressé de ce faire par le commandement de Monseigneur le cardinal de Sens[2]. La mort, qui a prévenu Ambroise de La Porte, homme studieux et bien entendu en la langue française, lequel avait pris l'entière charge du présent livre. Toutefois tu te dois assurer que notre devoir n'a point été oublié, souhaitant pour toute récompense qu'il te puisse être agréable.

NOTES

Page 7.

1. Ou Bernard de Poiseulne, selon la lecture proposée par Jean Baudry, *Documents inédits*, p. 8. L'attribution de ces bois gravés à Jean Cousin, artiste de l'École de Fontainebleau, qu'a proposée Paul Gaffarel dans sa Préface, ne repose sur aucun fondement.

Page 23.

1. *Les Singularités*, ch. LIII, p. 203.

2. Ch. XLV, p. 179, note 3.

Page 34.

1. Léry, *Hiſtoire d'un voyage faiƈt en la terre du Bresil*, 1578 et 1580, ch. XV, p. 361.

Page 44.

1. Nicolas Durand de Villegagnon (1510-1572), chevalier de Malte natif de Provins, était à la fois un soldat et un théologien. En 1542 il prit part à la malheureuse expédition de Charles Quint contre Alger. Capitaine de galère et amiral d'escadre, il s'illustra durant la campagne d'Écosse de 1548, en enlevant à ses geôliers la jeune Marie Stuart. Vice-amiral de Bretagne, désigné par Coligny pour prendre la tête de la colonie du Brésil, il fut de retour en France dès 1559, avant même la chute de l'établissement. C'est alors que pour rentrer en grâce il se lança dans la controverse théologique contre Calvin et les Réformés. Il n'abandonnait pas pour autant le métier des armes et combattit du côté catholique au cours des trois premières guerres de Religion. Gouverneur de Sens en 1568-1569, il fut chargé de neutraliser la princesse Renée de France, favorable aux protestants, en son château de Montargis. – Sur ce personnage haut en couleur, voir la biographie quelque peu hagiographique d'Arthur Heulhard, *Villegagnon, roi d'Amérique*, Paris, 1897.

2. Fondé par François Ier en 1517, Le Havre de grâce, aujourd'hui Le Havre, est une ville récente au temps de Thevet.

Page 45.

1. L'étymologie du mot «havre» n'est ni grecque ni latine, comme se plaît à le croire l'humaniste Héret, probable rédacteur de cette remarque, mais germanique. C'est un emprunt au moyen néerlandais *hafen* ou *haven,* «port».

2. Cette étymologie est celle que proposent tour à tour Niccolo Perotti, dit Sipontinus, dans les *Cornucopiae* (éd. de 1532, col. 935), Robert Estienne dans son *Dictionarium,* et Charles Estienne, son fils, dans le *Lexicon Historicum, geographicum ac poeticum* (éd. consultée : Paris, J. Libert, 1644, p. 1407) : «Dictus Oceanus ab okus, quod est velox, testibus Solino et Servio.» Mais ce dernier infirme le qualificatif de «véloce» sur la foi des récentes navigations portugaises.

3. Des païens.

4. La foi indéfectible de Mathurin Héret dans le témoignage supposé de Darès de Phrygie l'auteur de *La Vraye et breve histoire de la guerre et ruine de Troie,* qu'il a lui-même traduite en 1553, l'amène à jeter le doute sur l'*Énéide* de Virgile, cette fiction poétique qui maquille la vérité historique et transforme le traître Énée en un héros sans peur et sans reproche! Pour les circonstances de cet étrange procès, voir ci-après la note 1 de la p. 319.

5. Son paganisme.

Page 46.

1. Nous dirions : le fil d'Ariane, grâce auquel Thésée put sortir du labyrinthe de Crète.

2. Ce souci d'indiquer pour chaque lieu visité ses coordonnées mathématiques traduit chez Thevet l'ambition de faire œuvre scientifique et de s'inscrire dans la lignée des modernes cosmographes, tels que Pierre Apian, Gemma Frisius ou Sébastien Münster. C'est en cela que *Les Singularités* sont, au même titre que ses autres ouvrages, une cosmographie, et non une simple relation de voyage.

3. *De Mundo,* III, 3. Le traité *Du Monde* n'est pas d'Aristote, mais il lui était généralement attribué au XVIe siècle. «C'était un bon résumé des *Météores,* enrichi des idées de Théophraste et du résultat des découvertes géographiques effectuées depuis Aristote jusqu'au Ier siècle après J.-C.» (François de Dainville, *La Géographie des humanistes,* Paris, Beauchesne, 1940, p. 6).

Page 47.

1. La chaîne. Les îles en question sont les Baléares, fort éloignées en réalité de Gibraltar.

2. « C'est la Malouïa actuelle » (P. Gaffarel).

3. Confusion évidente de Thevet : Gibraltar n'est pas en Afrique, mais en Europe.

4. L'achèvement de ses travaux, au nombre de douze, comme l'on sait.

Page 48.

1. *Signes* : au sens de « statues » ou de « monuments » (lat. *signa*). L'Asie majeure, ou Asie proprement dite, est ainsi appelée par opposition avec l'Asie mineure ou Anatolie. Parvenu en Inde sur les rives de l'Hyphase, Alexandre le Grand, comme son ancêtre mythique Héraklès, fit dresser douze autels consacrés aux Olympiens, autour d'une colonne portant l'inscription : « Ici s'est arrêté Alexandre » (Arrien, *Anabase*, V, 19 ; Plutarque, *Vie d'Alexandre*, CV ; Quinte Curce, 9, 1, 35).

2. Dans la *Cosmographie de Levant* (Lyon, 1554 et 1556 ; rééd., Genève, Droz, ch. XXXI, p. 111), Thevet a fait représenter le prétendu tombeau d'Artémise à Rhodes, où l'on voit la veuve inconsolable de Mausole boire dans un hanap les cendres de son mari.

3. La mer Noire.

4. En effet, cette colonne, dont Thevet attribue l'érection à César, figure dans la *Cosmographie de Levant* (ch. XXIV, p. 80), de même que le colosse enjambant l'entrée du port de Rhodes (ch. XXXI, p. 105).

5. Arrien, *Anabase*, II, 16.

6. *Le cap de Canti* : le cap Cantin, au nord d'Essaouira, l'ancienne Mogador.

Page 49.

1. Flavius Josèphe, *Antiquités judaïques*, I, 15. Josèphe est probablement cité ici à travers le *Dictionnaire* de Calepin revu par Robert Estienne. Voir : A. *Calepini Dictionarium, quarto et postremo ex R. Stephani Latinae linguae Thesauro auctum* (Paris, 1553-1554, f. 24), *s. v.* Africa : « Nomen habet (si Josepho credimus) ab uno posterorum Abrahae, cui nomen erat Afer : vel (quod verisimilius est) ab a privativo, et Graeco nomine frikh, quod horrorem significat. Est enim haec regio frigoris horrorisque expers, ut quae maiore sui parte inter Tropicos sita sit. »

2. Étymologie assez conforme à celle que propose le *Dictionnaire* de Calepin revu par Robert Estienne, *s. v.* Libya : « Dicta autem putatur Libya, quod inde Libs ventus flare soleat : seu quod pluvia indigeat propter nimiam siccitatem [...]. Vel à Libya Epaphi filia, Iovis filii » (*Ambrosii Calepini Dictionarium*, Paris, R. Estienne, 1553-1554, f. 326 v°).

3. Étymologie répandue. Voir, outre Perotti et Calepin-Estienne, Gemma Frisius, *Les Principes d'astronomie et cosmographie, avec l'usage du globe [...], mis en langage françois par M. Claude de Boissière*, Paris, G. Cavellat, 1556 (éd. consultée : Paris, H. de Marnef et

Vve G. Cavellat, 1582, f. 64 v°) : «Aphricque semble avoir pris son nom de la privation du froid : car φρίκη en langage grec est autant à dire comme froid : dont serait dite Aphricque comme sans froid.»

Page 50.

1. Héret-Thevet reviendra à plusieurs reprises sur cette théorie du déterminisme climatique inspirée d'Hippocrate et de Galien, mais également présente dans les *Problèmes* d'Alexandre d'Aphrodise. Voir notamment ci-après au ch. XVI, p. 88.

2. Certains de ces qualificatifs traditionnels se rencontrent dans les *Epitheta* (ou *Épithètes*) de Ravisius Textor (éd. de Bâle, N. Brylinger, 1558) : les Africains (*Afri*) sont réputés *bilingues, saevi* et *infidi* (p. 27); les Siciliens (*Siculi*) *acuti* (p. 777); etc.

3. Gentiliser, c'est honorer les dieux à la manière des 'gentils' ou païens.

4. *Nouveau* : au sens de 'monstrueux'. Ce proverbe, sous sa forme latine : «Semper aliquid novi affert Africa», se rencontre aussi bien dans les *Adages* de Polydore Vergile (Bâle, M. Isingrin, 1550, p. 109, ad. CCXLVIII) que dans ceux d'Érasme (III, VII, 10 : «Semper Africa novi aliquid apportat», Bâle, Froben et Episcopius, 1540, p. 781). Il est tiré de Pline l'Ancien, *Histoire naturelle*, VIII, 16 [ou VIII, XVII] (trad. A. Du Pinet, Lyon, Charles Pesnot, 1581, p. 302), qui donne cette explication pour la présence de nombreux monstres dans la chaude Afrique : «On en trouve assez en Afrique [s.e. des lions], et surtout en temps de sécheresse, que tous animaux cherchent à grands troupeaux les rivières qui ne sont taries. Et de là vient qu'il s'y fait un grand mélange d'animaux, parce que les mâles cherchant les femelles de leur espèce, les couvrent quelquefois par force, et quelquefois elles étant en rut». Cf. Aristote, *De la génération des animaux*, II, 5.

Page 52.

1. *Duits* : exercés, entraînés.

2. Cet élément corruptible, l'un des quatre éléments du monde sublunaire, c'est l'eau, qui peut bien laver le corps, mais reste sans effet sur l'âme. Thevet développe ici un lieu commun antimusulman qu'il a déjà exposé, en termes presque identiques, dans la *Cosmographie de Levant*, ch. XXXIX, p. 142 : «ils se nettoient tout le corps, tant les hommes que les femmes, estimant que les macules de l'âme soient purgées par un sensible Élément, sans dépouiller leurs mauvaises affections, ni changer leur méchante vie». Ce reproche de formalisme adressé à la grande religion rivale est de règle dans les récits de voyage en Orient. Il se rencontre notamment chez Pierre Belon (*Les Observations de plusieurs singularitez*, Paris, 1553 et 1555, III, 16) et Nicolas de Nicolay (*Navigations*, II, 21; éd. de 1576, p. 71).

3. Dans la *Cosmographie de Levant*, ch. XXXIX, p. 143, Thevet a représenté l'appel à la prière, avec deux muezzins enturbannés au haut d'un minaret, qui se bouchent les oreilles tout en criant. – Thevet avait écrit *Conſtantinoble*, graphie usuelle pour Constantinople. Cf. *Le Discours du voyage de Conſtantinoble, envoyé dudiĉt lieu à une Damoyselle Françoyse* de Bertrand de La Borderie (Lyon, Pierre de Tours, 1542), dont Thevet s'est servi pour la rédaction de chapitres entiers de son périple oriental.

4. Le pèlerinage de La Mecque.

Page 53.

1. Tacite, *Annales*, XI, 14.

Page 54.

1. Thevet doit ce nombre et l'énumération qui suit à Alvise Ca' da Mosto, *Navigatio ad terras ignotas*, ch. VII : «Canariae insulae numero decem». Il a pu utiliser la version latine de ce texte publiée dans le recueil de Simon Grynaeus, *Novus orbis regionum ac insularum veteribus incognitarum*, l'un des best-sellers géographiques de la Renaissance (Paris, 1532, p. 7). Cf. l'édition récente de Frédérique Verrier, *Voyages en Afrique Noire d'Alvise Ca' da Moſto*, Paris, Chandeigne, 1994, p. 37.

2. Référence en manchette à Ptolémée, «Chap. 3. 4. 5. et 6.»

Page 55.

1. Chien se dit *canis* en latin, nom qui a donné l'adjectif *canarius*, de chien. D'où l'explication étymologique proposée.

2. Pline, *Hiſtoire naturelle*, VI, ch. 32, trad. A. Du Pinet, *L'Hiſtoire du monde de C. Pline second*, Lyon, 1562 et 1581, t. I, p. 247 : «Des Isles Fortunées». Le passage de Pline est cité plus loin *in extenso* par Thevet.

3. Du verbe *épreindre*, presser (pour en extraire le suc). Du Pinet, *loc. cit.*, traduit quant à lui par «pressure».

4. Note de Du Pinet sur Pline, VI, 32 [ou VI, XXXVII] : « Isola bianca aujourd'hui. »

5. Du Pinet, *loc. cit.* : «C'est la grande Canarie.»

Page 56.

1. *Mettelin* : Lesbos, ainsi appelée du nom de Mytilène, sa principale ville.

2. *Esclades* : il faut sans doute comprendre «Cyclades», à moins qu'il ne s'agisse des « échelles » (ou escales) du Levant. Ni Lesbos ni Rhodes ne font partie des Cyclades.

3. Pline, XII, 8 [ou XII, XVII], Du Pinet, p. 478 : «Quant au Sucre, il vient d'Arabie». Comme le précise Du Pinet, il s'agit du sucre candi.

Page 57.

1. Malvoisie : vin grec doux et liquoreux.

2. Il s'agit du papyrus.

3. Paolo Giovio, *alias* «Paul Jove», *Pauli Iovii Novocomensis Medici de Romanis Piscibus libellus, doctus, copiosus et elegans, iam recens aeditus,* Anvers, per Ioannem Grapheum, 1528 [la première édition est de Rome, 1524], cap. IV : *De sturione* : «Dicamus igitur Sturionem ab antiquis Silurum fuisse appellatum [...]».

4. *Orseille* : lichen des côtes rocheuses de la Méditerranée (*lichen roccela*) qui fournit une teinture rouge violacé. D'après Ca' da Mosto, ch. VIII : «Quarum sint rerum feraces Canariae», qui commence ainsi : «Ex his insulis advehitur herba, quae oricola dicitur, cuius colore vestes inficiuntur». Cf. Frédérique Verrier, p. 38, n. 1.

5. *Coupeau* : sommet.

Page 58.

1. *Chet* : (du verbe «choir») tombe.

2. Le Pic du Teide, dans l'île de Ténériffe, pareil aux «pyramides aiguës», sera célébré par Le Tasse dans un passage de la *Jérusalem délivrée* prophétisant la navigation de Colomb (XV, 33-34).

3. Cette altitude de dix-huit lieues est évidemment exagérée : le pic du Teide est haut seulement de 3707 m.

4. *Antipéristase* : «action de deux qualités contraires dont l'une sert à rendre l'autre plus vive et plus puissante» (Littré). Une traduction littérale de ce mot grec serait «contre-circonstance».

5. À contre-pente.

6. Ca' da Mosto, ch. VIII (F. Verrier, p. 39), parle même de «soixante à soixante-dix lieues espagnoles».

7. *Coupeau.* Le mot forme redoublement synonymique avec «faîte».

8. De Chypre, Thevet a pu apercevoir le Taurus en Anatolie ou le mont Liban, mais certainement pas les montagnes d'Arménie.

Page 59.

1. Lyncée, l'un des Argonautes, avait la vue si perçante qu'il était capable de déceler dans le sous-sol les filons métalliques.

2. Les Guanches, premiers habitants des Canaries, étaient sans doute d'origine berbère. Ils furent exterminés par les colons espagnols.

3. Hierro ou l'île de Fer, la plus occidentale et la plus méridionale des Canaries.

Page 60.

1. *Crapule* : indigestion de vin, ivresse (au sens étymologique du latin *crapula*).

2. Mathurin Héret s'amuse, semble-t-il, aux dépens de Thevet. C'est à lui qu'il faut attribuer cette longue dissertation diététique et médicale, et non pas au «cosmographe» en titre, bien incapable d'une telle science et pourtant seul signataire du livre. Sur la légère insolence qui émane de toute cette page, voir F. Lestringant, *André Thevet, cosmographe des derniers Valois*, Genève, 1991, p. 102-104.

3. Il s'agit des Tupinamba du Brésil, dont la frugalité en temps de guerre sera décrite plus loin au chapitre XXXVIII (p. 154). Durant «cinq et six mois» (et non pas sept ou huit, comme il est dit ici) que durent les expéditions militaires, les Brésiliens ne se nourrissent que de farine de manioc et de viande boucanée.

Page 61.

1. Référence ambiguë par suite du caractère employé dans l'original. Il faut lire : Pline, XI, 42 [ou XI, XCVII], Du Pinet, t. I, p. 462.

2. La Pamphylie est une région côtière du Sud de l'Asie Mineure, entre la Lycie et la Cilicie.

3. Strabon, livre II.

4. Virgile, *Géorgiques*, I, 149. La question des origines de la civilisation est un des leitmotive des *Singularités*. Ce passage de Virgile sera encore allégué plus loin au ch. LXXXII, p. 301.

5. Ce «diamètre» ou grand cercle n'est autre que le colure des équinoxes, passant par les pôles et par les points équinoxiaux de l'écliptique. Ce diamètre est donc perpendiculaire à l'équateur ou «ligne équinoxiale».

6. C'est du reste à l'île de Fer que sera situé plus tard, aux XVIIᵉ et XVIIIᵉ siècles, le méridien origine.

7. *Saint-Homer* : île de São Tomé ou Saint-Thomas.

Page 62.

1. La source de Thevet n'est pas, comme il le prétend, cet improbable pilote portugais, mais la *Première Navigation* d'Alvise de Ca' da Mosto (ch. IV, trad. F. Verrier, p. 33 et 35) : «L'île de Madère ou île des Bois tire son nom de ce que, quand elle fut découverte par les marins du seigneur, il n'y avait pas un pouce de terre qui ne fût cou-

vert d'arbres immenses, au point que les premiers habitants durent y mettre le feu. Ce feu brûla si longtemps et avec une telle force que le gouverneur João Gonçalves Zarco, sa femme, ses enfants et tous ceux qui étaient sur l'île, durent pour échapper à la fureur des flammes et à une mort certaine, se réfugier en mer pendant deux jours et deux nuits, sans boire ni manger, avec l'eau jusqu'au cou.»

Page 63.

1. Le dragonnier (*Dracena draco*) se rencontre surtout aux Canaries (note de P. Gaffarel).

Page 64.

1. Pline, *Histoire naturelle*, XIII, 19, Du Pinet, t. I, p. 519 : «l'écorce des Grenades amères est la meilleure de toutes à tanner et affaiter les cuirs». Cf. XXIII, 6, Du Pinet, t. II, p. 245.

Page 65.

1. Ce n'est pas Cyrus, roi des Mèdes et des Perses, mais son fils Cambyse qui conquit l'Égypte en 525 avant J.-C. Voir Hérodote, II, 1, et III, 1-38.

2. Pline, XXIII, 1 [ou XXIII, XIX], Du Pinet, t. II, p. 226-236.

3. Toutes ces considérations sur le vin sont empruntées à Polydore Vergile, *Des inventeurs*, III, 3, éd. de 1544, f. 102 r° : «Platon estimait selon que témoigne Macrobe sur les Saturnales au livre second, le vin être la pâture, le nourrissement et excitation d'engin et de vertu, quand on le prend par discrétion. Ce que les Perses connaissaient bien, lesquels témoin Strabon au XV. chap. de ses Géograph., conseillaient souvent des choses grandes ayant pris du vin modérément, dont elles étaient à leur avis fermes et roborées de tout en tout : et les disait mieux valoir que les choses qui étaient faites à jeun.» Cf. Platon, *Lois*, II; Strabon, XV.

Page 66.

1. *Promuntorium à prominendo* : étymologie voisine de celle que propose Niccolo Perotti dans ses *Cornucopiae*, 1532, col. 163 : «Promontorium quasi praeminens mons dictum; significat enim montem in mari prominentem.» Cf. col. 451 : «Promineo, ultra aliquid emineo. Unde Promontorium quasi prominens mons appellatus est.»

2. Ce «gouffre de mer» est le golfe d'Arguin, en Mauritanie. Au large s'étend le banc d'Arguin, sur lequel, au mois de juillet 1816, s'échoua la frégate la *Méduse*, de sinistre mémoire.

Page 67.

1. Gemma Phrise ou plutôt Gemma Frisius («le Frison»), mathématicien et docteur en médecine de Louvain (1508-1555), est l'auteur d'une version augmentée de la *Cosmographie* de Peter Benewitz, dit Petrus Apianus ou Pierre Apian (1529; trad. fr. 1544, 1551 et 1553), qui connut une soixantaine d'éditions au XVIe siècle. Dans certains des exemplaires conservés figure une «Charta cosmographica, cum ventorum propria natura et operatione», où l'Afrique australe est barrée d'Est en Ouest par les «Montes lunae» (les Monts de la Lune) qui touchent de ce fait au rivage atlantique. Voir par exemple la *Cosmographia iam demum ab omnibus vindicata mendis*, Paris, V. Gaultherot, 1551 (BNF, Cartes et Plans, Rés. Ge FF. 12177).

Page 68.

1. Gambre ou plutôt Gambra, c'est la Gambie. Cf. Sébastien Münster, *Cosmographiae universalis libri VI*, Bâle, Heinrich Petri, 1554, p. 1157 : «De Capite viridi et regno Gambrae», chapitre dont l'information vient également de Ca' da Mosto.

2. Manchette : «Barbazins et Serrets peuples d'Afrique.» Thevet se contente de traduire – assez librement du reste – Alvise Ca' da Mosto, *Navigatio ad terras ignotas*, ch. XXXV : «Ultra sinum degunt bini populi, alii Barbazani, Serreti alii dicuntur [...].» – Comme l'a noté Frédérique Verrier, éd. cit., p. 95, note 1, il s'agit d'un seul et même peuple. Ca' da Mosto a pris le nom du seigneur des Sereres, Bourba Sine, pour celui d'une tribu voisine, «les Barbacins».

3. D'écorce.

4. Manchette : «Almadies.» Le mot, d'origine arabe, désigne toute espèce de pirogue. Au XVIe siècle, il passe de l'Afrique à l'Amérique. Cf. ci-après le ch. XXXIX, note 4, p. 158.

Page 69.

1. Manchette : «Nigritus fl[euve,] maintenant Sénéga.» Thevet confond deux fleuves distincts, le Niger et le Sénégal, et leur attribue de surcroît la même source qu'au Nil. Cette erreur, très répandue dans la géographie de la Renaissance, vient de Ca' da Mosto, ch. XIV, dont Thevet s'inspire ici (cf. éd. F. Verrier, p. 61, note 3). Mais il se contredira plus loin au ch. XII, p. 76.

Page 71.

1. Manchette : «Mignol.» Thevet emprunte cette appellation, de même que plus loin la description du vin de palme, à Alvise Ca' da Mosto, *op. cit.*, ch. XXVI, p. 24 : «succus appellatur mignol» (cf. éd. F. Verrier, p. 81).

Page 72.

1. Référence en manchette à «Pli[ne] li[vre] 13. chap. 4.» [ou XIII, VII]. Cf. la traduction d'Antoine Du Pinet, 1581, t. I, p. 504-508. Les amours des palmiers mâle et femelle ont fourni à l'emblématique de la Renaissance un sujet inépuisable. C'est ainsi que «la palme loyale, / Qui ne veut porter fruit qu'étant près de son mâle» est proposée comme exemple de fidélité conjugale par le poète Guillaume de Saluste Du Bartas (*La Sepmaine*, VII, 503-504; éd. Y. Bellenger, Paris, S.T.F.M., 1981, p. 327). Dans sa peinture du jardin d'Éden, le même Du Bartas évoque l'ardeur amoureuse des palmes femelles qui se courbent au-dessus des rivières pour «joindre leurs maris» croissant sur l'autre bord, formant ainsi des ponts naturels et faisant «planche aux passants» (*La Seconde Semaine* [1584], I, 485-488; éd. Y. Bellenger *et alii*, Paris, S.T.F.M., 1991, t. I, p. 66).

2. Remporter la palme, ou, sous sa forme latine, «Palmam ferre». Tout ce développement, y compris la chaîne d'autorités que Thevet dévide ensuite, est tiré d'Érasme, *Adages,* I, III, 4 (Bâle, 1540, p. 97).

3. Manchette : «Propriété de la palme./[Aulu-Gelle, *Nuits attiques,*] Livre 3. chap. 6.»

Page 73.

1. Manchette : «[Aristote, *Problèmes,*] Li. 7./ [Plutarque, *Symposiaques,*] Li. 8. / [Pline, *Histoire naturelle,*] Li. 16. / chap. 42. / [Théophraste,] Li. 5 des plantes.» Toutes ces références viennent d'Érasme, où elles sont enchaînées dans le même ordre (*loc. cit.*).

2. C'est en ces termes que la Sibylle de Cumes s'adresse à Énée et lui redonne courage : «*Tu ne cede malis, sed contra audentior ito,* / *Quam tua te fortuna sinet.*» La référence à Virgile (*Énéide*, VI, 95-96) vient encore du même adage d'Érasme.

Page 74.

1. D'après Hérodote, II, 86. – Dans la *Cosmographie de Levant,* Thevet avait consacré à la question «Des sépultures des Égyptiens, momies et baume» tout un chapitre pris pour l'essentiel d'Hérodote et de Diodore de Sicile (*CL*, ch. XLII, p. 155-159).

Page 75.

1. Toute cette description de l'embouchure du Sénégal est tirée de Ca' da Mosto, ch. XIV (éd. F. Verrier, ch. XV). Thevet s'est contenté d'ajouter la comparaison dépréciative avec les fleuves beaucoup plus vastes d'Amérique du Sud, l'Amazone et l'Orénoque.

Page 76.

1. C'est encore l'opinion, rapportée, il est vrai, avec prudence, que l'on rencontre chez Ca' da Mosto, ch. XIV (éd. F. Verrier, p. 61). Solin, *Polyhistor*, cap. XLV (éd. de Bâle, 1543, p. 90), confond la source du Nil et celle du Niger, mais ne parle pas du Sénégal. C'est Thevet, suivant Ca' da Mosto, qui substitue le Sénégal au Niger. Voir ci-dessus le ch. X, p. 69 et la note 1.

2. Heinrich Loriti, dit Glareanus, *De Geographia liber unus*, Paris, Guillaume Rikart, 1542, f. 30 v° (la 1ère édition est de 1527). C'est ainsi en effet que se termine la des-cription de l'Afrique : «Extremum Ptolemaeo cognitum Prassum est promontorium; verum nostra aetate tota haec portio à Lusitanis inventa est, ut postea exponemus».

Page 77.

1. Et en même temps.

2. C'est-à-dire les Canaries.

3. Manchette : «Ile Atlantique du temps de Platon.» Il s'agit en fait de l'Atlantide, dont le mythe est évoqué dans le *Timée*, 25 a-d, et le *Critias*, qui lui fait suite. Pour l'identification du Nouveau Monde à l'Atlantide et les débats qui s'ensuivirent, de G. Fracastoro à Montaigne et F. Bacon, voir G. Gliozzi, *Adamo e il Nuovo Mondo*, Florence, 1977, Parte Seconda, cap. I, p. 177-246 : «L'Atlantide e il Nuovo Mondo».

Page 78.

1. Le contraste entre les deux rives du fleuve et les peuples, blanc et noir, qui les habi-tent respectivement, vient de Ca' da Mosto, ch. XIV, p. 16 (éd. F. Verrier, p. 61).

2. *Contemptibles* : méprisables. Forme redoublement synonymique avec «viles».

3. *Siccité* : sécheresse.

4. Manchette : «Arbre fructifère et huile de grande propriété.» – Tout ce passage vient de Ca' da Mosto, ch. XXVII (éd. F. Verrier, p. 82). L'huile de palme était extraite de la pulpe des fruits du palmier.

Page 81.

1. *Part* : accouchement, mise bas (cf. parturition). Le même mot a plus loin le sens de «fruit»,de «nouveau-né».

2. Référence en manchette à Pline, «Li[vre] 9. chap. 10.» [ou IX, XII] (Du Pinet, t. I, p. 344-345). La mer Indique, c'est l'océan Indien. Au sujet des «prodigieuses» tortues marines de Pline, une féroce polémique opposera Thevet à Jean de Léry. Voir l'*Histoire d'un voyage faict en la terre du Bresil*, ch. III, p. 136, variante de 1585.

Page 82.

1. Voir ci-après le ch. LXIII et l'illustration de la p. 240.

2. Même remarque déjà chez Ca' da Mosto, ch. XL, p. 36, dont Thevet s'inspire assez librement pour tout ce développement sur les tortues (F. Verrier, p. 110).

3. Jean Léon l'Africain, *Historiale Description de l'Afrique*, recommandait déjà la viande de tortue dans la cure de la lèpre. Pour une guérison complète, il suffisait de manger pendant sept jours la viande d'une tortue âgée de moins de sept ans. Eustache Delafosse (1992, p. 41-45) préconisera quant à lui un traitement de deux ans.

4. Pline, XXXII, 4 [ou XXXII, XIV], Du Pinet, t. II, p. 536 : «Et de fait, il n'y a chose plus contraire à la salamandre, que la tortue.»

Page 83.

1. Manchette : «Au cha[pitre] 5.» Cf. ci-dessus p. 57, où cette herbe était appelée Oriselle.

2. C'est, dans l'archipel des îles du Cap-Vert, l'île de Fogo, surmontée par un volcan actif de 2 829 m. Les éruptions de 1785 et 1799 furent particulièrement violentes.

3. *Flambe* : flamme.

Page 84.

1. L'œil l'emporte sur l'ouïe, et la vue sur les autres sens. Cf. l'adage : «Pluris est oculatus testis unus, quam auriti decem» (Érasme, *Adages*, II, VI, 54; Bâle, Froben, 1554, p. 530). Un seul témoin oculaire vaut plus que dix témoins par ouï-dire.

2. *Pussole* : Pouzzoles, près de Naples, où se trouve le volcan de Solfatare, passé ensuite en nom commun. Voir Strabon, V, 4-6.

Page 85.

1. Strabon, XVI, 2.

Page 86.

1. Référence en manchette à Pline, *Histoire naturelle*, «Li. 2. cha. 106.» [ou II, CVIII], que Thevet résume : «car le mont Chimaera, qui est auprès de Phasélide ville de Lycie, brûle ordinairement et de jour et de nuit, Et dit-on que tant plus on jette d'eau sur ce feu, tant plus il s'allume : et que au contraire on l'éteint avec de terre, ou avec de foin, selon que récite Ctésias de Gnidie» (trad. Du Pinet, t. I, p. 99).

2. Confusion, alors courante, entre deux fleuves distincts, le Niger et le Sénégal. Cf. ci-dessus le ch. X, p. 69, note 1.

3. *Aréneuse* : sablonneuse. Allusion au désert du Sahara, qui s'étend, à l'ouest, jusqu'à la côte Atlantique.

Page 87.

1. «C'est l'Abyssinie, dont le nom indigène est en effet *Habesch*» (P. Gaffarel).

2. Les Ichtyophages ou «mangeurs de poissons» furent effectivement soumis par Alexandre, mais c'était un peuple d'Asie et non d'Afrique. Ils habitaient le Bélouchistan, en bordure de la mer d'Oman. Voir Arrien, *Périple de Néarque* et *Anabase*, VI, 28.

3. Monts de la Lune : chaîne de montagnes, qui, d'après Ptolémée et ses sources arabes, devait exister près de la côte orientale de l'Afrique, vers le Kilimandjaro ou plus au sud en Tanzanie. C'est là que l'on situait les sources du Nil.

4. Ces peuples monstrueux, rejetés au-delà des monts de la Lune, font partie de la géographie fantastique des confins, venue des Grecs et des Latins, d'Hérodote et de Pline notamment. Plus prudent que Sébastien Münster, qui en donne à deux reprises la représentation dans sa *Cosmographia universalis* (Bâle, Heinrich Petri, 1544 et 1554, p. 1080 et 1151), Thevet ne mentionne qu'en passant les races monstrueuses. Plus loin, il en niera catégoriquement l'existence. Voir ci-après le ch. XXII, p. 108, à l'appel des notes 2 à 5.

5. Ils sont donc autochtones, nés du pays même.

6. Alors que le roi est blessé.

7. Hérodote, II, 29. Les ruines de Méroé, capitale de l'empire kouchite jusque vers 300 après J.-C., sont situées dans l'actuel Soudan, sur la rive droite du Nil.

Page 88.

1. La référence à Pline est erronée. Il s'agit du livre VII, ch. 2, Du Pinet, t. I, p. 254 : «On dit aussi qu'il y a [en Inde] des arbres qui passent un jet d'arbalète de hauteur».

2. Palmiers.

3. Cette théorie médicale du déterminisme mésologique est inspirée d'Hippocrate, *De aere, aquis et locis*, et d'Aristote. Elle se retrouvera un peu plus tard chez Jean Bodin, *Méthode de l'histoire* et *République*, avant de prendre forme classique avec *L'Esprit des Lois* de Montesquieu. Mais c'est d'Alexandre d'Aphrodise, *Problèmes*, II, 6 (éd. M. Héret, 1555, f. 60 v°-61 r°), que ce passage semble s'inspirer. Il est question de la température des terres, qui contraste ordinairement avec celle du climat : «Ce que pareillement advient aux habitants de la Scythie et d'Éthiopie. Car combien que les Éthiopes habitent lieux fort chauds, sont toutefois efféminés et noirs. Le peuple de Scythie habitant un pays froid est courageux, fort et blanc. Et ce pourtant que la chaleur des Éthiopes est attirée hors du corps par la chaleur externe, ce qui est montré par la couleur noire de leur

peau : aux Scythes la chaleur est retenue au-dedans, située ès parties principales, comme au cœur et au foie. Ce que la blancheur de leur peau démontre évidemment ». La même conception est exposée derechef au ch. LXXVII ci-après, p. 283.

Page 90.

1. *Hosties* : des victimes.

2. Le savoir de Thevet sur ce point, et plus généralement en histoire des religions, vient de Polydore Vergile, *Des inventeurs*, I, 5, éd. de 1544, f. 14 r° : « Diodore [...] estime que les Éthiopiens furent les premiers, en son quatrième livre, disant ainsi. Les Éthiopiens affirment que premièrement l'honneur des Dieux fut trouvé en leur religion : et pareillement les choses sacrées. Et outre les pompes, les fêtes, les célébrations, et autres choses données et faites à l'honneur des Dieux. Pour laquelle cause le grand et souverain poète Homère nous appelons à témoin, lequel a surmonté tous les Grecs en poésie, introduisant dedans son Iliade Jupiter, et tous les autres Dieux allant et passant en Éthiopie, tant pour les choses saintes, que là se faisaient en leur honneur, selon la coutume, que pour la suavité des odeurs du pays. » – Cf. Homère, *Iliade*, I, v. 423-424.

Page 91.

1. *Siccité* : sécheresses.

2. *Sans danger* : 'sans hésiter', mais non pas sans risques.

Page 92.

1. Ce type de transactions à distance, déjà décrit par Hérodote, IV, 196, à propos des Carthaginois et des Africains de la côte atlantique, sera évoqué ensuite par Jean de Léry dans l'*Histoire d'un voyage faict en la terre du Bresil*, ch. V, « Bibliothèque classique », 1994, p. 153-155 : « Façon de permuter des Ouetacas ». Le troc, en ce cas, met aux prises les redoutables Indiens Waitaka et leurs voisins Marakaia et Tupinamba.

Page 93.

1. Pline, *Histoire naturelle*, VIII, 1-12 [ou VIII, I-XXXIV]. Thevet avait déjà consacré un chapitre de sa *Cosmographie de Levant* (XXI, p. 70-74) à l'éloge des éléphants, essentiellement d'après Pline.

2. La parturition.

3. Castel de la Mina *(Castelo da Mina)* ou Château de Saint-Georges-de-la-Mine, sur la Côte de l'Or, dans l'actuel Ghana.

Page 94.

1. Sur le sable (latin *arena*).

2. Cette remarque se rencontre notamment chez Pline, *Histoire naturelle*, IX, 2, qui observe «qu'il n'y a chose sur terre, dont il n'y en ait en la mer» (trad. Du Pinet, t. I, p.338).

3. Une ligne imaginaire.

4. Le 14 septembre et le 11 mars. Il n'y a pas d'erreur de la part de Thevet. Mais par suite de la réforme du calendrier opérée par le pape Grégoire XIII en octobre 1582, ces dates aujourd'hui ne sont plus exactes. Les équinoxes de printemps et d'automne tombent le 21 mars et le 23 septembre. – Sur ce changement de dates, voir le témoignage de Montaigne, *Essais*, III, 11, éd. P. Villey, p. 1025 : «Il y a deux ou trois ans qu'on accourcit l'an de dix jours en France. Combien de changements devaient suivre cette réformation! ce fut proprement remuer le ciel et la terre à la fois.»

Page 95.

1. L'île de São-Tomé, aujourd'hui dans l'archipel de São Tomé e Príncipe.

2. L'île des Rats sera décrite plus loin au ch. LXVII, p. 251-254.

3. *Adustion* (terme de médecine) : cautérisation, brûlure.

Page 96.

1. Le Sage, c'est le roi Salomon, auquel on attribuait, outre les Proverbes et l'Ecclésiaste, les livres deutérocanoniques de la Sagesse et de l'Ecclésiastique ou livre du Siracide. L'éloge de la navigation et de l'expérience acquise par les voyages se rencontre dans la Sagesse, 14, 1-7, et surtout dans l'Ecclésiastique, 34 (31), 9-13 : «Un homme qui a voyagé a beaucoup appris et l'homme d'expérience s'exprime en connaissance de cause. Qui n'a pas été mis à l'épreuve sait peu de choses, mais celui qui a voyagé est plein de ressources.» La référence aux *Épîtres* d'Horace peut surprendre davantage, le poète latin ayant surtout vanté les plaisirs de la vie rustique et casanière. On trouve même dans les *Épîtres*, notamment en I, I, 45-48, et I, XI, 27, une condamnation explicite des voyages au long cours. Mais l'exemple d'Ulysse, retourné parmi les siens «plein d'usage et raison», comme le dira à son tour Du Bellay dans un sonnet célèbre des *Regrets*, suffit à conférer une valeur morale positive à l'errance en pays lointain (*Épîtres*, I, II, 17-26).

Page 97.

1. Suèce : la Suède. La *Scavie* est une graphie erronée pour la Scanie ou Scanzie, c'est-à-dire la péninsule scandinave.

2. La légendaire Thylé ou Thulé des géographes anciens, île du soleil de minuit, constituait la limite septentrionale du monde habité. Elle était, à la Renaissance, identifiée à l'Islande. Sur les avatars de Thulé et ses glissements progressifs sur la mappemonde, voir Germaine Aujac, *La Sphère, instrument au service de la découverte du monde, d'Autolycos de Pitanè à Jean de Sacrobosco*, Caen et Orléans, Éditions Paradigme, 1993, p. 243-268.

Page 98.

1. Jacques de Cambrai, rencontré par Thevet fin 1549 à Constantinople, où il remplissait les fonctions de vice-ambassadeur auprès de Gabriel d'Aramon. Ce dernier ayant suivi le Grand Turc, alors en campagne contre la Perse, c'est Jacques de Cambrai qui, en son absence, réglait les affaires au nom du roi. À son retour en France en 1552, Cambrai fut nommé ambassadeur en Europe orientale, partiellement sous domination turque. Dans la *Cosmographie de Levant* déjà, Thevet louait les qualités intellectuelles de ce diplomate qui fut peut-être aussi son protecteur (*op. cit.*, ch. XXII, p. 76, et la note). Pierre Belon, de son côté, rend hommage à la «courtoisie» de Jacques de Cambrai, dont il fut également l'hôte à Péra, faubourg chrétien de Constantinople, qui était aussi le quartier des ambassades (*Les Observations de plusieurs singularitez*, Paris, 1553 et 1555, III, 49, f. 207 v°).

2. La thèse de l'inhabitabilité des deux zones glaciales (au-delà des cercles polaires) et de la zone torride (entre les deux tropiques) était généralement reçue par les géographes et les naturalistes de l'Antiquité. Voir par exemple Pline, II, 68 [ou II, LXVIII], Du Pinet, t. I, p. 79-80 : «Des parties de la terre, qui sont habitables».

Page 99.

1. *La péninsule nommée Aurea* : il s'agit de la Chersonèse d'Or, autrement dit de la presqu'île de Malacca, partagée aujourd'hui entre Thaïlande et Malaisie.

2. Taprobane : Ceylan; Zamotra : Sumatra.

3. Plutarque, *De placitis philosophorum*, III, 11 : «Parménide est le premier qui a limité les lieux habités en la terre, à savoir ceux qui sont ès deux bandes habitables jusques aux cercles des Tropiques» (trad. Jacques Amyot des *Œuvres morales et meslées de Plutarque*, Paris, M. de Vascosan, 1572; 3ᵉ éd., *ibid.*, f. 451 v°).

4. Ces deux traités, dont le premier seulement est authentique, étaient souvent publiés ensemble avec le commentaire d'Averroès. Voir par exemple : *Aristotelis de Caelo et mundo, cum commentariis Averrois*, Patavii, opera L. Canozii, 1473 (BNF : Rés. R. 356 (2) – 357 (1).

5. Albert le Grand, *Liber cosmographicus de natura locorum*, VI.

6. Genèse, I, 28; VIII, 17; IX, 1 : «Crescite et multiplicamini». C'est l'un des «adages sacrés» recueillis par Polydore Vergile, *Adagiorum [...] opus*, Bâle, M. Isingrin, 1550, p. 404, ad. DXXXIIII (534).

7. Placée sous le signe de la sacro-sainte expérience, si chère à Thevet, la conclusion de ce chapitre concilie innovation et tradition, franche insolence et parfaite orthodoxie religieuse. N'en déplaise aux anciens, la science des modernes s'accorde mieux avec l'enseignement de l'Écriture sainte. La Genèse et les Psaumes, en particulier, nous apprennent que Dieu a mis la terre entière à la disposition de l'homme.

Page 101.

1. Pline, *Histoire naturelle*, II, 103 (Du Pinet, t. I, p. 98) : «Il y a encore une autre fontaine au même territoire [de Carra en Espagne], qui rend les poissons jaunes comme l'or : lesquels, au reste, sont semblables à autres poissons.»

2. Référence en manchette à Pline, «Li. 9. chap. 16.» – Note du traducteur Antoine Du Pinet sur ce passage (IX, 16 [ou IX, XXV], t. I, p. 349) : «Aristote rapporte cela au Glanus ou au Salus, hist. ani. libr. 8. cap. 19.» Cf. Aristote, *De animalibus*, I, 5; IV, 10; VI, 17; VIII, 2, 13, 15.

3. C'est-à-dire «la Dorée».

Page 102.

1. «La Murène». Cette remarque sur les surnoms d'«Aurata» et de «Murena», d'après Pline, IX, 54 (ou IX, LXXIX), Du Pinet, t. I, p. 372, se rencontrait déjà dans la *Cosmographie de Levant*, ch. XXIV, p. 82. – Sur la murène, poisson femelle, voir Pline, *Histoire naturelle*, IX, 23 (Du Pinet, p. 352), qui suit Aristote, V, 9, 543 a.

2. Martial, *Épigrammes*, XIII, 90 : «Non omnis laudem pretiumque aurata meretur :/ Sed cui solus erit concha Lucrina cibus.»

3. Guillaume Pellicier (vers 1490-1568), évêque de Maguelonne, puis de Montpellier, ambassadeur de France à Venise de 1539 à 1542, n'a pas publié sous son nom de livre des poissons, mais il a eu une part prépondérante à la conception et à la rédaction de celui de Guillaume Rondelet, lequel, dans sa préface, reconnaît sa dette. Voir Guillaume Rondelet, *Libri de piscibus marinis, in quibus verae piscium effigies expressae sunt*, Lyon, Macé Bonhomme, 1554-1555. Il n'est pas impossible que Thevet ait personnellement rencontré le savant prélat, qui a en outre laissé un commentaire manuscrit de l'*Histoire naturelle* de Pline (sur les livres I, II et X; BNF, Ms Lat. 6808).

– Sur la vie mouvementée de ce prélat éclairé, qui pencha un temps vers la Réforme et ne répugnait pas au machiavélisme, voir Jean Zeller, *La diplomatie française vers le milieu du XVIᵉ siècle d'après la correspondance de Guillaume Pellicier,* Paris, Hachette, 1880-1881.

Page 103.

1. L'île de l'Ascension, qui, aujourd'hui, dépend administrativement de celle de Sainte-Hélène, est située dans l'Atlantique Sud. Elle doit son nom à la date de sa découverte par Juan (ou João) de Nova le jour de l'Ascension 1501.

2. Ou plus exactement l'île des Apponats ou île des Ouaiseaulx (des Oiseaux), qui correspond à l'actuelle Funk Island, au Nord-Est de Terre-Neuve. L'apponat ou aponat est le grand pingouin (*Pinguinus impennis*), un oiseau de la famille des marmettes (les alcidés) plutôt que de celle des manchots des régions australes. Voir Jacques Cartier, *Relations*, éd. Michel Bideaux, Montréal, Presses de l'Université de Montréal, 1986, *Première Relation* (1534), p. 96 et note 21, p. 310. Selon Michel Bideaux, ce passage de Thevet n'est «qu'un démarquage hâtif du texte de Ramusio», *Terzo Volume delle Navigationi et Viaggi,* Venise, Giunti, 1556, contenant la traduction italienne des deux premières relations de Cartier. Mais Thevet a pu lire aussi la *Cosmographie* manuscrite de Jean Alfonse de Saintonge, où l'on trouve le choronyme «isle (ou islet) des Aponas» pour Funk Island.

3. Comme on touche les bœufs, en les piquant légèrement de l'aiguillon, pour les faire avancer. Toucher a ici le sens de «chasser devant soi», en parlant d'un troupeau (Littré).

Page 104.

1. Metelin est Lesbos ou Mytilène; Nègrepont, c'est l'Eubée; Candie la Crète.

2. La constellation de la Croix du Sud.

3. En fait Bartholomeu Dias l'avait nommé, lors de sa découverte en 1487, le cap des Tempêtes (*cabo Tormentoso*).

Page 105.

1. Thevet fait sans doute allusion au rhinocéros bardé et cuirassé représenté par Albrecht Dürer dans une gravure sur bois de 1515, constamment imitée à la Renaissance et pendant tout l'âge classique. Dans *La Cosmographie universelle,* 1575, t. I, f. 403 vº, Thevet oubliera les réserves ici exprimées au sujet de «nos peintres», et donnera une nouvelle représentation du combat du rhinocéros avec l'éléphant, cette fois directement inspirée de Dürer. La corne dorsale, en forme de tarière, que *Les Singularités* avaient supprimée à juste titre, fait sa réapparition, et l'armure de l'animal présente l'aspect d'un

redoutable blindage, avec disques métalliques pour les joues, les cuisses et les flancs, et cotte de mailles pour les pattes. Le chirurgien Ambroise Paré, grand utilisateur de Thevet et de son iconographie, remploiera cette dernière gravure dans son *Discours de la Licorne* (1582). Voir *Les Œuvres d'Ambroise Paré*, Paris, G. Buon, 1585, p. 514.

Page 106.

1. D'après Pline, *Histoire naturelle*, livre VIII, ch. 20 [ou VIII, XXIX], comme l'indique du reste la manchette (Du Pinet, t. I, p. 307).

2. En dépit des apparences, le glissement du rhinocéros à la licorne n'a rien d'arbitraire ou de fantaisiste. Au Moyen Age et jusqu'à la Renaissance, et depuis Isidore de Séville et Albert le Grand jusqu'à Jan Huyghen Van Linschoten, à la fin du XVIᵉ siècle, la thèse selon laquelle le rhinocéros serait la véritable licorne rencontra un succès intermittent. Pour cet effort de rationalisation de la légende, voir Hermann Walter, « Il dibattito cinquecentesco sullo status zoologico dell' unicorno. Un disegno della Scuola di Pierre d'Alost », in Luisa Rotondi Secchi Tarugi, *L'Uomo e la natura nel Rinascimento*, Milan, Nuovi Orizzonti, 1996, p. 499-523, ainsi que la thèse de Bruno Faidutti, *Images et connaissance de la Licorne (fin du Moyen Age - XIXᵉ siècle)*, Université de Paris XII, novembre 1996. – On sait qu'aujourd'hui encore la corne de rhinocéros est fort recherchée pour ses prétendues vertus aphrodisiaques.

3. En manchette, référence à Aristote : « Li. 3. cha. 2. des parties des anim[aux] et li. 2. chap. 1. de l'hist[oire] des animaux. »

4. L'île de Saint-Laurent, c'est Madagascar.

5. Le grand Khan, empereur des Mongols visité par Marco Polo. Plus loin, le Prêtre-Jean, souverain chrétien d'Éthiopie, dont le royaume légendaire était situé tantôt en Afrique et tantôt en Asie.

Page 107.

1. Cette notation olfactive, exceptionnelle chez Thevet, se retrouve au XXᵉ siècle chez Claude Lévi-Strauss : « Le Nouveau Monde, pour le navigateur qui s'en approche, s'impose d'abord comme un parfum [...] : brise de forêt alternant avec des parfums de serre, quintessence du règne végétal dont la fraîcheur spécifique aurait été si concentrée qu'elle se traduirait par une ivresse olfactive ... » (*Tristes Tropiques*, Paris, Plon, 1955, ch. VIII, p. 85). – L'Égypte était réputée produire le meilleur baume. Sur les baumiers de Matarieh (« la Matarée ») dans le delta du Nil, auxquels Thevet rendit visite début 1552, voir la *Cosmographie de Levant*, ch. XLII, p. 158-159, et Pierre Belon, *Les Observations*, II, 40, f. 112 rº.

Page 108.

1. Retour sans transition à l'Afrique et au cap de Bonne-Espérance. Le texte de ce chapitre est de toute évidence mal agencé. Par suite d'un montage défectueux, le voyage au Brésil s'insère fort difficilement dans un exposé géographique tiré de Pline et de ses suiveurs, auxquels le Nouveau Monde était évidemment étranger.

2. En combattant l'hypothèse des races monstrueuses, qui avait pourtant reçu l'approbation de saint Augustin, Thevet corrige ses dires antérieurs. Cf. ci-dessus le ch. XVI, p. 87, à l'appel de la note 4.

3. Ou plutôt Arimaspes, peuple de Cyclopes habitant la Scythie septentrionale et disputant les mines d'or aux griffons, selon Pline, VII, 2 (Du Pinet, t. I, p. 253).

4. Ces hommes sans tête sont les Blemmies qui ont les yeux et la bouche au milieu de la poitrine.

5. Lassés de la course, les Sciapodes ou Sciopodes se reposaient à l'ombre de leur unique et vaste pied. Pline, VII, 2, et saint Augustin, *Cité de Dieu*, XVI, 8, en font mention l'un et l'autre. Cyclopes, Blemmies et Sciopodes ont fleuri fort avant dans le cours du XVIᵉ siècle, comme en témoignent les cosmographies, les feuilles d'atlas et les mappemondes. Outre l'exemple cité plus haut de Sébastien Münster (1544), on peut mentionner la *Cosmographie universelle* de Guillaume Le Testu (1556), atlas enluminé qui peuple de ces insolites créatures les déserts du Nouveau Monde et surtout ceux de l'improbable Terre Australe.

6. Combattre.

Page 109.

1. Lucain, *Pharsale*, IX, 724-726 : « sibilaque effundens cunctas terrentia pestes, / ante venena nocens, late sibi summovet omne / vulgus et in vacua regnat basiliscus harena ». – Comme son nom l'indique, le basilic est « roi dans la solitude des sables » (trad. Bourgery et Ponchont).

2. Référence en manchette à Pline, « Li. 8. chap. 21. » (VIII, 21 [ou VIII, XXXIII]). Du Pinet parle d'une « petite belette » et non d'une fouine (I, p. 308).

3. Salluste, *Jugurtha*, XVII : « plerosque senectus dissolvit; nisi qui ferro aut bestiis interiere; nam morbus haud saepe quemquam superat; ad hoc malefici generis plurima animalia. »

Page 110.

1. Pline, XIII, 4, et XXIII, 4 (Du Pinet, t. II, p. 243).

2. Príncipe, dans l'archipel de São Tomé et Príncipe (océan Atlantique).

3. Monfia ou Mafia, île au sud de celle de Zanzibar, dans l'océan Indien, au large de la Tanzanie. Santa Apollonia (S. Apolene) est l'un des noms anciens de l'île Maurice (P. Gaffarel).

Page 111.

1. Manchette : «Sept sortes de palmiers aux Indes Ameriques». Léry, pour sa part, ne dénombre que «quatre ou cinq sortes de Palmiers, dont entre les plus communs, sont un nommé par les sauvages *Geraù*, un autre *Yri*» (*Histoire d'un voyage*, ch. XIII, p. 314).

2. Du bois de santal.

Page 113.

1. Forme francisée pour *Cabo Frio* (en portugais : le cap froid), cap situé à l'est de la baie de Guanabara.

2. *Énéide*, VII. La référence aux Troyens fugitifs se retrouve ailleurs à plusieurs reprises, notamment aux chapitres XXV, p. 118 et LIX, p. 226. Cette référence aussi constante à la geste d'Énée s'explique peut-être par le fait que Mathurin Héret, le rédacteur véritable de ces pages, avait traduit dès 1553 l'«histoire» de Darès de Phrygie. Que le thème de l'exil soit développé à l'occasion d'une entreprise de peuplement colonial pourrait surprendre. Il faut toutefois rappeler que l'une des fonctions de l'éphémère France Antarctique était d'offrir une terre d'asile – ou, comme l'on dira plus tard, un «refuge» – aux protestants persécutés d'Europe.

3. Ou plutôt, en langue tupi, «grand chef».

4. Mot forgé sur le tupi *kaui*. Comme le note S. Lussagnet (p. 55, n. 4), le cahouin (ou caouin) se préparait à partir de plantes très diverses, mil «avaty» comme c'est le cas ici, manioc râpé ou «acajou». Cette boisson fermentée, où la salive des mâcheuses entrait pour une part, était comparable, par sa consistance épaisse et sa faible teneur en alcool, à la «chicha» des plateaux andins, encore appréciée de nos jours. Selon Montaigne, on la buvait tiède (*Essais*, I, 31, éd. Villey, Paris, P.U.F., 1965, p. 207). Cf. Léry, *Histoire d'un voyage*, éd. cit., 1994, ch. IX, p. 246-250.

Page 114.

1. D'une capacité d'un muid, ancienne mesure qui variait selon les provinces entre 270 litres (en basse Bourgogne) et 730 litres (muid de Montpellier).

2. *Bouilli.* Léry, ch. IX, p. 247, nie qu'il y ait eu la moindre distinction pour la confection du cahouin entre femmes et filles. Cependant le trait rapporté par Thevet a toute chance d'être véridique. Ce type de prescription concernant la préparation d'une

nourriture ou d'une boisson fermentée se retrouve dans l'Europe de la même époque et s'est maintenu jusqu'à aujourd'hui dans certaines campagnes françaises. La femme qui a ses règles est taboue : la cave et le saloir lui sont interdits, et toute infraction entraîne des catastrophes. Voir, à propos d'un village de la Côte d'Or, Yvonne Verdier, *Façons de dire, façons de faire. La laveuse, la couturière, la cuisinière*, Paris, Gallimard, 1979, p. 20.

Page 115.

1. La *Cosmographie universelle*, publiée par Thevet en 1575, consacre à ce Grand Caraïbe qui porte le nom de Maire Monan, de longs développements (livre XXI, ch. IV, f. 914 r°; S. Lussagnet, p. 41, note 2). Ce héros civilisateur, selon la cosmogonie tupi, apprit à la seconde humanité des techniques élémentaires telles que la confection du feu par giration et la culture des tubercules.

2. Thevet, comme ses contemporains français ou portugais, qualifie de « rivière » toute anfractuosité de la côte. Il ne s'agit ici, comme dans le cas du «Rio» de Janeiro, que d'un golfe échancré ou d'une ria. Eugenio Amado (p. 90, note 18) l'identifie comme étant le canal qui relie la lagune de Araruama à la mer.

3. Petit faucon employé à la chasse.

4. C'est à Jean Bertrand, cardinal de Sens, que Thevet a dédié *Les Singularités*.

5. Il s'agit des fameux aras dont on sait la place dans la mythologie des Bororos. Voir les *Mythologiques* de Claude Lévi-Strauss, et en particulier *Le Cru et le cuit*, Paris, Plon, 1964, p. 74-76, à propos des mythes relatifs à l'origine du feu.

6. Résine sèche, d'un rouge de sang quand elle est en poudre, et qui provient d'un palmier, le *calamus draco*. C'est un astringent employé comme hémostatique.

Page 116.

1. Ancienne monnaie d'argent valant dix sous, ainsi nommée à cause de la tête du roi qui y était gravée.

Page 117.

1. Le tamouhata (*Callichthys Callichthys L.*) possède la curieuse particularité de passer d'un cours d'eau à un autre par la voie terrestre.

2. Le 10 novembre 1555.

3. C'est-à-dire Janeiro (en portugais, «janvier»). Guanabara (ou plutôt *Gua-na-para* : «une baie semblable à la mer») est le toponyme tupi appliqué à la baie de Rio et employé aujourd'hui conjointement avec le nom d'origine portugaise.

Page 118.

1. Le manioc, *manihot esculenta* (ou *m. theveti* en mémoire de son premier descripteur).

2. Virgile, *Énéide*, I, 724. Didon, reine de Carthage, offrit une hospitalité généreuse aux rescapés du sac de Troie et en particulier à leur chef Énée, dont elle finit par s'éprendre.

3. L'amiral de France Gaspard de Coligny (1519-1572), qui sera plus tard l'une des première victimes de la Saint-Barthélemy, avait été en effet l'instigateur de l'expédition. Sa politique coloniale audacieuse consistait à concurrencer l'Espagne – et son allié le Portugal – sur son propre terrain. Après la disparition du Brésil français en 1560, d'autres tentatives allaient suivre en Floride, de 1562 à 1565, elles aussi vouées à l'échec. L'île de Coligny, que Thevet rebaptisera par la suite, au temps des guerres de Religion, «l'île Henri» (du nom du feu roi Henri II), est aujourd'hui appelée Ilha de Villegaignon, en mémoire du fondateur de l'éphémère France Antarctique. Elle n'est plus séparée de la terre ferme, à l'ouest de la baie, que par les remblais de l'aéroport Santos-Dumont. Thevet en a donné une représentation cartographique dans son *Grand Insulaire* de 1586-1587.

4. Ils n'en élèvent pas d'apprivoisées.

5. *Haims* : hameçons.

Page 119.

1. Il s'agit de la lagune Rodrigo de Freitas, au sud de la ville actuelle de Rio de Janeiro, et en arrière des plages de Copacabana et d'Ipanema.

2. Plutôt qu'au Corcovado (704 m), cette roche escarpée «en forme de pyramide» semble correspondre au célèbre Pain de sucre, situé à l'entrée de la baie de Guanabara. Léry parle quant à lui d'une «roche pyramidale» (ch. VII, p. 198), et précise que les marins normands de l'expédition l'avaient surnommée «le pot de beurre».

3. Au-delà de l'équateur.

4. Calicut, sur la côte de Malabar, alors possession portugaise en Inde.

5. Il s'agit d'une variété de requin-marteau (*Sphyrna tiburo*) que les Indiens du littoral nommaient *papana*. Cf. Léry, ch. XII, p. 298-299.

Page 120.

1. Cette croyance est symétrique de celle qui fonde le cannibalisme chez ces mêmes Indiens. Voir plus loin au ch. XL, p. 160-164.

2. Cette description s'applique aux raies géantes, atteignant jusqu'à cinq mètres d'envergure, qui fréquentent le littoral brésilien (*Manta ehrenbergi*). Très volumineuses, ces raies-mantes poursuivent leur proie par bonds pesants, d'où l'interdit alimentaire qui les frappe. Voir S. Lussagnet, p. 269, n. 4.

3. Ces arbres, qui poussent dans la mangrove et dont les racines plongent dans la vase et l'eau salée, sont des palétuviers.

Page 121.

1. Le toponyme de «Janaire» est évidemment d'origine portugaise et non française. Janaire ou encore «Geneure» (ou Genèvre), forme que l'on trouve chez Jean de Léry et qui appelle chez lui la comparaison avec le lac de Genève, est la graphie légèrement déformée du portugais *Janeiro*, «janvier» : «parce que, comme on dit, ils [= les Portugais] la découvrirent le premier de Janvier, qu'ils nomment ainsi» (*Histoire d'un voyage faict en la terre du Bresil*, ch. VII, p. 197).

2. En fait, l'Asie est plus grande que l'Amérique. Cette illusion euphorique sur les dimensions réelles du nouveau continent est un trait commun à la plupart des géographes de la Renaissance. Montaigne à son tour parlera d'un «pays infini» (*Essais*, I, 31 : «Des Cannibales», éd. Villey, p. 203).

3. C'est le géographe de Saint-Dié Martin Waldseemüller qui, dans sa *Cosmographiae introductio* de 1507, baptisa ainsi le Nouveau Monde. On sait qu'Amerigo Vespucci ne fut, lors de son voyage de 1497, qu'un suiveur avisé de Colomb. Toujours est-il que ses lettres, publiées sous le titre de *Mundus Novus* et illustrées de bois gravés, connurent une vogue immédiate qui rejeta dans l'ombre la figure du Génois.

Page 122.

1. Themistitan, ou plutôt Tenochtitlan, est l'ancien nom aztèque de Mexico.

2. La Patagonie, dont les habitants étaient de forte stature. Sur le mythe des géants de Patagonie, voir plus loin le chapitre LVI, p. 214 et la note 2.

3. Ce nom d'Amérique est employé par Thevet selon plusieurs acceptions. Au singulier, il désigne soit le continent sud-américain dans son ensemble, à l'exclusion de l'Amérique du Nord et de l'Amérique centrale, soit, le plus souvent, la seule aire brésilienne par opposition au «Pérou» (qui comprend tout l'espace andin depuis le Chili jusqu'aux Antilles) et aux pays de la Plata. Au pluriel, ce terme désigne les peuples mêmes qui habitent cette aire géographique, et plus précisément les Indiens Tupinamba du littoral brésilien aux environs du tropique du Capricorne. En ce sens restreint, les «Amériques» se distinguent des «Cannibales», terme générique appliqué indistinctement par Thevet aux Indiens Potiguara du Nordeste et aux Carib du Venezuela. Les «Amériques nos amis» représentent les bons anthropophages alliés des Français, et c'est de leur fréquentation que va naître, chez Léry et Montaigne, le mythe du Bon Sauvage.

4. *Furne* : Furnas ou Funduras, nom primitif de l'actuel Honduras. Le détroit de Darién (Dariene) correspond à la partie orientale de l'État de Panama.

5. Le tropique du Capricorne, celui où passe le soleil lors du solstice d'hiver (cf. «brumaire»).

6. Déjà perceptible ici chez le cordelier Thevet, ce pharisaïsme reparaîtra, avec plus de netteté encore, dans l'attitude du huguenot Jean de Léry, ch. XVI, p. 422 : «ayant fort clairement connu en leurs personnes (i.e les Indiens) la différence qu'il y a entre ceux qui sont illuminés par le Saint-Esprit et par l'Écriture sainte, et ceux qui sont abandonnés à leurs sens et laissés à leur aveuglement, j'ai été beaucoup plus confirmé en l'assurance de la vérité de Dieu». Ici et là le chrétien se félicite de son élection divine aux dépens du «païen» abandonné aux turpitudes de la chair.

7. Le golfe de Paria, aux bouches de l'Orénoque, sépare le Venezuela de l'île de Trinidad.

Page 123.

1. Thevet fait ici écho à l'adage de Cicéron (*De natura deorum*, I; *De legibus*, I, 24), plus tard repris et commenté par Jean de Léry, ch. XVI, p. 377-379 : «il n'y a peuple si brutal, ni nation si barbare et sauvage, qui n'ait sentiment qu'il y a quelque divinité».

2. Selon Alfred Métraux, *La Religion des Tupinamba*, que suit S. Lussagnet, p. 19-20, la place de Toupan, le maître du tonnerre, aurait été des plus modestes dans le panthéon tupi-guarani. C'est par souci missionnaire que les Européens proposèrent de l'assimiler au Dieu tout-puissant du christianisme. De Toupan, Hélène Clastres note de son côté : «Ni créateur du monde, ni transformateur ou héros culturel, aucun fait, geste ou invention ne lui est expressément attribué» (*La Terre sans mal*, p. 32). Il semble en fait que face à Maire Monan, dieu créateur et héros civilisateur, Toupan ait fait fonction de dieu destructeur et punisseur. Or, dans une religion gouvernée par une forte attente eschatologique comme celle des Tupi, cette fonction apparaît décisive. Fauteur de cataclysmes, Toupan est inséparable de l'attente de la «Terre sans mal», lieu d'abondance et d'immortalité qui met fin à l'état de société. Tout en interprétant Toupan à contresens, les missionnaires portugais et français ne se sont donc mépris qu'à demi sur l'importance à lui accorder.

3. Il s'agit de la patate douce *(Ipomoea batatas Lam.)*, originaire de l'Amérique du Sud et dont le nom tupi est *jety*. Le Caraïbe plus loin mentionné est sans doute Maire Monan dont il a déjà été question au ch. XXIV, p. 114-115. Cf. *La Cosmographie universelle*, XXI, VII, f. 921 r° (S. Lussagnet, p. 74).

Page 125.

1. Ce n'est pas en 1497 mais, comme l'on sait, en 1492 que le Nouveau Monde fut découvert. C'est à la reine Isabelle de Castille, et non pas à son mari le roi Alphonse, que revint l'initiative de l'expédition. 1497 est la date du premier voyage d'Amerigo Vespucci en Amérique. Vespucci a longtemps éclipsé Colomb dans l'histoire des Grandes Découvertes.

2. Il survint à Boriquen (*alias* Porto Rico) un événement demeuré célèbre. Désireux d'éprouver concrètement l'immortalité supposée des Espagnols, les Indiens plongèrent l'un d'entre eux dans le fleuve, l'en retirèrent après noyade, et attendirent ensuite trois jours jusqu'aux premiers indices de putréfaction, pour se convaincre de leur erreur. L'anecdote a été rapportée par Fernandez de Oviedo, dans son *Histoire naturelle des Indes* (livre XVI, chapitre 8), et illustrée, d'après la version de Girolamo Benzoni, par Théodore de Bry dans la collection des *Grands Voyages* (Francfort, 1594, t. IV, pl. 5).

3. Maire Monan périt dans les flammes d'un bûcher dressé par les hommes irrités de ses sortilèges. Sa mort est contée par Thevet dans *La Cosmographie universelle* (l. XXI, ch. IV, f. 914 r°; S. Lussagnet, p. 42-43). Le craquement de la tête de Monan dans le feu engendra le tonnerre qui monta jusqu'à Toupan. Cette allusion furtive à un fait très précis de la mythologie tupinamba indique sans doute possible que, lors de la rédaction des *Singularités*, Thevet disposait d'un stock d'informations étendu, d'où il s'est contenté de prélever quelques échantillons. Le reste sera livré plus tard dans *La Cosmographie universelle* (l. XXI) et l'*Histoire de deux voyages*, version ultime largement inédite du reportage brésilien.

4. De la mobilité du maître du tonnerre, les missionnaires ont conclu un peu vite à l'ubiquité propre au Dieu des chrétiens.

5. Les «truchements» (ou interprètes), le plus souvent d'origine normande, étaient de jeunes garçons laissés en terre américaine. Adoptés par les Indiens dont ils partageaient les mœurs et apprenaient la langue, ils servaient ensuite d'intermédiaires avec les équipages venus trafiquer ou charger du bois de brésil.

Page 126.

1. Les habitants de la Barbarie, c'est-à-dire de l'Afrique du Nord. Les Éthiopes ou Éthiopiens sont pour Thevet les habitants de l'Afrique noire.

2. Cette absence de pudeur constituait un défi manifeste au dogme chrétien du péché originel. Comment les Indiens avaient-ils pu échapper aux conséquences de la Chute? Cf. Léry, ch. VIII, *in fine*.

3. Allusion aux hamacs, d'origine amérindienne.

4. Léry rapporte à ce sujet une anecdote plaisante (ch. V, p. 150-151) : «au départir qu'ils avaient vêtu les chemises que nous leur avions baillées, quand ce vint à s'asseoir en

la barque [...], afin de ne les gâter en les troussant jusques au nombril, et découvrant ce que plutôt il fallait cacher, ils voulurent encore, en prenant congé de nous, que nous vissions leur derrière et leurs fesses».

Page 127.

1. Les *Adamians* ou Adamites étaient des hérétiques tchèques du début du XVe siècle. Ils niaient la présence réelle dans l'Eucharistie et, estimant être au-dessus du péché originel, ils pratiquaient le nudisme dans la liturgie. Entrés en conflit avec les Hussites, ils furent exterminés.

2. Hérétiques du XIVe siècle qui affirmaient le détachement de l'âme des actes de la chair. Charles V fit brûler leur chef à Paris.

Page 128.

1. D'après Polydore Vergile, *Des inventeurs*, III, 18, éd. de 1544, f. 132 r° : «Les anciens ne couvraient point leurs têtes du tout, comme l'on le voit par les statues des Romains et anciens images, même à Rome qui n'ont point encore de tête. Tout ceci peut être prouvé par l'exemple de Caius César, lequel ayant la tête chauve par-devant, était accoutumé ramener ses cheveux de la part du derrière, pour couvrir le front, à cause qu'on l'en moquait : et portait quelque bonnet subtil, pour musser sa tête qui n'était chevelue.»

2. Camisoles.

3. Comme l'a noté Paul Gaffarel, ce passage est traduit d'Amerigo Vespucci, qui, dans sa première lettre, décrivait les indigènes du Nouveau Monde comme des hommes de couleur rouge comme le poil du lion. Vespucci ajoutait que «s'ils allaient vêtus, ils seraient [..] aussi blancs que nous». Voir Vespucci, *Les quatre voyages* (*Quatuor Navigationes*), in Jean-Yves Boriaud éd. et trad., *Le Nouveau Monde*, Paris, Les Belles Lettres, 1992, p. 89.

4. Brûlée.

Page 129.

1. De toutes nourritures. Même remarque, déjà, chez Vespucci, *Lettre à Soderini sur le premier voyage*, à propos des Indiens Carib. Voir : *Le Nouveau Monde*, traduit et commenté par J.-Y. Boriaud, Paris, Les Belles Lettres, «La Roue à livres», 1992, p. 91 : «Pour les repas, ils observent les coutumes des plus barbares. Ils ne mangent pas à heures fixes, mais lorsque, de jour ou de nuit, l'envie leur en prend.»

2. Voir ci-dessus au ch. XXVI, p. 120, note 1.

Page 130.

1. Hérodote ne parlait pas des Babyloniens en général, mais seulement de «trois tribus qui ne mangent que du poisson» (*Histoires*, I, 200, «Bibliothèque de la Pléiade», p. 134). L'erreur de Thevet vient de Polydore Vergile (III, 5), qui a servi d'intermédiaire.

2. *Xénophon* : erreur de copie pour Xénocrate. La source est Polydore Vergile, *Des inventeurs*, III, 5, éd. de 1544, f. 106 v° : «Que dit Hérodote des Babyloniens? Qu'ils ne vivaient que des poissons. Xénocrates philosophe écrit des lois de Triptolemus qu'entre les Athéniens n'y avait que trois commandements au temple d'Éleusine, c'est-à-savoir l'honneur de ses parents, l'honneur des Dieux, et la prohibition de la chair.»

Page 131.

1. D'après Pline, *Histoire naturelle*, livre VII, chapitre 24 et 25, qui traitent respectivement des «Gens excellents en mémoire» et des «Louanges de Jules César». Mais telle qu'elle se présente ici, cette liste des champions de l'art mnémotechnique est empruntée à Polydore Vergile, *Des inventeurs des choses*, livre II, chapitre 9, qui a fait de la somme de Pline une sorte de «digest» prêt à consommer.

2. *Marâ pipo* signifie «est-ce que, par hasard», et sert à former le tour interrogatif (voir S. Lussagnet, p. 115, note 4).

Page 132.

1. *Pelus* : poilus. Léry, de même, s'inscrit en faux contre cette légende : *Histoire*, ch. V, p. 149, et ch. VIII, p. 214.

2. *Pourtant que* : pour cette raison que.

3. Cette conception d'un homme sauvage velu des pieds à la tête appartient au folklore traditionnel de l'Europe : il s'agit de l'homme-ours présent dans de nombreux contes et qui occupe une place centrale dans le système calendaire du carnaval, tel que l'a décrit Claude Gaignebet (*Le Carnaval*, Paris, Payot, 1974, p. 11). Sur «l'oncle des bois» et le mythe de «Valentin et Orson», voir, du même, *Art profane et religion populaire au Moyen Age*, Paris, P.U.F., 1985, p. 79-87, 115-136, *et passim*. – L'iconographie relative au Nouveau Monde hérite durablement de ce modèle mythique. Dans telle gravure allemande du XVIIᵉ siècle représentant la mise à mort du prisonnier, ce dernier paraît revêtu, non pas de plumes collées comme c'était l'usage, mais de l'abondante toison d'un ours dont il arbore de surcroît le faciès. Le bourreau qui s'apprête à l'abattre est affublé quant à lui de deux ailes d'ange. Voir Johann Ludwig Gottfrid, *Historia Antipodum*, Francfort, 1631, p. 145.

4. Le corbeau est le topique classique de la couleur noire attachée à un objet de manière indélébile, et se rencontre immanquablement dans la description du «More» ou du Noir. Voir Jean Devisse et Michel Mollat, *L'Image du Noir dans l'art occidental*, II, 2. *Les Africains dans l'ordonnance chrétienne du monde (XIVᵉ-XVIᵉ s.)*, Fribourg, Office du Livre, et Paris, Bibliothèque des Arts, 1979, p. 23.

5. Sortent du ventre.

6. Le poil pubien.

Page 133.

1. Ésaïe, XIII, 21 : «... et habitabunt ibi struthiones, et pilosi saltabunt ibi». Le commentaire en question est celui de saint Jérôme, *Commentarius in Isaiam prophetam*.

2. D'où l'expression proverbiale, ci-dessus rapportée par Thevet d'après Pline VIII, 16 (Du Pinet, p. 302) : «Que l'Afrique produit toujours quelque chose de nouveau», c'est-à-dire d'étrange et de monstrueux. Cf. ci-dessus le ch. III, p. 50, note 4.

3. La comparaison avec la tête d'un moine sera reprise par Jean de Léry, dont on sait l'antipapisme militant : *Histoire*, ch. VIII, p. 215.

4. Dans l'une de ses *Après-Dînées* (Paris, 1587) où il est question «Des Barbes», le seigneur de Cholières risque à ce propos une plaisanterie douteuse : «Si votre raison avait lieu, qu'il faille raser la barbe, parce qu'elle peut être happée par l'ennemi, je dirais qu'il faudrait que tous ces Sauvages se fissent abattre la grande pique qu'ils portent entre les jambes. Ils se joignent assez près les uns des autres au choc : qui les empêche de s'entre-happer leurs diables d'engins? Ils ne sont braguettés comme nous, ils sont tout nus. Que répondez-vous à ceci?»

Page 134.

1. D'après Plutarque, *Vie de Thésée*, ch. V (trad. de Jacques Amyot, «Bibliothèque de la Pléiade», p. 4-5) : «mais il ne fit raire [= raser] que le devant de sa tête seulement, ainsi comme Homère dit que les Abantes se tondaient anciennement». La source de Thevet pour tout ce passage est, comme à l'ordinaire, Polydore Vergile, qui renvoyait du reste à Plutarque : *Des inventeurs*, III, 17, éd. de 1544, f. 130 r° : «Les Abantes trouvèrent le style de les tondre, à cause que ce peuple était belliqueux naturellement, et qu'il pût facilement combattre avec ses ennemis. Plutarque le témoigne sus la vie de Theseus, disant que la coutume était que ceux qui étaient Éphores, c'est-à-savoir constitués comme tribunes, devaient offrir la tonsure de leurs cheveux et perruques aux Dieux en Delphos quand ils étaient armés. Theseus donc alla en Delphos, et rasa l'antérieure partie de sa tête, parquoi lesdits Abantes usèrent de celle coutume,

laquelle n'apprirent des Arabes, comme disent aucuns, ou d'autre nation, et ce faisaient afin que les cheveux ne fussent cause de les prendre par le poil. Par telle chose commanda à ses gens le grand Alexandre, qu'ils arrachassent les barbes des Macédoniens. Les premiers barbiers vinrent en Italie, du pays de Sicile. Auparavant les gens étaient sans faire raire leurs barbes.» Sur les Abantes à cheveux longs sur la nuque, cf. Homère, *Iliade*, II, 542.

2. Cette phrase, venue de Plutarque par le truchement de Polydore Vergile, contient un contresens manifeste. Voici, à titre de comparaison, la traduction de Plutarque par Amyot : «La cause pour laquelle ils se faisaient ainsi tondre par-devant était afin que leurs ennemis ne les pussent prendre par les cheveux en combattant, comme pour la même considération Alexandre le Grand commanda aussi à ses capitaines qu'ils fissent couper les barbes aux Lacédémoniens : à cause que c'est la plus aisée prise, et plus à la main, que l'on saurait avoir sur son ennemi en combattant, que de le saisir à la barbe.»

3. Le génipa ou «jenipapo». – Hans Staden, *Nus, féroces et anthropophages*, II, 34, p. 203, avait déjà évoqué les propriétés colorantes du fruit du génipayer.

Page 135.

1. *Pétun, pétume* et *petima* sont les noms tupis du tabac. Sur ce radical on a formé le verbe «pétuner», qui signifie «fumer, ou priser du tabac».

Page 136. ˙

1. En dépit de cette expérience peu concluante, Thevet revendiquera par la suite l'honneur d'avoir introduit le tabac en France. Voici ce qu'il écrit à ce propos dans sa *Cosmographie universelle* (livre XXI, chapitre 8, f. 926 v°; S. Lussagnet, p. 102) : «Je puis me vanter d'avoir été le premier en France qui a apporté la graine de cette plante et pareillement semée, et nommé ladite plante l'herbe angoumoisine.» Thevet, en effet, était originaire d'Angoulême, de même que la dynastie alors régnant en France depuis François Ier. Le mérite de la diffusion du tabac revient à Jean Nicot, pour lequel Thevet n'éprouve que mépris : «Depuis un quidam, qui ne fit jamais le voyage, quelque dix ans après que je fus de retour de ce pays, lui donna son nom.»

2. Pline, *Histoire naturelle*, II, 103 [ou II, CVI] (trad. Antoine du Pinet, t. I, p. 98) : «L'eau du fleuve Lyncestis, qui passe en Macédoine, est un peu aigrette, et enivre tout ainsi que ferait le vin. Autant en font certaines eaux qui sont en Paphlagonie et en la terre de Carinula qui est en la terre de Labour».

3. Tout ce passage est emprunté à Polydore Vergile, *Des inventeurs*, I, 21, éd. de 1544, f. 39 : «Que dirai-je? Les aucuns des Indes vivent seulement d'aucunes herbes

selon l'écrit de Herodotus en son second livre. Appian raconte chose merveilleuse sur ce propos : disant que quand les Parthes furent chassés par Antoine et eurent faim, ils tombèrent et se trouvèrent en aucun lieu où il y avait une manière d'herbe : de telle vertu que qui en mangeait ne se souvenait de rien, fors qu'il lui était avis qu'il creusait continuellement en une minière de pierres : comme s'il voulait faire grande besogne, et à la fin en vomissant mourait tout soudain.»

Page 137.

1. Ou *pacouvere*, selon la *Cosmographie universelle* (II, f. 935 v°). Il s'agit du bananier.

2. La *Cosmographie de Levant*, à l'étape de Damas et d'Alep (ch. LI, p. 186; figure, p. 185) avait décrit le bananier sous le nom de Mose. Pierre Belon (II, 19, et II, 25) parlait quant à lui de «Mouse(s)» et de «Muse(s)».

3. La banane, déjà décrite par Nicolas Barré dans sa lettre de février 1556 comme «une espèce de figue».

4. Quoique d'exécution plus maladroite, la présente gravure offre avec celle de la *Cosmographie de Levant* (p. 185) une certaine ressemblance. Un effort de réalisme est malgré tout sensible. Les fruits ressemblent moins désormais à des «concombres», comme les décrivait la *Cosmographie*, qu'aux bananes qu'ils sont effectivement.

5. Peut-être une déformation de *ariry*, palmier de petite taille, commun du Piauhy au Rio Grande do Sul, et dont le fruit contient des graines dures et comestibles.

Page 139.

1. Ou plutôt *jakaré-assu*, crocodile de grande taille atteignant 4,50 mètres, voire 6 mètres de long.

2. Même remarque et même expression plus tard chez René de Laudonnière pour désigner les alligators de Floride. Voir Laudonnière, *L'Histoire notable de la Floride*, Paris, Guillaume Auvray, 1586; in *Les Français en Floride*, éd. S. Lussagnet, Paris, P.U.F., 1958, p. 74 : «ils y découvrirent un grand nombre de Crocodiles, lesquels surpassaient en grandeur ceux du fleuve du Nil».

3. L'agouti commun (*Dasyprocta aguti*). Cf. *La Cosmographie universelle*, f. 935 v° (S. Lussagnet, p. 148).

Page 140.

1. Pour la science de la Renaissance, les crustacés, comme ici les vigneaux, font partie de la classe des poissons au même titre que l'hippopotame ou le crocodile, puisqu'ils vivent dans l'eau.

2. Douzil et broche sont à peu près synonymes et désignent la «petite cheville qui sert à boucher le trou fait à un tonneau pour en tirer du vin» (Littré).

Page 141.

1. La truculence de cette observation se retrouve chez Léry, ch. VIII, p. 217 : «étant lors avis à ceux qui les regardent qu'ils aient deux bouches : je vous laisse à penser s'il les fait bon voir de cette façon, et si cela les difforme ou non».

2. Les grains d'un chapelet et, par extension, le chapelet tout entier.

3. Ces peintures corporelles offraient une certaine complexité de motifs, comme en témoigne l'art des Caduveo étudié par Claude Lévi-Strauss (*Tristes Tropiques*, ch. XX). La «difformité» prétendue de ces peintures géométriques vient de ce que délibérément elles bafouent l'anatomie qui leur sert de support. En ce sens – et Thevet en est déjà conscient –, elles expriment cette «horreur de la nature» qui scandalisera tant le jésuite Sanchez Labrador (*op. cit.*, p. 215).

Page 142.

1. Le protestant Léry, quant à lui, se plaira à évoquer «des chausses de prêtre» (*Histoire*, ch. VIII, p. 218).

2. Ou plutôt *Anhanga*, encore présent aujourd'hui dans les croyances de la population métisse au Brésil. C'est pour les besoins de l'action missionnaire que cet antagoniste de *Toupan* vint à être assimilé à Satan.

Page 143.

1. Plus exactement, le *Commentaire sur le Songe de Scipion*, exégèse très développée d'un fragment de *La République* de Cicéron (livre VI) par l'écrivain latin Ambrosius Theodosius Macrobius (IVe-Ve s. après J.-C.). L'ouvrage, marqué par des influences grecques néo-platoniciennes, joua un rôle déterminant dans l'élaboration des théories cosmologiques du Moyen Age et de la Renaissance.

2. Pline, *Histoire naturelle*, VII, 56 [ou VII, LVII], trad. A. Du Pinet, t. I, p. 286. Ce chapitre, intitulé «Des premiers inventeurs de plusieurs choses», est abondamment mis à profit par Vergile, dont s'inspire Thevet : *Des inventeurs*, I, 23, éd. de 1544, f. 43 v° (Belleforest, I, 24, f. 43 v°) : «Pline sur son septième [livre] dit qu'Amphictyon fut le premier qui montra l'interprétation des songes, que Trogus veut attribuer à Joseph fils de Jacob : lequel [Flavius] Josephus au second de ses *Antiquités*, affirme les avoir montrées».

Page 144.

1. Thevet confond les termes de pagé *(paje)* et de caraïbe *(karai)* pour désigner médecins et chamanes. En fait, il y avait entre l'un et l'autre une différence de hiérarchie et de statut. Vivant au milieu de la tribu, le pagé remplissait les fonctions de guérisseur. Les Caraïbes, quant à eux, étaient beaucoup plus que de simples chamanes, et méritaient seuls ce titre de demi-dieux que leur confère Thevet. Demeurant à l'écart dans les lieux les plus sauvages et ne se manifestant que par intervalle, ils prédisaient, en des discours-fleuves, un avenir d'apocalypse et de bonheur. Ces véritables messies, qui proclamaient hautement leur origine divine, animaient les incessantes migrations des tribus tupi-guarani dans leur longue marche vers la « terre sans mal ». Voir à ce sujet Hélène Clastres, *op. cit.*, chapitre II, p. 48-55, et Alfred Métraux, *Religions et magies indiennes d'Amérique du Sud* (Paris, Gallimard, 1967), chapitre I : «Messies indiens», p. 9-42.

2. Terme par lequel l'Écriture désigne les païens, de quelque religion qu'ils soient.

3. Tromper.

Page 145.

1. *Thevetia Ahouai L.*, ainsi nommé en hommage à l'auteur des *Singularités*, qui en donne ici la première description. Le fruit de cet arbre est vulgairement appelé au Brésil «chapeau de Napoléon».

Page 147.

1. Confirmé par Fernão Cardim, *Tratados da terra e gente do Brasil.* Ce en quoi les caraïbes étaient conformes à leurs homologues mythiques, tels que Maire Monan, dont on a vu plus haut le destin tragique (ch. XXVIII, p. 125, note 3).

Page 148.

1. Cet appel à la docte ignorance est formulé à la même époque par le vulgarisateur Pierre Messie (ou Pero Mexia), qui argumente ainsi dans ses *Diverses Leçons* (Paris, 1526) : «car puisque la foi consiste en croire et espérer les choses qui ne sont point apparentes, si elles nous étaient révélées, ce ne serait plus foi, et partant nous serait ôté ce moyen singulier de salvation». Cité par Jean Céard, *La Nature et les prodiges. L'Insolite au XVIᵉ siècle, en France*, Genève, Droz, 1977, p. 127.

2. Le rapprochement entre le chamanisme indien et les sorcières d'Europe sera repris, avec la même indignation et sur le même ton imprécatoire, par Jean de Léry à partir de la troisième édition de son *Histoire d'un voyage* (Genève, 1585, 1599 et 1611, ch. XVI, puis ch. XVII; rééd., 1994, p. 398, note 1) : «Considérant, dis-je, ces choses, j'ai conclu

que le maître des unes était le maître des autres : à savoir que les femmes brésiliennes, entre lesquelles il y a aussi des sorcières, nommées par eux *Mossen-y-gerre*, et celles qui font ce métier infernal par-deçà, étaient conduites d'un même esprit de Satan, sans que la distance des lieux ni le long passage de la mer empêche ce père de mensonge d'opérer çà et là en ceux qui lui sont livrés par le juste jugement de Dieu.»

3. Cette pratique magique est attestée – et condamnée de même – par le chirurgien Ambroise Paré, *Des Monstres et prodiges*, ch. XXXI : «Or, tout ainsi que par telles paroles ils guérissent, aussi par de semblables et superstitieux écrits guérissent-ils : comme, pour guérir le mal des yeux, il y en a qui écrivent ces deux lettres grecques : π α, et les enveloppent en un linge, puis les pendent au col. Pour le mal des dents ils écrivent : «*Strigiles falcesque dentatae, dentium dolorem persanate*» («Étrilles et faux dentelées, guérissez le mal des dents»; éd. J. Céard, Genève, Droz, 1971, p. 97).

Page 149.

1. Il s'agit là en fait de deux termes antithétiques : la *goetia* est prise en mauvaise part et équivaut à charlatanisme, alors que la théurgie, d'un emploi laudatif, est synonyme d'art magique efficace. Selon le platonicien Porphyre, la théurgie aurait permis une certaine purification de l'âme. Thevet se montre ici l'héritier de saint Augustin (*Cité de Dieu*, X, 9), qui avait à dessein confondu les deux notions pour mieux disqualifier ce qui, au regard du christianisme, constituait une exécrable impiété : «Cependant les uns et les autres sont malheureusement asservis au culte des démons, qu'ils honorent sous le nom d'anges.»

2. Les Rois-Mages.

3. Pline, *Histoire naturelle*, XXX, 1, 2 [ou XXX, II, III]. Les différentes espèces de magie inventoriées par Pline sont l'hydromancie, la sphéromancie, l'aéromancie, la pyromancie, etc.

4. Ce terme a une acception beaucoup plus large que l'équivalent moderne d'«athée». Rabelais, par exemple, fut réputé «athéiste», alors même qu'il n'avait jamais cessé de professer un évangélisme militant. Sur cette terminologie, voir Lucien Febvre, *Le Problème de l'incroyance au XVIᵉ siècle. La religion de Rabelais*, Paris, Albin Michel, 1942 et 1968.

Page 150.

1. Ou plutôt *che-rypykuéra* («mes ancêtres»).

2. *Pinda-usù* («hameçon grand»).

3. Les Européens sont assimilés par les Indiens aux héros civilisateurs, dont *Maire* (ou *Maira*, en tupi) est le nom générique.

Page 151.

1. En fait, Nicolas Durand de Villegagnon se montra bien plus préoccupé de controverse religieuse avec les calvinistes venus de Genève en 1557 que de prosélytisme en pays sauvage. Son but prioritaire était d'instituer une nouvelle église à l'usage des chrétiens, et non de convertir les Indiens.

2. Latinisme pour *majores*, «les ancêtres». Sur les rites de sépulture, voir plus loin le ch. XLIII, p. 170-174.

3. *Margageat* qui dérive du tupi *Marakaja* (chat sauvage) et *Tabajare* (ou *Tabagerre* dans l'entrée de Rouen de 1550) qui est synonyme de grand ennemi, désignent, sans grande rigueur ethnographique, les ennemis traditionnels des Indiens tamoios de la baie de Rio de Janeiro. Voir S. Lussagnet, p. 17 et p. 30, note 1.

Page 152.

1. D'après Plutarque, *Vie de Thésée*, ch. XXXVII («Bibl. de la Pléiade», p. 29), Thésée aurait inventé cet usage lors de la bataille des Athéniens contre Thèbes : «Et davantage Philochorus écrit que ce fut le premier traité qui fut oncques fait pour recouvrer les corps des morts en bataille». Cette information, une fois de plus, a transité par Polydore Vergile, *Des Inventeurs*, II, 15, éd. de 1544, f. 76 v° : «Theseus fut le premier inventeur des appointements selon Pline, mais Diodorus cela veut assigner à Mercure, écrivant sus son livre sixième, qu'on attribuait à Mercure les annonciations de la paix, les discords et les appointements, qui sont faits en guerre : mais je cuide mieux que Theseus vers les Grecs fut auteur des confédérations seulement.» C'est donc Polydore Vergile qui réduit au monde grec la portée de «l'invention» de Thésée.

Page 153.

1. Huttes (du latin *tugurium*).

2. Claude Lévi-Strauss, *Tristes Tropiques*, ch. XXXII, p. 398, a relevé de nos jours la persistance de cette pratique chez les derniers Indiens Tupi de l'intérieur du Brésil : «Ces engins sont nommés : *min* par les Tupi-Kawahib, qui protègent ainsi les abords de leur village.»

3. «Se musser» est synonyme de «se cacher».

4. *Industrie* : adresse, savoir-faire.

Page 154.

1. Sortis.

2. Ce jugement esthétique se retrouve chez Jean de Léry, ch. XIV, p. 351 : «je n'ai jamais eu tant de contentement en mon esprit, de voir les compagnies de gens de pied

avec leurs morions dorés et armes luisantes, que j'eus lors de plaisir à voir combattre ces sauvages». Cf. Montaigne, *Essais*, I, 31, éd. Villey, p. 210 : «Leur guerre est toute noble et généreuse, et a autant d'excuse et de beauté que cette maladie humaine en peut recevoir». La guerre (*bellum* en latin) et la beauté entretiennent une parenté étymologique lointaine, comme l'a rappelé Georges Pinault : «Bellum : la guerre et la beauté», *De Virgile à Jacob Balde. Hommage à Andrée Thill*, Mulhouse et Paris, 1987, p. 151-156.

3. Cette guerre sauvage obéit en fait à un modèle décrit par Polydore Vergile, *Des Inventeurs*, II, 10 : «Les anciens, devant l'usage des armes, soulaient [= avaient coutume de] batailler des poings, talons, et en mordant de la dent». Lors d'une seconde époque de l'histoire de l'humanité, «on vengeait les injures avec de grosses massues de bois, et étaient les gens d'armes couverts et armés seulement des peaux des bêtes». La geste d'Hercule, selon Diodore de Sicile, témoignerait de cet état de choses. Ce chapitre de Polydore Vergile est plus longuement paraphrasé ci-après au ch. LXXIX, à propos de la guerre des Canadiens. Cf. plus loin p. 291, la note 2.

4. Pour la guerre des Amazones, voir ci-après le ch. LXIII, p. 156-160.

5. L'inégale répartition des charges entre les deux sexes ne fait que prolonger la division du travail observée chez les Tupinamba. Voir plus loin le ch. XLII, p. 167 et la note 2. Thevet s'exprimera plus brutalement dans *La Cosmographie universelle*, XXI, XIV, f. 941 v° (S. Lussagnet, p. 182) : «Leurs chevaux, mulets et chariots de bagage sont les femmes qui ont charge de pourvoir aux munitions et les portent sur leurs épaules, aussi bien que les hommes, sans qu'on respecte rien que ce soit de l'infirmité de ce sexe».

6. Le bois noir dont les Tupinamba faisaient leurs arcs et leurs massues pourrait être le *jacaranda* ou l'*ipeuva* (*alias* «pao d'arco»). Sur l'*Hairi* ou *ayri*, cf. ci-après le ch. LVIII, p. 226.

Page 156.

1. Cuirasse légère.

2. Ces boucliers sont donc en cuir de tapir, comme le confirme Jean de Léry, ch. X, p. 258.

3. Ce motif de la vengeance était déjà invoqué par Polydore Vergile pour expliquer les guerres primitives du temps d'Hercule, où l'on se battait à coups de massues de bois (voir au ch. précédent la note 3 de la p. 154). Tout au long du XVIe siècle, de Vespucci jusqu'à Montaigne (*Essais*, I, 31, p. 209), c'est la vengeance et son cruel «appétit» qui rendent compte, non seulement des guerres indiennes, mais aussi des festins anthropophages qui les concluent.

Page 158.

1. Thevet oublie, semble-t-il, les insultes homériques que les héros échangeaient avant d'en venir aux mains, et que l'*Iliade* nous a rapportées. La source probable est Polydore Vergile.

2. Cette crainte de voir le « Sauvage » supplanter le chrétien dans le maniement de ses propres armes, désormais retournées contre lui-même, se lit de manière plus nette encore dans *La Cosmographie universelle* à propos de l'usage par les Indiens de l'arque-buse (livre XXI, ch. XIV, f. 943 r° ; Lussagnet, p. 187) : « S'ils s'adonnent une fois à l'escopeterie et qu'ils s'enhardissent d'en tirer, ce sera danger qu'ils ne battent ceux qui leur en auront montré l'usage, ainsi que vous voyez nous être advenu à l'endroit du Turc, qui à présent presque nous surmonte en un tel exercice et adresse ». Sur la peur éprouvée à la Renaissance d'un tel « choc en retour » de la Conquista, voir « L'Automne des Cannibales, ou les outils de la Conquête », in Michèle Duchet éd., *L'Amérique de Théodore de Bry. Une collection de voyages protestante du XVIᵉ siècle*, Paris, Éditions du CNRS, 1987, p. 69-104.

3. Morpion désigne chez Thevet la région située à l'ouest de la baie de Guanabara, autour de l'établissement portugais de São Vicente. – Voir plus loin, sur l'origine de cette appellation, le ch. LIV, p. 207, note 4.

4. *Almadie(s)* : ce mot d'origine arabe, désignant toute espèce de pirogue, s'est déjà rencontré plus haut au ch. X, p. 68.

Page 159.

5. La cime.

Page 160.

1. Écho probable de Polydore Vergile, *Des inventeurs*, I, 15, éd. de 1544, f. 31 v°-32 r° : « Les joueurs de ces instruments ordonnés entre les gens d'armes commençaient à sonner, non pas à cause de volupté et plaisance, mais à fin que les combattants allas-sent par ordre bien égal, dont Polybius au quatrième livre, Fabius au premier, Gelius aussi, et Plutarque sur la vie de Licurgus se sont souvenus [...]. Certes les instruments incitent les courages. »

2. Ce type d'observation est, semble-t-il, emprunté à ces *Problemata* (ou « Problèmes ») qu'affectionnait la médecine de la Renaissance et dont certains étaient attribués à Aristote. Héret avait lui-même traduit, glosé et enrichi les *Problèmes* d'Alexandre d'Aphrodise (Paris, 1555).

3. Au ch. LXIII, p. 239-244.

4. Sur l'ensemble de ce chapitre, voir Alfred Métraux, «L'Anthropophagie rituelle des Tupinamba», *Religions et Magies indiennes d'Amérique du Sud*, Paris, Gallimard, 1967, p. 43-78.

Page 161.

1. D'après Plutarque, *Vie de Solon*, ch. LII (trad. J. Amyot, «Bibliothèque de la Pléiade», p. 202) : «Au demeurant, voyant l'irrégularité du mois et du mouvement de la lune, laquelle ne se gouverne pas selon le cours du soleil [...], il compta le reste du mois, non point en augmentant, mais en diminuant, ni plus ni moins qu'il voyait la lumière de la lune aller en décroissant jusques au trentième jour».

2. Thevet donne la raison de cette pratique étrangement cruelle dans *La Cosmographie universelle*, livre XXI, ch. X, f. 934 r° (S. Lussagnet, p. 139-140) : «à cause qu'ils ne réfèrent rien de la génération à la mère, ains estiment que c'est le seul père qui en est l'auteur [...]. En considération de quoi, et, s'étant fermement persuadé que le fils est l'Image du père, et qu'il reçoit mêmes et pareilles humeurs et appréhensions, ils tuent tous les mâles qu'ils prennent sur leurs ennemis, tant soient-ils petits et de bas âge, assurés que ces enfants parvenus en grandeur ne faudraient d'être leurs ennemis et de les massacrer, ainsi qu'auraient fait leurs pères».

3. En fait, pour rien au monde, le prisonnier n'aurait voulu se dérober au sort qui l'attendait. Thevet semble avoir conjugué, dans cette évocation des derniers instants du condamné, deux scénarios difficilement compatibles : d'une part le modèle du cannibalisme primitif qui reposait sur un pacte mutuel entre mangeur et mangé; de l'autre, un processus coercitif à sens unique, calqué sur le schéma occidental qui ne laisse qu'un rôle passif à la victime, craintive et enchaînée.

Page 162.

1. Sur la confection du *cahouin*, ou bière de maïs ou de mil, voir ci-dessus le ch. XXIV, p. 113, note 4.

2. L'exécution, le massacre.

Page 163.

1. Thevet réserve l'appellation de Cannibales aux Potiguara du Nordeste brésilien, dont il connaissait mal les mœurs et qu'il oppose arbitrairement aux Tupinamba (ou Amériques) de Guanabara et du Cabo Frio. Pas plus que pour les Tupinamba, le cannibalisme des Cannibales ne comportait un aspect strictement nutritif. De plus, la mention des Espagnols dans ce contexte laisse à penser que Thevet confond les Potiguara et

les Carib du Venezuela et de la Castille d'Or (Colombie), qui opposèrent une vive résistance aux conquistadores Hojeda et Juan de La Cosa. La rivière de «Marignan» désigne ici probablement le golfe du Maranhão.

2. Thevet généralise ici un fait célèbre, survenu lors du siège de Jérusalem par Titus en 70 après J.-C. et rapporté par l'historien juif Flavius Josèphe dans *La guerre des Juifs* (livre VI, chapitre 3, § 4) : spoliée par les soldats de la ville, une femme nommée Marie, fille d'Éléazar, en avait été réduite à tuer et à manger son enfant à la mamelle. La nouvelle de cette abomination aurait ému Titus lui-même. Léry s'en fera l'écho à deux reprises, dans l'*Histoire de la ville de Sancerre* (1574), où un fait semblable fut commis dans les mois qui suivirent la Saint-Barthélemy, et de manière plus diffuse dans l'*Histoire d'un voyage faict en la terre du Bresil* (1578 et 1580; ch. XV, fort augmenté à partir de la troisième édition en 1585).

3. Les historiens grecs de l'Antiquité ont vu dans les Scythes, peuples semi-nomades habitant l'Ukraine et la Russie actuelles, le comble de la barbarie. Hérodote (*Histoire*, IV, 64) raconte qu'ils buvaient le sang de leurs ennemis. Solin, Pomponius Mela, géographes mineurs très lus à la Renaissance, mentionnaient, à côté de ce vampirisme guerrier, une anthropophagie qualifiée d' «exécrable» qui avait pour résultat de faire le vide autour d'eux.

Page 164.

1. La conduite du guerrier qui vient d'exécuter le prisonnier obéit de point en point à un rituel de purification : diète, incisions, retraite. Thevet a du reste confusément perçu le sens de ces rites, puisqu'il les met en rapport ensuite avec ceux qu'observe la jeune fille lors de ses premières règles.

2. *Appète* : désire. Ce verbe, d'un emploi expressif, fait image avec la vengeance dont on sait que la satisfaction passe essentiellement par la bouche. L'hypothèse du cannibalisme de vengeance était la plus recevable pour les hommes de la Renaissance, lecteurs d'«histoires tragiques» où l'on dévore par passion ou par dépit le cœur de l'aimé(e). Voir sur ce point F. Lestringant, *Le Cannibale, grandeur et décadence*, Paris, Perrin, 1994, ch. 7-9.

Page 165.

1. Remarque analogue chez J. de Léry, ch. XI, p. 295 : «mesmes s'ils s'aheurtent du pied contre une pierre, ainsi que chiens enragés ils la mordront à belles dents».

2. Claude Lévi-Strauss a consacré au rite de l'épouillage et de la manducation des poux une page célèbre de *Tristes Tropiques*, ch. XXVII, p. 323. Loin de cette tendresse intimiste et familiale, Thevet avait représenté une pantomime des plus brutales : «et encore la vermine qui naît sur les hommes, comme gros poux rouges qu'ils

ont quelquefois en la tête, ils la prennent avec tel dédain, en étant mords et piqués, qu'à belles dents ils se vengent» (*Cosmographie universelle*, livre XXI, ch. XV, f. 947 r°; S. Lussagnet, p. 207).

Page 166.

1. J. de Léry, ch. XV, p. 372-373, rapporte l'histoire similaire d'un jeune Margageat, qui, de retour du Portugal où il avait été «christiané» et baptisé du nom d'Antoni, fut sans cérémonie tué et mangé par les ennemis de sa tribu.

Page 167.

1. Thevet tomba malade peu après son arrivée à Guanabara le 10 novembre 1555 et ne put célébrer la messe de Noël lors du seul hiver qu'il passa au Brésil, comme nous l'apprend Villegagnon dans sa *Response aux libelles d'injures publiez contre le Chevalier de Villegaignon* (Paris, André Wechel, 1561, f. 3 r°).

2. Thevet est plus attentif que la plupart de ses contemporains à la prohibition de l'inceste observée par les Indiens du Nouveau Monde. Pour beaucoup d'observateurs en effet – et en particulier le Pseudo-Vespucci, largement diffusé dans l'Europe de la Renaissance –, il n'y avait aucune différence notable entre la sexualité indigène et celle des animaux.

3. L'inégale répartition des tâches entre les deux sexes, déjà suggérée plus haut (ch. XXXVIII, note 5), était encore de règle chez les Nambikwara rencontrés par Claude Lévi-Strauss (*Tristes Tropiques*, ch. XXVII, p. 327-328). La collecte féminine des fruits et racines y était d'un rapport plus constant que la chasse masculine, et assurait à elle seule la subsistance du groupe pendant les sept mois où le manioc était rare.

Page 168.

1. Une « manchette » marginale dit brutalement ce qui n'est ici que suggéré à demi-mot : «Défloration des filles avant qu'être mariées». Le chevalier de Villegagnon, «roi» de la France Antarctique, avait en effet interdit à ses sujets, sous peine de mort, toute relation charnelle avec les belles Indiennes qui croisaient nues dans leurs pirogues à quelques encablures du Fort Coligny. Jean de Léry, pourtant hostile à Villegagnon, se félicitera d'une aussi «bonne ordonnance» (*Histoire d'un voyage*, chapitre VI, p. 180-181) qui devait entraîner, dès le mois de février 1556, une tentative de rébellion durement matée. À partir de ce moment, les «truchements» – ou interprètes normands acquis à la vie sauvage et justement soupçonnés de «paillarder avec leurs putains» indigènes – passent à la dissidence, achevant d'amener à une hostilité plus ou moins ouverte les dernières tribus amies des Français.

2. Ce passage démarque et résume Polydore Vergile, *Des inventeurs*, I, 4, éd. de 1544, f. 11-12 : « Les autres étaient sans femmes : comme aucuns des Thraces, qui étaient nommés Crys, c'est-à-savoir créateurs. De ceux-là, aucuns paillardaient en lieux communs, comme les bêtes, devant chacun, selon Strabon, Hérodote, Diodore, Trogus, Josephus, Salluste, Probus, saint Jérôme, Valerius, Emilius, Eusèbe et plusieurs autres. Cela est fort à détester, et étaient tous ces peuples dignes d'amères punitions. Mais il ne faut aucunement s'ébahir de ces fausses nations, qui tant de diverses luxures faisaient, car ils n'avaient vraie connaissance d'un seul Dieu et foi, de juste conséquence; mais plutôt se faut émerveiller des Chrétiens, si telles choses commettent; qui ferait horreur jusques aux portes du ciel ». Le chapelet de références qui suit provient de la même source.

3. Comprendre : les prostituent. Thevet décrit ici le rite de la prostitution prénuptiale. Cf. *La Cosmographie universelle*, XXI, X, f. 933 v° (éd. S. Lussagnet, p. 137).

Page 169.

1. Référence en manchette à saint Jérôme, « En son épître à Rustique. »

2. Voir ci-dessus le ch. XL, p. 161, note 2.

Page 170.

1. La plupart des informations de cette page viennent de Polydore Vergile, *Des inventeurs*, III, 10, éd. de 1544, f. 117-118 : « Les Taxiles jetaient les leurs aux vautours du ciel à manger : comme les Caspiens aux autres bêtes. [...] Aucuns des Éthiopiens jetaient les morts dedans les fleuves : estimant l'eau être le plus beau sépulcre qui fût : ou ils les gardaient en la maison environnés de voirre [...]. Les Romains connaissant selon Pline sus son septième, que les gens étaient en danger des grosses et fières batailles [...] commencèrent à brûler leurs charognes, dont le premier fut Sylla dictateur [...]. Par cela vint en coutume vers les Romains le brûlement des corps. » – Pour la variété des rites funéraires, on comparera avec Montaigne, qui en tire une conclusion toute différente, et loin de se scandaliser, s'émerveille de la relativité et de l'arbitraire des usages en cours chez les différents peuples (*Essais*, I, 23 : « De la coustume, et de ne changer aisément une loy receüe », éd. P. Villey, p. 113-114 et 116).

Page 171.

1. Polydore Vergile, III, 10, *loc. cit.* : « Les Nasamones inhumaient les morts assis, et observaient que quand ils voulaient rendre l'esprit, qu'ils fussent mis ainsi à ce qu'ils ne le rendissent étant couchés sur les reins ». Cf. Hérodote, IV, 190 (« Pléiade », p. 352) :

« Les Nomades (de Libye) ensevelissent leurs morts à la manière des Grecs, sauf les Nasamons, qui les enterrent assis et ont bien soin de redresser le moribond à son dernier soupir et de ne pas le laisser mourir couché. » La position fœtale que l'on fait adopter à la dépouille est très exactement décrite dans *La Cosmographie universelle* (livre XXI, ch. 8, f. 925 v°; S. Lussagnet, p. 97) : « ils le courbent en un bloc et monceau, dans le lit où il est décédé : tout ainsi que les enfants sont au ventre de la mère ». En outre, on liait le cadavre de cordes de coton, de peur de le voir « revenir » parmi les vivants.

2. *Les vaisseaux* : les récipients. Le corps est un contenant, dont le contenu est l'âme.

3. Suspendues (du latin *pensilis*).

Page 172.

1. Cet oiseau nocturne au cri plaintif, qui se nourrit du fruit de l'*hivourahé* (ainsi qu'il est dit plus loin au ch. XLVIII, p. 191) pourrait être soit l'*urutau*, dont les divers noms populaires évoquent la lune (*Nyctibius aethereus Neuw.*), soit le *matinta pereira* (*Tapera naevia L.*). Voir S. Lussagnet, p. 105, note 2. Dans *La Cosmographie universelle* (XXI, 1, f. 906 r°), Thevet rapproche cet oiseau du « Trophony » de Patagonie, dont le cri de deuil se prolonge jour et nuit jusqu'à ce « que la mort le saisisse ». À cet égard, les Patagons entretiendraient une croyance comparable à celle des Tupinamba : « Ces Barbares, quoiqu'ils se voient inquiétés des crieries fâcheuses de cet oiseau si triste, si est-ce que pour rien ils ne voudraient l'occir, pour le délivrer de telle peine; d'autant que comme ils sont brutaux, il leur est avis que cet oiseau a quelque chose de saint en lui; et disent que le Trophony leur a appris, en se plaignant ainsi, de pleurer la mort de leurs parents trépassés; ce que anciennement n'avaient point fait leurs pères et ancêtres, ainsi qu'ils l'ont ouï raconter à leurs prédécesseurs [...] ».

Page 173.

1. Pline, *Histoire naturelle*, VII, 56 [ou VII, LVII], Du Pinet, t. I, p. 289-290. Thevet, qui a lu trop vite, s'est trompé d'inventeur. Voici ce que disait Pline : « Les jeux gymniques ont été fondés en Arcadie par Lycaon; les jeux funèbres, par Acaste et Iolcos, et après lui, par Thésée dans l'isthme de Corinthe... »

2. Arrien, *Anabase*, I, 12, et Plutarque, *Vie d'Alexandre le Grand*, chapitre XXV (« Pléiade », t. II, p. 339). Seulement il s'agit, non pas d'Hector, mais d'Achille, « la sépulture duquel il oignit d'huile, et courut nu tout à l'entour avec ses mignons, selon la coutume ancienne des funérailles, puis la couvrit toute de chapeaux et de festons de fleurs ».

Page 174.

1. «Mortugabe», mot attesté dès l'entrée royale de Rouen en 1550, serait la corruption du tupi «mora-togaba» (Lussagnet, p. 116, note 1).

2. Ces loges ou *malocas* (longues maisons), demeures rectangulaires à couverture cintrée de palmes, abritaient de cinq à six cents habitants. Vespucci, dans la lettre à Soderini, décrivait déjà des «cases» analogues.

Page 175.

1. Léry (ch. XIII, p. 322) donne pour le coton le terme voisin d'*Ameni-jou*.

2. *Cougourdes* : mot dérivé du provençal, désignant courges et potirons.

3. En fait, la *maraca* (ou hochet), constituée d'une calebasse fichée sur un bâton et coiffée de plumes, n'était nullement une idole, et on ne lui vouait pas de culte. Selon Hélène Clastres, *La Terre sans mal, op. cit.*, p. 60, «la maraca, c'est l'accessoire principal du prophète, le médiateur tangible par quoi nécessairement doit passer toute communication avec le surnaturel». Voir ci-après le ch. LIV, p. 209.

4. Cf. Léry, ch. XI, p. 277 : «C'est trop grande gourmandise à vous, qu'en mangeant un œuf, il faille que vous mangiez une poule.»

Page 176.

1. Le rite de la salutation larmoyante serait à rattacher au culte des morts. Les étrangers sur lesquels on pleure sont salués comme des revenants, ce qui confère une résonance singulière à la phrase : «tu as pris si grand peine de nous venir voir». Voir notamment Georg Friederici, *Der Tränengruss der Indianer* (Leipzig, 1907) et Alfred Métraux, *La Religion des Tupinamba*, Paris, Leroux, 1928, p. 180-188. Cf. Léry, ch. XVIII, p. 454-455.

Page 177.

1. Ou *angaturâ* en tupi, qui correspondrait à «bonne âme».

Page 178.

1. *Ipochy*, «il est mauvais».

2. À décomposer ainsi : *hangaipà*, «il est mauvais», et *ajukà*, «je tue».

3. Divertissement, plaisir (amoureux, en particulier). Vespucci, dans sa lettre à Soderini, avait préféré «omettre par pudeur de dire l'artifice dont elles se servent pour satisfaire leur luxure désordonnée». Cette ruse féminine consistait à faire mordre par un animal venimeux la verge de l'homme, afin de jouir ensuite de l'enflure ainsi produite.

Vespucci se montrait ailleurs beaucoup plus cru à ce sujet, et c'est ce témoignage que recueille Benedetto Bordone dans son *Isolario* de 1528 (f. X v°).

Page 179.

1. Elle est luxuriante, elle fleurit. Jolie formule pour caractériser un mal associé à la luxure!

2. Cf. cette remarque de Gonzalo Fernández de Oviedo dans l'*Hiſtoire naturelle des Indes* (Paris, 1555, livre II, ch. XIV, f. 32) : «Je me suis ri et moqué plusieurs fois étant en Italie, quand les Italiens appelaient la grosse vérole le mal français, et les Français la maladie de Naples; mais à la vérité, les uns et les autres l'eussent bien mieux nommée la maladie des Indes.» La syphilis était généralement considérée au XVIe siècle comme d'importation américaine. On recense sur la question 246 ouvrages publiés avant 1600. En fait, la cause de l'affection décrite par Thevet est *Treponema pertenue*, dont la transmission s'effectue par l'intermédiaire des mouches ou d'une chenille à poils vésicants, et non pas *Treponema pallidum*, agent de la syphilis.

3. Il s'agit de Jacques Dubois, dit Sylvius (1478-1555), l'un des plus grands médecins de son temps, qui enseigna au Collège royal de 1550 à sa mort. C'est Héret, et non Thevet, qui fut l'auditeur des cours publics de Sylvius, comme le confirme son commentaire des *Problèmes* d'Alexandre d'Aphrodise (Paris, 1555, f. 104 v°) : «Messieurs, la principale occasion de cette mienne entreprise est que oyant monsieur Sylvius enseigner publiquement la médecine de telle grâce et méthode que chacun connaît, alléguant souvent et bien à propos ces problèmes, m'a semblé en faire quelque grand'estime, qui m'a invité à les lire plus diligemment. Et pour y avoir trouvé beaucoup d'érudition, je me suis avisé de les traduire.» – Le scribe, une fois de plus, prend la place de l'auteur en titre.

4. Voir plus loin au ch. L, p. 194-196, la description de cet arbre. Le gaïac, mentionné ensuite, fut importé des Antilles en Europe dès les premiers voyages de Colomb et connut une singulière fortune qui lui valut le nom de *lignum vitae* («bois de vie»).

5. Excès de boisson, ivrognerie.

Page 180.

1. Phrase rapportée par Claude Lévi-Strauss en contrepoint de sa description des derniers Tupi-Kawahib, infirmes ou minés par d'étranges maladies. Thevet «ne se doutait guère que lui et ses compagnons étaient les courriers avancés de ces maux» (*Triſtes Tropiques*, chapitre XXXII, p. 399).

Page 181.

1. L'adjectif «putride» ou «putrédineux» qualifie les fièvres attribuées à la corruption

des humeurs, parce que l'haleine et les excrétions du malade exhalaient une odeur fétide (Littré). Avec un brin de pédantisme, l'étudiant Mathurin Héret poursuit dans ce chapitre l'étalage de ses connaissances médicales.

2. Par cette série de termes péjoratifs qui frappent l'exercice populaire de la médecine, on retrouve le préjugé apparu au chapitre précédent à l'encontre des sages-femmes et sorcières. Héret manifeste ici encore un remarquable esprit de corps. Tous les praticiens spontanés des campagnes, tous les «empiriques» formés sur le tas – et parmi eux les médecins alchimistes – sont pour lui des imposteurs. Il n'y a pas, aux yeux de cet étudiant en médecine respectueux de la Faculté et de son enseignement, de savoir autre qui vaille.

3. La succion de la partie malade par le chamane était censée en extraire par un tour de magie l'objet matériel cause de tout le mal : hameçon, couteau, etc.

Page 182.

1. La *Cosmographie universelle* (livre XXI, ch. XI; S. Lussagnet, p. 148-149) ajoute ici une anecdote : «Il me souvient que je voulus une fois reprendre un Roitelet des Sauvages, à cause de la grande quantité de sang qu'il se faisait tirer; mais il faisait le sourd et me dit [...] : ce que j'ai fait tirer, c'est ma maladie qui est allée hors. Et de fait, trois ou quatre jours après, il sortit sain et dispos, se moquant de mon conseil.» La pensée médicale de la Renaissance, qui attribuait à la saignée une vertu purgative et thérapeutique, ne pouvait s'étonner de rencontrer cette même pratique chez les Indiens.

Page 183.

1. L'ananas, dont Thevet donne ici le nom tupi conservé en français moderne, avait déjà été décrit par G. Fernández de Oviedo, dont l'*Histoire naturelle et générale des Indes* était traduite depuis 1555. Voir au livre VII, le ch. XIII : «D'un fruit que les Indiens appellent Yayama et les Chrétiens pommes de pin pour la semblance qu'ils ont ensemble». La comparaison avec la pomme de pin, quelque insolite qu'elle soit, n'est donc pas nouvelle chez Thevet.

2. La chique, parasite des pieds. Cf. Léry, ch. XI (p. 292), qui fait le rapprochement avec la «Nigua» décrite par F. López de Gómara dans l'*Histoire des Indes Occidentales*, liv. I, ch. 30.

3. Il s'agit de l'ucuuba (*Myristica sebifera*). Cf. le «couroq» de J. de Léry (ch. XI, p. 293), «lequel est presque comme une châtaigne en l'écorce».

4. *Lecythia Blanchetiana* Berg., toujours en usage pour la conservation des denrées, d'après S. Lussagnet, p. 153, note 1.

Page 185.

1. C'est-à-dire cent vingt lieues (six fois vingt).

2. *Ferrement* : tout objet manufacturé en fer. Les Tupinamba de l'âge de pierre, ignorant la technique de la forge des métaux, attachaient le plus haut prix à ces outils. Avec la verroterie dont l'inventaire suit, ces ferrements constituaient l'essentiel des « merceries » que troquaient, contre du métal précieux parfois, les marins français ou portugais.

Page 186.

1. Le Rio de la Plata. L'orthographe proposée par Thevet a l'avantage de permettre une étymologie fantaisiste à partir du français, comme on verra plus loin au ch. LV, p. 210.

2. Le bec du toucan avait été représenté dès 1555 par Pierre Belon dans son *Histoire de la nature des oiseaux*, livre III, ch. XXVIII, p. 184. La description du toucan par Thevet n'est donc pas « la première du genre », comme le pense S. Lussagnet, p. 162, note 2. Belon notait le prix attaché à cette « singularité » par les collectionneurs d'Europe : « C'est sa beauté qui fait qu'on en voit déjà plusieurs dans les cabinets des hommes curieux de choses nouvelles; car au demeurant, l'on ne s'en sert à autre chose. » Dans la *Cosmographie universelle* (livre XXI, ch. XII, f. 938 v°; S. Lussagnet, p. 164), Thevet contredira Belon qui classait ce volatile parmi « les oyseaux de rivière », en précisant qu'au contraire « il se recule toujours le plus qu'il peut des rivières ». Le chirurgien Ambroise Paré, auteur d'un traité *Des monstres et prodiges*, reproduira, au chapitre « des monstres volatiles », la gravure et le texte de Thevet d'après cette dernière version.

Page 187.

1. Pline, *Histoire naturelle*, VII, 56 [ou VII, LVII], Du Pinet, t. I, p. 288 : « Quant au trafic de marchandises, les Carthaginois (*Poeni*) en ont eu le premier honneur. » Mais d'après le contexte, il s'agit plutôt de trafic maritime, et non pas d'économie monétaire. La source, une fois de plus, est Polydore Vergile, *Des inventeurs*, III, 16 : « De l'invention des marchandises, et des premiers marchands » : « Marchandise faite par bon moyen enseigne les hommes à l'expérience et usage de moult de choses, en sorte qu'elle peut engendrer amitié entre les peuples, princes et rois. Pline dit sus son XXIV. que marchandise fut instituée pour trouver moyen à vivre les uns avec les autres [...]. La marchandise, selon Plutarque, voulurent exercer Thalès, Solon, et Hippocrate Mathématique, et Pline sus son VII. Les Pènes la trouvèrent ... »

2. *Monnes* : singes de petite taille.

3. Maniguette ou malaguette : nom donné aux graines de paradis ou semence de l'*amomum granum paradisi*, dite aussi poivre de Guinée (Littré).

4. Calicut, port et forteresse en Inde, sur la côte de Malabar, d'où l'on rapportait les calicots. Atteinte par Vasco de Gama dès le 20 mai 1498, elle devint possession portugaise à partir de 1512. – Taprobane : ancien nom de Ceylan.

5. Peut-être Cochin, au sud de Calicut, et dans l'État actuel du Kérala.

Page 188.

1. Cébu, l'une des Philippines que Magellan reconnut en 1521, peu avant d'être tué sur l'îlot voisin de Mactan.

2. Sans doute Bornéo.

3. Tidore, Ternate, Morotai et Batjan, îles voisines de Halmahera dans l'archipel indonésien.

4. «Droit à l'Occident». Cette direction n'est paradoxale qu'en apparence. Magellan, dont Thevet reconstitue l'itinéraire d'après Pigafetta, s'est en effet dirigé vers l'ouest pour rejoindre les Moluques, après avoir franchi le détroit qui porte son nom.

5. Ou plutôt *Caninde*, pour désigner l'*Ara ararauna*.

Page 189.

1. *Privés* : apprivoisés, familiers.

2. Écho de cette page, à quatre siècles de distance, cette matinée de *Tristes Tropiques* (ch. XXII, p. 248) : «Avec le jour, je me lève pour une visite au village ; je trébuche à la porte sur de lamentables volatiles : ce sont les araras domestiques que les Indiens encouragent à vivre dans le village pour les plumer vivants et se procurer la matière première de leur coiffure. [...] Sur les toits d'autres araras ayant déjà récupéré leur parure se tiennent gravement perchés, emblèmes héraldiques émaillés de gueules et d'azur.» – Cf. Léry, ch. XI, p. 280.

3. Ou *ajuru*, perroquet du genre *Amazona*.

4. Ou *Maracaná*, perroquet de petite taille et déjà fort commun au XVIᵉ siècle dans les ports de France, selon Léry, ch. XI, p. 282, note 2.

5. Pline, *Histoire naturelle*, X, 50, Du Pinet, t. I, p. 403 : «Au reste, Marcus Laelius Strabo, Gendarme Romain, fut le premier qui dressa une Héronnière à Brindeze [Brindisi], pour y tenir toutes sortes d'oiseaux. Depuis son invention, les oiseaux, qui avaient le Ciel pour se pourmener, commencèrent à être resserrés.»

6. Anecdote rapportée par Léry, ch. XI, p. 282 : «Aussi cette femme sauvage l'appelant son *Cherimbavé*, c'est-à-dire, chose que j'aime bien, le tenait si cher que quand nous le lui demandions à vendre, et que c'est qu'elle en voulait, elle répondait par moquerie, *Moca-ouassou*, c'est-à-dire, une artillerie ; tellement que nous ne le sûmes jamais avoir d'elle.»

Page 190.

1. L'île de Ceylan.

2. Pour cette offrande au roi de France Henri II, Nicolas de Nicolay, géographe ordinaire de Sa Majesté, a servi d'intermédiaire. Voir plus loin, au ch. LIV, p. 209, la note 2.

3. C'est l'oiseau nommé vulgairement «sangue de boi» (*Ramphocelus brasilius*).

4. Ou *Jeravua*, d'après la *Cosmographie* (f. 939 r°; S. Lussagnet, p. 165). Il s'agirait du *brejahuba* ou du *geriva*.

5. *Pipra fasciicauda scarlatina*, selon E. Amado. Cf. Léry, ch. XI, p. 286 : «*Quiampian*, oiseau entièrement rouge.»

6. Ou *anu*, oiseau d'un noir métallique qui vole par bandes et picore le dos du bétail.

Page 191.

1. Voir ci-dessus le ch. XLIII, p. 172, note 2. Le huguenot J. de Léry (ch. XI, p. 287-288) tirera de la «resverie» superstitieuse des Indiens une condamnation plus vigoureuse encore de la croyance des catholiques au Purgatoire.

2. Le colibri ou oiseau-mouche. Léry (ch. XI, p. 286) écrit *Gonambuch*. C'est en brésilien le *beija-flor* ou *guanambi*.

3. Le terme de *sauvagines* désigne ici toute espèce de gibier.

Page 192.

1. En termes de vénerie, s'écarter de son trac, de sa piste.

2. Il s'agit du pécari. L'évent dont le pécari serait affublé à la manière d'un marsouin, n'est en fait qu'une glande sécrétant un liquide à odeur forte, et non pas un orifice respiratoire.

3. Semblable à de la bourre et emmêlé en tresses.

4. Elle combat le venin.

5. Pline, *Histoire naturelle*, XXVIII, 9, 11, 12, 14. Dans ce dernier chapitre, la corne de cerf est recommandée pour roborer l'estomac, contre la caquesangue et la dysenterie. Cf. VIII, 32 (trad. Du Pinet, t. I, p. 315) : «le parfum des cornes de Cerf, tant de la droite que de la gauche, chasse les Serpents».

Page 193.

1. Croyance déjà mentionnée – et par Thevet déjà condamnée – dans la *Cosmographie de Levant* (Lyon, 1556, ch. XV, p. 55) : «Les anciens réputaient pour malheur la rencontre d'un lièvre : à quoi certes le Chrétien ne se doit arrêter, comme à chose répugnante au premier commandement de Dieu». L'un des *Adages* d'Érasme est consacré à

la question (II, 10, 45) : «Lepus apparens, infortunatum facit iter». Cf. Coelius Rhodi-ginus, *Lectiones antiquae*, XXVI, 29, p. 1015 : «Observatum veteribus, leporis occursum in itinere ominosum quippiam, inauspicatum atque improsperum praesagire.» – Au sujet «Des Lievres et Connils», cf. Pline, *Histoire naturelle*, VIII, 55 (Du Pinet, I, p. 335).

2. Le coati (*Nasua narica*) est un petit carnivore que les Indiens apprivoisaient.

3. Le terme tupi de «macucagua» (ou «macaguâ») désigne plusieurs espèces brési-liennes de tinamous (*Cryptura*), gallinacés de l'Amérique du Sud.

4. Le tapir (*Tapirus americanus*). Après Thevet et s'inspirant de la *Cosmographie uni-verselle* de ce dernier (f. 937 v°; S. Lussagnet, p. 159), Léry en fera un mixte d'âne et de vache (ch. X, p. 257-258).

Page 194.

1. L'agouti, dont il a été question ci-dessus au ch. XXXIII, p. 139, note 3.

2. L'ivuranhé ou buranhém. Voir ci-dessus les ch. XLIII et XLVIII.

Page 195.

1. Sur le gaïac ou «bois de vie», cf. ci-dessus le ch. XLV, p. 179, note 4.

2. Ce qui réussit.

3. Il s'agit du lotos ou lotus, c'est-à-dire, selon Victor Bérard, des dattes. Cf. Pline, XIII, 17 [ou XIII, XXXII] (Du Pinet, I, p. 517) : «Ce fruit est si doux et de tel goût à manger que la contrée des Lotophages en a pris le nom : laquelle semble si douce et si gracieuse à ceux qui y vont, que chacun oublie sa patrie pour s'y accaser, à raison de ce fruit.» Cf. encore, sur le lotométra ou lotus d'Égypte, Pline, XXII, 21 [XXII, XXVII], Du Pinet, II, p. 202.

4. *Odyssée*, IX, v. 94-95. Il s'agit évidemment des compagnons d'Ulysse et non de Scipion, qui n'a rien à voir dans cette histoire.

Page 196.

1. Le fruit du cassier, à vertu purgative, ou la cannelle, désignée autrefois sous le nom de «casse aromatique» ou «casse giroflée» (Littré).

2. Il pourrait s'agir de l'«enviroçu» décrit par Soares de Sousa dans sa *Noticia do Brasil,* une bombacée.

3. Les mouches à miel, dans l'ancienne langue, ce sont les abeilles.

4. *Ira* est le nom du miel en tupi (cf. Léry, ch. XI, p. 290-291). Sur la diversité des abeilles et des miels qu'elles produisent, voir Claude Lévi-Strauss, *Tristes Tropiques,* ch. XXV, p. 307 : «Toutes les espèces produisent des miels de saveurs différentes – j'en

ai recensé treize – mais toujours si fortes qu'à l'exemple des Nambikwara, nous apprîmes vite à les délayer dans l'eau. Ces parfums profonds s'analysent en plusieurs temps, à la façon des vins de Bourgogne [...] ».

5. Ou *irara*, l'ours à miel du Brésil (*Tayra barbara*).

Page 198.

1. Sur le miel et ses vertus, voir Pline, XXI, 12-14 [XXI, XLVI]; XXII, 24 [XXII, L]; XXIX, 6 [XXIX, XXXVIII-XXXIX]; XXX, 4, 6, 7 [XXX : X, XVII, XIX].

2. Distille et *déchet* : tombe goutte à goutte (du verbe *déchoir*, composé de *choir*).

3. La manne est la nourriture céleste envoyée par Dieu aux Hébreux dans le désert (Exode, XVI, 15). Les sauvages de « Marignan » (ou Maranhão) connaissent donc cet âge d'or décrit par Ovide, *Métamorphoses*, I, où la terre produisait sans être labourée et où « le miel blond, goutte à goutte, tombait de la verte yeuse ». À la différence de ces sauvages oisifs, les « Amériques » de Guanabara, qui représentent une étape ultérieure de l'histoire humaine, doivent travailler la terre pour vivre. Le ch. LVIII exposera plus au long les théories dont Thevet est redevable à Ovide, Pline et Polydore Vergile sur les premiers âges de l'humanité. – Quant à l'image du miel qui suinte des arbres et des rochers, elle n'a pas seulement pour effet de transporter Ovide au cœur du Nouveau Monde, elle offre de surcroît une grande parenté avec l'explication « scientifique » de Pline qui définit certaine sorte de miel comme « une sueur du ciel, ou quelque excrément ou salive des astres : ou bien [...] l'expression et colature de l'air, qui se veut purifier » (*Histoire naturelle*, XI, 12 ; Du Pinet, I, p. 424).

4. Lactance, *Institutions divines*, I, 22, 19, et Ovide, *Fastes*, V, 115. Selon les traditions, Amalthée fut nymphe ou chèvre.

5. Un passage de la *Vie de Solon* de Plutarque (XLVII, « Pléiade », p. 200) dit seulement que Solon « permit de pouvoir transporter hors du pays et vendre aux étrangers des huiles seulement, et autres non. » La source pourrait être Polydore Vergile, *Des inventeurs*, III, 16.

6. *Expectations fatales* : attentes ou espérances qui touchent à la fatalité et empiètent par conséquent sur les secrets divins.

Page 199.

1. L'aï ou paresseux (*bradypus tridactylus*) avait déjà été décrit par les chroniqueurs espagnols, et sa lenteur proverbiale lui avait valu par antiphrase le surnom de « perrico lijero ». G. Fernández de Oviedo avait ainsi soutenu qu'« à grand peine cet animal pourra en un jour cheminer cinquante pas des nôtres » (*Sommaire de l'Histoire*

naturelle des Indes, Tolède, 1526, ch. 24, f. 22-23). La formule plut à Guillaume Postel, qui la reproduisit dans son traité *Des Merveilles du monde* (Paris, 1553, f. 90 v°), où se trouve la première description en français du bradype.

2. Dans sa *Cosmographie universelle* (livre IV, chap. 9, f. 116 r°), Thevet va intégrer en toute logique l'*haüt* à un catalogue des « bêtes vivant de vent ». L'on y découvre successivement le « chaméléon », l'ahut ou ahuti, le hulpalim d'Éthiopie et l'oiseau gouih. Flaubert se souviendra de cet échantillon de zoologie fantastique pour composer l'une des dernières pages de *La Tentation de saint Antoine* (version de 1874). La filiation directe de Thevet à Flaubert, si étonnante qu'elle soit, a été établie par Jean Seznec (« Saint Antoine et les monstres. Essai sur les sources et la signification du fantastique de Flaubert », New York, *PMLA*, 1943, p. 200-217), et se trouve vérifiée par l'analyse du *Carnet 16* rédigé vers 1872 et conservé à la Bibliothèque historique de la Ville de Paris (*Œuvres complètes*, Paris, Club de l'Honnête Homme, t. VIII, 1973, p. 383-384; *Carnets de travail*, éd. P.-M. de Biasi, Paris, Balland, 1988, p. 668).

Page 200.

1. Il s'agit de l'*ambaiba,* connu également sous le nom d'*umbauba* (*Cecropia carbonaria*).

Page 201.

1. Même remarque chez Léry, ch. X, p. 274 : « Vrai est qu'à cause de ses griffes si aiguës nos *Tououpinambaoults,* toujours nus qu'ils sont, ne prennent pas grand plaisir de se jouer avec lui. »

2. L'« expérience » confirme donc le dire de Pline, *Histoire naturelle*, VIII, 33 [VIII, II] (Du Pinet, t. I, p. 316) : « Ce seul animal, entre tous autres, ne boit, ni ne mange, ains hume l'air, se tenant debout, ne vivant d'autre chose. » C'est pourquoi le caméléon, depuis l'Antiquité, est devenu l'emblème des créatures vivant de vent, au propre comme au figuré. Agrippa d'Aubigné désigne de la sorte les courtisans vains et faméliques (*Les Tragiques*, II, v. 235-236) : « ...aussi faut-il souvent / Que ces caméléons ne vivent que de vent ».

3. Ce chapitre se conclut, comme déjà le ch. XXXV relatif à la magie, sur l'affirmation parfaitement orthodoxe des limites étroites de la connaissance humaine. L'admirable variété du monde que Dieu offre au regard de l'homme postule l'ignorance de ses fondements occultes. Voir sur ce point Jean Céard, *La Nature et les prodiges*, Genève, Droz, 1977, p. 307-312.

Page 203.

1. *Tatatinga*, d'après Plinio Ayrosa. Cette méthode de confection du feu par giration avait été auparavant décrite, schéma à l'appui, par G. Fernández de Oviedo, *L'Histoire naturelle et générale des Indes,* trad. J. Poleur, Paris, Vascosan, 1555, f. 90.

2. Maire-Monan, le héros civilisateur déjà évoqué ci-dessus au ch. XXVIII.

3. Comme l'a montré Pierre-François Fournier (art. cit., 1920, p. 41-42), il s'agit là d'une allusion transparente à la traduction par Mathurin Héret des *Problèmes d'Alexandre Aphrodisée excellent et ancien philosophe* (Paris, Guillaume Guillard, 1555). Mathurin Héret attirait ainsi, de manière claire mais discrète, l'attention du public sur ses propres travaux de traducteur et de commentateur. Façon de «signer» incidemment un ouvrage auquel il avait eu la meilleure part. Le «lieu» auquel le lecteur est prié de se reporter se trouve au feuillet 24 r°-v° (livre I, questions 59 et 60), où l'on peut lire l'«annotation» suivante : «Par ce discours il appert que le feu que l'on voit sortir en frappant le caillou contre le fer, ne procède ne de l'un ne de l'autre, mais de l'air, lequel étant entre ces deux corps (ainsi qu'il est en tous lieux) est fait plus subtil par le coup, et converti en feu. Toutefois Virgile dit que les Troyens cherchaient le feu caché ès veines de la pierre, et telle est la commune opinion». – Ce passage, que Thevet dut juger peu opportun, ne fut pas reproduit dans la *Cosmographie universelle* (f. 938 r°-v°).

4. D'après Polydore Vergile, *Des inventeurs*, II, 19, éd. de 1544, f. 86 : «Le feu donc selon Diodore sur son premier, trouva Vulcan, ce qu'aussi plusieurs prêtres affirment : par le bénéfice duquel les Égyptiens le constituèrent leur duc.»

5. *Paravant l'invention du feu.* Comprendre : du feu de cuisson. Jean de Léry se moquera de Thevet sur ce point, arguant du fait qu'il n'y a pas de fumée sans feu, comme le veut «cette maxime de Physique tournée en proverbe» (ch. XVIII, p. 459). La remarque de Thevet n'est toutefois pas aussi sotte qu'il y paraît. Elle montre en lui un observateur attentif aux « catégories empiriques» du cru et du cuit, du fumé et du rôti. La viande séchée à la fumée apparaît bien dans un rapport de contradiction avec la viande cuite au feu de bois : tel est l'écart qui sépare la nature de la culture, et qu'a permis de franchir l'intervention du héros civilisateur Maire Monan.

6. De l'épisode du déluge connu de toutes les tribus tupi-guarani, Thevet donnera dans *La Cosmographie universelle* (livre XXI, ch. IV, f. 913 v° et 914 v°; S. Lussagnet, p. 39-40 et 43-45) deux versions distinctes. On sait l'importance que les missionnaires attacheront à ce mythe où ils découvrent la préfiguration du christianisme et la preuve de l'unité de la Révélation.

7. La supériorité de l'écriture – et tout particulièrement de l'Écriture sainte – sur la tradition orale sera réaffirmée avec plus de force encore par Jean de Léry (ch. XVI,

p. 381-382), avec des implications immédiates sur la hiérarchie des peuples – «chrétien» et «sauvage» – en présence. Sur la «leçon d'écriture» de Léry, voir Michel de Certeau, *L'Écriture de l'Histoire*, Paris, 1975, p. 218-223.

Page 204.

1. Pline, *Histoire naturelle*, VII, 56 [VII, LVII] (Du Pinet, t. I, p. 288), dit seulement que Dédale «inventa l'art de charpenterie». En fait, Thevet a trouvé cette référence dans le traité *Des inventeurs* de Polydore Vergile (livre III, ch. XIV, f. 124), qui utilise avec quelque liberté son modèle : «Dedalus fit la forge matérielle, comme décrit Pline sur son septième : dedans laquelle forgea la scie, la doloire, la plombée, par laquelle l'on connaît si les bois ou les pierres sont droites, la tarière, la glu, que les Grecs nomment colle, pour souder le fer; la règle, l'arc, la petite lime, le tour et le clou trouva Theodorus Samius».

2. Ovide, *Métamorphoses*, VIII, v. 256-258. La source de Thevet, en dépit des apparences, est encore Polydore Vergile, un peu plus respectueux du texte d'Ovide que de celui de Pline. On lit en effet à la suite du passage précédent : «Ovide toutesfois sur le huitième de ses Métamorphoses dit que Perdris neveu de Dedalus, à cause de sa sœur, trouva la scie : à la similitude de l'épine qui est au dos d'un poisson, en forme d'un peigne». Cette «épine» est en fait l'arête du poisson (en latin *spina*).

Page 205.

1. Il s'agit sans doute de l'un des multiples golfes du littoral brésilien entre Guanabara et São Vicente au sud-ouest. Quoniambec, dont il est question plus loin, séjournait aux environs d'Ubatuba, à mi-distance de ces deux sites fortifiés. L'étrange nom de cette rivière est ainsi expliqué dans la *Cosmographie universelle* (livre XXI, chap. VIII, f. 924 v°; S. Lussagnet, p. 93) : «à cause que naviguant sur icelle, vous voyez le coupeau [la cime] des monts et rochers, faits tout ainsi de nature que vous jugeriez que ce sont des vases faits à l'antique en diverses sortes».

2. La présence de cette modeste rivière en tête d'une liste qui comprend la Loire et la Seine s'explique par les origines angoumoisines de l'auteur, fort «patriote» comme on sait, et qui n'hésitait pas, dans la *Cosmographie de Levant* (ch. 52), à qualifier cette même Charente de «second Nil».

3. Bisulfure de fer naturel (Fe S2) cristallin, qui se présente en masses à structure fibreuse.

4. Les mones ou «monnes» désignent les petits singes d'Afrique et d'Amérique, par opposition aux «singes», terme que Thevet emploie plus loin et qu'il réserve aux grands primates d'Afrique. Le *cacuycu* correspond au *cay* de Léry (ch. X, p. 271) et à l'*ackakey*

de Hans Staden (ch. 29, p. 197) : le mot est peut-être une déformation de «aquigquig» qui désigne les singes barbus.

5. Ce mot de sagouin connut une grande fortune dès le début du XVIᵉ siècle, comme en témoigne la querelle de Marot et de Sagon (1536-1537). Léry, qui cite l'épître satirique de «Fripelippes, secrétaire de Clément Marot, à François Sagon, secrétaire de l'abbé de Saint-Évroul» (ch. X, p. 273), compare cet animal à l'écureuil.

Page 206.

1. En Afrique du Nord (cf. les 'Berbères').

2. D'où son nom d'*armadillo* en espagnol et en anglais. Le tatou avait été décrit dès 1553 par Pierre Belon dans *Les Observations de plusieurs singularités et choses mémorables*, Paris, G. Cavellat, III, 51, f. 211. Léry en critiquera la représentation dans *L'Histoire d'un voyage*, ch. X, p. 263-264. Dans *La Cosmographie universelle* (livre XXI, ch. XVII, f. 952 r°; S. Lussagnet, p. 231), Thevet s'en prendra quant à lui à Scaliger et à Gesner.

3. Limitrophe.

4. Le mercenaire allemand Hans Staden avait été le prisonnier, en 1549-1550, de ce Quoniambec ou Konyan-bebe, chef des Indiens Tupinikin (ch. 28, p. 87). Dans ses ouvrages ultérieurs, et notamment dans *Les Vrais Pourtraits et Vies des hommes illustres* (Paris, 1584, t. II, livre VIII, ch. 149), Thevet va ériger ce chef de confédération à la stature d'un monarque de l'ancien monde, trônant en son «palais» et régnant sur de nombreux peuples. En fait, comme le soulignera au contraire Léry, l'organisation sociale assez lâche des Tupinamba ne tolérait de chef absolu que pendant les marches guerrières. Le «férial» Quoniambec sera l'une des cibles favorites de Léry dans sa polémique contre Thevet.

5. Dans ce parallèle laudatif, et peut-être insidieusement ironique, entre le chef cannibale et le roi de Sparte, on devine la main de Mathurin Héret, traducteur en 1553 de *La Vraye et brève histoire de la guerre et ruine de Troie* de Darès de Phrygie.

6. Dans la version ultérieure de la *Cosmographie universelle* (t. II, f. 924; S. Lussagnet, p. 92), la visite de Quoniambec s'étend désormais à «un mois entier». La «harangue» du chef tupinikin, très amplifiée, devient le prétexte à une évocation haute en couleur : «faisant ces discours et sa harangue, qui dura deux heures entières, il se promenait tout nu, et en se battant et frappant sa poitrine et ses cuisses, entremêlait toujours des menaces contre les Perots ses ennemis qui étaient les Portugais».

7. Ce terme générique vient probablement du prénom Pedro ou Pero, très usité au Portugal. Les Français, de leur côté, étaient appelés Mairs par les mêmes Indiens.

Page 207.

1. Sur l'origine des habitations, voir Pline, VII, 56 [VII, LVII] : « Des premiers inventeurs de plusieurs choses», et Vitruve, *Architecture*, II, 1, où est évoquée «la vie des premiers hommes» avant l'invention du feu et des demeures fixes. Tout cela est résumé par Polydore Vergile, *Des inventeurs*, III, 7, éd. de 1544, f. 111.

2. En même temps, de surcroît.

3. L'évocation de la meurtrière guerre civile entre César et Pompée prend place paradoxalement dans un chapitre consacré par Pline aux «Louanges de Jules César» (VII, 25; Du Pinet, t. I, p. 267). Thevet a malencontreusement retourné le chiffre initial qui était de «onze cent nonante deux mille», soit 1 192 000 morts.

4. Dans les textes de Thevet, Morpion et le «pays de Morpion» désignent la ville fortifiée de São Vicente et la capitainerie portugaise du même nom, au sud de Guanabara. Morpion (*Maropiune* de la carte de Diogo Homem de 1568) correspond vraisemblablement à la déformation du tupi *Urbioneme* (S. Lussagnet, p. 8, note 5).

Page 209.

1. Il s'agit de la confection des *maracas*, sortes de hochets constitués d'une calebasse remplie de graines et fichée sur un bâton. C'est l'attribut du chamane. Cf. ci-dessus le ch. XLIV, p. 175, note 3.

2. Nicolas de Nicolay, seigneur d'Arfeuille (1517-1583), connut une carrière des plus mouvementées : ingénieur, diplomate et cartographe de premier ordre, il servit d'agent secret en Angleterre (1547), puis au Levant (1550-1551). Géographe et valet de chambre du roi Henri II au moment où Thevet fait sa connaissance, il fut honoré par la suite de la charge de «cosmographe», puis de «premier cosmographe» du roi Charles IX. C'est à ce titre qu'il mena, de 1561 à sa mort, la première enquête topographique et statistique sur l'ensemble des provinces formant alors le royaume de France. Il est intéressant de noter que c'est grâce au truchement de Nicolas de Nicolay, dont il allait ensuite devenir le concurrent direct et, pour finir, l'ennemi personnel, qu'André Thevet eut accés, au retour de son voyage du Brésil, à la sollicitude royale. – Sur la carrière de Nicolay, voir mon livre : *André Thevet, cosmographe des derniers Valois*, Genève, 1991, p. 259-274.

3. Ce livre d'habits, qui est aussi une relation de voyage des plus alertes, ne parut qu'une dizaine d'années plus tard, en 1567, sous le titre : *Les Quatre premiers livres des navigations et pérégrinations de N. de Nicolay* (Lyon, G. Rouillé); réimprimé l'année suivante sous le nouveau titre de *Navigations, pérégrinations et voyages faits en la Turquie*. Les soixante planches en taille-douce représentant les habits des principaux peuples du Proche-Orient au XVIe siècle furent imités et plagiés tout au long de l'âge classique.

4. Cf. Thevet, *Cosmographie universelle*, livre XXI, ch. XVII, f. 953 r°. Selon S. Lussagnet, p. 236, n. 1, il pourrait s'agir du rémora, dont la tête est pourvue d'un disque adhésif qui lui permet de s'attacher à de gros poissons. J. de Léry, qui écrit «Pira-Ypochi» (ch. XII, p. 297), parle selon toute apparence d'un poisson différent.

Page 210.

1. Thevet joue sur le nom francisé du Rio de la Plata. Bien évidemment, ce n'est pas à la vaste platitude de ses eaux que le golfe doit son nom, mais à l'argent (en espagnol, *la plata*) que Sébastien Cabot, naviguant pour le service du roi d'Espagne, y découvrit en 1528. L'estuaire avait été exploré bien plus tôt, dès 1515, par Juan Díaz de Solís qui le baptisa de son nom et fut massacré par les Indiens.

2. La recherche d'un passage maritime à travers les terres neuves en direction du Cathay (la Chine) ou des Moluques apparaît comme l'une des grandes constantes de l'histoire des navigations au XVIe siècle. Jacques Cartier encore, en 1535-1536, recherchera au fond de l'estuaire du Saint-Laurent l'hypothétique détroit conduisant à l'Asie.

Page 211.

1. L'expression est à prendre au sens propre. En langage de fauconnerie, la «gorge chaude» désigne la chair des animaux vivants que l'on donne aux oiseaux de proie (Littré). Mais il peut y avoir ici un jeu sur le sens figuré que l'on connaît : en dévorant les Espagnols, les Guarani du Rio de la Plata font preuve à l'encontre de ceux-là d'une conduite des plus sarcastiques.

2. Peut-être l'un des compagnons d'Alvaro Núñez Cabeza de Vaca lors de son expédition de 1541.

3. Comme bêtes de proie. On sait que les chevaux causèrent quelque effroi aux Indiens qui n'en avaient jamais vu.

4. Ces géants légendaires ne sont autres que les Patagons découverts par Magellan en 1519, et dont le mythe va hanter la littérature de voyages pendant plus de deux siècles.

Page 212.

1. Il s'agit de l'Amazone. L'Aurelane ou Orellane est ainsi appelée du nom du conquistador Francisco de Orellana, compagnon de Pizarro au Pérou et premier explorateur de l'Amazone qu'il descendit depuis les Andes jusqu'à l'Atlantique en 1540-1541.

2. Les crues du Nil ont été évoquées par Thevet dans la *Cosmographie de Levant*, ch. XXXVIII. Les crues du Rio de la Plata se situent entre novembre et avril. On

connaît l'évocation spectaculaire qu'en a donnée Jules Verne dans *Les Enfants du capitaine Grant* (Ire Partie, ch. 22-26).

3. Près de Montevideo, les îles Goritty et Flores.

4. Cabo Santa Maria (en Uruguay, à l'est de Montevideo).

5. Le cap Blanc serait le Cabo San Antonio en Argentine. L'estuaire de la Plata s'étend entre ce cap au sud et le Cabo Santa Maria au nord.

6. Il pourrait s'agir de la Punta Mogotes où se trouve la ville moderne de Mar del Plata, au sud de Buenos Aires.

7. Transcription littérale de l'espagnol *arenas gordas,* c'est-à-dire en français : «Gros sables» ou «Gros sablons». Cette côte basse pourrait correspondre au littoral de Bahia Blanca en Argentine (province de Buenos Aires).

8. Les Terres Basses seraient à localiser vers la Punta Rasa.

9. Bahia Grande.

10. On peut voir dans ces deux caps les extrémités nord et sud du golfe de San Jorge, aux confins des provinces de Chubut et de Santa Cruz en Argentine. Cabo Blanco est du reste le nom d'une localité située au sud de ce golfe.

11. Cabo Virgines (ou cap des Vierges), à l'entrée orientale du détroit de Magellan.

12. La sarigue. Ce petit marsupiau, spécial à l'Amérique, possède cinq doigts à chaque patte, d'où la comparaison avec un oiseau de rivière. Dans la *Cosmographie universelle* (livre XXI, ch. VI; S. Lussagnet, p. 68), Thevet évoque le personnage mythique de «Sarigoys» qui se métamorphose en l'animal de même nom.

Page 213.

1. *Épilentique* : épileptique. Cet adjectif, qui peut surprendre dans ce contexte, est en fait une sorte d'épithète de nature pour désigner l'Islam et son prophète. En effet, si l'on en croit la légende noire que la chrétienté a forgée autour de la naissance de la religion rivale, Mahomet aurait été sujet à de violentes crises d'épilepsie, preuve du caractère damnable de sa doctrine. Par exemple, Bouchard, dans la *Chronique de Bretagne* : «Et souvent tombait Machommet d'épilepsie, qu'on appelle le haut mal».

2. Le Darién, province orientale de l'actuel État de Panama. À l'inverse du détroit de Magellan dont il est ici indûment rapproché, le Darién est un isthme, et non un détroit maritime. Mais l'un et l'autre ont en commun d'offrir une facilité de passage vers la mer de l'Ouest, le Pacifique riverain des Moluques. – C'est, semble-t-il, dans le *Dictionarium* de Calepin-Estienne, que Thevet-Héret a trouvé toute préparée l'association entre *isthmos* et *porthmos* : Voir : A. *Calepini Dictionarium*, Paris, R. Estienne, 1553-1554, *s. v.* Isthmus (f. 307) : «Isthmo opponitur porthmus, id est fretum angustum inter duas

continentes : quale est fretum Gaditanum [= le détroit de Gibraltar], exiguo intervallo Europam ab Africa dividens».

3. Le Bosphore de Thrace, appelé plus couramment le Bosphore, qui sépare l'Europe de l'Asie et fait communiquer la mer Noire avec la mer de Marmara.

4. *Vénécule* : diminutif de Venise, autrement dit «la petite Venise». Il s'agit évidemment du Venezuela, ainsi nommé par Alonso de Hojeda pour la ressemblance que présentaient les villages lacustres du golfe de Maracaibo avec la cité des Doges.

5. Le cap d'Esséade n'est autre que le Cabo Deseado (en espagnol : le cap désiré), situé, à l'inverse de ce que prétend Thevet, à l'extrémité occidentale du détroit de Magellan, c'est-à-dire à son débouché sur le Pacifique Sud. Le promontoire auquel pense Thevet, à l'entrée du détroit, est le Cabo Virgenes ou cap des Vierges.

6. La géographie de Thevet apparaît des plus approximatives, et l'on voit mal à quoi peuvent bien correspondre ces «quarante degrés» de latitude ou de longitude.

Page 214.

1. Pedro de Mendoza (1487-1537) s'établit en 1535 en Argentine, à l'emplacement de la ville actuelle de Buenos Aires, mais menacé par la famine et en butte à la résistance des Indiens, il dut quitter la place et mourut sur le chemin du retour. En fait, la Patagonie avait été reconnue dès 1520 par Magellan.

2. Contrairement à ce que croit Thevet, le nom de Patagons n'est pas d'origine indigène, mais espagnole et littéraire. Comme la Californie, le Patagon vient de l'univers fabuleux des romans de chevalerie, si chers aux conquistadores. Le Patagon est un géant à tête de chien, aux pieds de cerf, que met en scène dès 1512 le roman de Primaleon (*Libro segundo de Palmerin que trata de los grandes fechos de Primaleon*, ch. 133 et 134, rééd. Séville, 1524, f. 142 v°). Voir sur ce point Jacqueline Duvernay-Bolens, *Les Géants patagons. Voyage aux origines de l'homme*, Paris, Éditions Michalon, 1995, p. 10-13.

3. Anecdote rapportée par Antonio Pigafetta dans sa chronique du voyage de Magellan; revue et corrigée par López de Gómara dans son *Histoire générale des Indes*, que suit Thevet (livre II, chapitre 92). Dans la *Cosmographie* (XXI, 1, f. 903-906), Thevet amplifiera ce récit en le parant de cocasses hyperboles : «un de ces Géants voulut entrer dans l'un de leurs navires par force, hurlant et criant avec une voix si grosse qu'on eût estimé que c'était le mugissement de quelque gros taureau ou éléphant plutôt que la voix d'un homme. Au cri si hideux de ce grand Colosse, vinrent plus de trente de ses petits enfants de huit pieds de hauteur». Et plus loin, lorsque le Patagon est emmené par ruse : «il n'en eût fallu guère de tels pour vider les munitions et vivres du navire, vu qu'il eût mangé une hottée de biscuits à son repas et qu'il buvait autant qu'un cheval, vidant un seau d'eau tout d'une traite.»

Page 215.

1. *Myrobolan* : nom de plusieurs fruits desséchés venant des deux Indes et ayant la forme d'une prune (Littré).

2. Iles situées à l'ouest de Halmahera, dans l'archipel des Moluques (Indonésie).

3. Les îles Canaries, que l'on identifia dès leur découverte, en 1402, aux îles Fortunées de la légende antique et médiévale. Elles ont été décrites plus haut au ch. V.

4. Cabo de Santo Agostinho, à la pointe nord-est du Brésil, étape de la «volta» trans-océanique pour les navires naviguant vers les Indes.

5. De fait, le détroit de Magellan, après une première section orientée dans le sens est-ouest, s'infléchit droit au sud, avant de remonter vers le nord-ouest.

Page 216.

1. La guigne est une cerise douce assez semblable au bigarreau, mais plus petite.

2. Au sens où Thevet l'entend, le Pérou inclut toutes les possessions continentales de l'Espagne en Amérique du Sud, à l'exception des pays de la Plata. Autrement dit, le Pérou s'étend depuis les Antilles et Panama au nord jusqu'au Chili au sud.

3. Translittération de l'espagnol Nombre de Dios (en français : «Nom de Dieu») sur la côte nord du Panama.

4. Golfe de San Miguel, au sud de l'isthme de Panama.

5. Il s'agit de Vasco Núñez de Balboa (1475-1517), modèle du conquistador brutal et sans scrupule au dire de Las Casas. Il découvrit le Pacifique ou «mer *du Sud*» le 25 septembre 1513, après avoir franchi le détroit du Darién.

Page 217.

1. Cette «mer de l'Ouest» n'est autre que l'océan Pacifique, que Magellan atteignit en venant de l'est.

2. Ces «îles des Satyres», dont les habitants sont pourvus de queues, figurent en bonne place dans une carte de l'*Isolario* de Benedetto Bordone (Venise, 1528, f. LXX v°), non loin des rochers d'Aimant dont il sera question plus loin et d'une île d'Amazones.

3. Dix îles nommées Manioles : les Philippines. Cf. «Manille».

4. Cette légende des rochers d'aimant avait été déjà mentionnée par Thevet dans sa *Cosmographie de Levant* (Lyon, 1556, chapitre 43, p. 162) : «Par cette mer [Rouge] viennent les épiceries des Indes sur grands navires qui n'ont aucuns clous ni liens de fer; ains sont liés et chevillés avec grosses cordes et chevilles de bois, pour autant que venant des Indes, ils sont contraints passer près les montagnes d'Aimant, que s'il y avait aucun fer, les roches attireraient lesdits vaisseaux et à l'aborder les briseraient.»

5. Aux alentours de 1550, Thevet, selon ses propres dires, aurait rencontré Sébastien Cabot, le navigateur anglais d'origine vénitienne, dans la propre maison de Jacques Cartier à Saint-Malo (*Grand Insulaire*, f. 176).

6. Au sens classique, le mot «antipode» s'applique aux personnes et désigne les habitants de la terre diamétralement opposés les uns aux autres, «plante contre plante».

7. En plaine, toute plate.

8. Plutarque, *De placitis philosophorum*, III, 10 : «Thalès et les Stoïques, et ceux de leur école, tiennent qu'elle est ronde comme une boule» (trad. J. Amyot des *Œuvres morales et meslées de Plutarque*, Paris, M. de Vascosan, 1575, f. 451 v°).

Page 218.

1. Plutarque, *op. cit.*, III, 9 : «Thalès et ses dépendants tiennent qu'il n'y a qu'une terre : Oecetes Pythagorien deux, cette-ci, et l'opposite» (trad. J. Amyot, f. 451 r°).

2. Élien, III, 18.

3. Macrobe, *Commentaire sur le Songe de Scipion*, II, 9.

4. Les Hyperborées ou Hyperboréens, peuple mythique vivant sous l'étoile polaire, étaient réputés jouir d'un bonheur perpétuel. Au chapitre XXVI du *Polyhistor*, Solin discute pour savoir s'il faut placer cette *gens beatissima* en Europe ou plutôt en Asie. C'est à ce propos qu'il évoque la vaste mer séparant les deux hémisphères occidental et oriental (éd. de Bâle, 1543, p. 51).

Page 219.

1. Si l'on comprend bien Thevet, dont les conceptions cosmographiques sont quelque peu confuses, les antipodes s'opposeraient diamétralement selon les quatre points cardinaux (nord-sud, est-ouest), alors que les antichtones (mot synonyme d'antipodes) se répondraient deux à deux selon les axes intermédiaires (nord-est et sud-ouest, etc.). – Dans la *Cosmographie* de Pierre Apian augmentée par Gemma Frisius (éd. consultée : Paris, Vivant Gaultherot, 1553, Ière Partie, ch. XVI, f. 25 r°), ouvrage qui fit autorité tout au long du XVIe siècle, antipodes et antichtones n'étaient pas distingués les uns des autres. En insistant au contraire sur la «différence entre antipodes et antichtones», comme le souligne la manchette de cette page, Thevet entend se démarquer sur un point technique des cosmographes de son temps.

2. Arequipa, ville et province du Pérou.

3. L'Éthiopie, dans l'acception très large que lui confère Thevet, correspond à la plus grande partie de l'Afrique noire et s'étend jusqu'au golfe de Guinée.

4. L'Arabie Heureuse, l'une des trois Arabies que distinguait la géographie ancienne, avec la Pétrée et la Déserte. Elle correspond à l'actuel Yémen du Nord.

5. Les « Antèques » ou « antéciens » sont les habitants de la zone tempérée qui fait face à la nôtre dans l'hémisphère sud. Ce concept, de même que celui de « Périèques », est indissociable de la cosmologie antique qui considérait la zone torride comme inhabitable, aussi bien que les deux zones glaciales. Dans le cas des Antipodes, la symétrie s'opère par rapport au centre de la sphère; dans celui des Antèques, c'est l'équateur et son plan qui définissent l'axe de symétrie. De fait, dans l'exemple mentionné par Thevet, les peuples de la Plata, au-delà de l'équateur, sont dans une position symétrique par rapport aux habitants de l'Europe. Thevet s'est peut-être ici inspiré de López de Gómara qui écrivait : « Les Antèques des Espagnols et des Allemands sont ceux du Rio de la Plata » (cité par W.G.L. Randles, *De la terre plate au globe terreſtre*, Paris, Armand Colin, 1980, p. 65).

6. Paroeci ou Périèques : a) Habitants de la terre qui sont éloignés entre eux de 180° de longitude, mais qui sont dans la même latitude. L'axe de symétrie est donc le plan du méridien. b) Habitants de notre zone tempérée, par opposition aux « Antèques » (c'est ici, semble-t-il, le sens retenu par Thevet). – Cf. la définition de Gemma Frisius, *loc. cit.*, f. 25 v° : « Perioeci sont ceux qui demeurent sous un même méridien et parallèle, et ont quasi tout le temps comme nous, car nous demeurons avec eux sous une même Zone [...]; toutefois à même instant ou moment que le Soleil se lève par-deçà, à eux il se couche ».

Page 220.

1. Saint Augustin, *Cité de Dieu*, livre XVI (et non XV), ch. 9, avait effectivement nié qu'il y eût des Antipodes, et cela au nom de l'unité du genre humain. En effet, la zone torride, entre les deux tropiques, étant infranchissable selon la *doxa* des anciens, l'hypothèse des Antipodes avait pour conséquence immédiate l'existence de deux humanités distinctes, s'ignorant mutuellement. Dans ces conditions, la portée du message évangélique se trouvait singulièrement restreinte et perdait son caractère d'universalité. Comment imaginer en effet le voyage des apôtres au-delà de la ceinture brûlante? Pour faire triompher les vérités de la Religion chrétienne, le plus simple était donc de se débarrasser des Antipodes.

2. La formule rappelle Pline, II, 65 (Du Pinet, t. I, p. 77), chapitre où il est précisément question des Antipodes : « C'est que la terre demeure pendue entre les autres éléments, ne pouvant tomber, non plus que les hommes font : comme si la vertu de l'air, qui est enclos sous le ciel par une certaine répugnance de Nature, la gardât de tomber, ou bien que Nature même lui eût dénié lieu et place pour y pouvoir tomber. »

3. Le manioc. Cf. ci-dessus le ch. XXV, p. 118.

4. Thevet est redevable à Pline (XVI, 1), Ovide (*Métamorphoses*, I) et Vitruve (II, 1), etc., de cette théorie des premiers âges, qui fait se succéder le règne oisif de Saturne et l'ère maladive et laborieuse de son fils Jupiter. Polydore Vergile, *Des inventeurs*, III, 2, qui avait esquissé une petite synthèse sur la question, est la véritable source de ce passage.

Page 221.

1. La patate douce. Cf. ci-dessus le ch. XXVIII, p. 123-125.

Page 223.

1. C'est encore Polydore Vergile (III, 2) qui invoque le témoignage de Diodore de Sicile : en une tentative de mythologie comparée, Isis est identifiée à Cérès, la déesse latine des moissons. En fait, Diodore ne parle nullement de l'Italie dans ce passage, mais des anciens Égyptiens qui, longtemps, avaient vécu dans les roseaux des marécages de pêche et de chasse, jusqu'à ce qu'Isis leur apporte l'invention du « pain fait avec le lotus » (*Bibliothèque hiſtorique*, I, 43, 5).

2. Virgile, *Géorgiques*, I, 125 : « Avant Jupiter nul laboureur ne travaillait la terre ... » – Le mouvement de cette page et les diverses références qu'on y rencontre viennent de Polydore Vergile (f. 101 r°), qui qualifiait de « fables » les histoires grecques et latines, pour leur préférer le récit « plus véritable » de l'Écriture, corroborée par les autorités de Flavius Josèphe, d'Eusèbe et de Lactance : « longtemps avant que Cérès, Osiris, Saturne, Triptholemus et les devantdits fussent saillis du ventre maternel, l'usage du froment était en terre pour les hommes, mêmement vers les Hébrieux et Égyptiens; comme nous prouvons par Josephus au premier et second des Antiquités. » – Au chapitre précédent (III, 1), et toujours d'après Flavius Josèphe, l'inventeur du labourage était nommément désigné : « Caïn fils d'Adam apprit le premier de tous à labourer la terre, laquelle il divisa par bornes et termes ».

3. Lapsus de Thevet. La Genèse (IV, 2) fait mention du labourage de Caïn, et non d'Abel : « Abel fut berger, et Caïn fut laboureur. » Tout à son éloge de l'agriculture, Thevet a évincé Caïn, le premier homicide, au profit d'Abel, sa victime, l'homme juste selon Dieu. Jean de Léry lui reprochera vertement cette erreur : « il a publié son ignorance, disant que l'Écriture sainte fait mention du labourage d'Abel, car s'il met bien ses lunettes, il trouvera qu'il était pasteur de brebis, et son frère Caïn laboureur de terre » (*Hiſtoire d'un voyage*, 3ème éd., 1585, « Préface », f. qqq³).

4. Le passage correspondant de la *Cosmographie* (f. 948 v°) est un peu plus explicite : « comme drageons (= jeunes pousses) et petites graines, telle qu'est la Manne grenée ».

S. Lussagnet (p. 214, note 2) l'interprète comme suit : «Thevet fait probablement allusion ici à la matière concrète et sucrée que sécrètent certaines espèces méridionales du frêne européen, et dont certaine variété se présente sous forme de granulations.»

Page 224.

1. Même remarque chez Léry, ch. IX, p. 239-240, qui ajoute une anecdote plaisante tendant à montrer la maladresse des Français s'essayant à la manière sauvage et «s'enfarinant» visage et barbe.

2. Ces «petites légumes blanches» (le mot est anciennement du féminin) pourraient être une variété de haricots (*Phaseolus vulgaris L.*) ou le fameux «feijão meudo» du Brésil (*Vigna vexillata Benth.*).

3. Cette «épice broyée» serait un aphrodisiaque, au dire de la *Cosmographie* (f. 949 r° ; S. Lussagnet, p. 216) : «je pense que ces femmes le font pour attirer les hommes à coucher avec elles, à cause qu'elles sont luxurieuses autant que femmes du monde.»

4. *Cosmographie*, f. 949 r° (S. Lussagnet, p. 215) : «et se nomme icelle farine de poisson, *Ouic*» (*ui*, en tupi).

5. Il s'agit du chou caraïbe ou *taioba* (*Colocasium antiquorum Schott*).

6. Petite balle servant au jeu de paume.

Page 225.

1. *Celeus flavescens*, selon la supposition de S. Lussagnet, p. 176, note 2.

Page 226.

1. *Iry* serait un synonyme de *Hairi*, palmier au bois dur et noir mentionné ci-dessus au ch. XXXVIII, p. 154-155. Il s'agit du *brejauba* ou *Astrocaryum ayri Mart.*

2. La «terre continente», c'est le continent. Ce continent, en l'espèce, est situé «entre deux mers», ou plutôt deux océans, l'Atlantique et le Pacifique.

3. Nouvel écho de la geste des Troyens fugitifs d'après Virgile, *Énéide*, I, 305-309. Cf. ci-dessus les ch. XXIV, p. 113, et XXV, p. 118.

Page 227.

1. Le brésil, bois de teinture donnant aux tissus une couleur de braise (d'où son nom), était connu en Europe depuis le XII⁰ siècle. Il était traditionnellement importé de l'Extrême-Orient. La terre que Cabral avait baptisée Terra de Santa Cruz prit le nom de l'arbre qu'on y trouva en grande abondance et qui fut l'objet d'un intense trafic dès la première décennie du XVI⁰ siècle. Il est vrai que les mappemondes médiévales représentaient

déjà, en plein Atlantique, une légendaire «île de Brasil». – «Oraboutan» serait la déformation d'*ibirapitanga.*

2. I Rois X, 12. Les bois d'*almuggîm* représentent probablement le santal ou sandal utilisé en ébénisterie.

3. Onésicrite participa à l'expédition de Néarque, mais n'alla pas jusqu'à Ceylan, quoi qu'en dise Solin, 53, 2. Son témoignage est allégué par Strabon, XV, 1, 14-16, et Pline, II, 73 et VII, 2, Du Pinet, p. 83 et 255.

4. Marignan désigne le Maranhão portugais, triple estuaire des rios Mearim, Itapicuru et Pindaré, et non pas le Marañon espagnol, affluent de l'Amazone. Les relations du XVIᵉ siècle confondent souvent cet estuaire avec l'embouchure de l'Amazone.

Page 229.

1. Référence en manchette à Pline, *Histoire naturelle,* «Li. 10. ch. 19.» Selon toute apparence, cette référence est inexacte.

2. Le juste milieu.

Page 230.

1. Bois-le-Comte, lieutenant de Villegagnon au Brésil, retourna ensuite à Guanabara, où il se trouvait le 15 mars 1560, lors de la prise du Fort Coligny par les forces portugaises de Mem de Sá.

2. 31 janvier 1556. Thevet, malade, est donc retourné par le bateau qui l'a amené. Il n'a séjourné au Brésil qu'une dizaine de semaines au total.

3. Pour saisir les alizés, le navire accomplit la *volta* par l'ouest et se dirige vers le golfe du Mexique, alors qu'à l'aller il a longé la côte de l'Afrique.

4. Le Cabo Frio.

5. Le Cabo Santo Agostinho, point de départ et d'arrivée de la *volta* transocéanique.

Page 231.

1. Cap Matapan, anciennement cap Ténare, à l'extrémité sud du Péloponnèse.

2. Vicente Yáñez Pinzón, le capitaine de la *Niña* pendant le premier voyage de Colomb (1492). Il aurait longé la côte brésilienne en 1499, devançant de peu Cabral.

3. *Furne* : Furnas ou Honduras.

4. Thevet oublie qu'en 1500-1501 le détroit de Magellan n'était pas découvert.

5. Castelmarim ou, mieux, Castelo de Mairi, c'est-à-dire Olinda.

6. Pernambuco (Pernambouc), c'est-à-dire Recife.

Page 232.

1. Les Rochedos de São Pedro et São Paulo (?), situés à 950 km de la côte.

2. Le golfe du Maranhão au Brésil.

3. Ce portrait haut en couleur du légendaire Cannibale est hérité du *Mundus Novus* de Vespucci. Loin de la précision ethnographique perceptible dans le portrait du Tupinamba ou «Amérique», cette figure répulsive est décrite de seconde main et verse dans la caricature.

Page 233.

1. L'anacardier, dont le fruit est le cajou (ou noix de cajou); du mot tupi *akaju* (*Anacardium occidentale*).

2. *Une corme*: fruit du sorbier ou cormier, comestible et ressemblant à de petites poires.

3. Sans doute le même arbre que l'*ahouaï* (*Thevetia Ahouai L.*) décrit plus haut au ch. XXXVI, p. 145. Cf. la gravure, p. 146.

Page 235.

1. *Par gentillesse* : comme marque de noblesse, à la manière de gentilshommes.

2. L'île de Trinidad (Trinidad-et-Tobago) située face aux bouches de l'Orénoque et touchée par Colomb lors de son troisième voyage en 1498.

3. Les petites Antilles, alors peuplées pour la plupart d'Indiens Carib.

4. Réagal ou réalgar, nom vulgaire du sulfure rouge d'arsenic (Littré).

Page 236.

1. *Fondes* : frondes. *Fundibulateurs* : soldats armés de la fronde. La référence à Végèce, *Du fait de guerre et fleur de chevalerie*, I, 16, se rencontre chez Polydore Vergile, II, 11, f. 66 : «Toutefois Vegetius de l'art militaire dit que les habitateurs des îles en la mer d'Espagne, lesquelles nous appelons Baléares, trouvèrent l'invention des fondes».

2. Francisco de Orellana. Cf. ci-dessus le ch. LV, p. 212 et la note 1.

Page 237.

1. La longueur de l'Amazone est de 6 400 km, sa largeur maximale à l'estuaire de 100 km.

2. Moyobamba au Pérou.

3. Le Marañon, l'une des branches-mères de l'Amazone.

4. Thevet confond, semble-t-il, Marañon et Maranhão. Le bassin de l'Amazone communique avec celui de l'Orénoque par le Rio Negro, mais nullement avec le golfe du Maranhão au Brésil.

Page 238.

1. Santa Cruz ou Sainte-Croix est la principale des îles Vierges dans les Antilles. Thevet a mêlé le récit d'Orellana avec un autre (celui de Pinzón en 1500 ?), qui relate non pas une descente, mais une remontée de l'Amazone.

2. *Pourchasser* : rechercher.

Page 239.

1. La fameuse cupidité des Espagnols était devenue un motif d'indignation, voire de satire pour les historiens espagnols eux-mêmes, comme Oviedo ou Gomara.

2. Les Amazones d'Amérique sont le fruit fantastique du croisement de deux cultures : le mythe des Amazones guerrières et castratrices, présent chez la plupart des historiens de l'Antiquité (Hérodote, Strabon, Diodore de Sicile, etc.), s'est trouvé en quelque sorte confirmé et ravivé par les dires des Indiens Carib ou Tupi relatifs aux Vierges du Soleil de l'empire Inca. Voir sur ce sujet : Georg Friederici, *Die Amazonen Amerikas*, Leipzig, 1910; Enrique de Gandia, *Historia critica de los Mitos y leyendas de la Conquista americana*, Buenos Aires, 1946, p. 75-87 ; Juan Gil, *Mitos y utopías del Descubrimiento. 3. El Dorado*, Madrid, Alianza Universidad, 1989, p. 195 sqq.

Page 241.

1. *Le fleuve de Tanaïs* : le Don, fleuve qui, selon les anciens, formait la limite entre l'Europe et l'Asie.

2. *Thermodon* : fleuve de Cappadoce (en Asie Mineure).

3. Thevet conserve tout naturellement le cadre taxonomique hérité de l'Antiquité : les Amazones d'Amérique, placées en quatrième position, confirment et élargissent l'existence des Amazones de Scythie, d'Asie et d'Afrique. À chaque continent ses Amazones. Voir sur ce point *L'Atelier du cosmographe*, Paris, 1991, ch. IV, p. 114 sqq.

4. Étymologie rapportée notamment par Diodore de Sicile, *Bibliothèque historique*, II, 45, et III, 53, et Isidore de Séville, *Étymologies*, IX, 407. Sur l'éthologie des Amazones antiques, voir l'étude de Jeannie Carlier, « Les Amazones font la guerre et l'amour », *L'Ethnographie*, 74, 1, 1980, p. 11-33.

5. C'est en particulier l'opinion d'Eustathe, *Commentaire à l'Iliade*, III, 189, reprise par Coelius Rhodiginus, *Lectiones antiquae*, IX, 12, éd. de Genève, 1620, col. 461-462.

6. Philostrate, *Heroica* ou *Héroïques*, publiés dans *La Suite de Philostrate*, trad. Blaise de Vigenère, Paris, Abel L'Angelier, 1602, f. 340 v° (Néoptolème) : «... Si ce sont des filles, elles les gardent, les tenant pour leur vraie lignée : et leur font tous les offices et devoirs de mères fors que de les allaiter, et ce pour l'occasion des combats, de peur que

cela ne les efféminât trop, et que leurs mamelles n'en devinssent pendantes : si qu'elles ont à mon opinion pris ce nom d'Amazones de ce qu'elles ne nourrissent point leurs enfants de leurs mamelles, ains les élèvent avec du lait de juments grasses et refaites, et certains rayons de rosée qui se vient à guise de miel accueillir sur les cannes et roseaux des rivières. Car ce qui a été dit des Poètes et semblables écriveurs de fables pour le regard de ces Amazones, passons-le sous silence ». – Cf., du même, *Les Images ou tableaux de platte peinture*, à propos de la chaste Rhodogune, princesse en armure, dont l'habit « ne sent point bien encore son Amazone » (trad. Blaise de Vigenère, 1614, p. 320-321 ; éd. Françoise Graziani, Paris, Champion, 1995, t. II, p. 528).

Page 242.
   1. Pline, VII, 56 [VII, LVII] rapporte une tradition différente.

Page 243.
   1. Cette gravure et la précédente recueilleront un tel succès que Thevet les remploiera toutes deux dans la *Cosmographie universelle* (Paris, 1575, t. II, f. 960 r° et v°), alors même qu'il ne croit plus à cette date à l'existence d'authentiques Amazones en terre d'Amérique. En 1599 encore, dans la *Brevis et admiranda descriptio Regni Guianae* de Sir Walter Raleigh (Nuremberg, C. Lochner, pour Levinus Hulsius, pl. 14), les deux compositions de Thevet seront fondues en une seule, avec inversion latérale du dessin. Le supplice des deux hommes pendus par les pieds est placé au premier plan, alors qu'en arrière les vaillantes archères résistent à l'agresseur derrière leurs carapaces de tortues.

Page 244.
   1. Reine des Amazones accourue au secours de Troie assiégée, elle fut tuée par Achille, qui viola son cadavre.
   2. *Déduit* : divertissement, plaisir (amoureux, en particulier). L'expression est évidemment ironique.
   3. *En route* : en déroute.
   4. Thevet consacre plus loin le ch. LXVIII au mode d'emploi de cet instrument qui servait à déterminer la hauteur des astres et à connaître la latitude.

Page 245.
   1. Comme ils l'auraient souhaité.
   2. La conduite de leurs guides indiens.

3. La capitainerie portugaise de São Vicente, sur le littoral brésilien, à l'ouest de Rio de Janeiro.

Page 246.

1. «Plata, qui signifie en leur langue Argent». Étymologie exacte, qui contredit celle que Thevet avait avancée plus haut, au début du ch. LV. Voir p. 210 et la note 1.

Page 247.

1. Le traité de Tordesillas (7 juin 1494) qui rectifiait la bulle *Inter Coetera* du pape Alexandre VI (1493), fixait pour ligne de partage entre le Portugal et l'Espagne le méridien situé à 370 lieues à l'ouest des îles du Cap-Vert. L'ouest allait à la Castille, l'est au Portugal.

2. Le cap à Trois Pointes (Cape Three Points), sur la Côte de l'Or, actuel Ghana.

3. Cet adage politique, qui fonde la monarchie en nature et en droit, sera plus tard commenté et illustré par Jean Bodin dans la *Méthode de l'Histoire* (1566) et *Les Six Livres de la République* (1576; éd. J. Du Puys, 1577, p. 696). Bodin prend pour illustration de cette règle le meurtre commis en 1553 par Soliman le Magnifique sur la personne de son fils Mustafa. Le *Colloquium Heptaplomeres* ou *Colloque entre sept scavans* (éd. F. Berriot, Genève, Droz, 1984, livre V, p. 281), ouvrage attribué à Bodin, cite la même anecdote et la conclut par ce distique : *Qu'il n'y ait qu'un Dieu au Ciel / Et qu'un Empereur tout puissant sur terre.*

4. *Mahouhac*: Macaé, au nord-est de Rio de Janeiro.

5. *Porte Sigoure*: Porto Seguro

6. Cet établissement non identifié se situerait sur le littoral de Pernambuco.

7. Olinda et Recife.

8. Se sont établis. *Entretenir*: traiter avec.

Page 248.

1. La ligne de Tordesillas coïncide avec le cours du rio Tocantins, peut-être confondu par Thevet avec l'estuaire de Maranhão.

2. Carthagène ou Cartagena de las Indias, sur la côte nord de la Colombie.

3. Peut-être le littoral du golfe de Paria.

4. Cette effusion de sang lors de la *Conquista* fut surtout celle du sang indien, mais dans son recueil des *Vrais Pourtraits et Vies des hommes illustres* (Paris, 1584, t. II, livre V, ch. 52, f. 377 r°), Thevet réputera pour mensonges les «ridicules niaiseries» du «supposé» Bartolomé de Las Casas, prête-nom, selon lui, d'un ennemi de la cause catholique. Sur l'hispanophilie de Thevet, voir *Le Huguenot et le sauvage*, Paris, 1990, ch. VIII, p. 235-244.

5. *Sans les guerres...* : sans compter les guerres.

6. Ovide, *Métamorphoses*, XV, 421-423 : «Sic tempora verti / Cernimus atque illas assumere robora gentes, / Concidere has.» C'est la leçon que délivre le philosophe grec Pythagore, auquel Ovide donne la parole en conclusion de son poème des *Métamorphoses*. Ronsard a résumé cette doctrine transformiste dans le vers célèbre : «La matière demeure et la forme se perd». En conséquence l'histoire universelle est perpétuelle métamorphose et perpétuel recommencement. On voit donc que pour Thevet-Héret la conquête du Nouveau Monde ne constitue pas un progrès – au sens moderne du terme –, mais un avatar parmi d'autres, et quand bien même spectaculaire, de l'éternel retour. Cette conception cyclique de l'histoire, venue des doctrines philosophiques de l'Antiquité, se conjugue ici à l'image médiévale et familière de la roue de Fortune.

Page 249.

1. *Mutation* : synonyme de métamorphose.

Page 250.

1. La Terre de Feu.

2. 'Notre mer Océane' est l'océan Atlantique, par opposition au Pacifique ou mer du Sud, dont il est question ensuite.

3. Nous délimiterons.

4. 'La Neuve Espagne' : la Nouvelle-Espagne, c'est-à-dire le Mexique.

5. Le Yucatan.

6. 'La terre des Baccales', c'est la terre des Morues, autrement dit Terre-Neuve et ses parages.

7. Chicora ou Chicola, royaume à demi légendaire situé dans l'intérieur de l'Amérique du Nord.

Page 251.

1. Dans l'idée de Thevet, qui reflète l'opinion commune de son temps, la largeur (en longitude) de l'Amérique est en proportion de son extension verticale en latitude. C'est donc de très loin le plus grand des quatre continents. Dans ce raisonnement, on ne tient pas compte, bien entendu, de l'étranglement que constitue l'isthme de Panama (le 'détroit de Parias'). L'Amérique, selon l'expression de Pierre Chaunu, est le «continent-méridien».

2. *Quelquefois* : une fois, un beau jour. Cette île des Rats ou *isla dos Ratos* est quelque peu difficile à identifier.

Page 252.

1. Débat, discussion.

2. Hérodote et Solin ne parlent évidemment pas du Canada, mais seulement des monts Hyperborées, qu'ils décrivent comme un séjour de félicité, en dépit de leur haute latitude. Voir ci-dessus le ch. LVII, p. 218, note 4.

Page 253.

1. Thevet prend prétexte de ce chapitre insulaire pour apporter des compléments à sa description de la faune du Brésil. Les vocables qu'il indique sont bien d'origine tupi.

2. Cf. Jean de Léry, ch. X, p. 262 : «Ils prennent semblablement par les bois certains Rats, gros comme écurieux et presque de même poil roux, lesquels ont la chair aussi délicate que celle des connils de garenne.»

3. Pour cette raison, c'est pourquoi.

Page 254.

1. *Ou* : au.

2. La tradition, les règles apprises.

3. Ce chapitre technique sur le maniement de l'astrolabe est à rapprocher du précis que Gemma Frisius a inséré à la suite de la *Cosmographie* de Pierre Apian sous le titre de «L'Usage de l'anneau astronomique», combinaison de quatre cercles mobiles qui permet tout à la fois de connaître l'élévation du pôle, comme l'astrolabe, mais aussi l'heure du jour, «s'il est devant ou après midi», et «les heures par nuit» (éd. de 1551-1553, f. 59 v°-63).

Page 257.

1. Même remarque chez Binot Paulmier de Gonneville, *Relation authentique*, Paris, Éditions Chandeigne, 1995, p. 18, et Jean de Léry, *Histoire d'un voyage faict en la terre du Bresil*, ch. IV, p. 138. Cette «pluie puante et contagieuse», partout présente chez les voyageurs anciens et qui leur causait pustules et bubons, a aujourd'hui disparu, comme le constate Claude Lévi-Strauss dans les pages qu'il consacre au «pot-au-noir» (*Tristes Tropiques*, Paris, Plon, 1955, ch. VIII).

Page 258.

1. Dans ce décompte un peu répétitif, Thevet semble avoir oublié les secondes.

2. Partager, répartir.

3. Sur la dorade, voir ci-dessus le ch. XX, p. 101-102.

Page 259.

1. Thevet consacrera au *bolador* ou poisson volant de plus amples développements dans la *Cosmographie universelle*, t. II, XXII, 10, f. 976-977 r°. Prenant le relais, Jean de Léry (ch. III, p. 128) esquisse la moralisation du thème : «ces pauvres poissons volants», nulle part en sûreté, vont devenir l'image de la condition humaine. Sur ce *topos* fort en faveur au siècle des Lumières, voir mon étude : «La Chasse de poissons : un emblème de l'humaine condition dans l'histoire naturelle à la Renaissance», *L'Uomo e la Natura nel Rinascimento*, a cura di Luisa Rotondi Secchi Tarugi, Milan, Nuovi Orizzonti, 1996, p. 331-353.

2. Les îles du Pérou sont les Antilles; l'île Espagnole Hispaniola ou Haïti.

3. Mexico, capitale de l'empire aztèque.

Page 260.

1. Le Sénégal, fleuve et pays.

2. Comprise entre l'océan Atlantique et le Pacifique ou mer du Sud. On voit que le Pérou selon Thevet s'étend depuis le Chili jusqu'au Venezuela, prenant en écharpe le continent sud-américain, et se prolongeant même au-delà dans l'archipel des Antilles.

3. Cajamarca, où eut lieu la fameuse entrevue entre Atahualpa et Pizarre au soir du 16 novembre 1532.

4. Atahualpa, empereur des Incas, ne fut pas empoisonné, mais étranglé en place publique, après avoir été baptisé, et son cadavre brûlé (29 août 1533).

5. Les Inges sont les Ingas ou Incas.

6. *Dition* : juridiction, empire.

7. L'allusion vise sans doute Pierre Belon du Mans, auteur des *Observations de plusieurs singularitez et choses memorables* (Paris, 1553), narration d'un périple au Proche-Orient effectué dans les mêmes années que Thevet, de 1546 à 1549. Concurrent de la *Cosmographie de Levant*, qu'il devançait d'un an, et faisant une plus large part à l'observation directe, l'ouvrage rencontra plus de succès que cette dernière. D'où l'acrimonie de ce passage des *Singularitez*. Belon mourut assassiné en 1564.

Page 261.

1. Thevet s'en est déjà pris aux partisans des races monstrueuses, héritiers de Pline et de saint Augustin, comme son contemporain et peut-être ami, le pilote Guillaume Le Testu. Cf. ci-dessus le ch. XXII, *in fine*.

2. Probablement Callao, le port de Lima, que Thevet prend indûment pour une région.

3. On reconnaît ici l'espagnol 'nevadas', qui veut tout simplement dire 'enneigées' ou 'neigeuses'. On voit mal de quelle chaîne de montagnes il peut s'agir.

4. Le lac Titicaca, à 3 812 mètres d'altitude, dans les Andes centrales.

5. *Carcas* : on pense à Caracas, capitale de l'actuel Venezuela, mais qui n'est pas précisément voisine du Chili.

Page 262.

1. Le détroit – ou isthme – de Darién est l'isthme de Panama.

Page 263.

1. Thevet ne semble pas s'apercevoir qu'il a déjà parlé plus haut des Incas, les appelant une première fois 'Inges'.

2. Le navire, suivant les alizés, accomplit la double *volta* transatlantique : à l'aller, en coupant au plus court à partir du cap Vert ou de l'entrée du golfe de Guinée; au retour, en remontant vers le golfe du Mexique et la Floride, avant de revenir en droiture sur l'Europe. Thevet tire prétexte de ce double détour pour décrire et l'Afrique et l'Amérique du Nord qu'il n'a pas vues.

Page 264.

1. San Juan de Puerto Rico, ou Porto Rico.

Page 265.

1. Sur ces signes de la colère de Dieu, en l'occurrence de Jupiter, voir par exemple Suétone, *Vies des douze Césars*, «Gaius Caligula», LVII.

Page 266.

1. «Grands Oreilles» ou, en espagnol, *Orejones*. D'où les Oreillons de Voltaire, ces cannibales délurés qui mangent par prédilection du jésuite. Voir *Candide*, ch. XVI, in *Romans et Contes*, éd. Frédéric Deloffre et Jacques Van den Heuvel, Paris, Gallimard, «Pléiade», p. 182.

2. Le cidre.

3. Autrement dit, il a la forme d'une outre pleine. On reconnaît vaguement à cette description le lamantin, mammifère marin de l'ordre des siréniens. Le mot 'manati' est d'origine caraïbe. Le grand lamantin des Antilles était communément appelé poisson bœuf ou bœuf marin, et la femelle vache marine.

Page 267.

1. Le diminue, le réduit.

2. L'assimilation du lamantin au bœuf entraîne, par une sorte de métaphore filée, cette singulière représentation du mammifère pisciforme en train de brouter l'herbe du rivage.

3. Les tableaux de plumes, dont quelques spécimens nous sont parvenus, étaient en fait une spécialité, non du Pérou ou des Antilles, mais du Mexique aztèque. Thevet confond les aires géographiques et culturelles.

4. Connils, c'est-à-dire lapins.

5. Saint-Domingue.

6. Boriquen, *alias* Saint-Jean de Porto-Rico.

Page 268.

1. Ὀρυκτὸς signifie, en grec, 'minéral'. Il se rapporte donc au sel gemme.

2. Sulfure naturel de plomb.

Page 269.

1. Quinte-Curce, V, 1 : «Alexander ad Mennin urbem pervenit : caverna ubi est ex qua fons ingentem vim bituminis effundit».

2. Cet archipel est celui des Lucayas ou Bahamas, première terre d'Amérique abordée par Colomb en 1492. – Saint-Dominique : Saint-Domingue (en espagnol Santo Domingo).

3. Thevet commet ici un coq-à-l'âne manifeste. Potosi est situé à l'intérieur du continent, dans la cordillère des Andes, sur le territoire de la Bolivie actuelle, à plus de 4 000 m. d'altitude.

Page 270.

1. L'argent du Cerro de Potosi est aujourd'hui épuisé, mais le minerai d'étain y est toujours exploité.

2. Le monde sublunaire (placé sous la lune) est sujet à la corruption, à la différence des sphères célestes supérieures, inaltérables et éternelles.

3. En réalité et non pas en image.

Page 271.

1. Panuque : Panuco.

Page 272.

1. Manchette : «Comparaison de Themistitan». Cette comparaison de Mexico, cité

lacustre, avec Venise, édifiée sur une lagune, est en passe de devenir classique. On la retrouvera dans l'*Isolario* de Thomaso Porcacchi da Castiglione, Padoue, P. et F. Galignani, 1570, p. 157-158, et chez Thevet dans la *Cosmographie universelle*, Paris, 1575, t. II, XXII, 16, f. 990 v°.

2. *Sic*, pour Moctézuma, l'antépénultième empereur aztèque, vaincu et fait prisonnier par Hernán Cortés, puis tué d'une pierre (27 juin 1520).

3. Effectivement, les Aztèques associaient au sacrifice humain une anthropophagie utilitaire : si le sang de la victime était destiné au dieu solaire, sa chair devenait viande de boucherie, objet d'un fructueux commerce. Voir sur ce point Christian Duverger, *La Fleur létale. Économie du sacrifice aztèque*, Paris, Le Seuil, 1979.

4. Les coqueluches sont des capuchons.

Page 273.

1. *Sic*, pour Labrador.

Page 274.

1. Manchette : «Mer marécageuse». Cette description est celle de la mer des Sargasses.

2. Catay et Cambalu appartiennent à la géographie de l'Asie selon Marco Polo. Il est plaisant de voir Thevet – ou son imprimeur – contaminer la cité mongole de Cambalu par les Cannibales du Nouveau Monde. Au reste, il n'est pas impossible que le toponyme de Cambalu soit entré dans la complexe histoire étymologique du mot «Can[n]ibales». Voir sur ce point l'article de Gianfranco Folena, «Le prime immagini […]».

3. Des courants.

4. Ou plutôt Chicora, contrée légendaire de l'Amérique du Nord, connue par l'expédition de Vázquez de Ayllón en 1521 et depuis lors recherchée par tous les explorateurs successifs, Espagnols, Français, Anglais.

5. Bahamas et Lucayas sont un seul et même archipel.

Page 275.

1. Ces «transformations» sont les *Métamorphoses* d'Ovide.

2. L'étymologie de la Floride est autre : elle fut découverte le jour de *Pascua florida*, le dimanche des Rameaux 1512.

3. On reconnaît ici le bison d'Amérique.

Page 276.

1. La collecte.

Page 277.

1. Les morues (d'après le mot portugais ou espagnol). Cette terre des Morues n'est autre que Terre-Neuve, que l'on a considérée tour à tour comme un promontoire soudé au Canada, un archipel et enfin une île.

2. *Les îles de Cortes* : ou plus exactement de Corte Real, du nom des navigateurs portugais qui, dans le sillage de Cabot et parmi les premiers, explorèrent les parages du Labrador et du golfe du Saint-Laurent (1500-1502).

3. Nom très déformé de Sébastien Cabot ou Gabotto, fils du plus célèbre John Cabot, qui reconnut Terre-Neuve et le Cap-Breton (1497), avant de disparaître l'année suivante au cours d'une seconde expédition.

4. Il s'agit du mythique passage du Nord-Ouest vers le Pacifique et la Chine.

Page 278.

1. Thevet passe sous silence le troisième voyage de Jacques Cartier en 1542, lequel, il est vrai, ne tourna pas à sa gloire. Ayant trahi Roberval, amiral de la flotte et son supérieur hiérarchique, il crut rapporter en France de l'or et des diamants, qui se révélèrent n'être que cuivre et quartz. D'où l'origine du dicton «diamant de Canada». Cf. ci-après le ch. LXXX, p. 293.

2. L'ensemble des chapitres LXXV à LXXXII dérive des informations réunies par Jacques Cartier au cours de ses deux premiers voyages au Canada (1534 et 1535-1536). Michel Bideaux estime que la documentation de Thevet provient essentiellement de la version italienne de ces deux voyages contenue dans le *Terzo Volume delle Navigationi et Viaggi* de Giovanni Battista Ramusio (Venise, Giunti, 1556, f. 441 sqq.). Tel n'est pas l'avis d'Arthur P. Stabler, qui pense que Thevet, dès cette date, avait recueilli les papiers manuscrits du Malouin qu'il mettra plus tard en œuvre dans la *Cosmographie universelle* (1575) et surtout dans son *Grand Insulaire et pilotage* (*circa* 1586-1587), demeuré largement inédit.

3. François Ier était mort en 1547, quatre ans après le troisième et dernier voyage de Cartier au Canada.

4. Thevet donne au terme de «Canada» une extension plus large que Cartier, qui le limitait à la moyenne vallée du Saint-Laurent, de Trois-Rivières à l'Ile-aux-Coudres. Le mot «Canada» provient d'un terme iroquoien signifiant «maison» (cf. mohawk *Kanata*). C'est, semble-t-il, Jacques Cartier qui en fait un toponyme. Mais il ne s'agit pas d'un nom forgé «à plaisir», comme le croit Thevet. Sur tout ceci, voir Michel Bideaux éd., *Relations de Jacques Cartier*, Montréal, 1986, p. 352-353, note 91.

Page 279.

1. Peut-être la mythique Norambègue (baie de Penobscot).

2. La mer Ligustique (*sinus Liguſticus*) correspond au golfe de Gênes.

3. Écho direct de Jacques Cartier, *Deuxième Relation*, éd. Bideaux, Montréal, 1986, p. 183 : «mais il n'y a hable qui vaille». «Thevet exagère toutefois les distances» (*ibid.*, note 615).

4. *L'Ab[b]aye de chaleur* : lapsus typographique pour la Baie des Chaleurs (à la limite de la Gaspésie et de l'actuel Nouveau-Brunswick), étape du premier voyage de Cartier en 1534.

5. Haims : hameçons.

Page 280.

1. Ou plutôt le grand fleuve de Hochelaga (Montréal), c'est-à-dire le Saint-Laurent. Cette appellation, employée en concurrence avec celles de Saint-Laurent et de «rivière de Canada», vient de Jacques Cartier, *Deuxième Relation*, éd. M. Bideaux, p. 132; cf. la note 85. Les Indiens en question, distincts des premiers rencontrés par Cartier, sont des Iroquois nomades.

2. Pièges.

Page 281.

1. La description des raquettes, l'une des premières du genre après l'atlas de Guillaume Le Testu (1556), se retrouvera chez Thevet dans *La Cosmographie universelle*, XXIII, 3, et dans le *Grand Insulaire*, I, f. 152 r° (éd. Schlesinger et Stabler, 1986, p. 245).

Page 282.

1. Manchette : «Breuvage souverain dont ils usent en leurs maladies.» Cette panacée pourrait correspondre à l'annedda ou « arbre de vie », fort efficace contre le scorbut. J. Rousseau («Botanique canadienne», *Annales de l'ACFAS*, vol. 3, 1937, p. 201) l'identifie avec le *thuya occidentalis*. Frère Marie-Victorin y voit au contraire l'épinette blanche. Pour un dossier très complet sur la question, voir M. Bideaux éd., *Relations de Jacques Cartier*, Épilogue IX, p. 259-262.

Page 283.

1. *Andouagni* : déformation de la graphie *Cudouagny,* que l'on trouve chez Jacques Cartier, *Deuxième Relation*, p. 159. – M. Bideaux (*ibid.*, note 376) estime que cette graphie résulte d'une mauvaise lecture de Ramusio, *Terzo Volume delle Navigationi e Viaggi,* Venise, Giunti, 1556, f. 449 r°. Mais c'est en réalité une troisième forme que présente

cette version italienne : « CUDRUAIGNI », avec, à la même page, la variante de *Cudruaigny*. – Guillaume Postel, dans son *De Orbis terrae concordia* (Paris, Pierre Gromors, 1543, pour le premier livre, I, f. 69 r° ; Bâle, J. Oporin, 1544, pour l'ensemble des quatre livres), fait mention d'un mauvais génie nommé « Cudiague », qui dérive selon toute évidence du *Cudouaigny* de Cartier, mais on ignore par quel truchement. Voir Robert Marichal, « Postel, Cartier, Rabelais et les 'Paroles gelées' », *Études rabelaisiennes*, t. I, Genève, Droz, 1956, p. 181-182.

2. Se conduit mal (latin *versari*).

3. Thevet est seul à fournir ce détail, que reprend ensuite *La Cosmographie universelle*, II, f. 1013 v°, en termes certes un peu plus vagues : « quatre ou cinq ans ». *Donacoua* est une graphie erronée pour Donnacona, le chef de Stadaconé-Québec, qui, en septembre 1535, fit excellent accueil à Jacques Cartier et à ses hommes. *Aguanna* – ou *Agahanna*, comme Thevet l'écrit au chapitre suivant – est un titre honorifique plutôt qu'un nom propre. Voir ci-après p. 287, note 3.

4. Cette théorie du déterminisme climatique, d'après Hippocrate et Aristote, a déjà été exposée par Thevet à propos des Éthiopiens. Cf. ci-dessus le ch. XVI, p. 88, note 3. Dans ces deux passages symétriques, on sent la patte du médecin Héret, le traducteur des *Problèmes* d'Alexandre d'Aphrodise, dont il s'inspire manifestement ici (1555, II, 6, f. 61).

Page 284.

1. Obliquement selon l'écliptique, et non suivant l'équateur.

2. Plus exactement par des Portugais, les frères Gaspar et Miguel Corte Real, fils du gouverneur de Terceira, envoyés par le roi Dom Manuel Ier, et qui périrent l'un après l'autre au cours de leurs expéditions.

3. « En communauté ». Cette communauté de biens avait été mentionnée par Cartier, *Deuxième Relation*, p. 160 : « Cedit peuple vit quasi en communauté de biens assez de la sorte des Brizillans [= des Brésiliens] ».

4. Dans ce passage, Thevet, semble-t-il, décrit le maïs, en s'inspirant du récit de Cartier qui parlait déjà de mil « gros comme pois » et le comparait au blé du Brésil, mais c'est lui qui ajoute la comparaison avec la canne à sucre et les artichauts (cf. Cartier, *Deuxième Relation*, p. 161 et note 396).

5. Le tabac. Thevet, plus tard, disputera à Nicot l'honneur d'avoir le premier rapporté le tabac en France. Dans sa préface aux *Singularités* (1878, p. XXXIII), Paul Gaffarel en fait le principal titre de gloire du cosmographe : « c'est à Thevet et rien qu'à Thevet, que le trésor public doit le plus magnifique de ses revenus, et la majorité de nos lecteurs une jouissance quotidienne ».

Page 285.

1. Un tablier. On dit aussi : devanteau.

2. La fable des sauvages velus et «pelus» a déjà été réfutée par Thevet à propos des «Amériques» du Brésil. Voir ci-dessus le ch. XXXI.

Page 286.

1. Ce bref historique des origines de la civilisation est inspiré, comme précédemment, de Polydore Vergile, *Des inventeurs*.

2. Emprunt à Polydore Vergile, *Des inventeurs*, III, 6, éd. de 1544, f. 109 v° : «Justin dit que l'usage des laines fut inventé par les Athéniens. Ce que je veux attribuer à Pallas plutôt qu'aux susdits, joint qu'elle était devant que les Athènes fussent faites. Et pour autant que les laines étaient en usage, l'on estime qu'elle les inventa premièrement, et les montra aux Athéniens, qui l'honoraient chastement. Pour laquelle cause Justin selon mon opinion entend que les Athéniens enseignèrent la manière d'en jouir aux autres après Minerve : tout ainsi qu'ils montrèrent l'art de semer les froments après la Déesse Cérès.»

Page 287.

1. Thevet pense peut-être à la Sibérie. – En réalité, le mot zibeline, d'origine slave, est un emprunt au russe *sobol'*, *via* l'italien *zibellino*, et désigne un petit mammifère du genre martre. Parmi les produits de la traite canadienne des fourrures, en plein essor vers le milieu du XVIe siècle, la martre zibeline était l'un des plus recherchés. Voir sur ce point les contributions de Laurier Turgeon et de Bernard Allaire, in F. Lestringant éd., *La France-Amérique*, Paris, Champion, à paraître.

2. *Cadelure* : écriture en grosses lettres (Littré). Désigne sans doute ici une ornementation peinte, faite de motifs géométriques.

3. Thevet a pu trouver ce mot qui signifie «chef» ou «seigneur» dans le lexique franco-indien qui fait suite à la *Deuxième Relation* de Jacques Cartier. Le terme *Agahanna*, ou plutôt *Agouhanna* y est glosé de la manière suivante : «Nota que leur seigneur a nom Donnacona et quand ils le veulent appeler seigneur ils l'appellent Agouhanna» (éd. M. Bideaux, p. 188). Il ne s'agit donc pas d'un nom propre, comme semble le croire Thevet. En dialecte Oneida, chef se dit *Hagoäno*; en ancien mohawk *Aguayanderen*.

Page 288.

1. Souiller.

2. Pierre Belon du Mans, dans *Les Observations de plusieurs singularitez et choses memorables*, Paris, Guillaume Cavellat, 1553 et 1555, livre III, ch. 11, rapporte cet usage observé chez les Turcs : «Les Turcs ont une merveilleuse manière de nourrir les petits enfants, mais au demeurant aisée : Car combien qu'ils munissent et emmaillottent le petit enfant par tous endroits, toutefois ils lui laissent le conduit de derrière tout à nu. Ce faisant ne leur convient laver si souvent leurs drapeaux». Belon décrit ensuite la «cannelle» ou canule qui évite aux petits enfants, tant mâles que femelles, de se compisser. C'est là sans doute la source de Thevet, qui ne souffle mot de cette singularité dans sa *Cosmographie de Levant*.

3. Le Saint-Laurent et le Saguenay.

4. Allusion aux divers sauts du Saint-Laurent : Cascades, Saint-Louis, Long Saut, Sainte-Marie, Lachine, qui, avant la canalisation du fleuve, constituaient autant d'obstacles pour la navigation.

Page 289.

1. Ramures, rameaux.

Page 290.

1. Ce passe-temps sadique n'est pas attesté ailleurs que chez Thevet. Mais il se produisit à plusieurs reprises durant la Conquista espagnole. Marcel Trudel, *Histoire de la Nouvelle-France*, t. I, Montréal, Fides, 1963, p. 101, et Michel Bideaux, *Relations*, p. 379, note 358, ont l'un et l'autre mis en doute la réalité de cet incident.

Page 291.

1. Casque léger, à calotte sphérique, relevé en pointe par-devant et par-derrière.

2. Cet historique des armes et des différentes manières de combattre chez les peuples primitifs vient de Polydore Vergile, *Des inventeurs*, II, 10, éd. de 1544, f. 64 v° : «Depuis l'on usita la bataille par le jet des pierres et des coups des bâtons, selon que veut témoigner Hérodote sur son livre quatrième [...]. Diodorus l'affirme sur son livre premier, et que les massues et la peau du lion étaient propres à Hercules pour combattre, vu que par-devant les armes n'étaient trouvées, ni en son temps aussi. On vengeait les injures avec grosses massues de bois : et étaient les gens d'armes couverts et armés seulement des peaux des bêtes.» Cf. ci-dessus le ch. XXXVIII, p. 154, note 3.

Page 292.

1. Thevet décrit ici la confection du scalp.

Page 293.

1. Il s'agit du sirop d'érable. Mais il est très improbable que les Indiens aient attendu l'arrivée des Français pour goûter à un pareil nectar. Ce sont eux au contraire qui en apprirent l'usage aux Européens.

2. La présence de vignes sauvages valurent à cette région de l'Amérique le nom de Vinland que lui donnèrent les Vikings vers l'an mille. C'est pour cette même raison que l'actuelle île d'Orléans, immédiatement en aval de Québec, fut nommée par Cartier île de Bacchus (*Deuxième Relation*, éd. M. Bideaux, p. 140).

3. *Planures*: plaines. – Arthur P. Stabler a vu dans cette évocation des richesses minérales du Canada l'écho précis d'un passage de la relation du troisième voyage de Cartier, uniquement connu par la version anglaise qu'en donnera plus tard Richard Hakluyt dans ses *Principal Navigations* (vol. 3, p. 232-237; Londres, G. Bishop, R. Newbery & R. Barker, 1600). Ce serait donc la preuve que dès 1557 Thevet avait entre les mains les archives inédites de Cartier. Trente ans plus tard, ces documents, parmi lesquels encore le récit du voyage de Roberval, furent vendus par Thevet à Richard Hakluyt, chapelain de l'ambassadeur d'Angleterre à Paris, qui les emporta ensuite en Angleterre. Voir : A. P. Stabler, «En marge des récits de voyages : André Thevet, Hakluyt, Roberval, Jean Alfonse et Jacques Cartier», *Études canadiennes / Canadian Studies* n° 17, 1984, p. 69-72.

4. *Qui caverait*: si l'on cavait (tournure latine). *Caver*: creuser.

5. Référence en manchette à Pline, «Au li[vre] dernier de l'hist[oire] naturelle.» La référence est au livre XXXVII, ch. 2 [ou XXVII, IX], Du Pinet, t. II, p. 712 : «Aussi tient-on que ce n'est que glace, et de là vient le nom qu'il porte».

6. Se concrétise, se solidifie. Manchette : «Opinions sur la concréation du cristal.»

7. Solin, *Polyhistor*, cap. XXV (éd. de Bâle, 1543, p. 51) : «putant glaciem coire, et in crystallum corporari : sed frustra. Nam si ita foret, nec Alabanda Asiae, nec Cyprus insula hanc materiam procrearet, quibus regionibus incitatissimus calor est».

Page 294.

1. Thèbes aux cent portes, en Haute-Égypte.

2. Le Canada, du moins sa partie orientale, n'est pas particulièrement sujet aux tremblements de terre, n'en déplaise à Thevet. En fait, Thevet a élargi au Canada, par une sorte de glissement latéral sur l'axe des longitudes, une observation tirée d'Olaus Magnus, archevêque d'Uppsal et historien des pays nordiques, qui parlait de l'Islande. Ce chapitre, contrairement aux apparences, n'est donc pas de pure imagination. Il procède seulement d'une extrapolation un peu hardie. – Voir Olaus Magnus, *Historia de gentibus septentrionalibus*, Rome, 1555, livres I et II. De cet ouvrage, un épitomé en

français sera publié par Christophe Plantin à Anvers en 1561 sous le titre d'*Histoire des pays septentrionaux*. Dès 1539, Olaus Magnus avait édité à Venise une carte de la Scandinavie, la *Carta marina*, abondamment légendée et riche en merveilles, qui a pu influencer aussi bien le Thevet des *Singularités* que le Rabelais du *Quart Livre*.

Page 295.

1. Aristote, *Météorologiques* (ou *Météores*), II, 7-8-9. Pour une mise au point sur la question, voir Germaine Aujac, *Strabon et la science de son temps*, Paris, Les Belles Lettres, 1966.

2. Selon la physique ancienne, c'est dans la moyenne région de l'air que prennent naissance les phénomènes atmosphériques.

3. Le *Roman de Mélusine*, dans ses deux versions, en prose par Jean d'Arras et en vers par Coudrette, date de la fin du XIVe siècle. Il connaît encore un grand succès deux siècles plus tard. Surprise au bain un samedi par son mari Raymondin, Mélusine s'envole sous la forme d'une femme-serpente. Sur Mélusine de Lusignan, «la fée poitevine», voir Claude Gaignebet et Jean-Dominique Lajoux, *Art profane et religion populaire au Moyen Age*, Paris, P.U.F., 1985, p. 137-141.

4. Thevet a déjà traité cette question classique de philosophie naturelle dans la *Cosmographie de Levant* à propos de la Crète (ch. X, p. 40-42). On note du reste une quasi homonymie entre les Canadiens et les «Candiens», les habitants de Candie ou de la Crète, circonstance qui n'est peut-être pas étrangère au transfert géographique observable dans ce chapitre.

5. Tout ce développement sur les différentes hypothèses des anciens concernant les tremblements de terre rappelle Plutarque, *De placitis philosophorum*, III, 15 : «Thalès et Democritus en attribuent la cause à l'eau [...]. Anaximenes, que la rarité et sècheresse de la terre sont les causes du tremblement [...]. Aristote, pour la circonstance du froid qui l'environne de tous côtés [etc.]» (trad. J. Amyot des *Œuvres morales et meslées*, Paris, 1575, f. 451 v°).

6. La sphère du feu, la quatrième des sphères élémentaires, enveloppait celles de la terre, au centre et en bas, de l'eau et de l'air. De la sorte, par rapport à la terre centrale, le feu était considéré comme le plus élevé des quatre éléments.

Page 296.

1. Les opinions d'Anaxagore et d'Anaximène étaient précisément réfutées par Aristote, *Météor.*, II, 7. Cf. la *Cosmographie de Levant*, p. 40 : «je lui dis [...] qu'il ne se fallait amuser aux jugements d'Anaxagore et d'Anaximène, comme n'ayant en cet endroit aucune efficace».

2. L'explication proprement physique du phénomène est subordonnée à l'affirmation de la toute-puissance de Dieu, qui plie la Nature à sa volonté. Sur le même sujet, la *Cosmographie de Levant*, déjà, recommandait de « ranger toutes nos opinions et ratiocinations sous le saint vouloir et inscrutable providence de ce bon Dieu» (*loc. cit.*, p. 41), mais elle suggérait aussi, en accord avec Pline, de voir dans les tremblements de terre un avertissement du Très-Haut et le signe de «quelque chose malheureuse et dommageable».

3. Pline, II, 84 (Du Pinet, t. I, p. 88), parle de la destruction en une seule nuit de douze et non de sept cités en Asie, sous le règne de Tibère.

4. Pline, II, 92 [II, XCIV] (Du Pinet, t. I, p. 90) : «Des villes englouties et abîmées par la mer.»

5. Susdits.

6. Pline, II, 89 [II, XCI] (Du Pinet, t. I, p. 89) : «Des Iles réunies à la terre ferme».

7. Brebis (du bas latin *ovicula*; c'est le sens premier du mot).

Page 297.

1. Le temple de Diane à Éphèse était considéré comme l'une des sept merveilles du monde.

2. Il s'agit en fait d'Érostrate qui incendia le temple de Diane à Éphèse en - 356. Il fut lui-même condamné au feu. L'astronome et physicien Ératosthène n'a rien à voir en l'affaire.

3. Ou îles des Démons.

4. Les Açores. Nous conservons l'orthographe propre à Thevet, en raison de l'étymologie qu'il proposera au chapitre suivant.

Page 298.

1. Gemma Frisius ou Gemma le Frison, disciple de Pierre Apian et éditeur de sa *Cosmographie* (1529). Thevet fait ici allusion à sa mappemonde de 1537 (Vienne, Globusmuseum), où est indiqué un «Fretum Arcticum sive trium fratrum» traversant le nouveau continent. Ce globe, influencé par les voyages de Cabot et des trois frères Corte Real, et peut-être aussi par la première navigation de Cartier en 1534, allait avoir une action déterminante sur les fortunes du passage du Nord-Ouest, vainement recherché pendant plusieurs siècles. Thevet n'a donc pas tort de dénoncer cette hypothèse aventureuse. Voir l'appendice de Theodore E. Layng au livre de William F. Ganong, *Crucial Maps in the Early Cartography and Place-Nomenclature of the Atlantic Coast of Canada*, The University of Toronto Press, 1964, p. 487-490.

2. Ce tabou alimentaire est notamment évoqué par Pierre Belon dans *La Nature et diversité des poissons, avec leurs pourtraicts, representez au plus pres du naturel*, Paris,

Charles Estienne, 1555, p. 6 : «De tous les grands poissons, je n'en trouve qui soit plus commun en la mer, que le Dauphin. Mais les Turcs ne les Grecs n'ont coutume d'en manger par certaines lois de leur religion, ne aussi les Italiens.» Dans un autre de ses ouvrages, *L'Histoire naturelle des estranges poissons marins* (Paris, Regnaud Chaudière, 1551 et 1553), Belon ne consacre pas moins de six chapitres à l'interdit touchant la chair du dauphin (Ière Partie, ch. IV à IX) : les «Mahometistes» s'en abstiennent «d'autant qu'elle ressemble à celle d'un pourceau»; les Juifs parce qu'«il ne leur est licite de manger poisson qui n'ait des écailles»; les Italiens en souvenir de la légende du poète Arion et dans l'idée que ce «poisson» pourrait, en cas de naufrage, leur sauver la vie. En revanche, «grande partie des hommes de la religion Latine, au contraire des Grecs, Turcs et Juifs, sont plus friands de la chair du Dauphin que de nul autre poisson» (ch. IX, f. 8).

Page 299.

1. Sur la baleine, voir Pline, IX, 6 [IX, V] et IX, 13.

2. *Où converse* : où vit.

3. Isidore de Séville, *Etymologiarum libri XX*, XII, VI, § 11 (*P.L.* 82, col. 451-452) : «Quando autem praeludunt in fluctibus, et undarum se molibus saltu praecipiti feriunt, tempestates significare videntur : hi proprie *Simones* nominantur.» Cf. Pline, XVIII, 35 : «Signes pour connaître la disposition du temps à venir» (Du Pinet, t. II, p. 68).

Page 300.

1. André Thevet, *Cosmographie de Levant*, ch. VII : «Des Ours», p. 29-32. Ce chapitre est pris pour l'essentiel de Pline, VIII, 36 (Du Pinet, t. I, p. 317). On voit que Thevet reste ici fidèle à cette source.

2. C'est le remède de la saignée, fort prisé par l'ancienne médecine. Les ours, en s'attaquant aux abeilles, ont donc trouvé par instinct ce remède souverain entre tous. Thevet ne fait que traduire Pline, VIII, 36, p. 318 : «Ils sont fort sujets à avoir la vue trouble. Et par ainsi, pour se décharger la tête, ils vont chercher les ruches des mouches à miel, afin que les mouches se jetant sur eux, les fassent saigner, au moyen de quoi ils perdent la pesanteur de tête qu'ils ont.» Rien à voir avec les ours blancs du Canada.

Page 301.

1. *Ils n'ont [...]. Ils n'ont [...].* On reconnaît dans tout ce passage la «formule négative», typique de la rêverie primitiviste. On la retrouvera un peu plus tard dans le chapitre «Des Cannibales» de Montaigne et dans les propos de Gonzalo, le vieillard idéaliste et un peu gâteux de *La Tempête* de Shakespeare (I, 2, v. 154 sqq). Sur cette figure constitutive du

mythe du Bon Sauvage, voir Harry Levin, *The Myth of the Golden Age in the Renaissance*, Londres, Faber & Faber, 1970, p. 11, et Christian Marouby, *Utopie et primitivisme. Essai sur l'imaginaire anthropologique à l'âge classique*, Paris, Éditions du Seuil, 1990.

2. Référence en manchette : «Au li[vre] 16. de l'hist[oire] na[turelle].»

3. La forêt sacrée de Dodone en Épire, dont les chênes, agités par le vent, rendaient des oracles. L'allusion est à Virgile, *Géorgiques*, I, 149, qui évoque ainsi le déclin de l'âge d'or primitif : «La première, Cérès enseigna aux mortels à retourner la terre avec le fer, au moment où déjà manquaient les glands et les arbouses de la forêt sacrée et où Dodone refusait toute nourriture.» La référence a pu venir à Thevet par le truchement de Polydore Vergile.

Page 302.

1. Ce triomphe à l'antique, adapté à la mode sauvage, annonce les *Combats et triomphes* d'Étienne Delaune, suite gravée peu après 1575, qui inclut, parmi les planches tirées de la mythologie, une scène de guerre «brésilienne», avec panaches et fronteaux de plumes. Dans ces gravures dont le modelé et le format oblong font penser à des panneaux de sarcophage, aussi bien que chez Thevet, toute ressemblance avec des Amérindiens réels est écartée au profit d'une héroïsation conforme aux canons de l'art classique.

Page 303.

1. On faisait alors dériver l'étymologie du mot «pyramide» du grec πῦρ, πυρὸς, qui signifie «feu». Cf. Thevet, *Cosmographie de Levant*, ch. XLI, p. 152 : «Et pource qu'en bas elles sont fort larges, et toujours en montant viennent à diminuer, les Géométriens les appellent Pyramides, du nom du feu, dit en Grec, Pyr.»

2. Mathurin Héret, semble-t-il, signe une fois de plus son ouvrage, en renvoyant ainsi, de manière discrète et allusive, aux *Problemata* d'Alexandre d'Aphrodise traduits par lui.

3. Inutile de préciser que cette étymologie est fantastique. Le nom des Açores est d'origine portugaise et vient du mot *açor*, «autour» (oiseau de proie).

Page 304.

1. Le prophète en question est David, et le passage de l'Écriture est le Psaume 104 (Vulgate 103), verset 9 : «Ainsi la mer bornas par tel compas, / Que son limite elle ne pourra pas / Outrepasser : et fis ce beau chef-d'œuvre, / Afin que plus la terre elle ne cœuvre» (trad. de Clément Marot). Le même verset sera cité et commenté par Jean de Léry au début de l'*Histoire d'un voyage faict en la terre du Bresil*, ch. II, p. 124.

2. Trébizonde, sur la mer Noire, capitale byzantine de 1204 à 1461.

3. *Les tables de Ptolomée* : les tables de mesures en latitude et longitude qui ont permis aux modernes, à partir de la fin du XVe siècle, de reconstituer et de compléter l'atlas dit de Ptolémée. Claude Ptolémée est un astronome et géographe grec du IIe siècle après J.-C.

4. Pline, *Histoire naturelle*, XIII, 13, Du Pinet, p. 514 : «Des livres de Numa». Conservés entre deux pierres, ces livres, en fait, «étaient embaumés de résine de cèdre, pour les contregarder des vers».

5. La Taprobane, c'est Ceylan ou parfois Sumatra, selon les géographes de la Renaissance. Quoi qu'il en soit, Alexandre n'alla jamais aussi loin dans ses conquêtes orientales. Il ne dépassa guère l'Indus.

6. *Digna cedro* ou *Cedro digna* : «dignes du cèdre». Ce proverbe et son interprétation sont tirés des *Adages* d'Érasme, IV, I, 54 (Bâle, Froben, 1540, p. 872), qui renvoie à Pline, XIII, 13, et XVI.

Page 305.

1. L'île de São Miguel, où se trouve la capitale Ponta Delgada.

2. On est tenté de comprendre «vos».

3. Contrairement à ce que suggère ici Thevet, *Les Singularités* ne sont pas un livre de plein vent, écrit au péril de la mer, mais une œuvre de cabinet. Toute cette conclusion est un vibrant éloge de «l'autopsie» ou vue par soi-même, qui amène à préférer les modernes aux anciens et le témoignage du cordelier voyageur aux savants casaniers qui l'ont précédé.

4. Manchette : «Cartes de l'Auteur contenant la situation et distance des lieux.» Thevet ne réalisera qu'en partie ce programme cartographique. Les anciens bibliographes mentionnent une carte de la France (vers 1569), une carte d'Espagne, «L'Univers reduit en fleur de lys» (1583) et le «Monde en deux hémisphères séparés», toutes cartes aujourd'hui perdues. Voir F. Lestringant, *André Thevet, cosmographe des derniers Valois*, Genève, 1991, p. 394-396.

Page 309.

1. Il s'agit de Jean Bertrand (1470-1560), qui embrassa successivement les carrières juridique et ecclésiastique. Issu d'une famille ancienne du Languedoc, il fut capitoul de Toulouse en 1519, premier président au Parlement de cette ville en 1536. Il dut à la faveur du connétable Anne de Montmorency d'être premier président du Parlement de Paris en 1550 et garde des sceaux après la disgrâce du chancelier Olivier. Devenu veuf, il entra dans les ordres, devint évêque de Comminges, puis archevêque de Sens et en

1557 cardinal. La place de son nom en tête des *Singularités* laisse entendre qu'il a financé et peut-être même supervisé l'édition du livre.

2. *Naïve* : naturelle, innée.

Page 311.

1. Étienne Jodelle (1532 ?-1573), est l'un des principaux poètes de la Pléiade, après Ronsard et Du Bellay. Cette Ode encomiastique est particulièrement inspirée. Elle ouvre une tradition féconde, illustrée peu après par Ronsard dans sa *Complainte contre Fortune* (1559), qui exalte le sauvage libre et nu pour mieux faire le procès du Français hypocrite et dissimulé. Cette pièce appartient donc à la préhistoire du mythe du Bon Sauvage qui fleurira beaucoup plus tard au siècle des Lumières.

2. La nef Argo, le navire des Argonautes qui conduisit Jason et ses compagnons en Colchide, vers la Toison d'or. Jason est avec Ulysse l'archétype du voyageur.

3. Neptune, en langage poétique, c'est la mer. «Asservir Neptune au fardeau», c'est soumettre les flots au poids d'un navire, autrement dit : naviguer.

Page 312.

1. Ces pleurs d'Alexandre sont légendaires. Navré de ne pouvoir assujettir la pluralité des mondes à son empire et devant se contenter d'un seul, le conquérant dépité aurait versé des larmes d'enfant. L'anecdote est rapportée par Plutarque, *De tranquillitate animi.* Elle se retrouvera plus loin dans l'Ode de François de Belleforest, v. 57-58, et en 1575 dans un poème latin de Jean Dorat figurant aux liminaires de la *Cosmographie universelle* (t. II, f. ++ ij r° : «Ad Henricum Tertium Regem Galliarum, de Theveti Cosmographia»).

Page 314.

1. Originaire de Samatan ou de l'Isle-Jourdain en Comminges, le polygraphe François de Belleforest (1530-1583) fut longtemps l'ami et le nègre littéraire de Thevet, notamment pour l'élaboration de sa volumineuse *Cosmographie universelle.* Les deux hommes se brouillèrent courant 1568, et le résultat en fut la publication concurrente de deux *Cosmographies* durant la même année 1575. Sur cette «querelle des cosmographes», qui connut un certain retentissement à l'époque, voir mon *André Thevet, cosmographe des derniers Valois, op. cit.*, ch. VI et VII, ainsi que Michel Simonin, *Vivre de sa plume au XVIe siècle. La carrière de François de Belleforest*, Genève, Droz, 1992.

2. *Ains* : mais.

Page 315.

1. Comprendre : «et que de cela elle [s. e. ta plume] ait reçu sa louange» ('son los').
Cette strophe retrace de manière sommaire l'itinéraire oriental de Thevet (1549-1552),
tel qu'il est décrit dans la *Cosmographie de Levant* (Lyon, 1554 et 1556), depuis
Constantinople, située en Thrace, jusqu'à Jérusalem, au cœur de la Palestine, en passant
par l'Égypte et ses merveilles, c'est-à-dire les Pyramides et les vestiges du Phare d'Alexandrie.

2. Inversion du sujet. Comprendre : «Tes conceptions surpassent leur connaissance
du monde, qui était petite».

3. Ces deux «telles Frances» d'Amérique sont la Nouvelle-France du Canada et la
France Antarctique du Brésil.

Page 316.

1. Sur le *topos* des larmes d'Alexandre, voir ci-dessus la note 1 de la p. 310.

2. *Difformes / Aux nôtres* : difformes au regard des nôtres, différentes des nôtres.

3. Cette pratique idolâtre est rapportée au ch. XVII, p. 89. Elle est mise au compte
des Noirs de Guinée, qui changeaient de dieu chaque jour.

4. *Découvre* : «découvre», au sens spécifique de «révèle». – Le nom de Pan, dieu des ber-
gers, est en grec synonyme de 'Tout'. C'est pourquoi Pan est souvent interprété à la
Renaissance comme une figure du Dieu chrétien, sous les personnes conjointes du Père et du
Fils. Dans un passage du *Quart Livre* de Rabelais, ch. 28, inspiré de Plutarque, *De la cessation
des oracles*, XVII, la mort du grand Pan, dont l'annonce fait frissonner et geindre la Nature
entière au long des côtes de l'Épire, est comprise comme celle de Jésus-Christ sur la croix.

5. Belleforest a bien perçu l'ambivalence de la figure du sauvage dans *Les Singularités*.
Tantôt celui-ci incarne le comble de la barbarie; tantôt au contraire il définit le paran-
gon d'une vie conforme à la Nature et à la simplicité originelle.

Page 318.

1. *Auratus*, «le Doré», est le pseudonyme latin de Jean Dorat (1508-1588), principal
du collège de Coqueret et doyen des poètes de la Pléiade, qui fut le pédagogue de
Ronsard et de Du Bellay. Il porte ici le titre de «Professeur royal de lettres grecques». Il
était titulaire depuis 1556 de la chaire de grec au Collège royal, l'ancêtre du Collège du
France. Son œuvre poétique est presque exclusivement en latin et en grec. Pour célébrer
les hauts faits viatiques de Thevet, il composa encore une grande Ode latine et plusieurs
pièces grecques et latines qui figurent au seuil des deux volumes de la *Cosmographie universelle* (1575). Thuriféraire infatigable du cosmographe, il écrivit encore deux pièces
liminaires pour les *Vrais Pourtraits et Vies des hommes illuſtres* (1584).

2. Voici la traduction de ce poème latin, intitulé «SUR THEVET, QUI PARCOURUT ET DÉCRIVIT LE NOUVEAU MONDE, JEAN DORAT, Professeur royal de lettres grecques», et qui constitue un éloge classique de l'«autopsie» ou «vue par soi-même» :

«C'est par ouï-dire seulement, sans y mettre le pied, sans monter dans des navires, que la plupart ont mesuré la terre et la mer. Et pourtant, maintes régions de la mer et de la terre sont pour eux restées inconnues : aucune relation n'en a donné témoignage. Mais Thevet, lui, dans ses pérégrinations, a vu les mers et les terres; sur son vaisseau, il a mesuré les unes de ses yeux et sur les autres il a porté ses pas. Il rapporte, garantie indubitable, cette description de ses longs voyages. On le voit parcourir et décrire un monde jusqu'ici inconnu. Ce dont les autres avaient à peine entendu parler, mais qui s'est offert à sa vue clairvoyante, il le rapporte, revenu sain et sauf de la terre des Antipodes. Ce cosmographe l'emporte sur les autres cosmographes autant que la vue l'emporte en certitude sur l'ouï-dire» (traduction adaptée de Paul-Louis Fichet, in Roger Le Moine, *L'Amérique et les Poètes français de la Renaissance*, Ottawa, Les Éditions de l'Université d'Ottawa, 1972, p. 264.)

Page 319.

1. Cette allégation calomnieuse à l'encontre du pieux Énée est le fait, entre autres «historiens», de Darès de Phrygie, dont Mathurin Héret avait traduit du grec le prétendu témoignage sous le titre : *La Vraye et breve histoire de la guerre et ruine de Troie*, Paris, Sébastien Nivelle, 1553. Énée y joue un rôle peu édifiant. Pour avoir la vie sauve, et sauver d'un désastre inéluctable sa famille et ses biens, il aurait lui-même ouvert aux Grecs les portes de la ville, les fameuses portes Scées. Les vainqueurs l'auraient ensuite mal récompensé de sa trahison, en le contraignant à l'exil. Pendant tout le Moyen Age et jusqu'à la Renaissance, Darès est considéré comme un historien véritable, plus digne de foi, en tout état de cause, que Virgile, lequel, en tant que poète, sacrifie la vérité au vraisemblable. Cette surprenante hiérarchie des autorités explique la vogue conjointe de Darès de Phrygie, censé exposer le point de vue troyen, et de Dictys de Crète, porte-parole supposé des Grecs. Sur les fortunes paradoxales de ces deux œuvres d'imagination de basse époque, voir Bernard Guenée, *Histoire et culture historique dans l'Occident médiéval*, Paris, Aubier, 1980, p. 78, 132 et surtout p. 275-276.

Page 320.

1. La voûte du ciel.
2. Le négociant, le marchand.
3. Voir ci-dessus la note 1 de la p. 96.
4. Du latin *jactura* : perte, dommage.

5. Le dauphin entrelacé à l'ancre est un emblème qui eut une grande vogue à la Renaissance, accompagné de la devise «festina lente» («hâte-toi lentement»). Il fut adopté notamment par l'imprimeur vénitien Alde Manuce. Sa signification ne s'applique pas particulièrement à la navigation, contrairement à ce que pense Thevet ou son scribe Héret.

Page 321.

1. *Les ais et tablettes*: redoublement synonymique qui désigne «les planches» du navire.

2. Ce lieu commun, que l'on rencontre par exemple chez Juvénal, Satire XII, 57-59, sera repris par Jean de Léry dans son *Histoire d'un voyage faiɫ en la terre du Bresil* (1578 et 1580), ch. II, (éd. critique, Le Livre de Poche, 1994, p. 119) : «m'étant avis que le Poète, qui a dit que ceux qui vont sur mer ne sont qu'à quatre doigts de la mort, les en éloigne encore trop».

3. Oisif.

4. En fait, il s'agit des Corinthiens, alors assiégés par Philippe de Macédoine : Diogène roule son tonneau en tous sens, pour ne pas rester étranger à l'agitation générale. Cet apologue célèbre est tiré de Lucien, *Sur la manière d'écrire l'hiɫoire*, et a tour à tour été repris par Guillaume Budé dans la dédicace de ses *Annotations aux Pandeɫes*, et par Rabelais dans le «Prologue» du *Tiers Livre* (1546), qui donne au récit une couleur et une ampleur sans précédents.

Page 322.

1. Ce qui laisse entendre que des Indiens du Brésil vivaient à cette époque en France, qu'ils aient été envoyés par Villegagnon ou qu'ils aient été ramenés, au cours des décennies précédentes, par les navires marchands ou saintongeais, qui faisaient régulièrement la traite du bois brésil. On connaît le destin d'Essomericq, ramené en Normandie par Paulmier de Gonneville et marié à une de ses parentes. Essomericq vécut jusqu'à 95 ans et eut 14 enfants. Voir *Le Voyage de Gonneville (1503-1505)*, éd. par Leyla Perrone-Moisés, Chandeigne, «Magellane», 1995.

2. *Monseigneur le cardinal de Sens* : Jean Bertrand, protecteur de Thevet et commanditaire de l'ouvrage (cf. ci-dessus la note 1 de la p. 309). La réalisation des *Singularités* associa au moins trois rédacteurs, le libraire Ambroise de La Porte, décédé avant l'achèvement de l'ouvrage, le scribe Mathurin Héret et Thevet lui-même que la fièvre rendait inopérant. D'où une certaine précipitation, dont témoignent des coquilles et des incohérences en grand nombre, ainsi que de pittoresques confusions onomastiques. Cette genèse mouvementée fut encore compliquée par la collaboration de plusieurs dessinateurs et graveurs, dont les différents styles sont nettement perceptibles.

BIBLIOGRAPHIE

I. OUVRAGES D'ANDRÉ THEVET

Cosmographie de Levant. – Lyon : Jean de Tournes et Guillaume Gazeau, 1554 et 1556; édition critique par Frank Lestringant. – Genève : Droz, 1985.

Les Singularitez de la France Antarctique, autrement nommée Amerique : et de plusieurs Terres et Isles decouvertes de nostre temps. – Paris : les héritiers de Maurice de La Porte, 1557 et 1558. In-4°.

Les Singularitez de la France Antarctique, autrement nommée Amerique : et de plusieurs Terres et Isles decouvertes de nostre temps. – Anvers : Christophe Plantin, 1558. In-8°. [Édition « au format de poche », avec gravures refaites d'après l'édition de Paris.]

La Cosmographie universelle. – Paris : Pierre L'Huillier et Guillaume Chaudière, 1575. Fol.

Les Vrais Pourtraits et Vies des Hommes illustres Grecz, Latins et Payens, recueilliz de leurs tableaux, livres, medalles antiques et modernes. – Paris : veuve Jacques Kerver et Guillaume Chaudière, 1584. Fol.

Le Grand Insulaire et Pilotage d'André Thevet Angoumoisin, Cosmographe du Roy. Dans lequel sont contenus plusieurs plants d'isles habitées et deshabitées, et description d'icelles (*circa* 1586-1587). – Paris, Bibliothèque nationale de France : Ms. fr. 15452-15453.

Histoire d'André Thevet Angoumoisin, Cosmographe du Roy, de deux voyages par luy faits aux Indes Australes, et Occidentales (*circa* 1587-1588). – Paris, Bibliothèque nationale de France : Ms. fr. 15454.

II. ÉDITIONS MODERNES DE THEVET

Les Singularitez de la France Antarctique. Nouvelle édition avec notes et commentaires par Paul GAFFAREL. – Paris : Maisonneuve, 1878.

Les Singularités de la France Antarctique. Édition en fac-similé présentée par Jean BAUDRY. Avant-propos de Pierre Gasnault. – Paris : Le Temps, 1982.

Les Singularités de la France Antarctique. Le Brésil des Cannibales au XVIe siècle. Choix de textes, introduction et notes de Frank LESTRINGANT. – Paris : La Découverte/ Maspero, 1983.

Les Français en Amérique pendant la deuxième moitié du XVIe siècle. Le Brésil et les Brésiliens par André Thevet. Introduction de Charles-André JULIEN. Choix de textes et notes par Suzanne LUSSAGNET. – Paris : Presses Universitaires de France, 1953. [Cette excellente édition critique rassemble l'essentiel des textes de Thevet sur le Brésil, à l'exception toutefois de la strate première des *Singularités,* plus concise et donc moins utile pour l'ethnographe. On y trouve la majeure partie du livre XXI de la *Cosmographie universelle,* Paris, 1575, ainsi que de larges sections de l'*Histoire de deux voyages* et du *Grand Insulaire* inédits.]

As Singularidades da França Antártica. Tradução de Eugenio Amado. – Belo Horizonte : Editora Itatiaia, 1978.

André Thevet's North America. A Sixteenth-Century View. An edition-translation, with notes and introduction, by Roger SCHLESINGER and Arthur P. STABLER. – Kingston & Montréal : Mc Gill-Queen's University Press, 1986. [Extraits traduits des *Singularités,* ch. 73-82 ; de la *Cosmographie universelle,* livres XXII-XXIII ; du *Grand Insulaire* (avec transcription partielle du manuscrit) et de la *Description de plusieurs isles.*]

III. SOURCES ANCIENNES (XVIe-XVIIe SIÈCLES)

Anonyme, *Un flibustier français dans la mer des Antilles (1618-1620).* Manuscrit inédit du début du XVIIe siècle présenté par Jean-Pierre MOREAU (Carpentras, Bibl. Inguimbertine n° 590). – Clamart : J. - P. Moreau, 1987, et Paris : Seghers, 1990.

ALEXANDRE D'APHRODISE ou D'APHRODISIAS, *Les Problemes d'Alexandre Aphrodisé, excellent et ancien philosophe, pleins de matieres de medecine et philosophie, traduits de Grec en François, avec annotations des lieux plus notables et difficiles. Soixante autres problemes de mesme matiere, medecine et philosophie, Par M. Heret.* – Paris : Guillaume Guillard, 1555.

ALFONSE, Jean, dit Jean FONTENEAU ou ALFONSE DE SAINTONGE, *La Cosmographie avec l'espère et regime du Soleil et du Nord,* (transcription du ms fr. 676 de la BNF, daté «1545»), publiée et annotée par Georges Musset. – Paris : E. Leroux, «Collection de documents pour servir à l'histoire de la géographie», 1904.

APPIEN, *Appian Alexandrin, historien grec. Des guerres des Rommains, livres XI.* [...] *Traduict en françoys par feu M. Claude de Seyssel* [...], *le tout veu et corrigé, depuis la premiere impression*. – Paris : Raullin la Motte, pour Etienne Groulleau, 1559 (1ère édition : Lyon, A. Constantin, 1544).

ARISTOTE, *Problemes d'Ariſtote et autres filozophes et medecins selon la composition du corps humain. Avec ceux de Marc Antoine Zimara. Item, les solutions d'Alexandre Aphrodisee sur plusieurs queſtions physicales.* – Lyon : Jean de Tournes, 1554.

BARRÉ, Nicolas, *Copies de quelques Letres sur la Navigation du Chevallier de Villegaignon es terres de l'Amerique oultre l'Æquinoɛtial, jusques soubz le tropique de Capricorne.* – Paris : Martin le Jeune, 1557.

BELLEFOREST, François de –, *La Cosmographie universelle de tout le monde [...].* – Paris : Nicolas Chesneau et Michel Sonnius, 1575.

BELON, Pierre, *Les Observations de plusieurs singularitez et choses memorables, trouvées en Grece, Asie, Judée, Egypte, Arabie, et autres pays eſtranges, redigées en trois livres, Par Pierre Belon du Mans.* – Paris : Guillaume Cavellat, 1555. La première édition est de 1553 (Paris : B. Prevost pour Gilles Corrozet et Guillaume Cavellat).

BELON, Pierre, *L'Hiſtoire naturelle des eſtranges poissons marins. Avec la vraie peinɛture et description du Daulphin, et de plusieurs autres de son espece.* – Paris : «De l'imprimerie de Regnaud Chaudiere», 1551 et 1553.

BELON, Pierre, *La Nature et diversité des poissons, avec leurs pourtraiɛts, representez au plus pres du naturel.* – Paris : Charles Estienne, 1555.

BELON, Pierre, *L'Hiſtoire de la nature des oyseaux, avec leurs descriptions, et naïfs portraiɛts retirez du naturel, Escrite en sept livres, Par Pierre Belon du Mans.* – Paris : Gilles Corrozet, 1555.

BODIN, Jean, *Methodus ad facilem hiſtoriarum cognitionem.* – Paris : M. Le Jeune, 1566. [*La Méthode de l'Hiſtoire*, trad. par Pierre Mesnard. – Paris-Alger : Les Belles Lettres, 1941.]

BORDONE, Benedetto, *Isolario di Benedetto Bordone, nel qual si ragiona di tutte l'Isole del mondo, con li lor nomi antichi & moderni, hiſtorie, favole, & modi del loro vivere.* – Venise : 1528. Fol.

BRUNEAU DE RIVEDOUX, capitaine Jean Arnaud, *Hiſtoire veritable de certains voiages perilleux et hasardeux sur la mer, ausquels reluit la juſtice de Dieu sur les uns et la misericorde sur les autres.* – Niort : Th. Portau, 1599. [Réédition : Paris, Les Éditions de Paris, 1996].

BRY, Théodore de –, éditeur de LÉRY, Jean de –, et STADEN, Hans, *Americae Tertia Pars, Memorabilem provinciae Brasiliae Hiſtoriam continens, germanico primum sermone scriptam a Ioanne Stadio Homburgensi Hesso, nunc autem latinitate donatam à Teucrio Annaeo Privato Colchanthe Po : & Med : Addita eſt Narratio profeɛtionis*

Ioannis Lerii in eamdem Provinciam, quam ille initio gallicè conscripsit, poſtea vero Latinam fecit. His accessit Descriptio Morum & Ferocitatis incolarum illius Regionis, atque Colloquium ipsorum idiomate conscriptum. – Francfort : Théodore de Bry, 1592. In-fol. 296 p. ill. carte.

Ce troisième volume de la collection des *Grands Voyages* réunit les relations complémentaires du Hessois Hans Staden et du Bourguignon Jean de Léry sur le Brésil. Le témoignage de Léry est fortement abrégé. L'abondante illustration représente la synthèse entre les bois gravés de Staden (Marburg, 1557) et ceux de Léry (éd. de 1585).

CA' DA MOSTO, Alvise, *Voyages en Afrique Noire (1455 et 1456).* Relations traduites, présentées et annotées par Frédérique Verrier. – Paris : Éditions Chandeigne - Éditions Unesco, 1994.

CALEPINO, Ambrosio, *Ambrosii Calepini Diſtionarium, quarto et poſtremo ex R. Stephani Latinae linguae Thesauro auſtum.* – Paris : Robert Estienne, 1553-1554.

CARTIER, Jacques, *Relations,* édition critique par Michel Bideaux. – Montréal : Les Presses de l'Université de Montréal, «Bibliothèque du Nouveau Monde», 1986.

DARÈS DE PHRYGIE, *La Vraye et breve Hiſtoire de la guerre et ruine de Troie anciennement escrite en Grec par Dares Phrigius : Ensemble une Harengue aussi en Grec, de Menelaus pour la repetition d'Helene, le tout fidellement traduiſt en Langue Françoyse* [par Mathurin Héret]. – Paris : Sebastien Nivelle, 1553.

ÉRASME, Didier, *Des. Erasmi Rot. Operum secundus tomus. Adagiorum chiliades quatuor.* – Bâle : Froben et Episcopius, 1540. Fol.

FLAVIUS JOSÈPHE, *Hiſtoire de Fl. Josephe, sacrificateur hebrieu, escrite premierement par l'Autheur en langue Grecque, et nouvellement traduite en François par François Bourgoing. Partie en deux tomes.* – Lyon : par les héritiers de Jacques Jonte, 1562 et 1569.

GEMMA FRISIUS, *La Cosmographie de Pierre Apian, Doſteur et Mathematicien excellent, traiſtant de toutes les regions, pais, villes et citez du monde, par artifice aſtronomique, nouvellement traduiſte de Latin en François, par Gemma Frisius Doſteur en Medecine et Mathematicien de l'Université de Louvain, de nouveau augmentée.* – Paris, V. Gaultherot, 1551 [et émission de 1553]. [La première édition de cette traduction française est parue à Anvers, chez Grégoire de Bonte en 1544.]

GRYNAEUS, Simon, *Novus orbis regionum ac insularum veteribus incognitarum.* – Bâle : J. Herwagen, 1532; Paris : Galliot du Pré et J. Petit, 1532.

HÉRET, Mathurin, trad. Voir : ALEXANDRE D'APHRODISE; DARÈS DE PHRYGIE.

Hiſtoire des choses memorables advenues en la terre du Bresil, partie de l'Amerique auſtrale, sous le gouvernement de N. de Villeg. depuis l'an 1555. jusque à l'an 1558. – Genève : 1561.

ISIDORE DE SÉVILLE, *Etymologiarum libri XX*, Migne, *P. L.*, t. 82.

JOVE, Paolo GIOVO, dit Paul, *Pauli Iovii Novocomensis Medici de Romanis Piscibus libellus, doctus, copiosus et elegans, iam recens aeditus.* – Anvers : J. Graphaeus, 1528. [La première édition est de Rome, 1524.]

LAUDONNIÈRE, René de –, *L'Histoire notable de la Floride située ès Indes Occidentales.* – Paris : Guillaume Auvray, 1586. [Réédité dans *Les Français en Amérique pendant la deuxième moitié du XVIe siècle. II. Les Français en Floride*, éd. par Suzanne Lussagnet, Paris, P.U.F., 1958, p. 27-200.]

LÉON L'AFRICAIN, Hasan ibn Mohammed al-Wassân al-Fâsi, dit Jean –, *Historiale description de l'Afrique, tierce partie du monde*, trad. par Jean Temporal d'après le t. I des *Navigationi e Viaggi* de G. B. Ramusio. – Lyon : J. Temporal, 1556.

LÉRY, Jean de –, *Histoire d'un voyage faict en la terre du Bresil, autrement dite Amerique. Contenant la navigation, et choses remarquables, veuës sur mer par l'aucteur. Le comportement de Villegagnon en ce pays la. Les mœurs et façons de vivre estranges des Sauvages Ameriquains : avec un colloque de leur langage. Ensemble la description de plusieurs Animaux, Arbres, Herbes, et autres choses singulieres, et du tout inconnues pardeçà : dont on verra les sommaires des chapitres au commencement du livre. Le tout recueilli sur les lieux par Jean de Lery, natif de la Margelle, terre de sainct Sene, au Duché de Bourgongne.* – La Rochelle [pour Genève ?] : Antoine Chuppin, 1578. In-8° de 24 f. + 424 p. + table. 5 gravures sur bois, dont une répétée.

LÉRY, Jean de –, *Histoire d'un voyage* [...]. *Reveue, corrigee, et bien augmentee en ceste seconde Edition, tant de figures, qu'autres choses notables sur le sujet de l'auteur.* – Genève : Antoine Chuppin, 1580. In-8° de 22 f. + 382 p. + table; 8 gravures, dont une répétée. [Réédition en fac-similé, présentée et annotée par Jean-Claude Morisot. Index des notions ethnologiques par Louis Necker. – Genève : Droz, « Les Classiques de la pensée politique», 9, 1975].

LÉRY, Jean de –, *Histoire d'un voyage* [...]. *Avec les figures, reveue, corrigee et bien augmentee de discours notables en ceste troisieme Edition.* – [Genève :] Antoine Chuppin, 1585. In-8° de 34 f. + 427 p. + 6 f. de table et errata; 8 gravures, dont une répétée. (Québec, Séminaire; Paris, Arsenal : 8° H. 1574; la table manque dans cet exemplaire).

LÉRY, Jean de –, *Histoire d'un voyage fait en la terre du Brésil -1557.* Préface et épilogue de Frank Lestringant. – Montpellier : Max Chaleil éditeur, « Classiques du protestantisme», 1992.
Version modernisée du texte de 1580, établie sur l'édition originale. Dossier iconographique commenté incluant les sources et les imitations des gravures de Léry, et comprenant en outre l'ensemble des cartes anciennes de la France Antarctique.

LÉRY, Jean de –, *Histoire d'un voyage faiʃt en la terre du Bresil. 2ᵉ édition, 1580.* – Texte établi, présenté et annoté par F. Lestringant. Précédé d'un entretien avec Claude Lévi-Strauss. – Paris : Le Livre de Poche, «Bibliothèque classique», 1994.
Cette édition critique est établie sur le texte de 1580, avec variantes des cinq autres éditions publiées du vivant de Léry. Dossier iconographique.

LE TESTU, Guillaume, *Cosmographie universelle selon les navigateurs, tant anciens que modernes,* atlas enluminé sur papier, Le Havre, 5 avril 1555 [= 1556 n. st.]. – Vincennes, Bibliothèque du Service Historique de l'Armée de Terre : DLZ 14.

LÓPEZ DE GÓMARA, Francisco, *Hiʃtoire generalle des Indes Occidentales et Terres neuves, qui jusques à present ont eʃté descouvertes. Traduite en françois par M. Fumée, Sieur de Marly le Chaʃtel.* – Paris : Michel Sonnius, 1568 et 1569.

MAGNUS, OLAUS, archevêque d'Uppsal, *Hiʃtoria de gentibus septentrionalibus, earumque diversis ʃtatibus, conditionibus, moribus, ritibus, superʃtitionibus, disciplinis, exercitiis, regimine, viʃtu, bellis, ʃtruʃturis et rebus mirabilibus.* – Rome : G. M. de Viottis, 1555.

MATTIOLI, Pietro Andrea, dit MATTHIOLE, *Commentaires de M. Pierre André Matthiole, Medecin Senois, sur les six livres de Ped. Dioscoride Anazarbeen de la matiere Medecinale, reveuz et augmentés par l'autheur mesme [...]. Mis en François sur la derniere edition Latine de l'Autheur, par M. Jean Des Moulins Doʃteur en Medecine.* – Lyon : Guillaume Rouillé, 1579 (Arsenal : Fol. Sc. A. 539). La première édition de cette version française est de 1572, *ibid.*

MONTAIGNE, Michel de –, *Les Essais,* éd. par P. Villey et V.-L. Saulnier. – Paris : P.U.F., 1965 et 1978.

MÜNSTER, Sébastien, *La Cosmographie universelle.* – Bâle : Heinrich Petri, 1565.

NICOLAY, Nicolas de, *Les quatre premiers livres des navigations et peregrinations.* – Lyon : G. Rouillé, 1567.

PARÉ, Ambroise, *Des Monʃtres et prodiges,* édition critique par Jean Céard. – Genève : Droz, 1971.

PEROTTI, Niccolo, dit SIPONTINUS, *Cornucopiae, seu Latinae Linguae Commentarii locupletissimi, Nicolao Perotto, Sipuntino pontifice authore, tanta ad veterum scriptorum codicumque fidem, diligentia recogniti.* – Bâle : Valentin Curio, 1532.

PLINE L'ANCIEN, *L'Hiʃtoire du Monde de C. Pline Second [...]. Le tout fait et mis en François par Antoine du Pinet Seigneur de Noroy.* – Lyon : Claude Senneton, 1562 ; Lyon, Charles Pesnot, 1581.

PLUTARQUE, *Les Vies des hommes illuʃtres,* traduction de Jacques Amyot, texte établi et annoté par Gérard Walter. – Paris : Gallimard, «Bibliothèque de la Pléiade», 2 vol., 1951.

PLUTARQUE, *Les Œuvres morales et meslées de Plutarque, translatées de Grec en François, par Messire Jacques Amyot, reveuës et corrigées en ceste troisiéme edition en plusieurs passages par le translateur.* – Paris : Michel de Vascosan, 1575.

RABELAIS, François, *Œuvres complètes*, éd. par Guy Demerson. – Paris : Le Seuil, 1973.

RALEIGH, Sir Walter, *Brevis et admiranda descriptio regni Guianae, auri abundantissimi, in America, seu Novo Orbe [...].* – Nuremberg : Christoph Lochner, pour Levinus Hulsius, 1599. [Cette description de la Guyane, qui sacrifie souvent au goût de la merveille, emprunte à Thevet plusieurs singularités, dont le bradype ou « Haüt » et les Amazones archères suppliciant leurs prisonniers mâles.]

RAMUSIO, Giovanni Battista, *Navigationi et Viaggi.* – Venise : Giunti, 3 vol., 1550-1559.

RHODIGINUS, Lodovico RICCHIERI, dit COELIUS –, *Lectionum antiquarum libri XXX. Recogniti ab auctore.* – Bâle, Froben et Episcopius, 1542.

RICHER, Pierre, *Libri duo apologetici ad refutandas naenias, et coarguendos blasphemos errores, detegendaque mendacia Nicolai Durandi qui se Villagagnonem cognominat.* – Hierapoli, per Thrasybulum Phoenicum (i.e. Genève : Jean Crespin), octobre 1561.

RICHER, Pierre, (traduction française du précédent :) *La Refutation des folles resveries, execrables blasphemes, erreurs et mensonges de Nicolas Durand, qui se nomme Villegaignon : divisee en deux livres. Auteur Pierre Richer.* – S. l. (Paris : Nicolas Edouard ?), 1561 et 1562.

SOLIN, Caius Julius SOLINUS, dit –, *Polyhistor, Rerum toto orbe memorabilium thesaurus locupletissimus. Huic ob argumenti similitudinem Pomponii Melae De Situ Orbis libros tres, fide diligentiaque summa denuo jam recognitos, adjunximus. His accesserunt praeter priora scholia et tabulas geographicas permultas, Petri quoque Olivarii Valentini [...] annotationes.* – Bâle : Michel Isingrin, 1543. [Les scholies sur Solin sont de Sébastien Münster.]

VERGILE, Polydore, *Pollidore Vergile Hystoriographe Nouvellement traduict de Latin en Françoys, declairant les inventeurs des choses qui ont estre.* – Paris : Jehan Longis et Vincent Sertenas, 1544.

VERGILE, Polydore, *Les Memoires et Histoire de l'origine, invention et autheurs des choses. Faicte en Latin, et divisée en huict livres, par Polydore Vergile natif d'Urbin : et traduicte par Françoys de Belle-Forest Comingeois.* – Paris : Robert Le Mangnier, 1576.

VERGILE, Polydore, *Adagiorum aeque humanorum ut sacrorum opus, per autorem anno isto MDL rursus novissime jam, ac diligentius recognitum et magnifice locupletatum.* – Bâle : M. Isingrin, 1550. [La première édition est de 1521.]

VILLEGAGNON, Nicolas Durand de –, *Les Propositions contentieuses entre le chevalier de Villegaignon et maiſtre Jehan Calvin concernant la verité de l'Euchariſtie.* – Paris : André Wechel, 1561. (Seconde édition, *ibid.*, 1562).

VILLEGAGNON, Nicolas Durand de –, *Response aux libelles d'injures, publiez contre le Chevalier de Villegaignon. Au leſteur Chreſtien.* – Paris : André Wechel, 1561.

YVES D'ÉVREUX, *Suitte de l'Hiſtoire des choses plus memorables advenues en Maragnan es annees 1613 et 1614. Second traité.* – Paris : François Huby, 1615. (réédition modernisée et abrégée présentée par Hélène Clastres, Paris : Payot, 1985).

IV. ORIENTATION HISTORIQUE ET CRITIQUE

ADHÉMAR, Jean, *Frère André Thevet, grand voyageur et cosmographe des rois de France au XVIᵉ siècle.* – Paris : Éditions franciscaines, « Profils franciscains », 1947.

ATKINSON, Geoffroy, *Les Nouveaux Horizons de la Renaissance française.* – Paris : Droz, 1935.

BALMAS, Enea, « Documenti inediti su André Thevet », *Mélanges Bruno Revel.* – Florence : 1965, p. 33-66.

BALMAS, Enea, éd., *La Scoperta dell' America e le lettere francesi.* – Milan : Cisalpino-Istituto Editoriale Universitario, 1992.

BATAILLON, Marcel, « L'Amiral et les 'nouveaux horizons' français », *Aſtes du colloque 'L'Amiral de Coligny et son temps' (oſtobre 1972).* – Paris : Société de l'histoire du protestantisme français, 1974, p. 41-52.

BAUDRY, Jean, *Documents inédits sur André Thevet, cosmographe du roi.* – Paris : Les Cahiers de l'Encyclopédie (Éditions de la SEITA), 1983.

BERNHEIM, Pierre-Antoine, et STAVRIDÉS, Guy, *Cannibales!* – Paris : Plon, 1992.

BERTOLUCCI PIZZORUSSO, Valeria, « La Certificazione autoptica : materiali per l'analisi di una costante della scrittura di viaggio », *L'Uomo*, vol. III n. s., n. 2, 1990, p. 281-299.

BLAIR, Ann, « The *problemata* as a natural philosophical genre », in Anthony Grafton et Nancy Siraisi éd., *Natural Philosophy and the disciplines*, Actes du colloque tenu au Dibner Institute, mai 1995, à paraître.

BROC, Numa, *La Géographie de la Renaissance (1420-1620).* – Paris : Éd. du CTHS-Bibliothèque nationale, 1980.

BUCHER, Bernadette, *La Sauvage aux seins pendants.* – Paris : Hermann, 1977.

CARILE, Paolo, *Lo Sguardo impedito. Studi sulle relazioni di viaggio in 'Nouvelle-France' e sulla letteratura popolare.* – Fasano di Puglia : Schena, 1987.

CARNEIRO DA CUNHA, Manuela, « Imagens de Indios do Brasil : O Século XVI », *Eſtudos Avançados* (Univ. de São Paulo), 4/10, 1990, p. 91-110.

CÉARD, Jean, *La Nature et les prodiges. L'Insolite au XVIe siècle, en France.* – Genève : Droz, 1977 (rééd., Genève, Droz, 1996).

CERTEAU, Michel de, *L'Écriture de l'histoire.* – Paris : Gallimard, 1975, ch. V : « Ethnographie. L'oralité ou l'espace de l'autre : Léry », p. 215-248.

CERTEAU, Michel de –, « Le lieu de l'autre. Montaigne : 'Des Cannibales' », *Œuvres et critiques,* t. VIII, 1-2, 1983, p. 59-72.

CHAUNU, Pierre, *L'Amérique et les Amériques.* – Paris : Armand Colin, 1964.

CHAUNU, Pierre, *Conquête et exploitation des nouveaux mondes.* – Paris : Presses Universitaires de France, « Nouvelle Clio », 1969.

CHINARD, Gilbert, *L'Exotisme américain dans la littérature française au XVIe siècle.* – Paris : Hachette, 1911 (réimpr. Genève : Slatkine, 1978).

COMBÈS, Isabelle, *La Tragédie cannibale chez les anciens Tupi-Guarani.* – Paris : Presses Universitaires de France, 1992.

DAINVILLE, François de –, *La Géographie des humanistes.* – Paris : Beauchesne, 1940 (rééd. Genève, Slatkine Reprints, 1969).

DENIS, Ferdinand, *Lettre sur l'introduction du tabac en France.* – Paris : Guillaumin, 1851. [La première réhabilitation moderne de Thevet.]

DICKASON, Olive Patricia, *The Myth of the Savage and the Beginnings of French Colonialism in the Americas.* – Edmonton : The University of Alberta Press, 1984.

DUCHET, Michèle (dir.), *L'Amérique de Théodore de Bry. Une collection de voyages protestante au XVIe siècle.* – Paris : Éditions du CNRS, 1987.

DUVERNAY-BOLENS, Jacqueline, *Les Géants patagons. Voyage aux origines de l'homme.* – Paris : Éditions Michalon, 1995.

DUVIOLS, Jean-Paul, *Voyageurs français en Amérique. Colonies espagnoles et portugaises.* – Paris : Bordas, 1978.

DUVIOLS, Jean-Paul, *L'Amérique espagnole vue et rêvée. Les livres de voyages de Christophe Colomb à Bougainville.* – Paris : Promodis, 1985.

FERMOND, Ch., *Monographie du tabac, comprenant l'historique, les propriétés thérapeutiques, physiologiques, et toxicologiques du tabac.* – Paris : Chaix et Cie, 1857. [Propose de remplacer, dans la nomenclature botanique, le genre *Nicotiana* par le genre *Thevetia.* On dirait alors : *Thevetia tabacum, Thevetia fruticosa,* etc. Voir p. 95-97.]

FOLENA, Gianfranco, « Le prime immagini dell'America nel vocabolario italiano », *Il Linguaggio del caos. Saggi sul plurilinguismo rinascimentale.* – Turin : Bollati-Boringhieri, 1991, p. 99-118.

FOURNIER, Pierre-François, « Un collaborateur de Thevet pour la rédaction des *Singularitez de la France Antarctique* », *CTHS, Bulletin de la section de géographie,* t. XXXV, 1920, p. 39-42.

GAFFAREL, Paul, *Histoire du Brésil français au seizième siècle.* – Paris : Maisonneuve, 1878.

GAGNON, François-Marc, « Figures dans le texte. À propos de deux gravures dans Thevet », *Études françaises* (Montréal), n° 14, 1-2, avril 1978, p. 183-198.

GEWECKE, Frauke, *Wie die neue Welt in die alte kam.* – Stuttgart : Klett-Cotta, 1986. (Un chapitre sur Thevet, p. 170-175).

GLIOZZI, Giuliano, *Adamo e il nuovo mondo. La nascita dell'antropologia come ideologia coloniale dalle genealogie bibliche alle teorie razziali (1500-1700).* – Florence : La Nuova Italia, 1977.

GLIOZZI, Giuliano, « Les Apôtres au Nouveau Monde. Monothéisme et idolâtrie entre révélation et fétichisme », in Francis SCHMIDT éd., *L'Impensable Polythéisme. Études d'historiographie religieuse.* – Paris : Éditions des archives contemporaines, 1988, p. 177-213.

GREENBLATT, Stephen, *Learning to Curse. Essays in Early Modern Culture.* – New York-Londres : Routledge, 1990.

GREENBLATT, Stephen, *Marvelous Possessions. The Wonder of the New World.* – Oxford : Clarendon Press, 1991. [Traduction française : *Ces merveilleuses possessions,* Paris, Les Belles Lettres, 1996.]

GUSMAN, P., « Les Singularitez de la France antarctique [...] par André Thevet (1558) », *Byblis*, t. VI, fasc. 23, 1927, p. 92-97.

HAASE, Wolfgang, et REINHOLD, Meyer, *The Classical Traditions and the Americas.* Vol. I : *European Images of the Americas and the Classical Tradition. Part 1.* – Berlin et New York : Walter de Gruyter, 1994.

HASSINGER, Erich, « Die Rezeption der Neuen Welt durch den französischen Späthumanismus (1550-1620) », in REINHARD Wolfgang éd., *Humanismus und Neue Welt.* – Weinheim : Acta Humaniora, VCH, 1987, p. 89-132.

HEMMING, John, *Red Gold. The Conquest of the Brazilian Indians, 1500-1760.* – Cambridge, Mass. : Harvard University Press, 1978. (Ch. 6 : « Antarctic France », p. 119-132).

HEULHARD, Arthur, *Villegagnon, roi d'Amérique. Un homme de mer au XVIᵉ siècle (1510-1572).* – Paris : E. Leroux, 1897.

JEANNERET, Michel, « Léry et Thevet : comment parler d'un monde nouveau ? », *Mélanges à la mémoire de Franco Simone*, t. IV : *Tradition et originalité dans la création littéraire.* – Genève : Slatkine, 1983, p. 227-245.

JULIEN, Charles-André, *Les Voyages de découverte et les premiers établissements (XVᵉ-XVIᵉ siècles).* – Paris : Presses Universitaires de France, 1948.

KEEN, Benjamin, « The Vision of America in the Writings of Urbain Chauveton », in Fredi CHIAPELLI (éd.), *First Images of America.* – Berkeley-Los Angeles : University of California Press, 1976, vol. I, p. 107-120.

LANDUCCI, Sergio, *I Filosofi e i selvaggi (1580-1780)*. – Bari : Laterza, 1972.

LAPOUGE, Gilles, *Équinoxiales*. – Paris : Flammarion, 1977, et Livre de Poche, 1979.

LESTRINGANT, Frank, *Le Huguenot et le Sauvage. L'Amérique et la controverse coloniale en France, au temps des guerres de Religion*. – Paris : Aux Amateurs de livres, diff. Klincksieck, 1990.

LESTRINGANT, Frank, *L'Atelier du cosmographe ou l'image du monde à la Renaissance*. – Paris : Albin Michel, 1991. (Sur les mythologies de la colonisation au Brésil, ch. IV).

LESTRINGANT, Frank, *André Thevet, cosmographe des derniers Valois*. – Genève : Droz, «Travaux d'humanisme et Renaissance», vol. 251, 1991.

LESTRINGANT, Frank, *Le Cannibale, grandeur et décadence*. – Paris : Perrin, 1994. (Ch. V : «Le premier ethnographe des Tupinamba»).

LESTRINGANT, Frank, *L'Expérience huguenote au Nouveau Monde (XVIᵉ siècle)*. – Genève : Droz, «Travaux d'humanisme et Renaissance», vol. 300, 1996. (Ch. III: «Les représentations du sauvage dans l'iconographie relative aux ouvrages d'André Thevet»).

LESTRINGANT, Frank, éd., *La France-Amérique (XVIᵉ-XVIIIᵉ siècles)*. – Paris : Champion, 1997.

LÉVI-STRAUSS, Claude, *Tristes Tropiques*. – Paris : Plon, 1955.

LÉVI-STRAUSS, Claude, *Mythologiques*, I-IV. – Paris : Plon, 1964-1971.

LÉVI-STRAUSS, Claude, *Histoire de lynx*. – Paris, Plon, 1991. (Ch. IV : «Un mythe à remonter le temps» [d'après une version Tupinamba recueillie par A. Thevet]).

MAROUBY, Christian, *Utopie et primitivisme. Essai sur l'imaginaire anthropologique à l'âge classique*. – Paris : Éd. du Seuil, «Des travaux», 1990.

MELLO FRANCO, Afonso Arinos de –, *O Indio brasileiro e a Revolução francesa*. – Rio de Janeiro : José Olimpio, 1937. (Léry père du Bon Sauvage des Lumières, *passim*).

MÉTRAUX, Alfred, *La Religion des Tupinamba et ses rapports avec celle des autres tribus tupi-guarani*. – Paris : E. Leroux, 1928.

MÉTRAUX, Alfred, *Religions et magies indiennes d'Amérique du Sud*. – Paris : Gallimard, 1967.

MILHOU, Alain, *Colón y su mentalidad mesianica en el ambiente franciscanista español*. – Valladolid : Casa-Museo de Colón, 1983.

NIMUENDAJU, C., «Die Sagen der Erschaffung und Vernichtung der Welt als Grundlagen der Religion der Apapocuva-Guarani», *Zeitschrift für Ethnologie*, Berlin, t. XLVIII, 1915, p. 281-301.

PAGDEN, Anthony, *The Fall of Natural Man. The American Indian and the Origins of Comparative Ethnology*. – Cambridge : Cambridge University Press, 1982; édition augmentée, 1986.

PAGDEN, Anthony, *European Encounters with the New World. From Renaissance to Romanticism.* – New Haven & Londres : Yale University Press, 1993.

PARENT, Annie, *Les Métiers du livre à Paris au XVIᵉ siècle (1535-1560).* – Genève : Droz, 1974 [sur le contrat des *Singularités*, p. 113-114 et 307].

POT, Olivier, *L'Inquiétante Étrangeté. Montaigne : la pierre, le cannibale, la mélancolie.* – Paris : Champion, 1993.

REVERDIN, Olivier, *Quatorze calvinistes chez les Topinambous : Histoire d'une mission genevoise au Brésil (1556-1558).* – Genève-Paris : Droz-Minard, 1957.

STURTEVANT, William C., « First Visual Images of Native America », in Fredi CHIAPPELLI (éd.), *First Images of America.* – Berkeley-Los Angeles : University of California Press, 1976, vol. I, p. 417-454.

TENENTI, Alberto, « I Francesi in Brasile intorno alla metà del Cinquecento », *Atti del Convegno internazionale su 'La Scoperta colombiana e la cultura europea contemporanea'.* – Palerme : Accademia nazionale di scienze lettere e arti di Palermo, 1993, p. 249-267.

TODOROV, Tzvetan, *La Conquête de l'Amérique. La question de l'autre.* – Paris : Éd. du Seuil, 1982.

TODOROV, Tzvetan, *Nous et les autres. La réflexion française sur la diversité humaine.* – Paris : Éd. du Seuil, 1989.

TODOROV, Tzvetan, *Les Morales de l'histoire.* – Paris : Grasset, 1991.

TOUZAUD, Daniel, « André Thevet d'Angoulême », *Bulletin de la Société archéologique et historique de la Charente,* t. VII, 1907-1908, p. 1-47.

TRUDEL, Marcel, *Histoire de la Nouvelle-France. I. Les vaines tentatives (1524-1603).* – Montréal : Éditions Fides, 1963.

TUCCI, Patrizio, « Il nuovo Argonauta e il liuto di Orfeo : Thevet secondo Ronsard », *Rosa dos ventos, 7. Atti del Convegno 'Trenta anni di culture di lingua portoghese a Padova e a Venezia',* Padoue, Università di Padova, 1995, p. 49-69.

VIVEIROS DE CASTRO, Eduardo, *Araweté. Os deuses canibais.* – Rio de Janeiro : Jorge Zahar editor / Anpocs, 1986.

WHATLEY, Janet, « *Une révérence réciproque* : Huguenot Writing on the New World », *University of Toronto Quaterly* 57, 2 (hiver 1987-1988), p. 270-289.

ZELLER, Jean, *La Diplomatie française vers le milieu du XVIᵉ siècle d'après la correspondance de Guillaume Pellicier évêque de Montpellier ambassadeur de François Iᵉʳ à Venise (1539-1542).* – Paris : Hachette, 1881. [Thèse de l'Université de Paris, 1880.]

INDEX GÉOGRAPHIQUE

Sauf exception, l'entrée correspond au toponyme actuel, suivi en italiques de la graphie propre à Thevet. Étant donné les flottements de l'onomastique des Singularités *et les erreurs de copiste qui y abondent, les identifications proposées le sont à titre d'hypothèses.*

INDEX THÉMATIQUE

TABLE DES ILLUSTRATIONS

TABLE DES CHAPITRES

IMPRESSION ACHEVÉE SUR LES PRESSES
DE L'IMPRIMERIE DARANTIERE
À DIJON-QUETIGNY EN
FÉVRIER 1997

N° D'IMPRESSION : 96-1168
DÉPÔT LÉGAL : 1er TRIMESTRE 1997